国际税收业务政策指引

吉林财经大学大企业税收研究所　编

中国税务出版社

图书在版编目（CIP）数据

国际税收业务政策指引/吉林财经大学大企业税收研究所编. --北京：中国税务出版社，2017.12
ISBN 978-7-5678-0650-4

Ⅰ.①国… Ⅱ.①吉… Ⅲ.①国际税收 Ⅳ.①F810.42

中国版本图书馆 CIP 数据核字（2017）第 325064 号

书　　名：国际税收业务政策指引
作　　者：吉林财经大学大企业税收研究所　编
责任编辑：刘　菲　范竹青
责任校对：于　玲
技术设计：刘冬珂
出版发行：中国税务出版社
北京市丰台区广安路 9 号国投财富广场 1 号楼 11 层
邮政编码：100055
http：//www.taxation.cn
E-mail：swcb@taxation.cn
发行中心电话：（010）83362083/86/89
传真：（010）83362046/47/48/49
经　　销：各地新华书店
印　　刷：保定市中画美凯印刷有限公司
规　　格：787 毫米×1092 毫米　1/16
印　　张：24.5
字　　数：466000 字
版　　次：2017 年 12 月第 1 版　2017 年 12 月第 1 次印刷
书　　号：ISBN 978-7-5678-0650-4
定　　价：58.00 元

如有印装错误　本社负责调换

本书编写组

主　　编：王向东　霍志远

副 主 编：张　剀　尹志军
张　巍　刘　宇

编写人员：郑思尧　彭雪靖
邢树东　董　蕾
黄　莹　王　浩

前　　言

国际税收业务具有很强的政策性、规范性、专业性和操作性，涉税人员需要对国际法、国内法及有关文件有全面的了解与把握。但由于现行政策较为分散，发文时间跨度大，同类业务政策不断修订等原因，给广大税务工作者及相关涉税人员系统地学习和及时查询相关政策带来很大的不便。为此，我们组织编写了《国际税收业务政策指引》，作为查阅、学习、掌握国际税收业务政策法规的参考，以满足大家日常工作和学习的需要。

本书收录与国际税收业务直接相关的文件，根据现行国际税收主要业务种类将其分为特别纳税调整税务管理、非居民税收管理、“走出去”企业税收服务与管理及税收协定四大类，并对每个文件的发文背景、主要内容、适用要点等进行指引，对文件中涉及的条款失效、废止及政策调整内容做了标注。

本书收录文件来源于中国税务出版社税收资讯网，收录时间截至 2017 年 11 月。随着新的法律法规、税收政策不断出台，在执行中凡有修改、补充或新的规定，应以新的规定执行。欢迎读者登录中国税务出版社税收资讯网（http：//www. taxation. cn/）查询更多、更新的相关政策文件。

在本书编写过程中，霍志远研究员及其带领的河北省国家税务局国际税务管理处团队给予了全力支持。本所部分领导、研究员为本书的审校和出版付出了辛勤劳动。在此一并表示感谢。

吉林财经大学大企业税收研究所

2017 年 11 月 18 日

目　录

三、"走出去"企业税收服务与管理 ……………………………（222）

一、特别纳税调整税务管理

国家税务总局关于母子公司间提供服务支付费用有关企业所得税处理问题的通知

2008年8月14日　国税发〔2008〕86号

【要点指引】《国家税务总局关于母子公司间提供服务支付费用有关企业所得税处理问题的通知》（国税发〔2008〕86号，以下简称《通知》）是对《中华人民共和国企业所得税法》第四十一条和《中华人民共和国企业所得税法实施条例》第四十九条所作出的具体明确。《通知》明确，母子公司提供服务发生费用应遵循独立交易原则进行税务处理，母公司以管理费形式向子公司收取的管理费，不得在税前扣除。

各省、自治区、直辖市和计划单列市国家税务局、地方税务局：

根据《中华人民共和国企业所得税法》及其实施条例的有关规定，现就在中国境内，属于不同独立法人的母子公司之间提供服务支付费用有关企业所得税处理问题通知如下：

一、母公司为其子公司（以下简称子公司）提供各种服务而发生的费用，应按照独立企业之间公平交易原则确定服务的价格，作为企业正常的劳务费用进行税务处理。

母子公司未按照独立企业之间的业务往来收取价款的，税务机关有权予以调整。

二、母公司向其子公司提供各项服务，双方应签订服务合同或协议，明确规定提供服务的内容、收费标准及金额等，凡按上述合同或协议规定所发生的服务费，母公司应作为营业收入申报纳税；子公司作为成本费用在税前扣除。

三、母公司向其多个子公司提供同类项服务，其收取的服务费可以采取分项签订合同或协议收取；也可以采取服务分摊协议的方式，即，由母公司与各子公司签订服务费用分摊合同或协议，以母公司为其子公司提供服务所发生的实际费用并附加一定比例利润作为向子公司收取的总服务费，在各服务受益子公司（包括盈利企业、亏损企业和享受减免税企业）之间按《中华人民共和国企业所得税法》第四十一条第二款规定合理分摊。

四、母公司以管理费形式向子公司提取费用，子公司因此支付给母公司的管理费，不得在税前扣除。

五、子公司申报税前扣除向母公司支付的服务费用，应向主管税务机关提供与母公司签订的服务合同或者协议等与税前扣除该项费用相关的材料。不能提供相关材料的，支付的服务费用不得税前扣除。

财政部　国家税务总局关于企业关联方利息支出税前扣除标准有关税收政策问题的通知

2008年9月23日　财税〔2008〕121号

【要点指引】 财政部、国家税务总局联合印发《关于企业关联方利息支出税前扣除标准有关税收政策问题的通知》（财税〔2008〕121号，以下简称《通知》），是对《中华人民共和国企业所得税法》第四十六条和《中华人民共和国企业所得税法实施条例》第一百一十九条作出的具体明确。为保护我国合法税基，防止关联企业通过资本弱化手段逃避税收，《通知》对关联方利息支出税前扣除的适用对象、关联方债权性投资和权益性投资比例、金融和非金融业务利息支出的计算要求等方面进行了明确。

各省、自治区、直辖市、计划单列市财政厅（局）、国家税务局、地方税务局，新疆生产建设兵团财务局：

为规范企业利息支出税前扣除，加强企业所得税管理，根据《中华人民共和国企业所得税法》（以下简称税法）第四十六条和《中华人民共和国企业所得税法实施条例》（国务院令第512号，以下简称实施条例）第一百一十九条的规定，现将企业接受关联方债权性投资利息支出税前扣除的政策问题通知如下：

一、在计算应纳税所得额时，企业实际支付给关联方的利息支出，不超过以下规定比例和税法及其实施条例有关规定计算的部分，准予扣除，超过的部分不得在发生当期和以后年度扣除。

企业实际支付给关联方的利息支出，除符合本通知第二条规定外，其接受关联方债权性投资与其权益性投资比例为：

（一）金融企业，为5∶1；

（二）其他企业，为2∶1。

二、企业如果能够按照税法及其实施条例的有关规定提供相关资料，并证明相关交易活动符合独立交易原则的；或者该企业的实际税负不高于境内关联方的，其实际支付给境内关联方的利息支出，在计算应纳税所得额时准予扣除。

三、企业同时从事金融业务和非金融业务，其实际支付给关联方的利息支出，应按照合理方法分开计算；没有按照合理方法分开计算的，一律按本通知

第一条有关其他企业的比例计算准予税前扣除的利息支出。

四、企业自关联方取得的不符合规定的利息收入应按照有关规定缴纳企业所得税。

国家税务总局关于印发《特别纳税调整实施办法（试行）》的通知

2009年1月8日　国税发〔2009〕2号

【要点指引】为保护国家税收权益，加强反避税管理，国家税务总局出台《关于印发〈特别纳税调整实施办法（试行）〉的通知》（国税发〔2009〕2号，以下简称《通知》）。《中华人民共和国企业所得税法》第六章“特别纳税调整”为中国税务机关在转让定价、资本弱化、一般反避税和受控外国企业等领域进行特别纳税调整构建了法律基础，《通知》是对《中华人民共和国企业所得税法》及其实施条例进行补充和完善的重要配套文件，为税务机关和纳税人提供了实践指南。

《通知》对关联申报、同期资料管理、转让定价方法、转让定价调查与调整、预约定价安排管理、成本分摊协议管理、受控外国企业管理、资本弱化管理、一般反避税管理、相应调整及国际磋商、法律责任等内容进行了明确。《通知》的颁布被视为我国特别纳税调整历史上的一座里程碑，进一步与国际标准接轨。

各省、自治区、直辖市和计划单列市国家税务局、地方税务局：

为贯彻落实《中华人民共和国企业所得税法》及其实施条例，规范和加强特别纳税调整管理，国家税务总局制定了《特别纳税调整实施办法（试行）》，现印发给你们，请遵照执行。

附件：《特别纳税调整实施办法（试行）》表证单书（编者略）

特别纳税调整实施办法（试行）

第一章　总　　则

第一条　为了规范特别纳税调整管理，根据《中华人民共和国企业所得税法》（以下简称所得税法）、《中华人民共和国企业所得税法实施条例》（以下简称所得税法实施条例）、《中华人民共和国税收征收管理法》（以下简称征管法）、《中华人民共和国税收征收管理法实施细则》（以下简称征管法实施细则）以及我国政府与有关国家（地区）政府签署的避免双重征税协定（安排）（以下简称税收协定）的有关规定，制定本办法。

第二条 本办法适用于税务机关对企业的转让定价、预约定价安排、成本分摊协议、受控外国企业、资本弱化以及一般反避税等特别纳税调整事项的管理。

第三条 转让定价管理是指税务机关按照所得税法第六章和征管法第三十六条的有关规定，对企业与其关联方之间的业务往来（以下简称关联交易）是否符合独立交易原则进行审核评估和调查调整等工作的总称。

第四条 预约定价安排管理是指税务机关按照所得税法第四十二条和征管法实施细则第五十三条的规定，对企业提出的未来年度关联交易的定价原则和计算方法进行审核评估，并与企业协商达成预约定价安排等工作的总称。

第五条 成本分摊协议管理是指税务机关按照所得税法第四十一条第二款的规定，对企业与其关联方签署的成本分摊协议是否符合独立交易原则进行审核评估和调查调整等工作的总称。

第六条 受控外国企业管理是指税务机关按照所得税法第四十五条的规定，对受控外国企业不作利润分配或减少分配进行审核评估和调查，并对归属于中国居民企业所得进行调整等工作的总称。

第七条 资本弱化管理是指税务机关按照所得税法第四十六条的规定，对企业接受关联方债权性投资与企业接受的权益性投资的比例是否符合规定比例或独立交易原则进行审核评估和调查调整等工作的总称。

第八条 一般反避税管理是指税务机关按照所得税法第四十七条的规定，对企业实施其他不具有合理商业目的的安排而减少其应纳税收入或所得额进行审核评估和调查调整等工作的总称。

第二章 关联申报①

第九条 所得税法实施条例第一百零九条及征管法实施细则第五十一条所称关联关系，主要是指企业与其他企业、组织或个人具有下列之一关系：

（一）一方直接或间接持有另一方的股份总和达到25%以上，或者双方直接或间接同为第三方所持有的股份达到25%以上。若一方通过中间方对另一方间接持有股份，只要一方对中间方持股比例达到25%以上，则一方对另一方的持股比例按照中间方对另一方的持股比例计算。

① 条款废止。第二章废止。参见：《国家税务总局关于完善关联申报和同期资料管理有关事项的公告》，国家税务总局公告2016年第42号。

（二）一方与另一方（独立金融机构除外）之间借贷资金占一方实收资本50%以上，或者一方借贷资金总额的10%以上是由另一方（独立金融机构除外）担保。

（三）一方半数以上的高级管理人员（包括董事会成员和经理）或至少一名可以控制董事会的董事会高级成员是由另一方委派，或者双方半数以上的高级管理人员（包括董事会成员和经理）或至少一名可以控制董事会的董事会高级成员同为第三方委派。

（四）一方半数以上的高级管理人员（包括董事会成员和经理）同时担任另一方的高级管理人员（包括董事会成员和经理），或者一方至少一名可以控制董事会的董事会高级成员同时担任另一方的董事会高级成员。

（五）一方的生产经营活动必须由另一方提供的工业产权、专有技术等特许权才能正常进行。

（六）一方的购买或销售活动主要由另一方控制。

（七）一方接受或提供劳务主要由另一方控制。

（八）一方对另一方的生产经营、交易具有实质控制，或者双方在利益上具有相关联的其他关系，包括虽未达到本条第（一）项持股比例，但一方与另一方的主要持股方享受基本相同的经济利益，以及家族、亲属关系等。

第十条 关联交易主要包括以下类型：

（一）有形资产的购销、转让和使用，包括房屋建筑物、交通工具、机器设备、工具、商品、产品等有形资产的购销、转让和租赁业务；

（二）无形资产的转让和使用，包括土地使用权、版权（著作权）、专利、商标、客户名单、营销渠道、牌号、商业秘密和专有技术等特许权，以及工业品外观设计或实用新型等工业产权的所有权转让和使用权的提供业务；

（三）融通资金，包括各类长短期资金拆借和担保以及各类计息预付款和延期付款等业务；

（四）提供劳务，包括市场调查、行销、管理、行政事务、技术服务、维修、设计、咨询、代理、科研、法律、会计事务等服务的提供。

第十一条 实行查账征收的居民企业和在中国境内设立机构、场所并据实申报缴纳企业所得税的非居民企业向税务机关报送年度企业所得税纳税申报表时，应附送《中华人民共和国企业年度关联业务往来报告表》，包括《关联关系表》、《关联交易汇总表》、《购销表》、《劳务表》、《无形资产表》、《固定资产表》、《融通资金表》、《对外投资情况表》和《对外支付款项情况表》。

第十二条 企业按规定期限报送本办法第十一条规定的报告表确有困难，需要延期的，应按征管法及其实施细则的有关规定办理。

第三章 同期资料管理①

第十三条 企业应根据所得税法实施条例第一百一十四条的规定，按纳税年度准备、保存、并按税务机关要求提供其关联交易的同期资料。

第十四条 同期资料主要包括以下内容：

（一）组织结构

1. 企业所属的企业集团相关组织结构及股权结构；

2. 企业关联关系的年度变化情况；

3. 与企业发生交易的关联方信息，包括关联企业的名称、法定代表人、董事和经理等高级管理人员构成情况、注册地址及实际经营地址，以及关联个人的名称、国籍、居住地、家庭成员构成等情况，并注明对企业关联交易定价具有直接影响的关联方；

4. 各关联方适用的具有所得税性质的税种、税率及相应可享受的税收优惠。

（二）生产经营情况

1. 企业的业务概况，包括企业发展变化概况、所处的行业及发展概况、经营策略、产业政策、行业限制等影响企业和行业的主要经济和法律问题，集团产业链以及企业所处地位；

2. 企业的主营业务构成，主营业务收入及其占收入总额的比重，主营业务利润及其占利润总额的比重；

3. 企业所处的行业地位及相关市场竞争环境的分析；

4. 企业内部组织结构，企业及其关联方在关联交易中执行的功能、承担的风险以及使用的资产等相关信息，并参照填写《企业功能风险分析表》；

5. 企业集团合并财务报表，可视企业集团会计年度情况延期准备，但最迟不得超过关联交易发生年度的次年 12 月 31 日。

（三）关联交易情况

1. 关联交易类型、参与方、时间、金额、结算货币、交易条件等；

2. 关联交易所采用的贸易方式、年度变化情况及其理由；

3. 关联交易的业务流程，包括各个环节的信息流、物流和资金流，与非关联交易业务流程的异同；

① 条款废止。第三章废止。参见：《国家税务总局关于完善关联申报和同期资料管理有关事项的公告》，国家税务总局公告 2016 年第 42 号。

4. 关联交易所涉及的无形资产及其对定价的影响；

5. 与关联交易相关的合同或协议副本及其履行情况的说明；

6. 对影响关联交易定价的主要经济和法律因素的分析；

7. 关联交易和非关联交易的收入、成本、费用和利润的划分情况，不能直接划分的，按照合理比例划分，说明确定该划分比例的理由，并参照填写《企业年度关联交易财务状况分析表》。

（四）可比性分析

1. 可比性分析所考虑的因素，包括交易资产或劳务特性、交易各方功能和风险、合同条款、经济环境、经营策略等；

2. 可比企业执行的功能、承担的风险以及使用的资产等相关信息；

3. 可比交易的说明，如：有形资产的物理特性、质量及其效用；融资业务的正常利率水平、金额、币种、期限、担保、融资人的资信、还款方式、计息方法等；劳务的性质与程度；无形资产的类型及交易形式，通过交易获得的使用无形资产的权利，使用无形资产获得的收益；

4. 可比信息来源、选择条件及理由；

5. 可比数据的差异调整及理由。

（五）转让定价方法的选择和使用

1. 转让定价方法的选用及理由，企业选择利润法时，须说明对企业集团整体利润或剩余利润水平所做的贡献；

2. 可比信息如何支持所选用的转让定价方法；

3. 确定可比非关联交易价格或利润的过程中所做的假设和判断；

4. 运用合理的转让定价方法和可比性分析结果，确定可比非关联交易价格或利润，以及遵循独立交易原则的说明；

5. 其他支持所选用转让定价方法的资料。

第十五条 属于下列情形之一的企业，可免于准备同期资料：

（一）年度发生的关联购销金额（来料加工业务按年度进出口报关价格计算）在2亿元人民币以下且其他关联交易金额（关联融通资金按利息收付金额计算）在4000万元人民币以下，上述金额不包括企业在年度内执行成本分摊协议或预约定价安排所涉及的关联交易金额；

（二）关联交易属于执行预约定价安排所涉及的范围；

（三）外资股份低于50%且仅与境内关联方发生关联交易。

第十六条 除本办法第七章另有规定外，企业应在关联交易发生年度的次年5月31日之前准备完毕该年度同期资料，并自税务机关要求之日起20日内提供。

企业因不可抗力无法按期提供同期资料的，应在不可抗力消除后20日内提供同期资料。

第十七条 企业按照税务机关要求提供的同期资料，须加盖公章，并由法定代表人或法定代表人授权的代表签字或盖章。同期资料涉及引用的信息资料，应标明出处来源。

第十八条 企业因合并、分立等原因变更或注销税务登记的，应由合并、分立后的企业保存同期资料。

第十九条 同期资料应使用中文。如原始资料为外文的，应附送中文副本。

第二十条 同期资料应自企业关联交易发生年度的次年6月1日起保存10年。

第四章 转让定价方法①

第二十一条 企业发生关联交易以及税务机关审核、评估关联交易均应遵循独立交易原则，选用合理的转让定价方法。

根据所得税法实施条例第一百一十一条的规定，转让定价方法包括可比非受控价格法、再销售价格法、成本加成法、交易净利润法、利润分割法和其他符合独立交易原则的方法。

第二十二条 选用合理的转让定价方法应进行可比性分析。可比性分析因素主要包括以下五个方面：

（一）交易资产或劳务特性，主要包括：有形资产的物理特性、质量、数量等，劳务的性质和范围，无形资产的类型、交易形式、期限、范围、预期收益等；

（二）交易各方功能和风险，功能主要包括：研发、设计，采购，加工、装配、制造，存货管理、分销、售后服务、广告，运输、仓储，融资，财务、会计、法律及人力资源管理等，在比较功能时，应关注企业为发挥功能所使用资产的相似程度；风险主要包括：研发风险，采购风险，生产风险，分销风险，市场推广风险，管理及财务风险等；

（三）合同条款，主要包括：交易标的，交易数量、价格，收付款方式和条件，交货条件，售后服务范围和条件，提供附加劳务的约定，变更、修改合同内容的权利，合同有效期，终止或续签合同的权利；

（四）经济环境，主要包括：行业概况，地理区域，市场规模，市场层级，市场占有率，市场竞争程度，消费者购买力，商品或劳务可替代性，生产要素价格，运输成本，政府管制等；

---

① 条款废止。第四章自2017年5月1日起废止。参见：《国家税务总局关于发布〈特别纳税调整及相互协商程序管理办法〉的公告》，国家税务总局公告2017年第6号。

（五）经营策略，主要包括：创新和开发策略，多元化经营策略，风险规避策略，市场占有策略等。

第二十三条 可比非受控价格法以非关联方之间进行的与关联交易相同或类似业务活动所收取的价格作为关联交易的公平成交价格。

可比性分析应特别考察关联交易与非关联交易在交易资产或劳务的特性、合同条款及经济环境上的差异，按照不同交易类型具体包括如下内容：

（一）有形资产的购销或转让

1. 购销或转让过程，包括交易的时间与地点、交货条件、交货手续、支付条件、交易数量、售后服务的时间和地点等；

2. 购销或转让环节，包括出厂环节、批发环节、零售环节、出口环节等；

3. 购销或转让货物，包括品名、品牌、规格、型号、性能、结构、外型、包装等；

4. 购销或转让环境，包括民族风俗、消费者偏好、政局稳定程度以及财政、税收、外汇政策等。

（二）有形资产的使用

1. 资产的性能、规格、型号、结构、类型、折旧方法；

2. 提供使用权的时间、期限、地点；

3. 资产所有者对资产的投资支出、维修费用等。

（三）无形资产的转让和使用

1. 无形资产类别、用途、适用行业、预期收益；

2. 无形资产的开发投资、转让条件、独占程度、受有关国家法律保护的程度及期限、受让成本和费用、功能风险情况、可替代性等。

（四）融通资金：融资的金额、币种、期限、担保、融资人的资信、还款方式、计息方法等。

（五）提供劳务：业务性质、技术要求、专业水准、承担责任、付款条件和方式、直接和间接成本等。

关联交易与非关联交易之间在以上方面存在重大差异的，应就该差异对价格的影响进行合理调整，无法合理调整的，应根据本章规定选择其他合理的转让定价方法。

可比非受控价格法可以适用于所有类型的关联交易。

第二十四条 再销售价格法以关联方购进商品再销售给非关联方的价格减去可比非关联交易毛利后的金额作为关联方购进商品的公平成交价格。其计算公式如下：

公平成交价格=再销售给非关联方的价格×（1-可比非关联交易毛利率）

可比非关联交易毛利率=可比非关联交易毛利/可比非关联交易收入净额×100%

可比性分析应特别考察关联交易与非关联交易在功能风险及合同条款上的差异以及影响毛利率的其他因素，具体包括销售、广告及服务功能，存货风险，机器、设备的价值及使用年限，无形资产的使用及价值，批发或零售环节，商业经验，会计处理及管理效率等。

关联交易与非关联交易之间在以上方面存在重大差异的，应就该差异对毛利率的影响进行合理调整，无法合理调整的，应根据本章规定选择其他合理的转让定价方法。

再销售价格法通常适用于再销售者未对商品进行改变外型、性能、结构或更换商标等实质性增值加工的简单加工或单纯购销业务。

第二十五条 成本加成法以关联交易发生的合理成本加上可比非关联交易毛利作为关联交易的公平成交价格。其计算公式如下：

公平成交价格=关联交易的合理成本×（1+可比非关联交易成本加成率）

可比非关联交易成本加成率=可比非关联交易毛利/可比非关联交易成本×100%

可比性分析应特别考察关联交易与非关联交易在功能风险及合同条款上的差异以及影响成本加成率的其他因素，具体包括制造、加工、安装及测试功能，市场及汇兑风险，机器、设备的价值及使用年限，无形资产的使用及价值，商业经验，会计处理及管理效率等。

关联交易与非关联交易之间在以上方面存在重大差异的，应就该差异对成本加成率的影响进行合理调整，无法合理调整的，应根据本章规定选择其他合理的转让定价方法。

成本加成法通常适用于有形资产的购销、转让和使用，劳务提供或资金融通的关联交易。

第二十六条 交易净利润法以可比非关联交易的利润率指标确定关联交易的净利润。利润率指标包括资产收益率、销售利润率、完全成本加成率、贝里比率等。

可比性分析应特别考察关联交易与非关联交易之间在功能风险及经济环境上的差异以及影响营业利润的其他因素，具体包括执行功能、承担风险和使用资产，行业和市场情况，经营规模，经济周期和产品生命周期，成本、费用、所得和资产在各交易间的分摊，会计处理及经营管理效率等。

关联交易与非关联交易之间在以上方面存在重大差异的，应就该差异对营业利润的影响进行合理调整，无法合理调整的，应根据本章规定选择其他合理的转让定价方法。

交易净利润法通常适用于有形资产的购销、转让和使用，无形资产的转让和使用以及劳务提供等关联交易。

第二十七条 利润分割法根据企业与其关联方对关联交易合并利润的贡献计算各自应该分配的利润额。利润分割法分为一般利润分割法和剩余利润分割法。

一般利润分割法根据关联交易各参与方所执行的功能、承担的风险以及使用的资产，确定各自应取得的利润。

剩余利润分割法将关联交易各参与方的合并利润减去分配给各方的常规利润的余额作为剩余利润，再根据各方对剩余利润的贡献程度进行分配。

可比性分析应特别考察交易各方执行的功能、承担的风险和使用的资产，成本、费用、所得和资产在各交易方之间的分摊，会计处理，确定交易各方对剩余利润贡献所使用信息和假设条件的可靠性等。

利润分割法通常适用于各参与方关联交易高度整合且难以单独评估各方交易结果的情况。

第五章 转让定价调查及调整①

第二十八条 税务机关有权依据税收征管法及其实施细则有关税务检查的规定，确定调查企业，进行转让定价调查、调整。被调查企业必须据实报告其关联交易情况，并提供相关资料，不得拒绝或隐瞒。

第二十九条 转让定价调查应重点选择以下企业：

（一）关联交易数额较大或类型较多的企业；

（二）长期亏损、微利或跳跃性盈利的企业；

（三）低于同行业利润水平的企业；

（四）利润水平与其所承担的功能风险明显不相匹配的企业；

（五）与避税港关联方发生业务往来的企业；

（六）未按规定进行关联申报或准备同期资料的企业；

（七）其他明显违背独立交易原则的企业。

第三十条 实际税负相同的境内关联方之间的交易，只要该交易没有直接或间接导致国家总体税收收入的减少，原则上不做转让定价调查、调整。

第三十一条 税务机关应结合日常征管工作，开展案头审核，确定调查企业。案头审核应主要根据被调查企业历年报送的年度所得税申报资料及关联业务往来报告表等纳税资料，对企业的生产经营状况、关联交易等情况进行综合评估分析。

---

① 条款废止。第五章自2017年5月1日起废止。参见：《国家税务总局关于发布〈特别纳税调整及相互协商程序管理办法〉的公告》，国家税务总局公告2017年第6号。

企业可以在案头审核阶段向税务机关提供同期资料。

第三十二条 税务机关对已确定的调查对象，应根据所得税法第六章、所得税法实施条例第六章、征管法第四章及征管法实施细则第六章的规定，实施现场调查。

（一）现场调查人员须2名以上。

（二）现场调查时调查人员应出示《税务检查证》，并送达《税务检查通知书》。

（三）现场调查可根据需要依照法定程序采取询问、调取账簿资料和实地核查等方式。

（四）询问当事人应有专人记录《询问（调查）笔录》，并告知当事人不如实提供情况应当承担的法律责任。《询问（调查）笔录》应交当事人核对确认。

（五）需调取账簿及有关资料的，应按照征管法实施细则第八十六条的规定，填制《调取账簿资料通知书》、《调取账簿资料清单》，办理有关法定手续，调取的账簿、记账凭证等资料，应妥善保管，并按法定时限如数退还。

（六）实地核查过程中发现的问题和情况，由调查人员填写《询问（调查）笔录》。《询问（调查）笔录》应由2名以上调查人员签字，并根据需要由被调查企业核对确认，若被调查企业拒绝，可由2名以上调查人员签认备案。

（七）可以以记录、录音、录像、照相和复制的方式索取与案件有关的资料，但必须注明原件的保存方及出处，由原件保存或提供方核对签注“与原件核对无误”字样，并盖章或押印。

（八）需要证人作证的，应事先告知证人不如实提供情况应当承担的法律责任。证人的证言材料应由本人签字或押印。

第三十三条 根据所得税法第四十三条第二款及所得税法实施条例第一百一十四条的规定，税务机关在实施转让定价调查时，有权要求企业及其关联方，以及与关联业务调查有关的其他企业（以下简称可比企业）提供相关资料，并送达《税务事项通知书》。

（一）企业应在《税务事项通知书》规定的期限内提供相关资料，因特殊情况不能按期提供的，应向税务机关提交书面延期申请，经批准，可以延期提供，但最长不得超过30日。税务机关应自收到企业延期申请之日起15日内函复，逾期未函复的，视同税务机关已同意企业的延期申请。

（二）企业的关联方以及可比企业应在与税务机关约定的期限内提供相关资料，约定期限一般不应超过60日。

企业、关联方及可比企业应按税务机关要求提供真实、完整的相关资料。

第三十四条 税务机关应按本办法第二章的有关规定，核实企业申报信息，并要求企业填制《企业可比性因素分析表》。

税务机关在企业关联申报和提供资料的基础上，填制《企业关联关系认定表》、《企业关联交易认定表》和《企业可比性因素分析认定表》，并由被调查企业核对确认。

第三十五条 转让定价调查涉及向关联方和可比企业调查取证的，税务机关向企业送达《税务检查通知书》，进行调查取证。

第三十六条 税务机关审核企业、关联方及可比企业提供的相关资料，可采用现场调查、发函协查和查阅公开信息等方式核实。需取得境外有关资料的，可按有关规定启动税收协定的情报交换程序，或通过我驻外机构调查收集有关信息。涉及境外关联方的相关资料，税务机关也可要求企业提供公证机构的证明。

第三十七条 税务机关应选用本办法第四章规定的转让定价方法分析、评估企业关联交易是否符合独立交易原则，分析评估时可以使用公开信息资料，也可以使用非公开信息资料。

第三十八条 税务机关分析、评估企业关联交易时，因企业与可比企业营运资本占用不同而对营业利润产生的差异原则上不做调整。确需调整的，须层报国家税务总局批准。

第三十九条 按照关联方订单从事加工制造，不承担经营决策、产品研发、销售等功能的企业，不应承担由于决策失误、开工不足、产品滞销等原因带来的风险和损失，通常应保持一定的利润率水平。对出现亏损的企业，税务机关应在经济分析的基础上，选择适当的可比价格或可比企业，确定企业的利润水平。

第四十条 企业与关联方之间收取价款与支付价款的交易相互抵消的，税务机关在可比性分析和纳税调整时，原则上应还原抵消交易。

第四十一条 税务机关采用四分位法分析、评估企业利润水平时，企业利润水平低于可比企业利润率区间中位值的，原则上应按照不低于中位值进行调整。

第四十二条 经调查，企业关联交易符合独立交易原则的，税务机关应做出转让定价调查结论，并向企业送达《特别纳税调查结论通知书》。

第四十三条 经调查，企业关联交易不符合独立交易原则而减少其应纳税收入或者所得额的，税务机关应按以下程序实施转让定价纳税调整：

（一）在测算、论证和可比性分析的基础上，拟定特别纳税调查初步调整方案；

（二）根据初步调整方案与企业协商谈判，税企双方均应指定主谈人，调查人员应做好《协商内容记录》，并由双方主谈人签字确认，若企业拒签，可由2名以上调查人员签认备案；

（三）企业对初步调整方案有异议的，应在税务机关规定的期限内进一步提供相关资料，税务机关收到资料后，应认真审核，并及时做出审议决定；

（四）根据审议决定，向企业送达《特别纳税调查初步调整通知书》，企业对初步调整意见有异议的，应自收到通知书之日起7日内书面提出，税务机关收到企业意见后，应再次协商审议；企业逾期未提出异议的，视为同意初步调整意见；

（五）确定最终调整方案，向企业送达《特别纳税调查调整通知书》。

第四十四条 企业收到《特别纳税调查调整通知书》后，应按规定期限缴纳税款及利息。

第四十五条 税务机关对企业实施转让定价纳税调整后，应自企业被调整的最后年度的下一年度起5年内实施跟踪管理。在跟踪管理期内，企业应在跟踪年度的次年6月20日之前向税务机关提供跟踪年度的同期资料，税务机关根据同期资料和纳税申报资料重点分析、评估以下内容：

（一）企业投资、经营状况及其变化情况；

（二）企业纳税申报额变化情况；

（三）企业经营成果变化情况；

（四）关联交易变化情况等。

税务机关在跟踪管理期内发现企业转让定价异常等情况，应及时与企业沟通，要求企业自行调整，或按照本章有关规定开展转让定价调查调整。

第六章 预约定价安排管理[①]

第四十六条 企业可以依据所得税法第四十二条、所得税法实施条例第一百一十三条及征管法实施细则第五十三条的规定，与税务机关就企业未来年度关联交易的定价原则和计算方法达成预约定价安排。预约定价安排的谈签与执行通常经过预备会谈、正式申请、审核评估、磋商、签订安排和监控执行6个

① 条款废止。第六章自2016年12月1日起废止。参见：《国家税务总局关于完善预约定价安排管理有关事项的公告》，国家税务总局公告2016年第64号。

阶段。预约定价安排包括单边、双边和多边3种类型。

第四十七条 预约定价安排应由设区的市、自治州以上的税务机关受理。

第四十八条 预约定价安排一般适用于同时满足以下条件的企业：

（一）年度发生的关联交易金额在4000万元人民币以上；

（二）依法履行关联申报义务；

（三）按规定准备、保存和提供同期资料。

第四十九条 预约定价安排适用于自企业提交正式书面申请年度的次年起3至5个连续年度的关联交易。

预约定价安排的谈签不影响税务机关对企业提交预约定价安排正式书面申请当年或以前年度关联交易的转让定价调查调整。

如果企业申请当年或以前年度的关联交易与预约定价安排适用年度相同或类似，经企业申请，税务机关批准，可将预约定价安排确定的定价原则和计算方法适用于申请当年或以前年度关联交易的评估和调整。

第五十条 企业正式申请谈签预约定价安排前，应向税务机关书面提出谈签意向，税务机关可以根据企业的书面要求，与企业就预约定价安排的相关内容及达成预约定价安排的可行性开展预备会谈，并填制《预约定价安排会谈记录》。预备会谈可以采用匿名的方式。

（一）企业申请单边预约定价安排的，应向税务机关书面提出谈签意向。在预备会谈期间，企业应就以下内容提供资料，并与税务机关进行讨论：

1. 安排的适用年度；

2. 安排涉及的关联方及关联交易；

3. 企业以前年度生产经营情况；

4. 安排涉及各关联方功能和风险的说明；

5. 是否应用安排确定的方法解决以前年度的转让定价问题；

6. 其他需要说明的情况。

（二）企业申请双边或多边预约定价安排的，应同时向国家税务总局和主管税务机关书面提出谈签意向，国家税务总局组织与企业开展预备会谈，预备会谈的内容除本条第（一）项外，还应特别包括：

1. 向税收协定缔约对方税务主管当局提出预备会谈申请的情况；

2. 安排涉及的关联方以前年度生产经营情况及关联交易情况；

3. 向税收协定缔约对方税务主管当局提出的预约定价安排拟采用的定价原则和计算方法。

（三）预备会谈达成一致意见的，税务机关应自达成一致意见之日起15日内书面通知企业，可以就预约定价安排相关事宜进行正式谈判，并向企业送达《预约定价安排正式会谈通知书》；预备会谈不能达成一致意见的，税务机关应自最后一次预备会谈结束之日起15日内书面通知企业，向企业送达《拒绝企业申请预约定价安排通知书》，拒绝企业申请预约定价安排，并说明理由。

第五十一条 企业应在接到税务机关正式会谈通知之日起3个月内，向税务机关提出预约定价安排书面申请报告，并报送《预约定价安排正式申请书》。企业申请双边或多边预约定价安排的，应将《预约定价安排正式申请书》和《启动相互协商程序申请书》同时报送国家税务总局和主管税务机关。

（一）预约定价安排书面申请报告应包括如下内容：

1. 相关的集团组织架构、公司内部结构、关联关系、关联交易情况；

2. 企业近三年财务、会计报表资料，产品功能和资产（包括无形资产和有形资产）的资料；

3. 安排所涉及的关联交易类别和纳税年度；

4. 关联方之间功能和风险划分，包括划分所依据的机构、人员、费用、资产等；

5. 安排适用的转让定价原则和计算方法，以及支持这一原则和方法的功能风险分析、可比性分析和假设条件等；

6. 市场情况的说明，包括行业发展趋势和竞争环境；

7. 安排预约期间的年度经营规模、经营效益预测以及经营规划等；

8. 与安排有关的关联交易、经营安排及利润水平等财务方面的信息；

9. 是否涉及双重征税等问题；

10. 涉及境内、外有关法律、税收协定等相关问题。

（二）企业因下列特殊原因无法按期提交书面申请报告的，可向税务机关提出书面延期申请，并报送《预约定价安排正式申请延期报送申请书》：

1. 需要特别准备某些方面的资料；

2. 需要对资料做技术上的处理，如文字翻译等；

3. 其他非主观原因。

税务机关应自收到企业书面延期申请后15日内，对其延期事项做出书面答复，并向企业送达《预约定价安排正式申请延期报送答复书》。逾期未做出答复的，视同税务机关已同意企业的延期申请。

（三）上述申请内容所涉及的文件资料和情况说明，包括能够支持拟选用的定价原则、计算方法和能证实符合预约定价安排条件的所有文件资料，企业和税务机关均应妥善保存。

第五十二条 税务机关应自收到企业提交的预约定价安排正式书面申请及所需文件、资料之日起5个月内，进行审核和评估。根据审核和评估的具体情况可要求企业补充提供有关资料，形成审核评估结论。

因特殊情况，需要延长审核评估时间的，税务机关应及时书面通知企业，并向企业送达《预约定价安排审核评估延期通知书》，延长期限不得超过3个月。

税务机关应主要审核和评估以下内容：

（一）历史经营状况，分析、评估企业的经营规划、发展趋势、经营范围等文件资料，重点审核可行性研究报告、投资预（决）算、董事会决议等，综合分析反映经营业绩的有关信息和资料，如财务、会计报表、审计报告等。

（二）功能和风险状况，分析、评估企业与其关联方之间在供货、生产、运输、销售等各环节以及在研究、开发无形资产等方面各自所拥有的份额，执行的功能以及在存货、信贷、外汇、市场等方面所承担的风险。

（三）可比信息，分析、评估企业提供的境内、外可比价格信息，说明可比企业和申请企业之间的实质性差异，并进行调整。若不能确认可比交易或经营活动的合理性，应明确企业须进一步提供的有关文件、资料，以证明其所选用的转让定价原则和计算方法公平地反映了被审核的关联交易和经营现状，并得到相关财务、经营等资料的证实。

（四）假设条件，分析、评估对行业盈利能力和对企业生产经营的影响因素及其影响程度，合理确定预约定价安排适用的假设条件。

（五）转让定价原则和计算方法，分析、评估企业在预约定价安排中选用的转让定价原则和计算方法是否以及如何真实地运用于以前、现在和未来年度的关联交易以及相关财务、经营资料之中，是否符合法律、法规的规定。

（六）预期的公平交易价格或利润区间，通过对确定的可比价格、利润率、可比企业交易等情况的进一步审核和评估，测算出税务机关和企业均可接受的价格或利润区间。

第五十三条 税务机关应自单边预约定价安排形成审核评估结论之日起30日内，与企业进行预约定价安排磋商，磋商达成一致的，应将预约定价安排草案和审核评估报告一并层报国家税务总局审定。

国家税务总局与税收协定缔约对方税务主管当局开展双边或多边预约定价安排的磋商，磋商达成一致的，根据磋商备忘录拟定预约定价安排草案。

预约定价安排草案应包括如下内容：

（一）关联方名称、地址等基本信息；

（二）安排涉及的关联交易及适用年度；

（三）安排选定的可比价格或交易、转让定价原则和计算方法、预期经营结果等；

（四）与转让定价方法运用和计算基础相关的术语定义；

（五）假设条件；

（六）企业年度报告、记录保存、假设条件变动通知等义务；

（七）安排的法律效力，文件资料等信息的保密性；

（八）相互责任条款；

（九）安排的修订；

（十）解决争议的方法和途径；

（十一）生效日期；

（十二）附则。

第五十四条 税务机关与企业就单边预约定价安排草案内容达成一致后，双方的法定代表人或法定代表人授权的代表正式签订单边预约定价安排。国家税务总局与税收协定缔约对方税务主管当局就双边或多边预约定价安排草案内容达成一致后，双方或多方税务主管当局授权的代表正式签订双边或多边预约定价安排。主管税务机关根据双边或多边预约定价安排与企业签订《双边（多边）预约定价安排执行协议书》。

第五十五条 在预约定价安排正式谈判后和预约定价安排签订前，税务机关和企业均可暂停、终止谈判。涉及双边或多边预约定价安排的，经缔约各方税务主管当局协商，可暂停、终止谈判。终止谈判的，双方应将谈判中相互提供的全部资料退还给对方。

第五十六条 税务机关应建立监控管理制度，监控预约定价安排的执行情况。

（一）在预约定价安排执行期内，企业应完整保存与安排有关的文件和资料（包括账簿和有关记录等），不得丢失、销毁和转移；并在纳税年度终了后5个月内，向税务机关报送执行预约定价安排情况的年度报告。

年度报告应说明报告期内经营情况以及企业遵守预约定价安排的情况，包括预约定价安排要求的所有事项，以及是否有修订或实质上终止该预约定价安排的要求。如有未决问题或将要发生的问题，企业应在年度报告中予以说明，以便与税务机关协商是否修订或终止安排。

（二）在预约定价安排执行期内，税务机关应定期（一般为半年）检查企业履行安排的情况。检查内容主要包括：企业是否遵守了安排条款及要求；为谈签安排而提供的资料和年度报告是否反映了企业的实际经营情况；转让定价方法所依据的资料和计算方法是否正确；安排所描述的假设条件是否仍然有效；企业对转让定价方法的运用是否与假设条件相一致等。

税务机关如发现企业有违反安排的一般情况，可视情况进行处理，直至终止安排；如发现企业存在隐瞒或拒不执行安排的情况，税务机关应认定预约定价安排自始无效。

（三）在预约定价安排执行期内，如果企业发生实际经营结果不在安排所预期的价格或利润区间之内的情况，税务机关应在报经上一级税务机关核准后，将实际经营结果调整到安排所确定的价格或利润区间内。涉及双边或多边预约定价安排的，应当层报国家税务总局核准。

（四）在预约定价安排执行期内，企业发生影响预约定价安排的实质性变化，应在发生变化后30日内向税务机关书面报告，详细说明该变化对预约定价安排执行的影响，并附相关资料。由于非主观原因而无法按期报告的，可以延期报告，但延长期不得超过30日。

税务机关应在收到企业书面报告之日起60日内，予以审核和处理，包括审查企业变化情况、与企业协商修订预约定价安排条款和相关条件，或根据实质性变化对预约定价安排的影响程度采取修订或终止安排等措施。原预约定价安排终止执行后，税务机关可以和企业按照本章规定的程序和要求，重新谈签新的预约定价安排。

（五）国家税务局和地方税务局与企业共同签订的预约定价安排，在执行期内，企业应分别向国家税务局和地方税务局报送执行预约定价安排情况的年度报告和实质性变化报告。国家税务局和地方税务局应对企业执行安排的情况，实行联合检查和审核。

第五十七条 预约定价安排期满后自动失效。如企业需要续签的，应在预约定价安排执行期满前90日内向税务机关提出续签申请，报送《预约定价安排续签申请书》，并提供可靠的证明材料，说明现行预约定价安排所述事实和相关环境没有发生实质性变化，并且一直遵守该预约定价安排中的各项条款和约定。税务机关应自收到企业续签申请之日起15日内做出是否受理的书面答复，向企业送达《预约定价安排申请续签答复书》。税务机关应审核、评估企业的续签申请资料，与企业协商拟定预约定价安排草案，并按双方商定的续签时间、地点等相关事宜，与企业完成续签工作。

第五十八条 预约定价安排的谈签或执行同时涉及两个以上省、自治区、直辖市和计划单列市税务机关，或者同时涉及国家税务局和地方税务局的，由国家税务总局统一组织协调。企业可以直接向国家税务总局书面提出谈签意向。

第五十九条 税务机关与企业达成的预约定价安排，只要企业遵守了安排的全部条款及其要求，各地国家税务局、地方税务局均应执行。

第六十条 税务机关与企业在预约定价安排预备会谈、正式谈签、审核、分析等全过程中所获取或得到的所有信息资料，双方均负有保密义务。税务机关和企业每次会谈，均应对会谈内容进行书面记录，同时载明每次会谈时相互提供资料的份数和内容，并由双方主谈人员签字或盖章。

第六十一条 税务机关与企业不能达成预约定价安排的，税务机关在会谈、协商过程中所获取的有关企业的提议、推理、观念和判断等非事实性信息，不得用于以后对该预约定价安排涉及交易行为的税务调查。

第六十二条 在预约定价安排执行期间，如果税务机关与企业发生分歧，双方应进行协商。协商不能解决的，可报上一级税务机关协调；涉及双边或多边预约定价安排的，须层报国家税务总局协调。对上一级税务机关或国家税务总局的协调结果或决定，下一级税务机关应当予以执行。但企业仍不能接受的，应当终止安排的执行。

第六十三条 税务机关应在与企业正式签订单边预约定价安排或双边或多边预约定价安排执行协议书后10日内，以及预约定价安排执行中发生修订、终止等情况后20日内，将单边预约定价安排正式文本、双边或多边预约定价安排执行协议书以及安排变动情况的说明层报国家税务总局备案。

第七章 成本分摊协议管理

第六十四条 根据所得税法第四十一条第二款及所得税法实施条例第一百一十二条的规定，企业与其关联方签署成本分摊协议，共同开发、受让无形资产，或者共同提供、接受劳务，应符合本章规定。

第六十五条 成本分摊协议的参与方对开发、受让的无形资产或参与的劳务活动享有受益权，并承担相应的活动成本。关联方承担的成本应与非关联方在可比条件下为获得上述受益权而支付的成本相一致。

参与方使用成本分摊协议所开发或受让的无形资产不需另支付特许权使用费。

第六十六条 企业对成本分摊协议所涉及无形资产或劳务的受益权应有合理的、可计量的预期收益，且以合理商业假设和营业常规为基础。

第六十七条 涉及劳务的成本分摊协议一般适用于集团采购和集团营销策划。

第六十八条 成本分摊协议主要包括以下内容：

（一）参与方的名称、所在国家（地区）、关联关系、在协议中的权利和义务；

（二）成本分摊协议所涉及的无形资产或劳务的内容、范围，协议涉及研发或劳务活动的具体承担者及其职责、任务；

（三）协议期限；

（四）参与方预期收益的计算方法和假设；

（五）参与方初始投入和后续成本支付的金额、形式、价值确认的方法以及符合独立交易原则的说明；

（六）参与方会计方法的运用及变更说明；

（七）参与方加入或退出协议的程序及处理规定；

（八）参与方之间补偿支付的条件及处理规定；

（九）协议变更或终止的条件及处理规定；

（十）非参与方使用协议成果的规定。

第六十九条 企业应自成本分摊协议达成之日起30日内，层报国家税务总局备案。税务机关判定成本分摊协议是否符合独立交易原则须层报国家税务总局审核。①

第七十条 已经执行并形成一定资产的成本分摊协议，参与方发生变更或协议终止执行，应根据独立交易原则做如下处理：

（一）加入支付，即新参与方为获得已有协议成果的受益权应做出合理的支付；

（二）退出补偿，即原参与方退出协议安排，将已有协议成果的受益权转让给其他参与方应获得合理的补偿；

（三）参与方变更后，应对各方受益和成本分摊情况做出相应调整；

（四）协议终止时，各参与方应对已有协议成果做出合理分配。

企业不按独立交易原则对上述情况做出处理而减少其应纳税所得额的，税务机关有权做出调整。

第七十一条 成本分摊协议执行期间，参与方实际分享的收益与分摊的成本不相配比的，应根据实际情况做出补偿调整。

---

① 条款废止。第六十九条自2015年7月16日起废止。参见：《国家税务总局关于规范成本分摊协议管理的公告》，国家税务总局公告2015年第45号。

第七十二条 对于符合独立交易原则的成本分摊协议，有关税务处理如下：

（一）企业按照协议分摊的成本，应在协议规定的各年度税前扣除；

（二）涉及补偿调整的，应在补偿调整的年度计入应纳税所得额；

（三）涉及无形资产的成本分摊协议，加入支付、退出补偿或终止协议时对协议成果分配的，应按资产购置或处置的有关规定处理。

第七十三条 企业可根据本办法第六章的规定采取预约定价安排的方式达成成本分摊协议。

第七十四条 企业执行成本分摊协议期间，除遵照本办法第三章规定外，还应准备和保存以下成本分摊协议的同期资料：

（一）成本分摊协议副本；

（二）成本分摊协议各参与方之间达成的为实施该协议的其他协议；

（三）非参与方使用协议成果的情况、支付的金额及形式；

（四）本年度成本分摊协议的参与方加入或退出的情况，包括加入或退出的参与方名称、所在国家（地区）、关联关系，加入支付或退出补偿的金额及形式；

（五）成本分摊协议的变更或终止情况，包括变更或终止的原因、对已形成协议成果的处理或分配；

（六）本年度按照成本分摊协议发生的成本总额及构成情况；

（七）本年度各参与方成本分摊的情况，包括成本支付的金额、形式、对象，做出或接受补偿支付的金额、形式、对象；

（八）本年度协议预期收益与实际结果的比较及由此做出的调整。

企业执行成本分摊协议期间，无论成本分摊协议是否采取预约定价安排的方式，均应在本年度的次年6月20日之前向税务机关提供成本分摊协议的同期资料。①

第七十五条 企业与其关联方签署成本分摊协议，有下列情形之一的，其自行分摊的成本不得税前扣除：

（一）不具有合理商业目的和经济实质；

（二）不符合独立交易原则；

（三）没有遵循成本与收益配比原则；

（四）未按本办法有关规定备案或准备、保存和提供有关成本分摊协议的同期资料；

---

① 条款废止。第七十四条废止。参见：《国家税务总局关于完善关联申报和同期资料管理有关事项的公告》，国家税务总局公告2016年第42号。

（五）自签署成本分摊协议之日起经营期限少于20年。

第八章 受控外国企业管理

第七十六条 受控外国企业是指根据所得税法第四十五条的规定，由居民企业，或者由居民企业和居民个人（以下统称中国居民股东，包括中国居民企业股东和中国居民个人股东）控制的设立在实际税负低于所得税法第四条第一款规定税率水平50%的国家（地区），并非出于合理经营需要对利润不作分配或减少分配的外国企业。

第七十七条 本办法第七十六条所称控制，是指在股份、资金、经营、购销等方面构成实质控制。其中，股份控制是指由中国居民股东在纳税年度任何一天单层直接或多层间接单一持有外国企业10%以上有表决权股份，且共同持有该外国企业50%以上股份。

中国居民股东多层间接持有股份按各层持股比例相乘计算，中间层持有股份超过50%的，按100%计算。

第七十八条 中国居民企业股东应在年度企业所得税纳税申报时提供对外投资信息，附送《对外投资情况表》[①]。

第七十九条 税务机关应汇总、审核中国居民企业股东申报的对外投资信息，向受控外国企业的中国居民企业股东送达《受控外国企业中国居民股东确认通知书》。中国居民企业股东符合所得税法第四十五条征税条件的，按照有关规定征税。

第八十条 计入中国居民企业股东当期的视同受控外国企业股息分配的所得，应按以下公式计算：

中国居民企业股东当期所得＝视同股息分配额×实际持股天数÷受控外国企业纳税年度天数×股东持股比例

中国居民股东多层间接持有股份的，股东持股比例按各层持股比例相乘计算。

第八十一条 受控外国企业与中国居民企业股东纳税年度存在差异的，应将视同股息分配所得计入受控外国企业纳税年度终止日所属的中国居民企业股东的纳税年度。

第八十二条 计入中国居民企业股东当期所得已在境外缴纳的企业所得税税款，可按照所得税法或税收协定的有关规定抵免。

第八十三条 受控外国企业实际分配的利润已根据所得税法第四十五条规定征税的，不再计入中国居民企业股东的当期所得。

第八十四条 中国居民企业股东能够提供资料证明其控制的外国企业满足

---

① 此表废止。参见：《国家税务总局关于居民企业报告境外投资和所得信息有关问题的公告》，国家税务总局公告2014年第38号。

以下条件之一的，可免于将外国企业不作分配或减少分配的利润视同股息分配额，计入中国居民企业股东的当期所得：

（一）设立在国家税务总局指定的非低税率国家（地区）；

（二）主要取得积极经营活动所得；

（三）年度利润总额低于500万元人民币。

第九章　资本弱化管理

第八十五条　所得税法第四十六条所称不得在计算应纳税所得额时扣除的利息支出应按以下公式计算：

不得扣除利息支出＝年度实际支付的全部关联方利息×（1－标准比例/关联债资比例）

其中：

标准比例是指《财政部　国家税务总局关于企业关联方利息支出税前扣除标准有关税收政策问题的通知》（财税〔2008〕121号）规定的比例。

关联债资比例是指根据所得税法第四十六条及所得税法实施条例第一百一十九的规定，企业从其全部关联方接受的债权性投资（以下简称关联债权投资）占企业接受的权益性投资（以下简称权益投资）的比例，关联债权投资包括关联方以各种形式提供担保的债权性投资。

第八十六条　关联债资比例的具体计算方法如下：

关联债资比例＝年度各月平均关联债权投资之和/年度各月平均权益投资之和

其中：

各月平均关联债权投资＝（关联债权投资月初账面余额＋月末账面余额）/2

各月平均权益投资＝（权益投资月初账面余额＋月末账面余额）/2

权益投资为企业资产负债表所列示的所有者权益金额。如果所有者权益小于实收资本（股本）与资本公积之和，则权益投资为实收资本（股本）与资本公积之和；如果实收资本（股本）与资本公积之和小于实收资本（股本）金额，则权益投资为实收资本（股本）金额。

第八十七条　所得税法第四十六条所称的利息支出包括直接或间接关联债权投资实际支付的利息、担保费、抵押费和其他具有利息性质的费用。

第八十八条　所得税法第四十六条规定不得在计算应纳税所得额时扣除的利息支出，不得结转到以后纳税年度；应按照实际支付给各关联方利息占关联方利息总额的比例，在各关联方之间进行分配，其中，分配给实际税负高于企业的境内关联方的利息准予扣除；直接或间接实际支付给境外关联方的利息应视同分配的股息，按照股息和利息分别适用的所得税税率差补征企业所得税，如已扣缴的所得税税款多于按股息计算应征所得税税款，多出的部分不予退税。

第八十九条 企业关联债资比例超过标准比例的利息支出，如要在计算应纳税所得额时扣除，除遵照本办法第三章规定外，还应准备、保存、并按税务机关要求提供以下同期资料，证明关联债权投资金额、利率、期限、融资条件以及债资比例等均符合独立交易原则：

（一）企业偿债能力和举债能力分析；

（二）企业集团举债能力及融资结构情况分析；

（三）企业注册资本等权益投资的变动情况说明；

（四）关联债权投资的性质、目的及取得时的市场状况；

（五）关联债权投资的货币种类、金额、利率、期限及融资条件；

（六）企业提供的抵押品情况及条件；

（七）担保人状况及担保条件；

（八）同类同期贷款的利率情况及融资条件；

（九）可转换公司债券的转换条件；

（十）其他能够证明符合独立交易原则的资料。[①]

第九十条 企业未按规定准备、保存和提供同期资料证明关联债权投资金额、利率、期限、融资条件以及债资比例等符合独立交易原则的，其超过标准比例的关联方利息支出，不得在计算应纳税所得额时扣除。

第九十一条 本章所称“实际支付利息”是指企业按照权责发生制原则计入相关成本、费用的利息。

企业实际支付关联方利息存在转让定价问题的，税务机关应首先按照本办法第五章的有关规定实施转让定价调查调整。

第十章 一般反避税管理

第九十二条 税务机关可依据所得税法第四十七条及所得税法实施条例第一百二十条的规定对存在以下避税安排的企业，启动一般反避税调查：

（一）滥用税收优惠；

（二）滥用税收协定；

（三）滥用公司组织形式；

（四）利用避税港避税；

（五）其他不具有合理商业目的的安排。

第九十三条 税务机关应按照实质重于形式的原则审核企业是否存在避税

① 条款废止。第八十九条废止。参见：《国家税务总局关于完善关联申报和同期资料管理有关事项的公告》，国家税务总局公告 2016 年第 42 号。

安排，并综合考虑安排的以下内容：

（一）安排的形式和实质；

（二）安排订立的时间和执行期间；

（三）安排实现的方式；

（四）安排各个步骤或组成部分之间的联系；

（五）安排涉及各方财务状况的变化；

（六）安排的税收结果。

第九十四条 税务机关应按照经济实质对企业的避税安排重新定性，取消企业从避税安排获得的税收利益。对于没有经济实质的企业，特别是设在避税港并导致其关联方或非关联方避税的企业，可在税收上否定该企业的存在。

第九十五条 税务机关启动一般反避税调查时，应按照征管法及其实施细则的有关规定向企业送达《税务检查通知书》。企业应自收到通知书之日起60日内提供资料证明其安排具有合理的商业目的。企业未在规定期限内提供资料，或提供资料不能证明安排具有合理商业目的的，税务机关可根据已掌握的信息实施纳税调整，并向企业送达《特别纳税调查调整通知书》。

第九十六条 税务机关实施一般反避税调查，可按照征管法第五十七条的规定要求避税安排的筹划方如实提供有关资料及证明材料。

第九十七条 一般反避税调查及调整须层报国家税务总局批准。

第十一章 相应调整及国际磋商①

第九十八条 关联交易一方被实施转让定价调查调整的，应允许另一方做相应调整，以消除双重征税。相应调整涉及税收协定国家（地区）关联方的，经企业申请，国家税务总局与税收协定缔约对方税务主管当局根据税收协定有关相互协商程序的规定开展磋商谈判。

第九十九条 涉及税收协定国家（地区）关联方的转让定价相应调整，企业应同时向国家税务总局和主管税务机关提出书面申请，报送《启动相互协商程序申请书》，并提供企业或其关联方被转让定价调整的通知书复印件等有关资料。

第一百条 企业应自企业或其关联方收到转让定价调整通知书之日起三年内提出相应调整的申请，超过三年的，税务机关不予受理。

第一百零一条 税务机关对企业实施转让定价调整，涉及企业向境外关联方支付利息、租金、特许权使用费等已扣缴的税款，不再做相应调整。

---

① 条款废止。第十一章、第十二章自2017年5月1日起废止。参见：《国家税务总局关于发布〈特别纳税调整及相互协商程序管理办法〉的公告》，国家税务总局公告2017年第6号。

第一百零二条 国家税务总局按照本办法第六章规定接受企业谈签双边或多边预约定价安排申请的，应与税收协定缔约对方税务主管当局根据税收协定相互协商程序的有关规定开展磋商谈判。

第一百零三条 相应调整或相互磋商的结果，由国家税务总局以书面形式经主管税务机关送达企业。

第一百零四条 本办法第九章所称不得在计算应纳税所得额时扣除的利息支出以及视同股息分配的利息支出，不适用本章相应调整的规定。

第十二章 法律责任①

第一百零五条 企业未按照本办法的规定向税务机关报送企业年度关联业务往来报告表，或者未保存同期资料或其他相关资料的，依照征管法第六十条和第六十二条的规定处理。

第一百零六条 企业拒绝提供同期资料等关联交易的相关资料，或者提供虚假、不完整资料，未能真实反映其关联业务往来情况的，依照征管法第七十条、征管法实施细则第九十六条、所得税法第四十四条及所得税法实施条例第一百一十五条的规定处理。

第一百零七条 税务机关根据所得税法及其实施条例的规定，对企业做出特别纳税调整的，应对2008年1月1日以后发生交易补征的企业所得税税款，按日加收利息。

（一）计息期间自税款所属纳税年度的次年6月1日起至补缴（预缴）税款入库之日止。

（二）利息率按照税款所属纳税年度12月31日实行的与补税期间同期的中国人民银行人民币贷款基准利率（以下简称“基准利率”）加5个百分点计算，并按一年365天折算日利息率。

（三）企业按照本办法规定提供同期资料和其他相关资料的，或者企业符合本办法第十五条的规定免于准备同期资料但根据税务机关要求提供其他相关资料的，可以只按基准利率计算加收利息。

企业按照本办法第十五条第（一）项的规定免于准备同期资料，但经税务机关调查，其实际关联交易额达到必须准备同期资料的标准的，税务机关对补征税款加收利息，适用本条第（二）项规定。

（四）按照本条规定加收的利息，不得在计算应纳税所得额时扣除。

第一百零八条 企业在税务机关做出特别纳税调整决定前预缴税款的，收到调整补税通知书后补缴税款时，按照应补缴税款所属年度的先后顺序确定

① 条款废止。第十一章、第十二章自2017年5月1日起废止。参见：《国家税务总局关于发布〈特别纳税调整及相互协商程序管理办法〉的公告》，国家税务总局公告2017年第6号。

已预缴税款的所属年度，以预缴入库日为截止日，分别计算应加收的利息额。

第一百零九条 企业对特别纳税调整应补征的税款及利息，应在税务机关调整通知书规定的期限内缴纳入库。企业有特殊困难，不能按期缴纳税款的，应依照征管法第三十一条及征管法实施细则第四十一条和第四十二条的有关规定办理延期缴纳税款。逾期不申请延期又不缴纳税款的，税务机关应按照征管法第三十二条及其他有关规定处理。

第十三章 附 则

第一百一十条 税务机关对转让定价管理和预约定价安排管理以外的其他特别纳税调整事项实施的调查调整程序可参照适用本办法第五章的有关规定。

第一百一十一条 各级国家税务局和地方税务局对企业实施特别纳税调查调整要加强联系，可根据需要组成联合调查组进行调查。

第一百一十二条 税务机关及其工作人员应依据《国家税务总局关于纳税人涉税保密信息管理暂行办法》（国税发〔2008〕93 号）等有关保密的规定保管、使用企业提供的信息资料。

第一百一十三条 本办法所规定期限的最后一日是法定休假日的，以休假日期满的次日为期限的最后一日；在期限内有连续 3 日以上法定休假日的，按休假日天数顺延。

第一百一十四条 本办法所涉及的“以上”、“以下”、“日内”、“之日”、“之前”、“少于”、“低于”、“超过”等均包含本数。

第一百一十五条 被调查企业在税务机关实施特别纳税调查调整期间申请变更经营地址或注销税务登记的，税务机关在调查结案前原则上不予办理税务变更、注销手续。

第一百一十六条 企业按本办法第三章的规定准备 2008 纳税年度发生关联交易的同期资料，可延期至 2009 年 12 月 31 日。

第一百一十七条 本办法由国家税务总局负责解释和修订。

第一百一十八条 本办法自 2008 年 1 月 1 日起施行。《国家税务总局关于关联企业间业务往来税务管理规程（试行）》（国税发〔1998〕59 号）、《国家税务总局关于修订〈关联企业间业务往来税务管理规程（试行）〉的通知》（国税发〔2004〕143 号）和《国家税务总局关于关联企业间业务往来预约定价实施规则》（国税发〔2004〕118 号）同时废止。在本办法发布前实施的有关规定与本办法不一致的，以本办法为准。

国家税务总局关于简化判定中国居民股东控制外国企业所在国实际税负的通知

2009年1月21日　国税函〔2009〕37号

【要点指引】受控外国企业管理是《中华人民共和国企业所得税法》第四十五条、《中华人民共和国企业所得税法实施条例》第一百一十八条和《国家税务总局关于印发〈特别纳税调整实施办法（试行）〉的通知》（国税发〔2009〕2号）第八章相关规定中的一项重要内容。《国家税务总局关于简化判定中国居民股东控制外国企业所在国实际税负的通知》（国税函〔2009〕37号）通过列举法，对“实际税负低于我国法定税率50%的地区”之规定进行说明，明确将设在美国等12国的中国居民控股的外国公司不纳入受控外国企业的管辖范围，同时明确由纳税人提供资料证明其控制的外国企业设立在上述国家（地区）。

各省、自治区、直辖市和计划单列市国家税务局、地方税务局：

根据《中华人民共和国企业所得税法》第四十五条的规定，为了简化判定由中国居民企业，或者由中国居民企业和居民个人控制的外国企业的实际税负，现明确如下：

中国居民企业或居民个人能够提供资料证明其控制的外国企业设立在美国、英国、法国、德国、日本、意大利、加拿大、澳大利亚、印度、南非、新西兰和挪威的，可免于将该外国企业不作分配或者减少分配的利润视同股息分配额，计入中国居民企业的当期所得。

国家税务总局关于关联股权债权交易适用特别纳税调整法律法规及有关规定的批复

2012年6月6日　国税函〔2012〕262号

【要点指引】由于《国家税务总局关于印发〈特别纳税调整实施办法（试行）〉的通知》（国税发〔2009〕2号，以下简称《通知》），以及其他税收规范性文件中并没有明确列举股权债权为关联交易类型，造成在特别纳税调整实务操作中针对股权债权交易是否适用《通知》的规定缺乏依据，税企间引发了较多争议。2012 年，四川省国家税务局向国家税务总局提出《关于股权债权交易是否适用特别纳税调整有关法律法规政策制度的请示》(川国税发〔2012〕5 号)，请国家税务总局予以明确。2012 年 6 月 6 日，国家税务总局根据《中华人民共和国企业所得税法》及其实施条例、《中华人民共和国税收征收管理法》及其实施细则的有关规定，明确股权或债权的关联交易属于关联业务往来的内容，应当适用特别纳税调整的法律法规及有关规定。

四川省国家税务局：

你局《关于股权债权交易是否适用特别纳税调整有关法律法规政策制度的请示》(川国税发〔2012〕5 号) 收悉。关于你局对某企业进行股权关联交易调查涉及的关联股权或债权交易的法律适用问题，经研究，现批复如下：

根据《中华人民共和国企业所得税法》及其实施条例、《中华人民共和国税收征收管理法》及其实施细则的有关规定，股权或债权的关联交易属于关联业务往来的内容，应当适用特别纳税调整的法律法规及有关规定。

一般反避税管理办法（试行）

2014 年 12 月 2 日　国家税务总局令第 32 号

【要点指引】《一般反避税管理办法（试行）》(国家税务总局令第 32 号，以下简称《办法》) 的出台有着深刻的国内外背景：一是二十国集团 (G20) 框架下打击国际逃避税行动，二是中国面临着严峻的反避税形势，三是中国一般反避税的相关法律亟须完善。《中华人民共和国企业所得税法》第四十七条、《中华人民共和国企业所得税法实施条例》第一百二十条和《特别纳税调整实施办法（试行）》(国税发〔2009〕2 号) 第十章等法律法规提供了一般反避税管理的原则性规定，但一直缺乏一套全面、综合的管理办法来规范各地税务机关的操作流程和执行标准。《办法》出台后，进一步明确了一般反避税的适用范围和判断标准，也明确了“税收利益”的含义、“避税安排”的主要特征等概念和问题。此外，《办法》还规定了一套严谨的一般反避税管理程序，贯穿立案、调查、结案三个阶段，并对每个阶段中不同层级税务机关承担的职能和权限作出详细且具有可操作性的规定，旨在通过严谨的程序来保证一般反避税措施能够透明、公平和公正地执行。《办法》也赋予被调查企业提出异议、申请救济、协调解决争议等权利，切实保护了纳税人的合法权利。

《一般反避税管理办法（试行）》已经2014年11月25日国家税务总局2014年度第3次局务会议审议通过，现予公布，自2015年2月1日起施行。

国家税务总局局长：王　军

一般反避税管理办法（试行）

第一章　总　　则

第一条　为规范一般反避税管理，根据《中华人民共和国企业所得税法》（以下简称企业所得税法）及其实施条例、《中华人民共和国税收征收管理法》（以下简称税收征管法）及其实施细则，制定本办法。

第二条　本办法适用于税务机关按照企业所得税法第四十七条、企业所得税法实施条例第一百二十条的规定，对企业实施的不具有合理商业目的而获取税收利益的避税安排，实施的特别纳税调整。

下列情况不适用本办法：

（一）与跨境交易或者支付无关的安排；

（二）涉嫌逃避缴纳税款、逃避追缴欠税、骗税、抗税以及虚开发票等税收违法行为。

第三条　税收利益是指减少、免除或者推迟缴纳企业所得税应纳税额。

第四条　避税安排具有以下特征：

（一）以获取税收利益为唯一目的或者主要目的；

（二）以形式符合税法规定、但与其经济实质不符的方式获取税收利益。

第五条　税务机关应当以具有合理商业目的和经济实质的类似安排为基准，按照实质重于形式的原则实施特别纳税调整。调整方法包括：

（一）对安排的全部或者部分交易重新定性；

（二）在税收上否定交易方的存在，或者将该交易方与其他交易方视为同一实体；

（三）对相关所得、扣除、税收优惠、境外税收抵免等重新定性或者在交易各方间重新分配；

（四）其他合理方法。

第六条　企业的安排属于转让定价、成本分摊、受控外国企业、资本弱化等其他特别纳税调整范围的，应当首先适用其他特别纳税调整相关规定。

企业的安排属于受益所有人、利益限制等税收协定执行范围的，应当首先适用税收协定执行的相关规定。

第二章 立 案

第七条 各级税务机关应当结合工作实际，应用各种数据资源，如企业所得税汇算清缴、纳税评估、同期资料管理、对外支付税务管理、股权转让交易管理、税收协定执行等，及时发现一般反避税案源。

第八条 主管税务机关发现企业存在避税嫌疑的，层报省、自治区、直辖市和计划单列市（以下简称省）税务机关复核同意后，报税务总局申请立案。

第九条 省税务机关应当将税务总局形成的立案申请审核意见转发主管税务机关。税务总局同意立案的，主管税务机关实施一般反避税调查。

第三章 调 查

第十条 主管税务机关实施一般反避税调查时，应当向被调查企业送达《税务检查通知书》。

第十一条 被调查企业认为其安排不属于本办法所称避税安排的，应当自收到《税务检查通知书》之日起60日内提供下列资料：

（一）安排的背景资料；

（二）安排的商业目的等说明文件；

（三）安排的内部决策和管理资料，如董事会决议、备忘录、电子邮件等；

（四）安排涉及的详细交易资料，如合同、补充协议、收付款凭证等；

（五）与其他交易方的沟通信息；

（六）可以证明其安排不属于避税安排的其他资料；

（七）税务机关认为有必要提供的其他资料。

企业因特殊情况不能按期提供的，可以向主管税务机关提交书面延期申请，经批准可以延期提供，但是最长不得超过30日。主管税务机关应当自收到企业延期申请之日起15日内书面回复。逾期未回复的，视同税务机关同意企业的延期申请。

第十二条 企业拒绝提供资料的，主管税务机关可以按照税收征管法第三十五条的规定进行核定。

第十三条 主管税务机关实施一般反避税调查时，可以要求为企业筹划安排的单位或者个人（以下简称筹划方）提供有关资料及证明材料。

第十四条 一般反避税调查涉及向筹划方、关联方以及与关联业务调查有关的其他企业调查取证的，主管税务机关应当送达《税务事项通知书》。

第十五条 主管税务机关审核企业、筹划方、关联方以及与关联业务调查有关的其他企业提供的资料，可以采用现场调查、发函协查和查阅公开信息等方式核实。需取得境外有关资料的，可以按有关规定启动税收情报交换程序，或者通过我驻外机构调查收集有关信息。涉及境外关联方相关资料的，主管税务机关也可以要求企业提供公证机构的证明。

第四章　结　　案

第十六条　主管税务机关根据调查过程中获得的相关资料，自税务总局同意立案之日起 9 个月内进行审核，综合判断企业是否存在避税安排，形成案件不予调整或者初步调整方案的意见和理由，层报省税务机关复核同意后，报税务总局申请结案。

第十七条　主管税务机关应当根据税务总局形成的结案申请审核意见，分别以下情况进行处理：

（一）同意不予调整的，向被调查企业下发《特别纳税调查结论通知书》；

（二）同意初步调整方案的，向被调查企业下发《特别纳税调查初步调整通知书》；

（三）税务总局有不同意见的，按照税务总局的意见修改后再次层报审核。

被调查企业在收到《特别纳税调查初步调整通知书》之日起 7 日内未提出异议的，主管税务机关应当下发《特别纳税调查调整通知书》。

被调查企业在收到《特别纳税调查初步调整通知书》之日起 7 日内提出异议，但是主管税务机关经审核后认为不应采纳的，应将被调查企业的异议及不应采纳的意见和理由层报省税务机关复核同意后，报税务总局再次申请结案。

被调查企业在收到《特别纳税调查初步调整通知书》之日起 7 日内提出异议，主管税务机关经审核后认为确需对调整方案进行修改的，应当将被调查企业的异议及修改后的调整方案层报省税务机关复核同意后，报税务总局再次申请结案。

第十八条　主管税务机关应当根据税务总局考虑企业异议形成的结案申请审核意见，分别以下情况进行处理：

（一）同意不应采纳企业所提异议的，向被调查企业下发《特别纳税调查调整通知书》；

（二）同意修改后调整方案的，向被调查企业下发《特别纳税调查调整通知书》；

（三）税务总局有不同意见的，按照税务总局的意见修改后再次层报审核。

第五章 争议处理

第十九条 被调查企业对主管税务机关作出的一般反避税调整决定不服的，可以按照有关法律法规的规定申请法律救济。

第二十条 主管税务机关作出的一般反避税调整方案导致国内双重征税的，由税务总局统一组织协调解决。

第二十一条 被调查企业认为我国税务机关作出的一般反避税调整，导致国际双重征税或者不符合税收协定规定征税的，可以按照税收协定及其相关规定申请启动相互协商程序。

第六章 附 则

第二十二条 本办法自2015年2月1日起施行。2015年2月1日前税务机关尚未结案处理的避税安排适用本办法。

国家税务总局关于规范成本分摊协议管理的公告

2015年6月16日 国家税务总局公告2015年第45号

【要点指引】《国家税务总局关于规范成本分摊协议管理的公告》（国家税务总局公告2015年第45号，以下简称《公告》）自2015年7月16日起施行，其目的是为贯彻落实《国务院关于取消非行政许可审批事项的决定》（国发〔2015〕27号）的相关要求。《公告》明确如下三个问题：(1) 建立成本分摊协议的报告制度；(2) 企业执行成本分摊协议，无须经过税务机关审核；(3) 不符合独立交易原则和成本与收益相匹配原则的成本分摊协议，税务机关有权实施特别纳税调查调整。《公告》取消了原有的审核程序，成为《公告》的一大亮点，为纳税人提供了便利，对税务机关后续管理提出了更高要求。

为贯彻落实《国务院关于取消非行政许可审批事项的决定》（国发〔2015〕27号），规范成本分摊协议管理，依据《中华人民共和国企业所得税法》及其实施条例、《中华人民共和国税收征收管理法》及其实施细则，现就有关事项公告如下：

一、企业应自与关联方签订（变更）成本分摊协议之日起30日内，向主管税务机关报送成本分摊协议副本，并在年度企业所得税纳税申报时，附送《中华人民共和国企业年度关联业务往来报告表》。

二、税务机关应当加强成本分摊协议的后续管理，对不符合独立交易原则和成本与收益相匹配原则的成本分摊协议，实施特别纳税调查调整。

三、企业执行成本分摊协议期间，参与方实际分享的收益与分摊的成本不配比的，应当根据实际情况做出补偿调整。参与方未做补偿调整的，税务机关应当实施特别纳税调查调整。

四、本公告自2015年7月16日起施行。《特别纳税调整实施办法（试行）》（国税发〔2009〕2号文件印发）第六十九条同时废止。

特此公告。

链 接

关于《国家税务总局关于规范成本分摊协议管理的公告》的解读

为贯彻落实《国务院关于取消非行政许可审批事项的决定》（国发〔2015〕27号），规范成本分摊协议管理，国家税务总局发布了《关于规范成本分摊协议管理的公告》（以下简称《公告》），现解读如下：

一、企业与其关联方签订（变更）成本分摊协议，应向税务机关提供哪些资料？

企业应自与关联方签订（变更）成本分摊协议之日起30日内，向主管税务机关报送成本分摊协议副本。企业与其关联方签订（变更）成本分摊协议，即意味着与其关联方发生了关联业务往来，无论该协议执行与否，均应在年度企业所得税纳税申报时，就其与关联方之间的业务往来附送《中华人民共和国企业年度关联业务往来报告表》。

二、企业执行成本分摊协议，是否应经税务机关审核？

企业执行成本分摊协议，无须经过税务机关审核。税务机关将加强对成本分摊协议的后续管理，如果成本分摊协议不符合独立交易原则和成本与收益相匹配的原则，税务机关将实施特别纳税调查调整。

三、企业执行成本分摊协议期间，是否应进行补偿调整？

企业执行成本分摊协议期间，参与方实际分享的收益与分摊的成本不配比的，应当根据实际情况做出补偿调整。参与方未做补偿调整的，税务机关将实施特别纳税调查调整。

四、《公告》何时开始施行？

《公告》自2015年7月16日起施行。《特别纳税调整实施办法（试行）》（国税发〔2009〕2号）第六十九条同时废止。

国家税务总局关于完善关联申报和同期资料管理有关事项的公告

2016年6月29日　国家税务总局公告2016年第42号

【要点指引】在税基侵蚀和利润转移（BEPS）行动计划中，同期资料和国别报告是参与国必须完成的四项标准之一。国家税务总局借鉴了BEPS行动计划第13项报告成果，进一步完善我国关联申报和同期资料管理有关事宜。《国家税务总局关于完善关联申报和同期资料管理有关事项的公告》（国家税务总局公告2016年第42号）主要明确以下问题：(1) 明确了关联申报的主体，修订完善了六种关联关系的判定标准以及五种关联交易类型（新增金融资产的转让）。(2) 明确了国别报告的报送主体、报送内容，以及对同期资料的种类、内容、准备条件和报送时限等进行了更加详细规定。(3) 发布《关联业务往来报告表（2016年版）》，本表架构更加合理，信息更加丰富。(4) 废止了《特别纳税调整实施办法（试行）》（国税发〔2009〕2号）部分内容。

为进一步完善关联申报和同期资料管理，根据《中华人民共和国企业所得税法》（以下简称企业所得税法）及其实施条例、《中华人民共和国税收征收管理法》（以下简称税收征管法）及其实施细则的有关规定，现就有关问题公告如下：

一、实行查账征收的居民企业和在中国境内设立机构、场所并据实申报缴纳企业所得税的非居民企业向税务机关报送年度企业所得税纳税申报表时，应当就其与关联方之间的业务往来进行关联申报，附送《中华人民共和国企业年度关联业务往来报告表（2016年版）》。

二、企业与其他企业、组织或者个人具有下列关系之一的，构成本公告所称关联关系：

（一）一方直接或者间接持有另一方的股份总和达到25%以上；双方直接或者间接同为第三方所持有的股份达到25%以上。

如果一方通过中间方对另一方间接持有股份，只要其对中间方持股比例达到25%以上，则其对另一方的持股比例按照中间方对另一方的持股比例计算。

两个以上具有夫妻、直系血亲、兄弟姐妹以及其他抚养、赡养关系的自然人共同持股同一企业，在判定关联关系时持股比例合并计算。

（二）双方存在持股关系或者同为第三方持股，虽持股比例未达到本条第

（一）项规定，但双方之间借贷资金总额占任一方实收资本比例达到50%以上，或者一方全部借贷资金总额的10%以上由另一方担保（与独立金融机构之间的借贷或者担保除外）。

借贷资金总额占实收资本比例=年度加权平均借贷资金/年度加权平均实收资本，其中：

$$年度加权平均借贷资金=\sum_{i=1}^{n} i\ 笔借入或者贷出资金账面金额\times i\ 笔借入或者贷出资金年度实际占用天数/365$$

$$年度加权平均实收资本=\sum_{i=1}^{n} i\ 笔实收资本账面金额\times i\ 笔实收资本年度实际占用天数/365$$

（三）双方存在持股关系或者同为第三方持股，虽持股比例未达到本条第（一）项规定，但一方的生产经营活动必须由另一方提供专利权、非专利技术、商标权、著作权等特许权才能正常进行。

（四）双方存在持股关系或者同为第三方持股，虽持股比例未达到本条第（一）项规定，但一方的购买、销售、接受劳务、提供劳务等经营活动由另一方控制。

上述控制是指一方有权决定另一方的财务和经营政策，并能据以从另一方的经营活动中获取利益。

（五）一方半数以上董事或者半数以上高级管理人员（包括上市公司董事会秘书、经理、副经理、财务负责人和公司章程规定的其他人员）由另一方任命或者委派，或者同时担任另一方的董事或者高级管理人员；或者双方各自半数以上董事或者半数以上高级管理人员同为第三方任命或者委派。

（六）具有夫妻、直系血亲、兄弟姐妹以及其他抚养、赡养关系的两个自然人分别与双方具有本条第（一）至（五）项关系之一。

（七）双方在实质上具有其他共同利益。

除本条第（二）项规定外，上述关联关系年度内发生变化的，关联关系按照实际存续期间认定。

三、仅因国家持股或者由国有资产管理部门委派董事、高级管理人员而存在本公告第二条第（一）至（五）项关系的，不构成本公告所称关联关系。

四、关联交易主要包括：

（一）有形资产使用权或者所有权的转让。有形资产包括商品、产品、房屋建筑物、交通工具、机器设备、工具器具等。

（二）金融资产的转让。金融资产包括应收账款、应收票据、其他应收款项、股权投资、债权投资和衍生金融工具形成的资产等。

（三）无形资产使用权或者所有权的转让。无形资产包括专利权、非专利技术、商业秘密、商标权、品牌、客户名单、销售渠道、特许经营权、政府许可、著作权等。

（四）资金融通。资金包括各类长短期借贷资金（含集团资金池）、担保费、各类应计息预付款和延期收付款等。

（五）劳务交易。劳务包括市场调查、营销策划、代理、设计、咨询、行政管理、技术服务、合约研发、维修、法律服务、财务管理、审计、招聘、培训、集中采购等。

五、存在下列情形之一的居民企业，应当在报送年度关联业务往来报告表时，填报国别报告：

（一）该居民企业为跨国企业集团的最终控股企业，且其上一会计年度合并财务报表中的各类收入金额合计超过55亿元。

最终控股企业是指能够合并其所属跨国企业集团所有成员实体财务报表的，且不能被其他企业纳入合并财务报表的企业。

成员实体应当包括：

1. 实际已被纳入跨国企业集团合并财务报表的任一实体。

2. 跨国企业集团持有该实体股权且按公开证券市场交易要求应被纳入但实际未被纳入跨国企业集团合并财务报表的任一实体。

3. 仅由于业务规模或者重要性程度而未被纳入跨国企业集团合并财务报表的任一实体。

4. 独立核算并编制财务报表的常设机构。

（二）该居民企业被跨国企业集团指定为国别报告的报送企业。

国别报告主要披露最终控股企业所属跨国企业集团所有成员实体的全球所得、税收和业务活动的国别分布情况。

六、最终控股企业为中国居民企业的跨国企业集团，其信息涉及国家安全的，可以按照国家有关规定，豁免填报部分或者全部国别报告。

七、税务机关可以按照我国对外签订的协定、协议或者安排实施国别报告的信息交换。

八、企业虽不属于本公告第五条规定填报国别报告的范围，但其所属跨国企业集团按照其他国家有关规定应当准备国别报告，且符合下列条件之一的，税务机关可以在实施特别纳税调查时要求企业提供国别报告：

（一）跨国企业集团未向任何国家提供国别报告。

（二）虽然跨国企业集团已向其他国家提供国别报告，但我国与该国尚未建立国别报告信息交换机制。

（三）虽然跨国企业集团已向其他国家提供国别报告，且我国与该国已建立国别报告信息交换机制，但国别报告实际未成功交换至我国。

九、企业在规定期限内报送年度关联业务往来报告表确有困难，需要延期的，应当按照税收征管法及其实施细则的有关规定办理。

十、企业应当依据企业所得税法实施条例第一百一十四条的规定，按纳税年度准备并按税务机关要求提供其关联交易的同期资料。

同期资料包括主体文档、本地文档和特殊事项文档。

十一、符合下列条件之一的企业，应当准备主体文档：

（一）年度发生跨境关联交易，且合并该企业财务报表的最终控股企业所属企业集团已准备主体文档。

（二）年度关联交易总额超过10亿元。

十二、主体文档主要披露最终控股企业所属企业集团的全球业务整体情况，包括以下内容：

（一）组织架构

以图表形式说明企业集团的全球组织架构、股权结构和所有成员实体的地理分布。成员实体是指企业集团内任一营运实体，包括公司制企业、合伙企业和常设机构等。

（二）企业集团业务

1. 企业集团业务描述，包括利润的重要价值贡献因素。

2. 企业集团营业收入前五位以及占营业收入超过5%的产品或者劳务的供应链及其主要市场地域分布情况。供应链情况可以采用图表形式进行说明。

3. 企业集团除研发外的重要关联劳务及简要说明，说明内容包括主要劳务提供方提供劳务的胜任能力、分配劳务成本以及确定关联劳务价格的转让定价政策。

4. 企业集团内各成员实体主要价值贡献分析，包括执行的关键功能、承担的重大风险以及使用的重要资产。

5. 企业集团会计年度内发生的业务重组，产业结构调整，集团内企业功能、风险或者资产的转移。

6. 企业集团会计年度内发生的企业法律形式改变、债务重组、股权收购、资产收购、合并、分立等。

（三）无形资产

1. 企业集团开发、应用无形资产及确定无形资产所有权归属的整体战略，包括主要研发机构所在地和研发管理活动发生地及其主要功能、风险、资产和人员情况。

2. 企业集团对转让定价安排有显著影响的无形资产或者无形资产组合，以及对应的无形资产所有权人。

3. 企业集团内各成员实体与其关联方的无形资产重要协议清单，重要协议包括成本分摊协议、主要研发服务协议和许可协议等。

4. 企业集团内与研发活动及无形资产相关的转让定价政策。

5. 企业集团会计年度内重要无形资产所有权和使用权关联转让情况，包括转让涉及的企业、国家以及转让价格等。

（四）融资活动

1. 企业集团内部各关联方之间的融资安排以及与非关联方的主要融资安排。

2. 企业集团内提供集中融资功能的成员实体情况，包括其注册地和实际管理机构所在地。

3. 企业集团内部各关联方之间融资安排的总体转让定价政策。

（五）财务与税务状况

1. 企业集团最近一个会计年度的合并财务报表。

2. 企业集团内各成员实体签订的单边预约定价安排、双边预约定价安排以及涉及国家之间所得分配的其他税收裁定的清单及简要说明。

3. 报送国别报告的企业名称及其所在地。

十三、年度关联交易金额符合下列条件之一的企业，应当准备本地文档：

（一）有形资产所有权转让金额（来料加工业务按照年度进出口报关价格计算）超过2亿元。

（二）金融资产转让金额超过1亿元。

（三）无形资产所有权转让金额超过1亿元。

（四）其他关联交易金额合计超过4000万元。

十四、本地文档主要披露企业关联交易的详细信息，包括以下内容：

（一）企业概况

1. 组织结构，包括企业各职能部门的设置、职责范围和雇员数量等。

2. 管理架构，包括企业各级管理层的汇报对象以及汇报对象主要办公所在地等。

3. 业务描述，包括企业所属行业的发展概况、产业政策、行业限制等影响企业和行业的主要经济和法律问题，主要竞争者等。

4. 经营策略，包括企业各部门、各环节的业务流程，运营模式，价值贡献因素等。

5. 财务数据，包括企业不同类型业务及产品的收入、成本、费用及利润。

6. 涉及本企业或者对本企业产生影响的重组或者无形资产转让情况，以及对本企业的影响分析。

（二）关联关系

1. 关联方信息，包括直接或者间接拥有企业股权的关联方，以及与企业发生交易的关联方，内容涵盖关联方名称、法定代表人、高级管理人员的构成情况、注册地址、实际经营地址，以及关联个人的姓名、国籍、居住地等情况。

2. 上述关联方适用的具有所得税性质的税种、税率及相应可享受的税收优惠。

3. 本会计年度内，企业关联关系的变化情况。

（三）关联交易

1. 关联交易概况

（1）关联交易描述和明细，包括关联交易相关合同或者协议副本及其执行情况的说明，交易标的的特性，关联交易的类型、参与方、时间、金额、结算货币、交易条件、贸易形式，以及关联交易与非关联交易业务的异同等。

（2）关联交易流程，包括关联交易的信息流、物流和资金流，与非关联交易业务流程的异同。

（3）功能风险描述，包括企业及其关联方在各类关联交易中执行的功能、承担的风险和使用的资产。

（4）交易定价影响要素，包括关联交易涉及的无形资产及其影响，成本节约、市场溢价等地域特殊因素。地域特殊因素应从劳动力成本、环境成本、市场规模、市场竞争程度、消费者购买力、商品或者劳务的可替代性、政府管制等方面进行分析。

（5）关联交易数据，包括各关联方、各类关联交易涉及的交易金额。分别披露关联交易和非关联交易的收入、成本、费用和利润，不能直接归集的，按照合理比例划分，并说明该划分比例的依据。

2. 价值链分析

（1）企业集团内业务流、物流和资金流，包括商品、劳务或者其他交易标的从设计、开发、生产制造、营销、销售、交货、结算、消费、售后服务、循环利用等各环节及其参与方。

（2）上述各环节参与方最近会计年度的财务报表。

（3）地域特殊因素对企业创造价值贡献的计量及其归属。

（4）企业集团利润在全球价值链条中的分配原则和分配结果。

3. 对外投资

（1）对外投资基本信息，包括对外投资项目的投资地区、金额、主营业务及战略规划。

（2）对外投资项目概况，包括对外投资项目的股权架构、组织结构，高级管理人员的雇佣方式，项目决策权限的归属。

（3）对外投资项目数据，包括对外投资项目的营运数据。

4. 关联股权转让

（1）股权转让概况，包括转让背景、参与方、时间、价格、支付方式，以及影响股权转让的其他因素。

（2）股权转让标的的相关信息，包括股权转让标的所在地，出让方获取该股权的时间、方式和成本，股权转让收益等信息。

（3）尽职调查报告或者资产评估报告等与股权转让相关的其他信息。

5. 关联劳务

（1）关联劳务概况，包括劳务提供方和接受方，劳务的具体内容、特性、开展方式、定价原则、支付形式，以及劳务发生后各方受益情况等。

（2）劳务成本费用的归集方法、项目、金额、分配标准、计算过程及结果等。

（3）企业及其所属企业集团与非关联方存在相同或者类似劳务交易的，还应当详细说明关联劳务与非关联劳务在定价原则和交易结果上的异同。

6. 与企业关联交易直接相关的，中国以外其他国家税务主管当局签订的预约定价安排和作出的其他税收裁定。

（四）可比性分析

1. 可比性分析考虑的因素，包括交易资产或者劳务特性，交易各方功能、风险和资产，合同条款，经济环境，经营策略等。

2. 可比企业执行的功能、承担的风险以及使用的资产等相关信息。

3. 可比对象搜索方法、信息来源、选择条件及理由。

4. 所选取的内部或者外部可比非受控交易信息和可比企业的财务信息。

5. 可比数据的差异调整及理由。

（五）转让定价方法的选择和使用

1. 被测试方的选择及理由。

2. 转让定价方法的选用及理由，无论选择何种转让定价方法，均须说明企业对集团整体利润或者剩余利润所做的贡献。

3. 确定可比非关联交易价格或者利润的过程中所做的假设和判断。

4. 运用合理的转让定价方法和可比性分析结果，确定可比非关联交易价格或者利润。

5. 其他支持所选用转让定价方法的资料。

6. 关联交易定价是否符合独立交易原则的分析及结论。

十五、特殊事项文档包括成本分摊协议特殊事项文档和资本弱化特殊事项文档。

企业签订或者执行成本分摊协议的，应当准备成本分摊协议特殊事项文档。

企业关联债资比例超过标准比例需要说明符合独立交易原则的，应当准备资本弱化特殊事项文档。

十六、成本分摊协议特殊事项文档包括以下内容：

（一）成本分摊协议副本。

（二）各参与方之间达成的为实施成本分摊协议的其他协议。

（三）非参与方使用协议成果的情况、支付的金额和形式，以及支付金额在参与方之间的分配方式。

（四）本年度成本分摊协议的参与方加入或者退出的情况，包括加入或者退出的参与方名称、所在国家和关联关系，加入支付或者退出补偿的金额及形式。

（五）成本分摊协议的变更或者终止情况，包括变更或者终止的原因、对已形成协议成果的处理或者分配。

（六）本年度按照成本分摊协议发生的成本总额及构成情况。

（七）本年度各参与方成本分摊的情况，包括成本支付的金额、形式和对象，作出或者接受补偿支付的金额、形式和对象。

（八）本年度协议预期收益与实际收益的比较以及由此作出的调整。

（九）预期收益的计算，包括计量参数的选取、计算方法和改变理由。

十七、资本弱化特殊事项文档包括以下内容：

（一）企业偿债能力和举债能力分析。

（二）企业集团举债能力及融资结构情况分析。

（三）企业注册资本等权益投资的变动情况说明。

（四）关联债权投资的性质、目的及取得时的市场状况。

（五）关联债权投资的货币种类、金额、利率、期限及融资条件。

（六）非关联方是否能够并且愿意接受上述融资条件、融资金额及利率。

（七）企业为取得债权性投资而提供的抵押品情况及条件。

（八）担保人状况及担保条件。

（九）同类同期贷款的利率情况及融资条件。

（十）可转换公司债券的转换条件。

（十一）其他能够证明符合独立交易原则的资料。

十八、企业执行预约定价安排的，可以不准备预约定价安排涉及关联交易的本地文档和特殊事项文档，且关联交易金额不计入本公告第十三条规定的关联交易金额范围。

企业仅与境内关联方发生关联交易的，可以不准备主体文档、本地文档和特殊事项文档。

十九、主体文档应当在企业集团最终控股企业会计年度终了之日起 12 个月内准备完毕；本地文档和特殊事项文档应当在关联交易发生年度次年 6 月

30日之前准备完毕。同期资料应当自税务机关要求之日起30日内提供。

二十、企业因不可抗力无法按期提供同期资料的，应当在不可抗力消除后30日内提供同期资料。

二十一、同期资料应当使用中文，并标明引用信息资料的出处来源。

二十二、同期资料应当加盖企业印章，并由法定代表人或者法定代表人授权的代表签章。

二十三、企业合并、分立的，应当由合并、分立后的企业保存同期资料。

二十四、同期资料应当自税务机关要求的准备完毕之日起保存10年。

二十五、企业依照有关规定进行关联申报、提供同期资料及有关资料的，税务机关实施特别纳税调查补征税款时，可以依据企业所得税法实施条例第一百二十二条的规定，按照税款所属纳税年度中国人民银行公布的与补税期间同期的人民币贷款基准利率加收利息。

二十六、涉及港澳台地区的，参照本公告相关规定处理。

二十七、本公告适用于2016年及以后的会计年度。《特别纳税调整实施办法（试行）》（国税发〔2009〕2号文件印发）第二章、第三章、第七十四条和第八十九条、《中华人民共和国企业年度关联业务往来报告表》（国税发〔2008〕114号文件印发）同时废止。

特此公告。

附件：1. 中华人民共和国企业年度关联业务往来报告表（2016年版）（编者略）

2.《中华人民共和国企业年度关联业务往来报告表（2016年版）》填报说明（编者略）

链 接

关于《国家税务总局关于完善关联申报和同期资料管理有关事项的公告》的解读

为进一步完善关联申报和同期资料管理，国家税务总局借鉴税基侵蚀和利润转移（BEPS）行动计划第13项报告成果，发布了《国家税务总局关于完善关联申报和同期资料管理有关事项的公告》（国家税务总局公告2016年第42号，以下简称《公告》），现将《公告》解读如下：

一、背景和目的

近年来我国积极参与国际税收规则制定，特别是深度参与BEPS行动计划，代表发展中国家提出意见与建议，很多建议被最终成果所采纳。2015年

10月，BEPS项目15项行动计划顺利完成，并发布成果报告，这标志着BEPS行动计划步入成果转化、具体实施的新阶段。根据BEPS行动计划要求，同期资料和国别报告是增强税企间信息透明度的重要举措，也是各参与国必须完成的四项最低标准之一。为促进BEPS成果在我国的落实，我们结合多年反避税工作实践，发布了本公告，明确同期资料和国别报告的相关要求，同时对关联申报的内容加以细化。

二、《公告》的主要内容

《公告》对关联申报的主体，关联关系的判定，关联交易类型，国别报告的报送主体、报送内容，以及同期资料的种类、内容、准备条件和时限等进行了详细规定。

（一）明确关联申报的主体

明确实行查账征收的居民企业和在中国境内设立机构、场所并据实申报缴纳企业所得税的非居民企业，年度内与其关联方发生业务往来的，应当进行关联申报。

（二）修订关联关系判定标准

1. 在判断是否因持股关系构成关联关系时，增加两个以上具有夫妻、直系血亲、兄弟姐妹以及其他抚养、赡养关系的自然人共同持股同一企业，判定关联关系时持股比例合并计算的规定。

2. 在判断是否因资金借贷构成关联关系时，明确了借贷资金总额占实收资本比例的计算方法。

3. 在判断是否因董事或高级管理人员的任职构成关联关系时，提示性列举了高级管理人员的范围包括上市公司董事会秘书、经理、副经理、财务负责人和公司章程规定的其他人员。

4. 明确具有夫妻、直系血亲、兄弟姐妹以及其他抚养、赡养关系的两个自然人分别与待判定是否构成关联关系的双方因持股关系、资金借贷关系、生产经营需依赖特定特许权交易、控制关系以及董事或高级管理人员的任职构成关联关系的，待判定的双方也构成关联关系。例如，丈夫与A公司构成关联关系，妻子与B公司构成关联关系，则A公司和B公司构成关联关系。

5. 增加关联关系年度内发生变化，关联关系按照实际存续期间认定的规定。例如，2015年1月1日至3月31日，A公司拥有B公司50%的股权，但A公司在2015年4月1日向C公司出售其拥有的B公司的30%的股权，C公司持有该股权至2015年12月31日。在这种情况下，不考虑其他可能构成关联关系的情形，A公司与B公司在2015年1月1日至3月31日期间构成关联关系，C公司与B公司在2015年4月1日至2015年12月31日期间构成关联关系。

6. 排除了仅因国家持股或者由国有资产管理部门委派董事、高级管理人员导致构成关联关系的情形。

（三）增加关联交易的种类

《公告》增加了一项关联交易类型，即金融资产的转让。这里的金融资产包括应收账款、应收票据、其他应收款项、股权投资、债权投资和衍生金融工具形成的资产等。

（四）明确国别报告的报送主体和报送内容

国别报告是 BEPS 第 13 项行动计划《转让定价文档和国别报告》中的一项重要内容。《公告》将国别报告作为中华人民共和国企业年度关联业务往来报告表的附表，在年度企业所得税申报时一并报送。

1. 报送主体为我国居民企业，具体分为两类情形：

一是该居民企业为跨国企业集团的最终控股企业，且其上一会计年度合并财务报表中的各类收入金额合计超过 55 亿元。这里的最终控股企业是指能够合并其所属跨国企业集团所有成员实体财务报表的，且不能被其他企业纳入合并财务报表的企业。上述成员实体包括：（1）实际已被纳入跨国企业集团合并财务报表的任一实体；（2）跨国企业集团持有该实体股权且按公开证券市场交易要求应被纳入但实际未被纳入跨国企业集团合并财务报表的任一实体；（3）仅由于业务规模或者重要性程度而未被纳入跨国企业集团合并财务报表的任一实体；（4）独立核算并编制财务报表的常设机构。

二是该居民企业被跨国企业集团指定为国别报告的报送企业。

2. 国别报告主要通过"国别报告-所得、税收和业务活动国别分布表"、"国别报告-跨国企业集团成员实体名单"和"国别报告-附加说明表"三张表单披露最终控股企业所属企业集团所有成员实体的全球所得、税收和业务活动的国别分布情况。

3. 最终控股企业为中国居民企业的跨国企业集团，其信息涉及国家安全的，可以按照国家有关规定，豁免填报部分或者全部国别报告。

4. 国别报告应当以中英文双语填写，税务机关可以按照我国对外签订的协定、协议或者安排将使用英文填写的国别报告信息与其他税务主管当局进行交换。

5. 税务机关可以在实施特别纳税调查时要求以下被调查企业提供国别报告：（1）跨国企业集团未向任何国家提供国别报告；（2）虽然跨国企业集团已向其他国家提供国别报告，但我国与该国尚未建立国别报告信息交换机制；（3）虽然跨国企业集团已向其他国家提供国别报告，且我国与该国已建立国别报告信息交换机制，但国别报告实际未成功交换至我国。

（五）修改同期资料的准备要求

本公告将同期资料分为三种，分别是主体文档、本地文档和特殊事项文档。企业只要满足其中一种文档的准备条件就需要准备该种同期资料，存在企业需要准备多种文档的可能性。

1. 年度发生跨境关联交易且合并企业财务报表的最终控股企业所属企业集团已准备主体文档，或者年度关联交易总额超过10亿元的企业，应当准备主体文档。主体文档主要披露最终控股企业所属企业集团的全球业务整体情况。

2. 年度关联交易金额符合下列条件之一的企业，应当就其全部关联交易准备本地文档：

（1）有形资产所有权转让金额（来料加工业务按照年度进出口报关价格计算）超过2亿元。

（2）金融资产转让金额超过1亿元。

（3）无形资产所有权转让金额超过1亿元。

（4）其他关联交易金额合计超过4000万元。

3.《公告》强调本地文档披露信息的全面性、准确性和完整性，重点包括：

（1）企业组织结构、管理架构、业务描述、经营策略、财务数据、涉及本企业或者对本企业产生影响的重组或者无形资产转让情况等信息。

（2）关联方基本信息和关联关系变化情况。

（3）关联交易明细、流程和定价影响要素等信息。

（4）关联交易相关价值链的业务流、物流、资金流，地域特殊因素对企业创造价值贡献的计量，以及全环节利润的分配原则及分配结果等信息。

（5）对外投资、关联股权转让和关联劳务交易情况。

（6）与企业关联交易直接相关的，中国以外其他国家税务主管当局签订的预约定价安排和作出的其他税收裁定。

（7）可比性分析考虑的因素，可比企业执行的功能、承担的风险以及使用的资产等信息。

（8）转让定价方法的选择和使用。

4. 企业签订或者执行成本分摊协议的，应当准备成本分摊协议特殊事项文档。

5. 企业关联债资比例超过标准比例需要说明符合独立交易原则的，应当准备资本弱化特殊事项文档。

6. 企业执行预约定价安排的，可以不准备预约定价安排涉及关联交易的本地文档和特殊事项文档，且关联交易金额不计入计算本地文档准备条件的关联交易金额中。

7. 企业仅与境内关联方发生关联交易的，可以不准备主体文档、本地文档和特殊事项文档。

8. 主体文档应当在企业集团最终控股企业会计年度终了之日起12个月内准备完毕；本地文档和特殊事项文档应当在关联交易发生年度次年6月30日之前准备完毕。同期资料应当自税务机关要求之日起30日内提供。

9. 同期资料应当自税务机关要求的准备完毕之日起保存10年。

三、关联业务往来报告表（2016年版）的特点

新版的关联业务往来报告表（以下简称新版报告表）采取以企业会计核算为基础，对企业关联业务往来进行填报的方式。其主要特点有：

（一）架构合理

新版报告表围绕主表进行填报，主表数据全部从附表生成，既可以电子填报，又可以手工填写。在电子填报情况下，可实现部分表格由企业日常电子表格台账自动导入功能，表间数据信息共享。既能独立体现各类关联业务往来类型，又与主表相互关联，层级分明，内容清晰，填报便捷。

（二）信息丰富

新版报告表中既有关联业务往来信息，又有会计报表信息，同时还包括国别报告等信息，便于进行关联业务往来税收风险分析时提取信息、数据。

（三）繁简适度

新版报告表虽有22张，但纳税人可以根据自身的业务情况选择填报，充分考虑不同纳税人规模、业务情况，大部分企业可能仅填报9张表以内，与原报告表相近。有3张表第一年填报后，以后年度大部分信息可共享，比之前填报更加简化、便捷。

（四）信息共享

新版报告表作为企业所得税年度申报附送表，将与企业所得税年度申报表电子申报系统整合，实现与企业所得税年度申报表信息的共享，大部分信息前后年度可以共享，避免企业重复填报。

国家税务总局关于完善预约定价安排管理有关事项的公告

2016年10月11日　国家税务总局公告2016年第64号

【要点指引】《国家税务总局关于完善预约定价安排管理有关事项的公告》（国家税务总局公告2016年第64号，以下简称《公告》）于2016年10月11

日发布，自2016年12月1日起正式施行，目的是为进一步完善预约定价安排管理、落实税基侵蚀和利润转移（BEPS）行动计划。与《国家税务总局关于印发〈特别纳税调整实施办法（试行）〉的通知》（国税发〔2009〕2号）相比，《公告》的主要变化包括：（1）明确了由负责特别纳税调整事项的主管税务机关受理预约定价相关事宜；（2）明确了预约定价安排的谈签与执行经过预备会谈、谈签意向、分析评估、正式申请、协商签署和监控执行6个阶段；（3）强调了谈签意向的重要性；（4）增加了税务机关拒绝谈签意向、优先受理正式申请和拒绝正式申请的条款，优化了分析评估、监控执行等有关流程；（5）增加了单边预约定价安排信息交换条款，对信息交换做出了严格的保密规定。《公告》对于落实BEPS行动计划、增强税收确定性、避免国际重复征税起到了积极的促进作用，已成为我国预约定价安排管理制度的核心规范。

为进一步完善预约定价安排管理，执行我国政府对外签署的避免双重征税协定、协议或者安排（以下简称“税收协定”），根据《中华人民共和国企业所得税法》（以下简称“企业所得税法”）及其实施条例、《中华人民共和国税收征收管理法》（以下简称“税收征管法”）及其实施细则的有关规定，现就有关事项公告如下：

一、企业可以与税务机关就其未来年度关联交易的定价原则和计算方法达成预约定价安排。

二、预约定价安排的谈签与执行经过预备会谈、谈签意向、分析评估、正式申请、协商签署和监控执行6个阶段。预约定价安排包括单边、双边和多边3种类型。

三、预约定价安排适用于主管税务机关向企业送达接收其谈签意向的《税务事项通知书》之日所属纳税年度起3至5个年度的关联交易。

企业以前年度的关联交易与预约定价安排适用年度相同或者类似的，经企业申请，税务机关可以将预约定价安排确定的定价原则和计算方法追溯适用于以前年度该关联交易的评估和调整。追溯期最长为10年。

预约定价安排的谈签不影响税务机关对企业不适用预约定价安排的年度及关联交易的特别纳税调查调整和监控管理。

四、预约定价安排一般适用于主管税务机关向企业送达接收其谈签意向的《税务事项通知书》之日所属纳税年度前3个年度每年度发生的关联交易金额4000万元人民币以上的企业。

五、企业有谈签预约定价安排意向的，应当向税务机关书面提出预备会谈申请。税务机关可以与企业开展预备会谈。

（一）企业申请单边预约定价安排的，应当向主管税务机关书面提出预备会谈申请，提交《预约定价安排预备会谈申请书》（附件 1）。主管税务机关组织与企业开展预备会谈。

企业申请双边或者多边预约定价安排的，应当同时向国家税务总局和主管税务机关书面提出预备会谈申请，提交《预约定价安排预备会谈申请书》。国家税务总局统一组织与企业开展预备会谈。

（二）预备会谈期间，企业应当就以下内容作出简要说明：

1. 预约定价安排的适用年度；

2. 预约定价安排涉及的关联方及关联交易；

3. 企业及其所属企业集团的组织结构和管理架构；

4. 企业最近 3 至 5 个年度生产经营情况、同期资料等；

5. 预约定价安排涉及各关联方功能和风险的说明，包括功能和风险划分所依据的机构、人员、费用、资产等；

6. 市场情况的说明，包括行业发展趋势和竞争环境等；

7. 是否存在成本节约、市场溢价等地域特殊优势；

8. 预约定价安排是否追溯适用以前年度；

9. 其他需要说明的情况。

企业申请双边或者多边预约定价安排的，说明内容还应当包括：

1. 向税收协定缔约对方税务主管当局提出预约定价安排申请的情况；

2. 预约定价安排涉及的关联方最近 3 至 5 个年度生产经营情况及关联交易情况；

3. 是否涉及国际重复征税及其说明。

（三）预备会谈期间，企业应当按照税务机关的要求补充资料。

六、税务机关和企业在预备会谈期间达成一致意见的，主管税务机关向企业送达同意其提交谈签意向的《税务事项通知书》。企业收到《税务事项通知书》后向税务机关提出谈签意向。

（一）企业申请单边预约定价安排的，应当向主管税务机关提交《预约定价安排谈签意向书》（附件 2），并附送单边预约定价安排申请草案。

企业申请双边或者多边预约定价安排的，应当同时向国家税务总局和主管税务机关提交《预约定价安排谈签意向书》，并附送双边或者多边预约定价安排申请草案。

（二）单边预约定价安排申请草案应当包括以下内容：

1. 预约定价安排的适用年度；

2. 预约定价安排涉及的关联方及关联交易；

3. 企业及其所属企业集团的组织结构和管理架构；

4. 企业最近 3 至 5 个年度生产经营情况、财务会计报告、审计报告、同期资料等；

5. 预约定价安排涉及各关联方功能和风险的说明，包括功能和风险划分所依据的机构、人员、费用、资产等；

6. 预约定价安排使用的定价原则和计算方法，以及支持这一定价原则和计算方法的功能风险分析、可比性分析和假设条件等；

7. 价值链或者供应链分析，以及对成本节约、市场溢价等地域特殊优势的考虑；

8. 市场情况的说明，包括行业发展趋势和竞争环境等；

9. 预约定价安排适用期间的年度经营规模、经营效益预测以及经营规划等；

10. 预约定价安排是否追溯适用以前年度；

11. 对预约定价安排有影响的境内、外行业相关法律、法规；

12. 企业关于不存在本条第（三）项所列举情形的说明；

13. 其他需要说明的情况。

双边或者多边预约定价安排申请草案还应当包括：

1. 向税收协定缔约对方税务主管当局提出预约定价安排申请的情况；

2. 预约定价安排涉及的关联方最近 3 至 5 个年度生产经营情况及关联交易情况；

3. 是否涉及国际重复征税及其说明。

（三）有下列情形之一的，税务机关可以拒绝企业提交谈签意向：

1. 税务机关已经对企业实施特别纳税调整立案调查或者其他涉税案件调查，且尚未结案的；

2. 未按照有关规定填报年度关联业务往来报告表；

3. 未按照有关规定准备、保存和提供同期资料；

4. 预备会谈阶段税务机关和企业无法达成一致意见。

七、企业提交谈签意向后，税务机关应当分析预约定价安排申请草案内容，评估其是否符合独立交易原则。根据分析评估的具体情况可以要求企业补充提供有关资料。

税务机关可以从以下方面进行分析评估：

（一）功能和风险状况。分析评估企业与其关联方之间在供货、生产、运输、销售等各环节以及在研究、开发无形资产等方面各自作出的贡献、执行的功能以及在存货、信贷、外汇、市场等方面承担的风险。

（二）可比交易信息。分析评估企业提供的可比交易信息，对存在的实质性差异进行调整。

（三）关联交易数据。分析评估预约定价安排涉及的关联交易的收入、成本、费用和利润是否单独核算或者按照合理比例划分。

（四）定价原则和计算方法。分析评估企业在预约定价安排中采用的定价原则和计算方法。如申请追溯适用以前年度的，应当作出说明。

（五）价值链分析和贡献分析。评估企业对价值链或者供应链的分析是否完整、清晰，是否充分考虑成本节约、市场溢价等地域特殊优势，是否充分考虑本地企业对价值创造的贡献等。

（六）交易价格或者利润水平。根据上述分析评估结果，确定符合独立交易原则的价格或者利润水平。

（七）假设条件。分析评估影响行业利润水平和企业生产经营的因素及程度，合理确定预约定价安排适用的假设条件。

八、分析评估阶段，税务机关可以与企业就预约定价安排申请草案进行讨论。税务机关可以进行功能和风险实地访谈。税务机关认为预约定价安排申请草案不符合独立交易原则的，企业应当与税务机关协商，并进行调整；税务机关认为预约定价安排申请草案符合独立交易原则的，主管税务机关向企业送达同意其提交正式申请的《税务事项通知书》，企业收到通知后，可以向税务机关提交《预约定价安排正式申请书》（附件3），并附送预约定价安排正式申请报告。

（一）企业申请单边预约定价安排的，应当向主管税务机关提交上述资料。企业申请双边或者多边预约定价安排的，应当同时向国家税务总局和主管税务机关提交上述资料，并按照有关规定提交启动特别纳税调整相互协商程序的申请。

（二）有下列情形之一的，税务机关可以拒绝企业提交正式申请：

1. 预约定价安排申请草案拟采用的定价原则和计算方法不合理，且企业拒绝协商调整；

2. 企业拒不提供有关资料或者提供的资料不符合税务机关要求，且不按时补正或者更正；

3. 企业拒不配合税务机关进行功能和风险实地访谈；

4. 其他不适合谈签预约定价安排的情况。

九、税务机关应当在分析评估的基础上形成协商方案，并据此开展协商工作。

（一）主管税务机关与企业开展单边预约定价安排协商，协商达成一致的，拟定单边预约定价安排文本（参照文本见附件4）。

国家税务总局与税收协定缔约对方税务主管当局开展双边或者多边预约定价安排协商，协商达成一致的，拟定双边或者多边预约定价安排文本。

（二）预约定价安排文本可以包括以下内容：

1. 企业及其关联方名称、地址等基本信息；

2. 预约定价安排涉及的关联交易及适用年度；

3. 预约定价安排选用的定价原则和计算方法，以及可比价格或者可比利润水平等；

4. 与转让定价方法运用和计算基础相关的术语定义；

5. 假设条件及假设条件变动通知义务；

6. 企业年度报告义务；

7. 预约定价安排的效力；

8. 预约定价安排的续签；

9. 预约定价安排的生效、修订和终止；

10. 争议的解决；

11. 文件资料等信息的保密义务；

12. 单边预约定价安排的信息交换；

13. 附则。

（三）主管税务机关与企业就单边预约定价安排文本达成一致后，双方的法定代表人或者法定代表人授权的代表签署单边预约定价安排。

国家税务总局与税收协定缔约对方税务主管当局就双边或者多边预约定价安排文本达成一致后，双方或者多方税务主管当局授权的代表签署双边或者多边预约定价安排。国家税务总局应当将预约定价安排转发主管税务机关。主管税务机关应当向企业送达《税务事项通知书》，附送预约定价安排，并做好执行工作。

（四）预约定价安排涉及适用年度或者追溯年度补（退）税款的，税务机关应当按照纳税年度计算应补征或者退还的税款，并向企业送达《预约定价安排补（退）税款通知书》（附件5）。

十、税务机关应当监控预约定价安排的执行情况。

（一）预约定价安排执行期间，企业应当完整保存与预约定价安排有关的文件和资料，包括账簿和有关记录等，不得丢失、销毁和转移。

企业应当在纳税年度终了后6个月内，向主管税务机关报送执行预约定价安排情况的纸质版和电子版年度报告，主管税务机关将电子版年度报告报送国家税务总局；涉及双边或者多边预约定价安排的，企业应当向主管税务机关报送执行预约定价安排情况的纸质版和电子版年度报告，同时将电子版年度报告报送国家税务总局。

年度报告应当说明报告期内企业经营情况以及执行预约定价安排的情况。需要修订、终止预约定价安排，或者有未决问题或者预计将要发生问题的，应当作出说明。

（二）预约定价安排执行期间，主管税务机关应当每年监控企业执行预约定价安排的情况。监控内容主要包括：企业是否遵守预约定价安排条款及要求；年度报告是否反映企业的实际经营情况；预约定价安排所描述的假设条件是否仍然有效等。

（三）预约定价安排执行期间，企业发生影响预约定价安排的实质性变化，应当在发生变化之日起 30 日内书面报告主管税务机关，详细说明该变化对执行预约定价安排的影响，并附送相关资料。由于非主观原因而无法按期报告的，可以延期报告，但延长期限不得超过 30 日。

税务机关应当在收到企业书面报告后，分析企业实质性变化情况，根据实质性变化对预约定价安排的影响程度，修订或者终止预约定价安排。签署的预约定价安排终止执行的，税务机关可以和企业按照本公告规定的程序和要求，重新谈签预约定价安排。

（四）国家税务局和地方税务局与企业共同签署的预约定价安排，在执行期间，企业应当分别向国家税务局和地方税务局报送年度报告和实质性变化报告。国家税务局和地方税务局应当对企业执行预约定价安排的情况，实施联合监控。

十一、预约定价安排执行期满后自动失效。企业申请续签的，应当在预约定价安排执行期满之日前 90 日内向税务机关提出续签申请，报送《预约定价安排续签申请书》（附件 6），并提供执行现行预约定价安排情况的报告，现行预约定价安排所述事实和经营环境是否发生实质性变化的说明材料以及续签预约定价安排年度的预测情况等相关资料。

十二、预约定价安排采用四分位法确定价格或者利润水平，在预约定价安排执行期间，如果企业当年实际经营结果在四分位区间之外，税务机关可以将实际经营结果调整到四分位区间中位值。预约定价安排执行期满，企业各年度经营结果的加权平均值低于区间中位值，且未调整至中位值的，税务机关不再受理续签申请。

双边或者多边预约定价安排执行期间存在上述问题的，主管税务机关应当及时将有关情况层报国家税务总局。

十三、预约定价安排执行期间，主管税务机关与企业发生分歧的，双方应当进行协商。协商不能解决的，可以报上一级税务机关协调；涉及双边或者多边预约定价安排的，必须层报国家税务总局协调。对上一级税务机关或者国家税务总局的决定，下一级税务机关应当予以执行。企业仍不能接受的，可以终止预约定价安排的执行。

十四、在预约定价安排签署前，税务机关和企业均可暂停、终止预约定价安排程序。税务机关发现企业或者其关联方故意不提供与谈签预约定价安排有关的必要资料，或者提供虚假、不完整资料，或者存在其他不配合的情形，使预约定价安排难以达成一致的，可以暂停、终止预约定价安排程序。涉及双边或者多边预约定价安排的，经税收协定缔约各方税务主管当局协商，可以暂停、终止预约定价安排程序。税务机关暂停、终止预约定价安排程序的，应当向企业送达《税务事项通知书》，并说明原因；企业暂停、终止预约定价安排程序的，应当向税务机关提交书面说明。

十五、没有按照规定的权限和程序签署预约定价安排，或者税务机关发现企业隐瞒事实的，应当认定预约定价安排自始无效，并向企业送达《税务事项通知书》，说明原因；发现企业拒不执行预约定价安排或者存在违反预约定价安排的其他情况，可以视情况进行处理，直至终止预约定价安排。

十六、有下列情形之一的，税务机关可以优先受理企业提交的申请：

（一）企业关联申报和同期资料完备合理，披露充分；

（二）企业纳税信用级别为 A 级；

（三）税务机关曾经对企业实施特别纳税调查调整，并已经结案；

（四）签署的预约定价安排执行期满，企业申请续签，且预约定价安排所述事实和经营环境没有发生实质性变化；

（五）企业提交的申请材料齐备，对价值链或者供应链的分析完整、清晰，充分考虑成本节约、市场溢价等地域特殊因素，拟采用的定价原则和计算方法合理；

（六）企业积极配合税务机关开展预约定价安排谈签工作；

（七）申请双边或者多边预约定价安排的，所涉及的税收协定缔约对方税务主管当局有较强的谈签意愿，对预约定价安排的重视程度较高；

（八）其他有利于预约定价安排谈签的因素。

十七、预约定价安排同时涉及两个或者两个以上省、自治区、直辖市和计划单列市税务机关的，或者同时涉及国家税务局和地方税务局的，由国家税务总局统一组织协调。

企业申请上述单边预约定价安排的，应当同时向国家税务总局及其指定的税务机关提出谈签预约定价安排的相关申请。国家税务总局可以与企业统一签署单边预约定价安排，或者指定税务机关与企业统一签署单边预约定价安排，也可以由各主管税务机关与企业分别签署单边预约定价安排。

十八、单边预约定价安排涉及一个省、自治区、直辖市和计划单列市内两个或者两个以上主管税务机关，且仅涉及国家税务局或者地方税务局的，由省、自治区、直辖市和计划单列市相应税务机关统一组织协调。

十九、税务机关与企业在预约定价安排谈签过程中取得的所有信息资料，双方均负有保密义务。除依法应当向有关部门提供信息的情况外，未经纳税人同意，税务机关不得以任何方式泄露预约定价安排相关信息。

税务机关与企业不能达成预约定价安排的，税务机关在协商过程中所取得的有关企业的提议、推理、观念和判断等非事实性信息，不得用于对该预约定价安排涉及关联交易的特别纳税调查调整。

二十、除涉及国家安全的信息以外，国家税务总局可以按照对外缔结的国际公约、协定、协议等有关规定，与其他国家（地区）税务主管当局就 2016 年 4 月 1 日以后签署的单边预约定价安排文本实施信息交换。企业应当在签署单边预约定价安排时提供其最终控股公司、上一级直接控股公司及单边预约定价安排涉及的境外关联方所在国家（地区）的名单。

二十一、本公告所称主管税务机关是指负责特别纳税调整事项的税务机关。

二十二、本公告自 2016 年 12 月 1 日起施行。《特别纳税调整实施办法（试行）》（国税发〔2009〕2 号文件印发）第六章同时废止。本公告施行前税务机关未接受正式申请的预约定价安排，适用本公告的规定。

特此公告。

附件：1. 预约定价安排预备会谈申请书（编者略）
2. 预约定价安排谈签意向书（编者略）
3. 预约定价安排正式申请书（编者略）
4. 单边预约定价安排（参照文本）（编者略）
5. 预约定价安排补（退）税款通知书（编者略）
6. 预约定价安排续签申请书（编者略）

链 接

关于《国家税务总局关于完善预约定价安排管理有关事项的公告》的解读

2016 年 10 月 11 日，国家税务总局制发《关于完善预约定价安排管理有关事项的公告》（国家税务总局公告 2016 年第 64 号，以下简称《公告》）。现将《公告》内容解读如下：

一、《公告》发布的背景是什么？

《公告》发布的目的之一是进一步完善预约定价安排管理。我国自 20 世纪 90 年代末开始预约定价安排的实践，2002 年《中华人民共和国税收征收管理法实施细则》和 2008 年《中华人民共和国企业所得税法》正式规定了预约定价制度，2009 年《国家税务总局关于印发〈特别纳税调整实施办法（试行）〉的通知》（国税发〔2009〕2 号）对预约定价制度及执行程序进行了细化。但随着实践的发展，预约定价安排管理程序需要进一步完善。《公告》结合我国多年实践，进一步规范了预约定价安排谈签流程，以便更好地指导税企双方谈签预约定价安排。

《公告》发布的目的之二是落实税基侵蚀和利润转移（BEPS）行动计划。近年来，我国积极参与国际税收规则制定，特别是深度参与 BEPS 行动计划。BEPS 行动计划成果转化，需要出台国内配套政策。《公告》的发布一方面是落实 BEPS 第 5 项行动计划最低标准的要求，将单边预约定价安排纳入强制自发情报交换框架，并告知纳税人；另一方面是 BEPS 第 14 项行动计划在中国落地的具体措施之一，能够为纳税人提供税收确定性。双边或者多边预约定价安排的谈签，也有利于避免或者消除国际重复征税。

二、《公告》的主要变化是什么？

与《特别纳税调整实施办法（试行）》（国税发〔2009〕2 号文件印发）第六章预约定价安排管理相比，《公告》主要做了以下修改：

一是下放了预约定价安排受理权限。除应由税务总局受理的情况外，明确由负责特别纳税调整事项的主管税务机关受理。

二是调整了预约定价安排谈签与执行的阶段。根据多年预约定价安排实践情况，重新调整了 6 个阶段，增加了谈签意向阶段，将磋商和签订安排合并为一个阶段，即协商签署阶段，并调整了顺序，使得 6 个阶段的划分更为科学合理。

三是强调了谈签意向的重要性。将预约定价安排适用年度的计算起点由企业提交正式书面申请的次年调整为主管税务机关向企业送达接收其谈签意向的《税务事项通知书》之日所属纳税年度。

四是增加了税务机关拒绝谈签意向、优先受理正式申请和拒绝正式申请的条款，优化了分析评估、监控执行等有关流程。

五是增加了单边预约定价安排信息交换条款。根据税基侵蚀和利润转移（BEPS）项目最低标准的要求，我国承诺将 2016 年 4 月 1 日以后签署的单边预约定价安排纳入强制自发情报交换框架，定期与相关国家（地区）进行信息交换，并将此情况告知纳税人。

三、信息交换是否会影响单边预约定价安排的保密性？

BEPS 第 5 项行动计划最低标准要求 BEPS 参与国交换单边预约定价安排信息，同时也对信息交换的保密性做出了严格规定。按照有关规定，我国与其他国家（地区）税务主管当局将严格遵守信息交换的有关保密规定，并接受 G20 和 OECD 的审议和监督。

国家税务总局关于发布《特别纳税调查调整及相互协商程序管理办法》的公告

2017年3月17日　国家税务总局公告2017年第6号

【要点指引】《国家税务总局关于发布〈特别纳税调查调整及相互协商程序管理办法〉的公告》（国家税务总局公告2017年第6号，以下简称《公告》）于2017年3月17日发布，自2017年5月1日起施行。本公告将OECD的BEPS行动成果整合进了中国的税收文件中，并进一步规范明确了特别纳税调查调整程序，增加了无形资产、劳务关联交易的相关规定。亮点是将“利润在经济活动发生地和价值创造地征税”总原则体现在管理办法中。《公告》还明确规定税务机关可以对非居民企业实施特别纳税调查。

为深入贯彻落实《深化国税、地税征管体制改革方案》，进一步完善特别纳税调查调整及相互协商程序管理工作，积极应用税基侵蚀和利润转移（BEPS）行动计划成果，有效执行我国对外签署的避免双重征税协定、协议或者安排，根据《中华人民共和国企业所得税法》及其实施条例、《中华人民共和国税收征收管理法》及其实施细则的有关规定，国家税务总局制定了《特别纳税调查调整及相互协商程序管理办法》，现予以发布，自2017年5月1日起施行。

特此公告。

附件：1. 特别纳税调整自行缴纳税款表（编者略）
2. 关联关系认定表（编者略）
3. 关联交易认定表（编者略）
4. 特别纳税调查结论通知书（编者略）
5. 协商内容记录（编者略）
6. 特别纳税调查初步调整通知书（编者略）
7. 特别纳税调查调整通知书（编者略）
8. 启动特别纳税调整相互协商程序申请表（编者略）
9. 特别纳税调整相互协商协议补（退）税款通知书（编者略）

特别纳税调查调整及相互协商程序管理办法

第一条 根据《中华人民共和国企业所得税法》（以下简称企业所得税法）及其实施条例、《中华人民共和国税收征收管理法》（以下简称税收征管法）及其实施细则以及我国对外签署的避免双重征税协定、协议或者安排（以下简称税收协定）的有关规定，制定本办法。

第二条 税务机关以风险管理为导向，构建和完善关联交易利润水平监控管理指标体系，加强对企业利润水平的监控，通过特别纳税调整监控管理和特别纳税调查调整，促进企业税法遵从。

第三条 税务机关通过关联申报审核、同期资料管理和利润水平监控等手段，对企业实施特别纳税调整监控管理，发现企业存在特别纳税调整风险的，可以向企业送达《税务事项通知书》，提示其存在的税收风险。

企业收到特别纳税调整风险提示或者发现自身存在特别纳税调整风险的，可以自行调整补税。企业自行调整补税的，应当填报《特别纳税调整自行缴纳税款表》。

企业自行调整补税的，税务机关仍可按照有关规定实施特别纳税调查调整。

企业要求税务机关确认关联交易定价原则和方法等特别纳税调整事项的，税务机关应当启动特别纳税调查程序。

第四条 税务机关实施特别纳税调查，应当重点关注具有以下风险特征的企业：

（一）关联交易金额较大或者类型较多；

（二）存在长期亏损、微利或者跳跃性盈利；

（三）低于同行业利润水平；

（四）利润水平与其所承担的功能风险不相匹配，或者分享的收益与分摊的成本不相配比；

（五）与低税国家（地区）关联方发生关联交易；

（六）未按照规定进行关联申报或者准备同期资料；

（七）从其关联方接受的债权性投资与权益性投资的比例超过规定标准；

（八）由居民企业，或者由居民企业和中国居民控制的设立在实际税负低于12.5%的国家（地区）的企业，并非由于合理的经营需要而对利润不作分配或者减少分配；

（九）实施其他不具有合理商业目的的税收筹划或者安排。

第五条 税务机关应当向已确定立案调查的企业送达《税务检查通知书（一）》。被立案调查企业为非居民企业的，税务机关可以委托境内关联方或者与调查有关的境内企业送达《税务检查通知书（一）》。

经预备会谈与税务机关达成一致意见，已向税务机关提交《预约定价安排谈签意向书》，并申请预约定价安排追溯适用以前年度的企业，或者已向税务机关提交《预约定价安排续签申请书》的企业，可以暂不作为特别纳税调整的调查对象。预约定价安排未涉及的年度和关联交易除外。

第六条 税务机关实施特别纳税调查时，可以要求被调查企业及其关联方，或者与调查有关的其他企业提供相关资料：

（一）要求被调查企业及其关联方，或者与调查有关的其他企业提供相关资料的，应当向该企业送达《税务事项通知书》，该企业在境外的，税务机关可以委托境内关联方或者与调查有关的境内企业向该企业送达《税务事项通知书》；

（二）需要到被调查企业的关联方或者与调查有关的其他企业调查取证的，应当向该企业送达《税务检查通知书（二）》。

第七条 被调查企业及其关联方以及与调查有关的其他企业应当按照税务机关要求提供真实、完整的相关资料：

（一）提供由自身保管的书证原件。原本、正本和副本均属于书证的原件。提供原件确有困难的，可以提供与原件核对无误的复印件、照片、节录本等复制件。提供方应当在复制件上注明“与原件核对无误，原件存于我处”，并由提供方签章；

（二）提供由有关方保管的书证原件复制件、影印件或者抄录件的，提供方应当在复制件、影印件或者抄录件上注明“与原件核对无误”，并注明出处，由该有关方及提供方签章；

（三）提供外文书证或者外文视听资料的，应当附送中文译本。提供方应当对中文译本的准确性和完整性负责；

（四）提供境外相关资料的，应当说明来源。税务机关对境外资料真实性和完整性有疑义的，可以要求企业提供公证机构的证明。

第八条 税务机关实施特别纳税调查时，应当按照法定权限和程序进行，可以采用实地调查、检查纸质或者电子数据资料、调取账簿、询问、查询存款账户或者储蓄存款、发函协查、国际税收信息交换、异地协查等方式，收集能够证明案件事实的证据材料。收集证据材料过程中，可以记录、录音、录像、照相和复制，录音、录像、照相前应当告知被取证方。记录内容应当由两名以上调查人员签字，并经被取证方核实签章确认。被取证方拒绝签章的，税务机关调查人员（两名以上）应当注明。

第九条 以电子数据证明案件事实的，税务机关可以采取以下方式进行取证：

（一）要求提供方将电子数据打印成纸质资料，在纸质资料上注明数据出处、打印场所，并注明“与电子数据核对无误”，由提供方签章；

（二）采用有形载体形式固定电子数据，由调查人员与提供方指定人员一起将电子数据复制到只读存储介质上并封存。在封存包装物上注明电子数据名称、数据来源、制作方法、制作时间、制作人、文件格式及大小等，并注明“与原始载体记载的电子数据核对无误”，由提供方签章。

第十条 税务机关需要将以前年度的账簿、会计凭证、财务会计报告和其他有关资料调回检查的，应当按照税收征管法及其实施细则有关规定，向被调查企业送达《调取账簿资料通知书》，填写《调取账簿资料清单》交其核对后签章确认。调回资料应当妥善保管，并在法定时限内完整退还。

第十一条 税务机关需要采用询问方式收集证据材料的，应当由两名以上调查人员实施询问，并制作《询问（调查）笔录》。

第十二条 需要被调查当事人、证人陈述或者提供证言的，应当事先告知其不如实陈述或者提供虚假证言应当承担的法律责任。被调查当事人、证人可以采取书面或者口头方式陈述或者提供证言，以口头方式陈述或者提供证言的，调查人员可以笔录、录音、录像。笔录应当使用能够长期保持字迹的书写工具书写，也可使用计算机记录并打印，陈述或者证言应当由被调查当事人、证人逐页签章。

陈述或者证言中应当写明被调查当事人、证人的姓名、工作单位、联系方式等基本信息，注明出具日期，并附居民身份证复印件等身份证明材料。

被调查当事人、证人口头提出变更陈述或者证言的，调查人员应当就变更部分重新制作笔录，注明原因，由被调查当事人、证人逐页签章。被调查当事人、证人变更书面陈述或者证言的，不退回原件。

第十三条 税务机关应当结合被调查企业年度关联业务往来报告表和相关资料，对其与关联方的关联关系以及关联交易金额进行确认，填制《关联关系认定表》和《关联交易认定表》，并由被调查企业确认签章。被调查企业拒绝确认的，税务机关调查人员（两名以上）应当注明。

第十四条 被调查企业不提供特别纳税调查相关资料，或者提供虚假、不完整资料的，由税务机关责令限期改正，逾期仍未改正的，税务机关按照税收征管法及其实施细则有关规定进行处理，并依法核定其应纳税所得额。

第十五条 税务机关实施转让定价调查时，应当进行可比性分析，可比性分析一般包括以下五个方面。税务机关可以根据案件情况选择具体分析内容：

（一）交易资产或者劳务特性，包括有形资产的物理特性、质量、数量等；无形资产的类型、交易形式、保护程度、期限、预期收益等；劳务的性质和内容；金融资产的特性、内容、风险管理等；

（二）交易各方执行的功能、承担的风险和使用的资产。功能包括研发、设计、采购、加工、装配、制造、维修、分销、营销、广告、存货管理、物流、仓储、融资、管理、财务、会计、法律及人力资源管理等；风险包括投资风险、研发风险、采购风险、生产风险、市场风险、管理风险及财务风险等；资产包括有形资产、无形资产、金融资产等；

（三）合同条款，包括交易标的、交易数量、交易价格、收付款方式和条件、交货条件、售后服务范围和条件、提供附加劳务的约定、变更或者修改合同内容的权利、合同有效期、终止或者续签合同的权利等。合同条款分析应当关注企业执行合同的能力与行为，以及关联方之间签署合同条款的可信度等；

（四）经济环境，包括行业概况、地理区域、市场规模、市场层级、市场占有率、市场竞争程度、消费者购买力、商品或者劳务可替代性、生产要素价格、运输成本、政府管制，以及成本节约、市场溢价等地域特殊因素；

（五）经营策略，包括创新和开发、多元化经营、协同效应、风险规避及市场占有策略等。

第十六条 税务机关应当在可比性分析的基础上，选择合理的转让定价方法，对企业关联交易进行分析评估。转让定价方法包括可比非受控价格法、再销售价格法、成本加成法、交易净利润法、利润分割法及其他符合独立交易原则的方法。

第十七条 可比非受控价格法以非关联方之间进行的与关联交易相同或者类似业务活动所收取的价格作为关联交易的公平成交价格。可比非受控价格法可以适用于所有类型的关联交易。

可比非受控价格法的可比性分析，应当按照不同交易类型，特别考察关联交易与非关联交易中交易资产或者劳务的特性、合同条款、经济环境和经营策略上的差异：

（一）有形资产使用权或者所有权的转让，包括：

1. 转让过程，包括交易时间与地点、交货条件、交货手续、支付条件、交易数量、售后服务等；

2. 转让环节，包括出厂环节、批发环节、零售环节、出口环节等；

3. 转让环境，包括民族风俗、消费者偏好、政局稳定程度以及财政、税收、外汇政策等；

4. 有形资产的性能、规格、型号、结构、类型、折旧方法等；

5. 提供使用权的时间、期限、地点、费用收取标准等；

6. 资产所有者对资产的投资支出、维修费用等。

（二）金融资产的转让，包括金融资产的实际持有期限、流动性、安全性、收益性。其中，股权转让交易的分析内容包括公司性质、业务结构、资产构成、所属行业、行业周期、经营模式、企业规模、资产配置和使用情况、企业所处经营阶段、成长性、经营风险、财务风险、交易时间、地理区域、股权关系、历史与未来经营情况、商誉、税收利益、流动性、经济趋势、宏观政策、企业收入和成本结构及其他因素；

（三）无形资产使用权或者所有权的转让，包括：

1. 无形资产的类别、用途、适用行业、预期收益；

2. 无形资产的开发投资、转让条件、独占程度、可替代性、受有关国家法律保护的程度及期限、地理位置、使用年限、研发阶段、维护改良及更新的权利、受让成本和费用、功能风险情况、摊销方法以及其他影响其价值发生实质变动的特殊因素等。

（四）资金融通，包括融资的金额、币种、期限、担保、融资人的资信、还款方式、计息方法等；

（五）劳务交易，包括劳务性质、技术要求、专业水准、承担责任、付款条件和方式、直接和间接成本等。

关联交易与非关联交易在以上方面存在重大差异的，应当就该差异对价格的影响进行合理调整，无法合理调整的，应当选择其他合理的转让定价方法。

第十八条 再销售价格法以关联方购进商品再销售给非关联方的价格减去可比非关联交易毛利后的金额作为关联方购进商品的公平成交价格。其计算公式如下：

公平成交价格=再销售给非关联方的价格×(1−可比非关联交易毛利率)

可比非关联交易毛利率=可比非关联交易毛利/可比非关联交易收入净额×100%

再销售价格法一般适用于再销售者未对商品进行改变外形、性能、结构或者更换商标等实质性增值加工的简单加工或者单纯购销业务。

再销售价格法的可比性分析，应当特别考察关联交易与非关联交易中企业执行的功能、承担的风险、使用的资产和合同条款上的差异，以及影响毛利率的其他因素，具体包括营销、分销、产品保障及服务功能，存货风险，机器、设备的价值及使用年限，无形资产的使用及价值，有价值的营销型无形资产，批发或者零售环节，商业经验，会计处理及管理效率等。

关联交易与非关联交易在以上方面存在重大差异的，应当就该差异对毛利率的影响进行合理调整，无法合理调整的，应当选择其他合理的转让定价方法。

第十九条 成本加成法以关联交易发生的合理成本加上可比非关联交易毛利后的金额作为关联交易的公平成交价格。其计算公式如下：

公平成交价格=关联交易发生的合理成本×(1+可比非关联交易成本加成率)

可比非关联交易成本加成率=可比非关联交易毛利/可比非关联交易成本×100%

成本加成法一般适用于有形资产使用权或者所有权的转让、资金融通、劳务交易等关联交易。

成本加成法的可比性分析，应当特别考察关联交易与非关联交易中企业执行的功能、承担的风险、使用的资产和合同条款上的差异，以及影响成本加成率的其他因素，具体包括制造、加工、安装及测试功能，市场及汇兑风险，机器、设备的价值及使用年限，无形资产的使用及价值，商业经验，会计处理，生产及管理效率等。

关联交易与非关联交易在以上方面存在重大差异的，应当就该差异对成本加成率的影响进行合理调整，无法合理调整的，应当选择其他合理的转让定价方法。

第二十条 交易净利润法以可比非关联交易的利润指标确定关联交易的利润。利润指标包括息税前利润率、完全成本加成率、资产收益率、贝里比率等。具体计算公式如下：

（一）息税前利润率=息税前利润/营业收入×100%

（二）完全成本加成率=息税前利润/完全成本×100%

（三）资产收益率=息税前利润/[（年初资产总额+年末资产总额）/2]×100%

（四）贝里比率=毛利/（营业费用+管理费用）×100%

利润指标的选取应当反映交易各方执行的功能、承担的风险和使用的资产。利润指标的计算以企业会计处理为基础，必要时可以对指标口径进行合理调整。

交易净利润法一般适用于不拥有重大价值无形资产企业的有形资产使用权或者所有权的转让和受让、无形资产使用权受让以及劳务交易等关联交易。

交易净利润法的可比性分析，应当特别考察关联交易与非关联交易中企业执行的功能、承担的风险和使用的资产，经济环境上的差异，以及影响利润的其他因素，具体包括行业和市场情况，经营规模，经济周期和产品生命周期，收入、成本、费用和资产在各交易间的分配，会计处理及经营管理效率等。

关联交易与非关联交易在以上方面存在重大差异的，应当就该差异对利润的影响进行合理调整，无法合理调整的，应当选择其他合理的转让定价方法。

第二十一条 利润分割法根据企业与其关联方对关联交易合并利润（实际或者预计）的贡献计算各自应当分配的利润额。利润分割法主要包括一般利润分割法和剩余利润分割法。

一般利润分割法通常根据关联交易各方所执行的功能、承担的风险和使用的资产，采用符合独立交易原则的利润分割方式，确定各方应当取得的合理利润；当难以获取可比交易信息但能合理确定合并利润时，可以结合实际情况考虑与价值贡献相关的收入、成本、费用、资产、雇员人数等因素，分析关联交易各方对价值做出的贡献，将利润在各方之间进行分配。

剩余利润分割法将关联交易各方的合并利润减去分配给各方的常规利润后的余额作为剩余利润，再根据各方对剩余利润的贡献程度进行分配。

利润分割法一般适用于企业及其关联方均对利润创造具有独特贡献，业务高度整合且难以单独评估各方交易结果的关联交易。利润分割法的适用应当体现利润应在经济活动发生地和价值创造地征税的基本原则。

利润分割法的可比性分析，应当特别考察关联交易各方执行的功能、承担的风险和使用的资产，收入、成本、费用和资产在各方之间的分配，成本节约、市场溢价等地域特殊因素，以及其他价值贡献因素，确定各方对剩余利润贡献所使用的信息和假设条件的可靠性等。

第二十二条 其他符合独立交易原则的方法包括成本法、市场法和收益法等资产评估方法，以及其他能够反映利润与经济活动发生地和价值创造地相匹配原则的方法。

成本法是以替代或者重置原则为基础，通过在当前市场价格下创造一项相似资产所发生的支出确定评估标的价值的评估方法。成本法适用于能够被替代的资产价值评估。

市场法是利用市场上相同或者相似资产的近期交易价格，经过直接比较或者类比分析以确定评估标的价值的评估方法。市场法适用于在市场上能找到与评估标的相同或者相似的非关联可比交易信息时的资产价值评估。

收益法是通过评估标的未来预期收益现值来确定其价值的评估方法。收益法适用于企业整体资产和可预期未来收益的单项资产评估。

第二十三条 税务机关分析评估被调查企业关联交易时，应当在分析评估交易各方功能风险的基础上，选择功能相对简单的一方作为被测试对象。

第二十四条 税务机关在进行可比性分析时，优先使用公开信息，也可以使用非公开信息。

第二十五条 税务机关分析评估被调查企业关联交易是否符合独立交易原则时，可以根据实际情况选择算术平均法、加权平均法或者四分位法等统计方法，逐年分别或者多年度平均计算可比企业利润或者价格的平均值或者四分位区间。

税务机关应当按照可比利润水平或者可比价格对被调查企业各年度关联交易进行逐年测试调整。

税务机关采用四分位法分析评估企业利润水平时，企业实际利润水平低于可比企业利润率区间中位值的，原则上应当按照不低于中位值进行调整。

第二十六条 税务机关分析评估被调查企业为其关联方提供的来料加工业务，在可比企业不是相同业务模式，且业务模式的差异会对利润水平产生影响的情况下，应当对业务模式的差异进行调整，还原其不作价的来料和设备价值。企业提供真实完整的来料加工产品整体价值链相关资料，能够反映各关联方总体利润水平的，税务机关可以就被调查企业与可比企业因料件还原产生的资金占用差异进行可比性调整，利润水平调整幅度超过10%的，应当重新选择可比企业。

除本条第一款外，对因营运资本占用不同产生的利润差异不作调整。

第二十七条 税务机关分析评估被调查企业关联交易是否符合独立交易原则时，选取的可比企业与被调查企业处于不同经济环境的，应当分析成本节约、市场溢价等地域特殊因素，并选择合理的转让定价方法确定地域特殊因素对利润的贡献。

第二十八条 企业为境外关联方从事来料加工或者进料加工等单一生产业务，或者从事分销、合约研发业务，原则上应当保持合理的利润水平。

上述企业如出现亏损，无论是否达到《国家税务总局关于完善关联申报和同期资料管理有关事项的公告》（国家税务总局公告2016年第42号）中的同期资料准备标准，均应当就亏损年度准备同期资料本地文档。税务机关应当重点审核上述企业的本地文档，加强监控管理。

上述企业承担由于决策失误、开工不足、产品滞销、研发失败等原因造成的应当由关联方承担的风险和损失的，税务机关可以实施特别纳税调整。

第二十九条 税务机关对关联交易进行调查分析时，应当确定企业所获得的收益与其执行的功能或者承担的风险是否匹配。

企业与其关联方之间隐匿关联交易直接或者间接导致国家总体税收收入减少的，税务机关可以通过还原隐匿交易实施特别纳税调整。

企业与其关联方之间抵消关联交易直接或者间接导致国家总体税收收入减少的，税务机关可以通过还原抵消交易实施特别纳税调整。

第三十条 判定企业及其关联方对无形资产价值的贡献程度及相应的收益分配时，应当全面分析企业所属企业集团的全球营运流程，充分考虑各方在无形资产开发、价值提升、维护、保护、应用和推广中的价值贡献，无形资产价值的实现方式，无形资产与集团内其他业务的功能、风险和资产的相互作用。

企业仅拥有无形资产所有权而未对无形资产价值做出贡献的，不应当参与无形资产收益分配。无形资产形成和使用过程中，仅提供资金而未实际执行相关功能和承担相应风险的，应当仅获得合理的资金成本回报。

第三十一条 企业与其关联方转让或者受让无形资产使用权而收取或者支付的特许权使用费，应当根据下列情形适时调整，未适时调整的，税务机关可以实施特别纳税调整：

（一）无形资产价值发生根本性变化；

（二）按照营业常规，非关联方之间的可比交易应当存在特许权使用费调整机制；

（三）无形资产使用过程中，企业及其关联方执行的功能、承担的风险或者使用的资产发生变化；

（四）企业及其关联方对无形资产进行后续开发、价值提升、维护、保护、应用和推广做出贡献而未得到合理补偿。

第三十二条 企业与其关联方转让或者受让无形资产使用权而收取或者支付的特许权使用费，应当与无形资产为企业或者其关联方带来的经济利益相匹配。与经济利益不匹配而减少企业或者其关联方应纳税收入或者所得额的，税务机关可以实施特别纳税调整。未带来经济利益，且不符合独立交易原则的，税务机关可以按照已税前扣除的金额全额实施特别纳税调整。

企业向仅拥有无形资产所有权而未对其价值创造做出贡献的关联方支付特许权使用费，不符合独立交易原则的，税务机关可以按照已税前扣除的金额全额实施特别纳税调整。

第三十三条 企业以融资上市为主要目的在境外成立控股公司或者融资公司，仅因融资上市活动所产生的附带利益向境外关联方支付特许权使用费，不符合独立交易原则的，税务机关可以按照已税前扣除的金额全额实施特别纳税调整。

第三十四条 企业与其关联方发生劳务交易支付或者收取价款不符合独立交易原则而减少企业或者其关联方应纳税收入或者所得额的，税务机关可以实施特别纳税调整。

符合独立交易原则的关联劳务交易应当是受益性劳务交易，并且按照非关联方在相同或者类似情形下的营业常规和公平成交价格进行定价。受益性劳务是指能够为劳务接受方带来直接或者间接经济利益，且非关联方在相同或者类似情形下，愿意购买或者愿意自行实施的劳务活动。

第三十五条 企业向其关联方支付非受益性劳务的价款，税务机关可以按照已税前扣除的金额全额实施特别纳税调整。非受益性劳务主要包括以下情形：

（一）劳务接受方从其关联方接受的，已经购买或者自行实施的劳务活动；

（二）劳务接受方从其关联方接受的，为保障劳务接受方的直接或者间接投资方的投资利益而实施的控制、管理和监督等劳务活动。该劳务活动主要包括：

1. 董事会活动、股东会活动、监事会活动和发行股票等服务于股东的活动；

2. 与劳务接受方的直接或者间接投资方、集团总部和区域总部的经营报告或者财务报告编制及分析有关的活动；

3. 与劳务接受方的直接或者间接投资方、集团总部和区域总部的经营及资本运作有关的筹资活动；

4. 为集团决策、监管、控制、遵从需要所实施的财务、税务、人事、法务等活动；

5. 其他类似情形。

（三）劳务接受方从其关联方接受的，并非针对其具体实施的，只是因附属于企业集团而获得额外收益的劳务活动。该劳务活动主要包括：

1. 为劳务接受方带来资源整合效应和规模效应的法律形式改变、债务重组、股权收购、资产收购、合并、分立等集团重组活动；

2. 由于企业集团信用评级提高，为劳务接受方带来融资成本下降等利益的相关活动；

3. 其他类似情形。

（四）劳务接受方从其关联方接受的，已经在其他关联交易中给予补偿的劳务活动。该劳务活动主要包括：

1. 从特许权使用费支付中给予补偿的与专利权或者非专利技术相关的服务；

2. 从贷款利息支付中给予补偿的与贷款相关的服务；

3. 其他类似情形。

（五）与劳务接受方执行的功能和承担的风险无关，或者不符合劳务接受方经营需要的关联劳务活动；

（六）其他不能为劳务接受方带来直接或者间接经济利益，或者非关联方不愿意购买或者不愿意自行实施的关联劳务活动。

第三十六条 企业接受或者提供的受益性劳务应当充分考虑劳务的具体内容和特性，劳务提供方的功能、风险、成本和费用，劳务接受方的受益情况、市场环境，交易双方的财务状况，以及可比交易的定价情况等因素，按照本办法的有关规定选择合理的转让定价方法，并遵循以下原则：

（一）关联劳务能够分别按照各劳务接受方、劳务项目为核算单位归集相关劳务成本费用的，应当以劳务接受方、劳务项目合理的成本费用为基础，确定交易价格；

（二）关联劳务不能分别按照各劳务接受方、劳务项目为核算单位归集相关劳务成本费用的，应当采用合理标准和比例向各劳务接受方分配，并以分配的成本费用为基础，确定交易价格。分配标准应当根据劳务性质合理确定，可以根据实际情况采用营业收入、营运资产、人员数量、人员工资、设备使用量、数据流量、工作时间以及其他合理指标，分配结果应当与劳务接受方的受益程度相匹配。非受益性劳务的相关成本费用支出不得计入分配基数。

第三十七条 企业向未执行功能、承担风险，无实质性经营活动的境外关联方支付费用，不符合独立交易原则的，税务机关可以按照已税前扣除的金额全额实施特别纳税调整。

第三十八条 实际税负相同的境内关联方之间的交易，只要该交易没有直接或者间接导致国家总体税收收入的减少，原则上不作特别纳税调整。

第三十九条 经调查，税务机关未发现企业存在特别纳税调整问题的，应当作出特别纳税调查结论，并向企业送达《特别纳税调查结论通知书》。

第四十条 经调查，税务机关发现企业存在特别纳税调整问题的，应当按照以下程序实施调整：

（一）在测算、论证、可比性分析的基础上，拟定特别纳税调查调整方案；

（二）根据拟定调整方案与企业协商谈判，双方均应当指定主谈人，调查人员应当做好《协商内容记录》，并由双方主谈人签字确认。企业拒签的，税务机关调查人员（两名以上）应当注明。企业拒绝协商谈判的，税务机关向企业送达《特别纳税调查初步调整通知书》；

（三）协商谈判过程中，企业对拟定调整方案有异议的，应当在税务机关规定的期限内进一步提供相关资料。税务机关收到资料后，应当认真审议，并作出审议结论。根据审议结论，需要进行特别纳税调整的，税务机关应当形成初步调整方案，向企业送达《特别纳税调查初步调整通知书》；

（四）企业收到《特别纳税调查初步调整通知书》后有异议的，应当自收到通知书之日起7日内书面提出。税务机关收到企业意见后，应当再次协商、审议。根据审议结论，需要进行特别纳税调整，并形成最终调整方案的，税务机关应当向企业送达《特别纳税调查调整通知书》；

（五）企业收到《特别纳税调查初步调整通知书》后，在规定期限内未提出异议的，或者提出异议后又拒绝协商的，或者虽提出异议但经税务机关审议后不予采纳的，税务机关应当以初步调整方案作为最终调整方案，向企业送达《特别纳税调查调整通知书》。

第四十一条 企业收到《特别纳税调查调整通知书》后有异议的，可以在依照《特别纳税调查调整通知书》缴纳或者解缴税款、利息、滞纳金或者提供相应的担保后，依法申请行政复议。

企业收到国家税务局送达的《特别纳税调查调整通知书》后有异议的，

向其上一级国家税务局申请行政复议；企业收到地方税务局送达的《特别纳税调查调整通知书》后有异议的，可以选择向其上一级地方税务局或者本级人民政府申请行政复议。

对行政复议决定不服的，可以依法向人民法院提起行政诉讼。

第四十二条 税务机关对企业实施特别纳税调整，涉及企业向境外关联方支付利息、租金、特许权使用费的，除另有规定外，不调整已扣缴的税款。

第四十三条 企业可以在《特别纳税调查调整通知书》送达前自行缴纳税款。企业自行缴纳税款的，应当填报《特别纳税调整自行缴纳税款表》。

第四十四条 税务机关对企业实施特别纳税调整的，应当根据企业所得税法及其实施条例的有关规定对2008年1月1日以后发生交易补征的企业所得税按日加收利息。

特别纳税调查调整补缴的税款，应当按照应补缴税款所属年度的先后顺序确定补缴税款的所属年度，以入库日为截止日，分别计算应加收的利息额：

（一）企业在《特别纳税调查调整通知书》送达前缴纳或者送达后补缴税款的，应当自税款所属纳税年度的次年6月1日起至缴纳或者补缴税款之日止计算加收利息。企业超过《特别纳税调查调整通知书》补缴税款期限仍未缴纳税款的，应当自补缴税款期限届满次日起按照税收征管法及其实施细则的有关规定加收滞纳金，在加收滞纳金期间不再加收利息；

（二）利息率按照税款所属纳税年度12月31日公布的与补税期间同期的中国人民银行人民币贷款基准利率（以下简称基准利率）加5个百分点计算，并按照一年365天折算日利息率；

（三）企业按照有关规定提供同期资料及有关资料的，或者按照有关规定不需要准备同期资料但根据税务机关要求提供其他相关资料的，可以只按照基准利率加收利息。

经税务机关调查，企业实际关联交易额达到准备同期资料标准，但未按照规定向税务机关提供同期资料的，税务机关补征税款加收利息，适用本条第二款第二项规定。

第四十五条 企业自行调整补税且主动提供同期资料等有关资料，或者按照有关规定不需要准备同期资料但根据税务机关要求提供其他相关资料的，其2008年1月1日以后发生交易的自行调整补税按照基准利率加收利息。

第四十六条 被调查企业在税务机关实施特别纳税调查调整期间申请变更经营地址或者注销税务登记的，税务机关在调查结案前原则上不予办理税务变更、注销手续。

第四十七条 根据我国对外签署的税收协定的有关规定，国家税务总局可以依据企业申请或者税收协定缔约对方税务主管当局请求启动相互协商程序，与税收协定缔约对方税务主管当局开展协商谈判，避免或者消除由特别纳税调整事项引起的国际重复征税。

相互协商内容包括：

（一）双边或者多边预约定价安排的谈签；

（二）税收协定缔约一方实施特别纳税调查调整引起另一方相应调整的协商谈判。

第四十八条 企业申请启动相互协商程序的，应当在税收协定规定期限内，向国家税务总局书面提交《启动特别纳税调整相互协商程序申请表》和特别纳税调整事项的有关说明。企业当面报送上述资料的，以报送日期为申请日期；邮寄报送的，以国家税务总局收到上述资料的日期为申请日期。

国家税务总局收到企业提交的上述资料后，认为符合税收协定有关规定的，可以启动相互协商程序；认为资料不全的，可以要求企业补充提供资料。

第四十九条 税收协定缔约对方税务主管当局请求启动相互协商程序的，国家税务总局收到正式来函后，认为符合税收协定有关规定的，可以启动相互协商程序。

国家税务总局认为税收协定缔约对方税务主管当局提供的资料不完整、事实不清晰的，可以要求对方补充提供资料，或者通过主管税务机关要求涉及的境内企业协助核实。

第五十条 国家税务总局决定启动相互协商程序的，应当书面通知省税务机关，并告知税收协定缔约对方税务主管当局。负责特别纳税调整事项的主管税务机关应当在收到书面通知后 15 个工作日内，向企业送达启动相互协商程序的《税务事项通知书》。

第五十一条 在相互协商过程中，税务机关可以要求企业进一步补充提供资料，企业应当在规定的时限内提交。

第五十二条 有下列情形之一的，国家税务总局可以拒绝企业申请或者税收协定缔约对方税务主管当局启动相互协商程序的请求：

（一）企业或者其关联方不属于税收协定任一缔约方的税收居民；

（二）申请或者请求不属于特别纳税调整事项；

（三）申请或者请求明显缺乏事实或者法律依据；

（四）申请不符合税收协定有关规定；

（五）特别纳税调整案件尚未结案或者虽然已经结案但是企业尚未缴纳应纳税款。

第五十三条 有下列情形之一的，国家税务总局可以暂停相互协商程序：

（一）企业申请暂停相互协商程序；

（二）税收协定缔约对方税务主管当局请求暂停相互协商程序；

（三）申请必须以另一被调查企业的调查调整结果为依据，而另一被调查企业尚未结束调查调整程序；

（四）其他导致相互协商程序暂停的情形。

第五十四条 有下列情形之一的，国家税务总局可以终止相互协商程序：

（一）企业或者其关联方不提供与案件有关的必要资料，或者提供虚假、不完整资料，或者存在其他不配合的情形；

（二）企业申请撤回或者终止相互协商程序；

（三）税收协定缔约对方税务主管当局撤回或者终止相互协商程序；

（四）其他导致相互协商程序终止的情形。

第五十五条 国家税务总局决定暂停或者终止相互协商程序的，应当书面通知省税务机关。负责特别纳税调整事项的主管税务机关应当在收到书面通知后15个工作日内，向企业送达暂停或者终止相互协商程序的《税务事项通知书》。

第五十六条 国家税务总局与税收协定缔约对方税务主管当局签署相互协商协议后，应当书面通知省税务机关，附送相互协商协议。负责特别纳税调整事项的主管税务机关应当在收到书面通知后15个工作日内，向企业送达《税务事项通知书》，附送相互协商协议。需要补（退）税的，应当附送《特别纳税调整相互协商协议补（退）税款通知书》或者《预约定价安排补（退）税款通知书》，并监控执行补（退）税款情况。

应纳税收入或者所得额以外币计算的，应当按照相互协商协议送达企业之日上月最后一日人民币汇率中间价折合成人民币，计算应补缴或者应退还的税款。

补缴税款应当加收利息的，按照《中华人民共和国企业所得税法实施条例》第一百二十二条规定的人民币贷款基准利率执行。

第五十七条 各级税务机关应当对税收协定缔约对方税务主管当局、企业或者其扣缴义务人、代理人等在相互协商中提供的有关资料保密。

第五十八条 企业或者其扣缴义务人、代理人等在相互协商中弄虚作假，或者有其他违法行为的，税务机关应当按照税收征管法及其实施细则的有关规定处理。

第五十九条 企业按照本办法规定向国家税务总局提起相互协商申请的，提交的资料应当同时采用中文和英文文本，企业向税收协定缔约双方税务主管当局提交资料内容应当保持一致。

第六十条 涉及税收协定条款解释或者执行的相互协商程序，按照《国家税务总局关于发布〈税收协定相互协商程序实施办法〉的公告》（国家税务总局公告2013年第56号）的有关规定执行。

第六十一条 本办法施行前已受理但尚未达成一致的相互协商案件，适用本办法的规定。

第六十二条 本办法自2017年5月1日起施行。《特别纳税调整实施办法（试行）》（国税发〔2009〕2号文件印发）第四章、第五章、第十一章和第十二章、《国家税务总局关于加强转让定价跟踪管理有关问题的通知》（国税函〔2009〕188号）、《国家税务总局关于强化跨境关联交易监控和调查的通知》（国税函〔2009〕363号）、《国家税务总局关于特别纳税调整监控管理有关问题的公告》（国家税务总局公告2014年第54号）、《国家税务总局关于企业向境外关联方支付费用有关企业所得税问题的公告》（国家税务总局公告2015年第16号）同时废止。

链 接

关于《国家税务总局关于发布〈特别纳税调查调整及相互协商程序管理办法〉的公告》有关问题的解答

近日，国家税务总局发布《特别纳税调查调整及相互协商程序管理办法》（国家税务总局公告2017年第6号，以下简称《办法》）。税务总局国际税务司就相关问题进行了解答。

一、问：《办法》发布的背景是什么？

答：税务总局于2009年初发布《特别纳税调整实施办法（试行）》（国税发〔2009〕2号，以下简称2号文），对特别纳税调查及调整程序进行规范，至今已有8年。《办法》结合国内国际的经济环境变化及多年来特别纳税调查调整工作的经验，对2号文中特别纳税调查调整的相关内容进行了补充修改和细化，进一步明晰税务机关的调查调整程序、调整方法等相关工作内容。《办法》还充分考虑纳税人的合法权益，进一步规范了特别纳税调整相互协商的工作流程及内容。

同时，《办法》考虑了当前国际税收新形势，根据G20倡导的“利润在经济活动发生地和价值创造地征税”总原则，充分借鉴了新的国际税收规则和G20税改成果。

二、问：企业自行调整补税后，税务机关是否可以实施特别纳税调查调整？

答：《办法》吸纳了《关于特别纳税调整监控管理有关问题的公告》（国家税务总局公告2014年第54号）的内容，强调税务机关以风险管理为导向，通过关联申报审核、同期资料管理和利润水平监控等手段，对企业实施特别纳税调整监控管理，发现企业存在特别纳税调整风险的，会对企业进行风险提示，鼓励企业自行调整。

企业自行调整补税的，在两种情形下税务机关仍可以实施特别纳税调查调整。一是企业自行调整补税不到位的；二是企业要求税务机关确认关联交易定价原则和方法等特别纳税调整事项的。

三、问：《办法》规定的特别纳税调查程序是否仅适用于转让定价的调查？

答：《办法》规定的特别纳税调查程序适用于对企业的转让定价、成本分摊协议、受控外国企业、资本弱化、一般反避税等事项的特别纳税调查。

四、问：非居民企业是否会被特别纳税调查？

答：根据《中华人民共和国企业所得税法》的规定，税务机关可以对非居民企业实施特别纳税调查。税务机关对非居民企业实施特别纳税调查并立案的，可以委托境内关联方或者与调查有关的境内企业送达《税务检查通知书（一）》。

五、问：已经申请预约定价安排的企业是否会被特别纳税调查？

答：《办法》明确经预备会谈与税务机关达成一致意见，已向税务机关提交《预约定价安排谈签意向书》，并申请预约定价安排追溯适用以前年度的企业，或者已向税务机关提交《预约定价安排续签申请书》的企业，可以暂不作为特别纳税调整的调查对象。但预约定价安排未涉及的年度和关联交易除外，也就是说如果预约定价安排未涉及的关联交易存在特别纳税调整问题，也可能被特别纳税调查调整。

六、问：被调查企业不提供特别纳税调查相关资料，或者提供虚假、不完整资料的，是否会被税务机关核定应纳税所得额？

答：《办法》第十四条规定，被调查企业不提供特别纳税调查相关资料，或者提供虚假、不完整资料的，税务机关会责令限期改正，被调查企业可以在责令限改期内补充提供资料。被调查企业逾期仍未改正的，税务机关将按照税收征管法及其实施细则有关规定进行处理，并依法核定其应纳税所得额。

七、问：《办法》对税务机关进行可比性分析提出了哪些要求？

答：《办法》进一步规范了税务机关进行可比性分析的步骤和方法，提出了具体要求。

（一）应当在分析评估交易各方功能风险的基础上，选择功能相对简单的一方作为被测试对象；

（二）优先使用公开信息，也可以使用非公开信息；

（三）可以根据实际情况选择算术平均法、加权平均法或者四分位法等统计方法，逐年分别或者多年度平均计算可比企业利润或者价格的平均值或者四分位区间；

（四）应当按照可比利润水平或者可比价格对被调查企业各年度关联交易进行逐年测试调整；

（五）采用四分位法分析评估企业利润水平时，企业实际利润水平低于可比企业利润率区间中位值的，原则上应当按照不低于中位值进行调整；

（六）被调查企业为其关联方提供的来料加工业务，在可比企业不是相同业务模式，且业务模式的差异会对利润水平产生影响的情况下，应当对业务模式的差异进行调整，还原其不作价的来料和设备价值。企业提供真实完整的来料加工产品整体价值链相关资料，能够反映各关联方总体利润水平的，税务机关可以就被调查企业与可比企业因料件还原产生的资金占用差异进行可比性调整，利润水平调整幅度超过10%的，应当重新选择可比企业。除料件还原外，对因营运资本占用不同产生的利润差异不作调整；

（七）选取的可比企业与被调查企业处于不同经济环境的，应当分析成本节约、市场溢价等地域特殊因素，并选择合理的转让定价方法确定地域特殊因素对利润的贡献。

八、问：企业在关联交易中应当特别避免的几种行为？

答：《办法》强调了税务机关特别关注的几种避税行为，企业在实际的关联交易中应予以关注，以减少税收风险。

（一）为境外关联方从事来料加工或者进料加工等单一生产业务，或者从事分销、合约研发业务的企业，承担由于决策失误、开工不足、产品滞销、研发失败等原因造成的应当由关联方承担的风险和损失；

（二）企业与其关联方之间隐匿关联交易直接或者间接导致国家总体税收收入减少；

（三）企业与其关联方之间抵消关联交易直接或者间接导致国家总体税收收入减少。

九、问：单一功能的亏损企业是否需要准备同期资料？

答：《办法》延续《国家税务总局关于强化跨境关联交易监控和调查的通知》（国税函〔2009〕363号）的文件精神，规定企业为境外关联方从事来料加工或者进料加工等单一生产业务，或者从事分销、合约研发业务，原则上应当保持合理的利润水平。上述企业如出现亏损，无论是否达到《国家税务总局关于完善关联申报和同期资料管理有关事项的公告》（国家税务总局公告2016年第42号）中的同期资料准备标准，均应当就亏损年度准备同期资料本地文档。税务机关会重点审核上述企业的本地文档，加强监控管理。

十、问：企业被实施转让定价调查调整后，是否会被实施5年的跟踪管理？

答：《特别纳税调整实施办法（试行）》（国税发〔2009〕2号）第四十五条规定，税务机关对企业实施转让定价纳税调整后，应自企业被调整的最后年度的下一年度起5年内实施跟踪管理。

《办法》取消了5年跟踪管理期的规定，强调税务机关将通过关联申报审核、同期资料管理和利润水平监控等手段，对企业实施特别纳税调整监控管理。这里包括被实施转让定价调查调整的企业。也就是说，对于被实施转让定价调查调整的企业，税务机关依然会实施特别纳税调整监控管理，而且监控管理期不限于5年。

十一、问：《办法》废止了《国家税务总局关于企业向境外关联方支付费用有关企业所得税问题的公告》（国家税务总局公告2015年第16号，以下简称16号公告），企业向境外关联方支付费用适用的政策是否存在原则性变化？

答：为方便纳税人的政策执行，《办法》吸收合并了多个相关文件，并进一步完善。其中，企业向境外关联方支付费用适用的政策没有发生原则性变化。《办法》第三十条至第三十七条将16号公告的相关内容进一步完善和细化，规定了企业与其关联方进行无形资产收益分配，以及企业与其关联方发生劳务交易支付或者收取价款等应遵循的基本原则。

应特别关注的是，《办法》明确以下情形，如果不符合独立交易原则，税务机关可以按照已税前扣除的金额全额实施特别纳税调整：

（一）企业与其关联方转让或者受让未带来经济利益的无形资产使用权而收取或者支付特许权使用费的；

（二）企业向仅拥有无形资产所有权而未对其价值做出贡献的关联方支付特许权使用费的；

（三）企业以融资上市为主要目的在境外成立控股公司或者融资公司，仅因融资上市活动所产生的附带利益向境外关联方支付特许权使用费的；

（四）企业向其关联方支付非受益性劳务价款的；

（五）企业向未执行功能、承担风险，无实质性经营活动的境外关联方支付费用的。

十二、问：对于企业自行进行调整的情况，补缴税款时是否可以按照基准利率加收利息？

答：企业自行调整补税且主动提供同期资料等有关资料，或者按照有关规定不需要准备同期资料但根据税务机关要求提供其他相关资料的，其2008年1月1日以后发生交易的自行调整补税按照基准利率加收利息。

十三、问：企业被实施特别纳税调查调整后，有哪些法律救济途径？

答：企业被实施特别纳税调查调整后，可以依法申请行政复议或者诉讼，也可以根据我国对外签署的税收协定的有关规定，申请启动特别纳税调整相互协商程序。

十四、问：企业在申请预约定价安排时，如何适用《办法》与《国家税务总局关于完善预约定价安排管理有关事项的公告》（国家税务总局公告2016年第64号，以下简称64号公告）？

答：《办法》是相互协商程序的一般性规定。双边或者多边预约定价安排所涉相互协商程序的启动、暂停和终止由《办法》进行规范，而预约定价安排的谈签根据64号公告的相关规定执行。

需要说明的是，申请双边或者多边预约定价安排的，根据64号公告第八条以及《办法》第四十八条和五十条的规定，企业在收到主管税务机关送达的同意提交正式申请的《税务事项通知书》后，可以向主管税务机关提交《预约定价安排正式申请书》，附送预约定价安排正式申请报告，同时向国家税务总局书面提交《预约定价安排正式申请书》、正式申请报告和《启动特别纳税调整相互协商程序申请表》。国家税务总局决定启动相互协商程序的，应当书面通知省税务机关，并告知税收协定缔约对方税务主管当局。主管税务机关应当在收到书面通知后15个工作日内，向企业送达启动相互协商程序的《税务事项通知书》。

十五、问：《办法》关于相互协商程序的规定和《税收协定相互协商程序实施办法》（国家税务总局公告2013年第56号，以下简称56号公告）如何衔接？

答：《办法》不适用于涉及税收协定条款解释或者执行的相互协商程序。涉及税收协定条款解释或者执行的相互协商程序，按照56号公告的有关规定执行。

国家税务总局关于明确《中华人民共和国企业年度关联业务往来报告表（2016年版）》填报口径的公告

2017年7月7日　国家税务总局公告2017年第26号

【要点指引】 OECD发布国别报告最新填报口径，明确了国别报告中跨国企业集团“关联方”的认定应与其“成员实体”的认定保持一致。为与OECD口径衔接，落实《国家税务总局关于完善关联申报和同期资料管理有关事项的公告》（国家税务总局公告2016年第42号）要求，本公告对《国别报告——所得、税收和业务活动国别分布表》（中英文表）第3列“收入-关联方”的填报口径做出明确要求，并明确填报国别报告的居民企业可在2017年底前对已填报的关联申报表进行补充修改。

为落实《国家税务总局关于完善关联申报和同期资料管理有关事项的公告》（国家税务总局公告 2016 年第 42 号），做好《中华人民共和国企业年度关联业务往来报告表（2016 年版）》填报工作，现就有关事项公告如下：

一、《中华人民共和国企业年度关联业务往来报告表（2016 年版）》中的《国别报告——所得、税收和业务活动国别分布表》（中英文表）第 3 列“收入-关联方”，填报跨国企业集团在第 1 列填报的国家（地区）每个成员实体与该跨国企业集团在《国别报告-跨国企业集团成员实体名单》（中英文表）中填报的其他成员实体发生交易取得的收入，并按第 1 列填报的国家（地区）汇总之和。

二、需填报国别报告的居民企业可以在 2017 年 12 月 31 日之前对已经填报 2016 年度的《中华人民共和国企业年度关联业务往来报告表（2016 年版）》通过申报更正流程进行补充修改。

三、本公告自发布之日起施行。

特此公告。

链　接

关于《国家税务总局关于明确〈中华人民共和国企业年度关联业务往来报告表（2016 年版）〉填报口径的公告》的解读

2017 年 7 月 7 日，国家税务总局制发《关于明确〈中华人民共和国企业年废关联业务往来报告表（2016 年版）〉填报口径的公告》（国家税务总局公告 2017 年第 26 号，以下简称《公告》）。现将《公告》解读如下：

一、《公告》发布的目的是什么？

为落实《国家税务总局关于完善关联申报和同期资料管理有关事项的公告》（国家税务总局公告 2016 年第 42 号），做好《中华人民共和国企业年度关联业务往来报告表（2016 年版）》填报工作，并与 OECD 最新发布的国别报告填报口径相衔接。

二、《公告》主要明确了哪些内容？

（一）明确国别报告中跨国企业集团“关联方”是指其“成员实体”

OECD 最新发布的填报口径明确，国别报告中跨国企业集团“关联方”的认定应与其“成员实体”的认定保持一致。因此，《公告》明确《中华人民共和国企业年度关联业务往来报告表（2016 年版）》中的《国别报告——所得、税收和业务活动国别分布表》（中英文表）第 3 列“收入-关联方”，填报跨国企业集团在第 1 列填报的国家（地区）每个成员实体与该跨国企业集团在《国别报告——跨国企业集团成员实体名单》（中英文表）

中填报的其他成员实体发生交易取得的收入，并按第 1 列填报的国家（地区）汇总之和。

（二）明确填报国别报告的居民企业可以在规定时间内补充修改关联申报表

《公告》明确需填报国别报告的居民企业可以在 2017 年 12 月 31 日之前对已经填报的 2016 年度《中华人民共和国企业年度关联业务往来报告表（2016 年版）》通过申报更正流程进行补充修改。

二、非居民税收管理

（一）源泉扣缴

财政部　国家税务总局
关于企业所得税若干优惠政策的通知

2008 年 2 月 22 日　财税〔2008〕1 号

【要点指引】《财政部　国家税务总局关于企业所得税若干优惠政策的通知》（财税〔2008〕1 号，以下简称《通知》）文件对部分行业企业所得税税收优惠政策做了明确规定，涉及非居民税收管理的重要内容是 2008 年及以后年度外商投资企业新增利润分配给外国投资者的，应依法缴纳企业所得税。《通知》还重点关注了软件产业和集成电路产业发布的《财政部　国家税务总局关于进一步鼓励软件产业和集成电路产业发展企业所得税政策的通知》（财税〔2012〕27 号）宣布《通知》第（一）项至第（九）项于 2011 年 1 月 1 日起停止执行。从两个文件的对比中，我们不难发现，新的政策更加注重对科技创新和产业技术升级的鼓励，因此增加很多技术性指标，作为能否享受税收优惠的条件。

各省、自治区、直辖市，计划单列市财政厅（局）、国家税务局、地方税务局，新疆生产建设兵团财务局：

根据《中华人民共和国企业所得税法》第三十六条的规定，经国务院批准，现将有关企业所得税优惠政策问题通知如下：

一、关于鼓励软件产业和集成电路产业发展的优惠政策

（一）软件生产企业实行增值税即征即退政策所退还的税款，由企业用于研究开发软件产品和扩大再生产，不作为企业所得税应税收入，不予征收企业所得税。

（二）我国境内新办软件生产企业经认定后，自获利年度起，第一年和第二年免征企业所得税，第三年至第五年减半征收企业所得税。①

---

① 条款失效。第一条第（一）项至第（九）项于 2011 年 1 月 1 日起停止执行。参见：《财政部　国家税务总局关于进一步鼓励软件产业和集成电路产业发展企业所得税政策的通知》，财税〔2012〕27 号。

（三）国家规划布局内的重点软件生产企业，如当年未享受免税优惠的，减按10%的税率征收企业所得税。

（四）软件生产企业的职工培训费用，可按实际发生额在计算应纳税所得额时扣除。

（五）企事业单位购进软件，凡符合固定资产或无形资产确认条件的，可以按照固定资产或无形资产进行核算，经主管税务机关核准，其折旧或摊销年限可以适当缩短，最短可为2年。

（六）集成电路设计企业视同软件企业，享受上述软件企业的有关企业所得税政策。

（七）集成电路生产企业的生产性设备，经主管税务机关核准，其折旧年限可以适当缩短，最短可为3年。

（八）投资额超过80亿元人民币或集成电路线宽小于0.25μm的集成电路生产企业，可以减按15%的税率缴纳企业所得税，其中，经营期在15年以上的，从开始获利的年度起，第一年至第五年免征企业所得税，第六年至第十年减半征收企业所得税。

（九）对生产线宽小于0.8微米（含）集成电路产品的生产企业，经认定后，自获利年度起，第一年和第二年免征企业所得税，第三年至第五年减半征收企业所得税。

已经享受自获利年度起企业所得税"两免三减半"政策的企业，不再重复执行本条规定。①

（十）自2008年1月1日起至2010年底，对集成电路生产企业、封装企业的投资者，以其取得的缴纳企业所得税后的利润，直接投资于本企业增加注册资本，或作为资本投资开办其他集成电路生产企业、封装企业，经营期不少于5年的，按40%的比例退还其再投资部分已缴纳的企业所得税税款。再投资不满5年撤出该项投资的，追缴已退的企业所得税税款。

自2008年1月1日起至2010年底，对国内外经济组织作为投资者，以其在境内取得的缴纳企业所得税后的利润，作为资本投资于西部地区开办集成电路生产企业、封装企业或软件产品生产企业，经营期不少于5年的，按80%的比例退还其再投资部分已缴纳的企业所得税税款。再投资不满5年撤出该项投资的，追缴已退的企业所得税税款。

---

① 条款失效。第一条第（一）项至第（九）项于2011年1月1日起停止执行。参见：《财政部 国家税务总局关于进一步鼓励软件产业和集成电路产业发展企业所得税政策的通知》，财税〔2012〕27号。

二、关于鼓励证券投资基金发展的优惠政策

（一）对证券投资基金从证券市场中取得的收入，包括买卖股票、债券的差价收入，股权的股息、红利收入，债券的利息收入及其他收入，暂不征收企业所得税。

（二）对投资者从证券投资基金分配中取得的收入，暂不征收企业所得税。

（三）对证券投资基金管理人运用基金买卖股票、债券的差价收入，暂不征收企业所得税。

三、关于其他有关行业、企业的优惠政策

为保证部分行业、企业税收优惠政策执行的连续性，对原有关就业再就业，奥运会和世博会，社会公益，债转股、清产核资、重组、改制、转制等企业改革，涉农和国家储备，其他单项优惠政策共6类定期企业所得税优惠政策（见附件），自2008年1月1日起，继续按原优惠政策规定的办法和时间执行到期。

四、关于外国投资者从外商投资企业取得利润的优惠政策

2008年1月1日之前外商投资企业形成的累积未分配利润，在2008年以后分配给外国投资者的，免征企业所得税；2008年及以后年度外商投资企业新增利润分配给外国投资者的，依法缴纳企业所得税。

五、除《中华人民共和国企业所得税法》、《中华人民共和国企业所得税法实施条例》、《国务院关于实施企业所得税过渡优惠政策的通知》（国发〔2007〕39号），《国务院关于经济特区和上海浦东新区新设立高新技术企业实行过渡性税收优惠的通知》（国发〔2007〕40号）及本通知规定的优惠政策以外，2008年1月1日之前实施的其他企业所得税优惠政策一律废止。各地区、各部门一律不得越权制定企业所得税的优惠政策。

附件：执行到期的企业所得税优惠政策表（编者略）

国家税务总局关于外商投资企业和外国企业原有若干税收优惠政策取消后有关事项处理的通知

2008年2月27日　国税发〔2008〕23号

【要点指引】《国家税务总局关于外商投资企业和外国企业原有若干税收优惠政策取消后有关事项处理的通知》（国税发〔2008〕23号）文件是在2008年1月1日以后我国实施内、外资企业所得税两税合并之后推出的补充

性政策，主要针对外商投资企业和外国企业原执行的税收优惠政策取消以后，如何继续对优惠事项进行税务处理。这里应注意继续使用优惠政策的条件以及时间界定。

各省、自治区、直辖市和计划单列市国家税务局，广东、海南省地方税务局，深圳市地方税务局：

根据《中华人民共和国企业所得税法》及其实施条例、《中华人民共和国税收征收管理法》及其实施细则和《国务院关于实施企业所得税过渡优惠政策的通知》（国发〔2007〕39 号）的有关规定，现就外商投资企业和外国企业原执行的若干税收优惠政策取消后的税务处理问题通知如下。

一、关于原外商投资企业的外国投资者再投资退税政策的处理

外国投资者从外商投资企业取得的税后利润直接再投资本企业增加注册资本，或者作为资本投资开办其他外商投资企业，凡在 2007 年底以前完成再投资事项，并在国家工商管理部门完成变更或注册登记的，可以按照《中华人民共和国外商投资企业和外国企业所得税法》及其有关规定，给予办理再投资退税。对在 2007 年底以前用 2007 年度预分配利润进行再投资的，不给予退税。

二、关于外国企业从我国取得的利息、特许权使用费等所得免征企业所得税的处理

外国企业向我国转让专有技术或提供贷款等取得所得，凡上述事项所涉及的合同是在 2007 年底以前签订，且符合《中华人民共和国外商投资企业和外国企业所得税法》规定免税条件，经税务机关批准给予免税的，在合同有效期内可继续给予免税，但不包括延期、补充合同或扩大的条款。各主管税务机关应做好合同执行跟踪管理工作，及时开具完税证明。

三、关于享受定期减免税优惠的外商投资企业在 2008 年后条件发生变化的处理

外商投资企业按照《中华人民共和国外商投资企业和外国企业所得税法》规定享受定期减免税优惠，2008 年后，企业生产经营业务性质或经营期发生变化，导致其不符合《中华人民共和国外商投资企业和外国企业所得税法》规定条件的，仍应依据《中华人民共和国外商投资企业和外国企业所得税法》规定补缴其此前（包括在优惠过渡期内）已经享受的定期减免税税款。各主管税务机关在每年对这类企业进行汇算清缴时，应对其经营业务内容和经营期限等变化情况进行审核。

财政部　国家税务总局
关于非居民企业征收企业所得税有关问题的通知

2008 年 9 月 25 日　财税〔2008〕130 号

【要点指引】《财政部　国家税务总局关于非居民企业征收企业所得税有关问题的通知》（财税〔2008〕130 号）明确了非居民企业取得《中华人民共和国企业所得税法》第三条第三款规定的所得，如何计算应纳税所得额的问题。

各省、自治区、直辖市、计划单列市财政厅（局）、国家税务局、地方税务局，新疆生产建设兵团财务局：

现将非居民企业征收企业所得税的有关问题明确如下：

根据《中华人民共和国企业所得税法》第十九条及《中华人民共和国企业所得税实施条例》第一百零三条规定，在对非居民企业取得《中华人民共和国企业所得税法》第三条第三款规定的所得计算征收企业所得税时，不得扣除上述条款规定以外的其他税费支出。

本规定自 2008 年 1 月 1 日起执行。

国家税务总局关于中国居民企业向境外 H 股非居民企业股东派发股息代扣代缴企业所得税有关问题的通知

2008 年 11 月 6 日　国税函〔2008〕897 号

【要点指引】《国家税务总局关于中国居民企业向境外 H 股非居民企业股东派发股息代扣代缴企业所得税有关问题的通知》（国税函〔2008〕897 号）对中国居民企业向境外 H 股非居民企业股东派发 2008 年及以后年度股息代扣代缴企业所得税的税率以及非居民企业股东在获得股息之后，享受税收协定（安排）待遇等问题做出明确，同时对税务机关加强我国境外上市企业派发股息情况的管理方面提出要求。

各省、自治区、直辖市和计划单列市国家税务局、地方税务局：

根据《中华人民共和国企业所得税法》及其实施条例的规定，现就中国居民企业向境外H股非居民企业股东派发股息代扣代缴企业所得税的有关问题通知如下：

一、中国居民企业向境外H股非居民企业股东派发2008年及以后年度股息时，统一按10%的税率代扣代缴企业所得税。

二、非居民企业股东在获得股息之后，可以自行或通过委托代理人或代扣代缴义务人，向主管税务机关提出享受税收协定（安排）待遇的申请，提供证明自己为符合税收协定（安排）规定的实际受益所有人的资料。主管税务机关审核无误后，应就已征税款和根据税收协定（安排）规定税率计算的应纳税款的差额予以退税。

三、各地应加强对我国境外上市企业派发股息情况的了解，并发挥售付汇凭证的作用，确保代扣代缴税款及时足额入库。

国家税务总局关于加强非居民企业来源于我国利息所得扣缴企业所得税工作的通知

2008年11月24日 国税函〔2008〕955号

【要点指引】《国家税务总局关于加强非居民企业来源于我国利息所得扣缴企业所得税工作的通知》（财税〔2008〕955号）明确，我国金融机构向境外外国银行支付贷款利息、我国境内外资金融机构向境外支付贷款利息，要按照《中华人民共和国企业所得税法》第十九条第一项“股息、红利等权益性投资收益和利息、租金、特许权使用费所得，以收入全额为应纳税所得额”和第三十七条“对非居民企业取得本法规定的所得应缴纳的所得税，实行源泉扣缴，以支付人为扣缴义务人，税款由扣缴义务人在每次支付或者到期应支付时，从支付或者到期应支付的款项中扣缴”的规定执行。

各省、自治区、直辖市和计划单列市国家税务局，广东省和深圳市地方税务局：

根据《中华人民共和国企业所得税法》及其实施条例的有关规定，现就加强非居民企业取得来源于我国境内利息所得扣缴企业所得税的有关问题通知如下：

一、自2008年1月1日起，我国金融机构向境外外国银行支付贷款利息、我国境内外资金融机构向境外支付贷款利息，应按照企业所得税法及其实施条例规定代扣代缴企业所得税。

二、我国境内机构向我国银行的境外分行支付的贷款利息，应按照企业所得税法及其实施条例规定代扣代缴企业所得税。[①]

三、各地应建立健全非居民企业利息所得源泉扣缴企业所得税监控机制，确保及时足额扣缴税款。

国家税务总局关于中国居民企业向QFII支付股息、红利、利息代扣代缴企业所得税有关问题的通知

2009年1月23日　国税函〔2009〕47号

【要点指引】 按照《中华人民共和国企业所得税法》及其实施条例的规定，QFII取得来源于中国境内的股息、红利和利息收入，应当缴纳企业所得税，并由派发股息、红利的企业或支付利息的企业进行代扣代缴。QFII取得的股息、红利和利息收入也可按照相关规定享受税收协定（安排）待遇。

各省、自治区、直辖市和计划单列市国家税务局、地方税务局：

根据《中华人民共和国企业所得税法》及其实施条例（以下称企业所得税法）规定，现就中国居民企业向合格境外机构投资者（以下称为QFII）支付股息、红利、利息代扣代缴企业所得税有关问题明确如下：

一、QFII取得来源于中国境内的股息、红利和利息收入，应当按照企业所得税法规定缴纳10%的企业所得税。如果是股息、红利，则由派发股息、红利的企业代扣代缴；如果是利息，则由企业在支付或到期应支付时代扣代缴。

二、QFII取得股息、红利和利息收入，需要享受税收协定（安排）待遇的，可向主管税务机关提出申请，主管税务机关审核无误后按照税收协定的规定执行；涉及退税的，应及时予以办理。

三、各地税务机关应了解QFII在我国从事投资的情况，及时提供税收服务，建立税收管理档案，确保代扣代缴税款及时足额入库。

---

① 条款废止。第二条废止。自2015年7月19日起废止。参见：《国家税务总局关于境内机构向我国银行的境外分行支付利息扣缴企业所得税有关问题的公告》，国家税务总局公告2015年第47号。

国家税务总局关于中国居民企业向全国社会保障基金所持H股派发股息不予代扣代缴企业所得税的通知

2009年4月1日　国税函〔2009〕173号

【要点指引】根据《财政部　国家税务总局关于全国社会保障基金有关企业所得税问题的通知》（财税〔2008〕136号）规定，全国社保基金从证券市场取得的收入为企业所得税不征税收入。在香港上市的境内居民企业和在香港以外上市的境内居民企业向境外派发股息时可分别凭相关证明，不予代扣代缴企业所得税。

各省、自治区、直辖市和计划单列市国家税务局、地方税务局：

现将中国居民企业向全国社会保障基金所持H股派发股息不予代扣代缴企业所得税的问题通知如下：

根据《财政部　国家税务总局关于全国社会保障基金有关企业所得税问题的通知》（财税〔2008〕136号）规定，全国社会保障基金（以下简称“社保基金”）从证券市场取得的收入为企业所得税不征税收入。在香港上市的境内居民企业派发股息时，可凭香港中央结算（代理人）有限公司确定的社保基金所持H股证明，不予代扣代缴企业所得税。

在香港以外上市的境内居民企业向境外派发股息时，可凭有关证券结算公司确定的社保基金所持股证明，不予代扣代缴企业所得税。

在境外上市的境内居民企业向其他经批准对股息不征企业所得税的机构派发股息时，可参照本通知执行。

财政部　国家税务总局
关于企业重组业务企业所得税处理若干问题的通知

2009年4月30日　财税〔2009〕59号

【要点指引】《财政部　国家税务总局关于企业重组业务企业所得税处理若干问题的通知》（财税〔2009〕59号，以下简称《通知》）根据《中华人民共和国企业所得税法》第二十条和《中华人民共和国企业所得税法实施条例》（国务院令第512号）第七十五条规定，就企业重组所涉及的企业所得税具体处理问题作出规定。《通知》对企业重组的类型、企业重组的一般性税务处理规定、特殊性税务处理方面予以明确。这里应注意《通知》中企业重组适用特殊性税务处理时，股权收购中购买股权和资产收购中收购资产的比例已由《财政部 国家税务总局关于促进企业重组有关企业所得税处理问题的通知》(财税〔2014〕109号) 作出修改。

各省、自治区、直辖市、计划单列市财政厅（局)、国家税务局、地方税务局，新疆生产建设兵团财务局：

根据《中华人民共和国企业所得税法》第二十条和《中华人民共和国企业所得税法实施条例》(国务院令第512号) 第七十五条规定，现就企业重组所涉及的企业所得税具体处理问题通知如下：

一、本通知所称企业重组，是指企业在日常经营活动以外发生的法律结构或经济结构重大改变的交易，包括企业法律形式改变、债务重组、股权收购、资产收购、合并、分立等。

(一) 企业法律形式改变，是指企业注册名称、住所以及企业组织形式等的简单改变，但符合本通知规定其他重组的类型除外。

(二) 债务重组，是指在债务人发生财务困难的情况下，债权人按照其与债务人达成的书面协议或者法院裁定书，就其债务人的债务作出让步的事项。

(三) 股权收购，是指一家企业（以下称为收购企业）购买另一家企业（以下称为被收购企业）的股权，以实现对被收购企业控制的交易。收购企业支付对价的形式包括股权支付、非股权支付或两者的组合。

(四) 资产收购，是指一家企业（以下称为受让企业）购买另一家企业（以下称为转让企业）实质经营性资产的交易。受让企业支付对价的形式包括股权支付、非股权支付或两者的组合。

(五) 合并，是指一家或多家企业（以下称为被合并企业）将其全部资产和负债转让给另一家现存或新设企业（以下称为合并企业)，被合并企业股东换取合并企业的股权或非股权支付，实现两个或两个以上企业的依法合并。

(六) 分立，是指一家企业（以下称为被分立企业）将部分或全部资产分离转让给现存或新设的企业（以下称为分立企业)，被分立企业股东换取分立企业的股权或非股权支付，实现企业的依法分立。

二、本通知所称股权支付，是指企业重组中购买、换取资产的一方支付的对价中，以本企业或其控股企业的股权、股份作为支付的形式；所称非股权支付，是指以本企业的现金、银行存款、应收款项、本企业或其控股企业股权和股份以外的有价证券、存货、固定资产、其他资产以及承担债务等作为支付的形式。

三、企业重组的税务处理区分不同条件分别适用一般性税务处理规定和特殊性税务处理规定。

四、企业重组，除符合本通知规定适用特殊性税务处理规定的外，按以下规定进行税务处理：

（一）企业由法人转变为个人独资企业、合伙企业等非法人组织，或将登记注册地转移至中华人民共和国境外（包括港澳台地区），应视同企业进行清算、分配，股东重新投资成立新企业。企业的全部资产以及股东投资的计税基础均应以公允价值为基础确定。

企业发生其他法律形式简单改变的，可直接变更税务登记，除另有规定外，有关企业所得税纳税事项（包括亏损结转、税收优惠等权益和义务）由变更后企业承继，但因住所发生变化而不符合税收优惠条件的除外。

（二）企业债务重组，相关交易应按以下规定处理：

1. 以非货币资产清偿债务，应当分解为转让相关非货币性资产、按非货币性资产公允价值清偿债务两项业务，确认相关资产的所得或损失。

2. 发生债权转股权的，应当分解为债务清偿和股权投资两项业务，确认有关债务清偿所得或损失。

3. 债务人应当按照支付的债务清偿额低于债务计税基础的差额，确认债务重组所得；债权人应当按照收到的债务清偿额低于债权计税基础的差额，确认债务重组损失。

4. 债务人的相关所得税纳税事项原则上保持不变。

（三）企业股权收购、资产收购重组交易，相关交易应按以下规定处理：

1. 被收购方应确认股权、资产转让所得或损失。

2. 收购方取得股权或资产的计税基础应以公允价值为基础确定。

3. 被收购企业的相关所得税事项原则上保持不变。

（四）企业合并，当事各方应按下列规定处理：

1. 合并企业应按公允价值确定接受被合并企业各项资产和负债的计税基础。

2. 被合并企业及其股东都应按清算进行所得税处理。

3. 被合并企业的亏损不得在合并企业结转弥补。

（五）企业分立，当事各方应按下列规定处理：

1. 被分立企业对分立出去资产应按公允价值确认资产转让所得或损失。

2. 分立企业应按公允价值确认接受资产的计税基础。

3. 被分立企业继续存在时，其股东取得的对价应视同被分立企业分配进行处理。

4. 被分立企业不再继续存在时，被分立企业及其股东都应按清算进行所得税处理。

5. 企业分立相关企业的亏损不得相互结转弥补。

五、企业重组同时符合下列条件的，适用特殊性税务处理规定：

（一）具有合理的商业目的，且不以减少、免除或者推迟缴纳税款为主要目的。

（二）被收购、合并或分立部分的资产或股权比例符合本通知规定的比例。

（三）企业重组后的连续12个月内不改变重组资产原来的实质性经营活动。

（四）重组交易对价中涉及股权支付金额符合本通知规定比例。

（五）企业重组中取得股权支付的原主要股东，在重组后连续12个月内，不得转让所取得的股权。

六、企业重组符合本通知第五条规定条件的，交易各方对其交易中的股权支付部分，可以按以下规定进行特殊性税务处理：

（一）企业债务重组确认的应纳税所得额占该企业当年应纳税所得额50%以上，可以在5个纳税年度的期间内，均匀计入各年度的应纳税所得额。

企业发生债权转股权业务，对债务清偿和股权投资两项业务暂不确认有关债务清偿所得或损失，股权投资的计税基础以原债权的计税基础确定。企业的其他相关所得税事项保持不变。

（二）股权收购，收购企业购买的股权不低于被收购企业全部股权的75%①，且收购企业在该股权收购发生时的股权支付金额不低于其交易支付总额的85%，可以选择按以下规定处理：

1. 被收购企业的股东取得收购企业股权的计税基础，以被收购股权的原有计税基础确定。

2. 收购企业取得被收购企业股权的计税基础，以被收购股权的原有计税基础确定。

3. 收购企业、被收购企业的原有各项资产和负债的计税基础和其他相关所得税事项保持不变。

（三）资产收购，受让企业收购的资产不低于转让企业全部资产的75%②，且受让企业在该资产收购发生时的股权支付金额不低于其交易支付总额的85%，可以选择按以下规定处理：

1. 转让企业取得受让企业股权的计税基础，以被转让资产的原有计税基础确定。

---

① 政策调整。该比例已调整为50%。参见：《财政部 国家税务总局关于促进企业重组有关企业所得税处理问题的通知》，财税〔2014〕109号。

② 政策调整。该比例已调整为50%。参见：《财政部 国家税务总局关于促进企业重组有关企业所得税处理问题的通知》，财税〔2014〕109号。

2. 受让企业取得转让企业资产的计税基础，以被转让资产的原有计税基础确定。

（四）企业合并，企业股东在该企业合并发生时取得的股权支付金额不低于其交易支付总额的85%，以及同一控制下且不需要支付对价的企业合并，可以选择按以下规定处理：

1. 合并企业接受被合并企业资产和负债的计税基础，以被合并企业的原有计税基础确定。

2. 被合并企业合并前的相关所得税事项由合并企业承继。

3. 可由合并企业弥补的被合并企业亏损的限额=被合并企业净资产公允价值×截至合并业务发生当年年末国家发行的最长期限的国债利率。

4. 被合并企业股东取得合并企业股权的计税基础，以其原持有的被合并企业股权的计税基础确定。

（五）企业分立，被分立企业所有股东按原持股比例取得分立企业的股权，分立企业和被分立企业均不改变原来的实质经营活动，且被分立企业股东在该企业分立发生时取得的股权支付金额不低于其交易支付总额的85%，可以选择按以下规定处理：

1. 分立企业接受被分立企业资产和负债的计税基础，以被分立企业的原有计税基础确定。

2. 被分立企业已分立出去资产相应的所得税事项由分立企业承继。

3. 被分立企业未超过法定弥补期限的亏损额可按分立资产占全部资产的比例进行分配，由分立企业继续弥补。

4. 被分立企业的股东取得分立企业的股权（以下简称“新股”），如需部分或全部放弃原持有的被分立企业的股权（以下简称“旧股”），“新股”的计税基础应以放弃“旧股”的计税基础确定。如不需放弃“旧股”，则其取得“新股”的计税基础可从以下两种方法中选择确定：直接将“新股”的计税基础确定为零；或者以被分立企业分立出去的净资产占被分立企业全部净资产的比例先调减原持有的“旧股”的计税基础，再将调减的计税基础平均分配到“新股”上。

（六）重组交易各方按本条（一）至（五）项规定对交易中股权支付暂不确认有关资产的转让所得或损失的，其非股权支付仍应在交易当期确认相应的资产转让所得或损失，并调整相应资产的计税基础。

非股权支付对应的资产转让所得或损失=（被转让资产的公允价值-被转让资产的计税基础）×（非股权支付金额÷被转让资产的公允价值）

七、企业发生涉及中国境内与境外之间（包括港澳台地区）的股权和资产收购交易，除应符合本通知第五条规定的条件外，还应同时符合下列条件，才可选择适用特殊性税务处理规定：

（一）非居民企业向其100%直接控股的另一非居民企业转让其拥有的居民企业股权，没有因此造成以后该项股权转让所得预提税负担变化，且转让方非居民企业向主管税务机关书面承诺在3年（含3年）内不转让其拥有受让方非居民企业的股权；

（二）非居民企业向与其具有100%直接控股关系的居民企业转让其拥有的另一居民企业股权；

（三）居民企业以其拥有的资产或股权向其100%直接控股的非居民企业进行投资；

（四）财政部、国家税务总局核准的其他情形。

八、本通知第七条第（三）项所指的居民企业以其拥有的资产或股权向其100%直接控股关系的非居民企业进行投资，其资产或股权转让收益如选择特殊性税务处理，可以在10个纳税年度内均匀计入各年度应纳税所得额。

九、在企业吸收合并中，合并后的存续企业性质及适用税收优惠的条件未发生改变的，可以继续享受合并前该企业剩余期限的税收优惠，其优惠金额按存续企业合并前一年的应纳税所得额（亏损计为零）计算。

在企业存续分立中，分立后的存续企业性质及适用税收优惠的条件未发生改变的，可以继续享受分立前该企业剩余期限的税收优惠，其优惠金额按该企业分立前一年的应纳税所得额（亏损计为零）乘以分立后存续企业资产占分立前该企业全部资产的比例计算。

十、企业在重组发生前后连续12个月内分步对其资产、股权进行交易，应根据实质重于形式原则将上述交易作为一项企业重组交易进行处理。

十一、企业发生符合本通知规定的特殊性重组条件并选择特殊性税务处理的，当事各方应在该重组业务完成当年企业所得税年度申报时，向主管税务机关提交书面备案资料，证明其符合各类特殊性重组规定的条件。企业未按规定书面备案的，一律不得按特殊重组业务进行税务处理。

十二、对企业在重组过程中涉及的需要特别处理的企业所得税事项，由国务院财政、税务主管部门另行规定。

十三、本通知自2008年1月1日起执行。

国家税务总局关于非居民企业取得B股等股票股息征收企业所得税问题的批复

2009年7月24日　国税函〔2009〕394号

【要点指引】 按照《中华人民共和国企业所得税法》及其实施条例的规

定，在中国境内外公开发行、上市股票（A 股、B 股和海外股）的中国居民企业在向非居民企业派发 2008 年及以后年度股息收入，按照 10%的税率代扣代缴企业所得税。非居民企业股东也可按照相关规定享受税收协定（安排）待遇。

上海市国家税务局：

你局《关于大众交通（集团）股份有限公司向 B 股非居民股东派发股利涉税问题的请示》（沪国税际〔2009〕49 号）收悉，现批复如下：

根据《中华人民共和国企业所得税法》及其实施条例规定，在中国境内外公开发行、上市股票（A 股、B 股和海外股）的中国居民企业，在向非居民企业股东派发 2008 年及以后年度股息时，应统一按 10%的税率代扣代缴企业所得税。非居民企业股东需要享受税收协定待遇的，依照税收协定执行的有关规定办理。

国家税务总局关于贯彻落实企业所得税法若干税收问题的通知

2010 年 2 月 22 日　国税函〔2010〕79 号

【要点指引】《国家税务总局关于贯彻落实企业所得税法若干税收问题的通知》（国税函〔2010〕79 号）按照《中华人民共和国企业所得税法》及其实施条例的规定，就贯彻落实企业所得税法过程中若干问题予以明确。对于非居民业务，应重点关注租金收入确认问题、债务重组收入确认问题、股权转让所得确认和计算问题、股息红利等权益性投资收益收入确认问题。

各省、自治区、直辖市和计划单列市国家税务局、地方税务局：

根据《中华人民共和国企业所得税法》（以下简称企业所得税法）和《中华人民共和国企业所得税法实施条例》（以下简称《实施条例》）的有关规定，现就贯彻落实企业所得税法过程中若干问题，通知如下：

一、关于租金收入确认问题

根据《实施条例》第十九条的规定，企业提供固定资产、包装物或者其他有形资产的使用权取得的租金收入，应按交易合同或协议规定的承租人应付租金的日期确认收入的实现。其中，如果交易合同或协议中规定租赁期限跨年度，且租金提前一次性支付的，根据《实施条例》第九条规定的收入与费用配比原则，出租人可对上述已确认的收入，在租赁期内，分期均匀计入相关年度收入。

出租方如为在我国境内设有机构场所且采取据实申报缴纳企业所得的非居民企业，也按本条规定执行。

二、关于债务重组收入确认问题

企业发生债务重组，应在债务重组合同或协议生效时确认收入的实现。

三、关于股权转让所得确认和计算问题

企业转让股权收入，应于转让协议生效且完成股权变更手续时，确认收入的实现。转让股权收入扣除为取得该股权所发生的成本后，为股权转让所得。企业在计算股权转让所得时，不得扣除被投资企业未分配利润等股东留存收益中按该项股权所可能分配的金额。

四、关于股息、红利等权益性投资收益收入确认问题

企业权益性投资取得股息、红利等收入，应以被投资企业股东会或股东大会作出利润分配或转股决定的日期，确定收入的实现。

被投资企业将股权（票）溢价所形成的资本公积转为股本的，不作为投资方企业的股息、红利收入，投资方企业也不得增加该项长期投资的计税基础。

五、关于固定资产投入使用后计税基础确定问题

企业固定资产投入使用后，由于工程款项尚未结清未取得全额发票的，可暂按合同规定的金额计入固定资产计税基础计提折旧，待发票取得后进行调整。但该项调整应在固定资产投入使用后 12 个月内进行。

六、关于免税收入所对应的费用扣除问题

根据《实施条例》第二十七条、第二十八条的规定，企业取得的各项免税收入所对应的各项成本费用，除另有规定者外，可以在计算企业应纳税所得额时扣除。

七、企业筹办期间不计算为亏损年度问题

企业自开始生产经营的年度，为开始计算企业损益的年度。企业从事生产经营之前进行筹办活动期间发生筹办费用支出，不得计算为当期的亏损，应按照《国家税务总局关于企业所得税若干税务事项衔接问题的通知》（国税函〔2009〕98 号）第九条规定执行。

八、从事股权投资业务的企业业务招待费计算问题

对从事股权投资业务的企业（包括集团公司总部、创业投资企业等），其从被投资企业所分配的股息、红利以及股权转让收入，可以按规定的比例计算业务招待费扣除限额。

国家税务总局关于境外分行取得来源于境内利息所得扣缴企业所得税问题的通知

2010年6月2日 国税函〔2010〕266号

【要点指引】《国家税务总局关于境外分行取得来源于境内利息所得扣缴企业所得税问题的通知》（国税函〔2010〕266号）对境外分行取得来源于境内利息所得扣缴企业所得税的相关问题予以明确，包括：税收协定列名的免税外国金融机构设在第三国的非法人分支机构取得的利息可以享受中国与其总机构所在国签订的税收协定中规定的免税待遇；属于中国居民企业的银行在境外设立的非法人分支机构取得的来源于中国的利息，不适用我国与该分支机构所在国签订的税收协定，应适用我国国内法的相关规定。

各省、自治区、直辖市和计划单列市国家税务局、地方税务局：

关于对境外分行取得来源于境内利息所得扣缴企业所得税有关问题，现通知如下：

一、税收协定列名的免税外国金融机构设在第三国的非法人分支机构与其总机构属于同一法人，除税收协定中明确规定只有列名金融机构的总机构可以享受免税待遇情况外，该分支机构取得的利息可以享受中国与其总机构所在国签订的税收协定中规定的免税待遇。在执行上述规定时，应严格按《国家税务总局关于印发〈非居民享受税收协定待遇管理办法（试行）〉的通知》（国税发〔2009〕124号）有关规定办理审批手续。

二、属于中国居民企业的银行在境外设立的非法人分支机构同样是中国的居民，该分支机构取得的来源于中国的利息，不论是由中国居民还是外国居民设在中国的常设机构支付，均不适用我国与该分支机构所在国签订的税收协定，应适用我国国内法的相关规定，即按照《国家税务总局关于加强非居民企业来源于我国利息所得扣缴企业所得税工作的通知》（国税函〔2008〕955号）文件办理。

国家税务总局关于发布《企业重组业务企业所得税管理办法》的公告

2010年7月26日　国家税务总局公告2010年第4号

【要点指引】《国家税务总局关于发布〈企业重组业务企业所得税管理办法〉的公告》（国家税务总局公告2010年第4号，以下简称《办法》）是根据《中华人民共和国企业所得税法》及其实施条例、《中华人民共和国税收征收管理法》及其实施细则、《财政部、国家税务总局关于企业重组业务企业所得税处理若干问题的通知》（财税〔2009〕59号）等有关规定制定而成，对规范和加强企业重组业务的所得税管理，具有积极意义。《办法》着重明确了以下问题：(1) 重组各方应采取一致税务处理原则；(2) 明确了各类企业重组一般性税务处理的管理内容；(3) 明确了特殊性税务处理的管理内容。同时应注意《办法》中关于重组业务中的当事各方、重组日的确定、企业重组特殊性税务处理管理以及企业债务重组、股权收购业务、资产收购、合并、分立应提供的资料等规定已由《国家税务总局关于企业重组业务企业所得税征收管理若干问题的公告》（国家税务总局公告2015年第48号）文件废止。

现将《企业重组业务企业所得税管理办法》予以发布，自2010年1月1日起施行。

本办法发布时企业已经完成重组业务的，如适用《财政部　国家税务总局关于企业重组业务企业所得税处理若干问题的通知》（财税〔2009〕59号）特殊税务处理，企业没有按照本办法要求准备相关资料的，应补备相关资料；需要税务机关确认的，按照本办法要求补充确认。2008、2009年度企业重组业务尚未进行税务处理的，可按本办法处理。

特此公告。

企业重组业务企业所得税管理办法

第一章　总则及定义

第一条　为规范和加强对企业重组业务的企业所得税管理，根据《中华人民共和国企业所得税法》（以下简称《税法》）及其实施条例（以下简称《实施条例》)、《中华人民共和国税收征收管理法》及其实施细则(以下简称《征管法》)、《财政部 国家税务总局关于企业重组业务企业所得税处理若干问题的通知》(财税〔2009〕59号)(以下简称《通知》)等有关规定，制定本办法。

第二条 本办法所称企业重组业务，是指《通知》第一条所规定的企业法律形式改变、债务重组、股权收购、资产收购、合并、分立等各类重组。

第三条 企业发生各类重组业务，其当事各方，按重组类型，分别指以下企业：

（一）债务重组中当事各方，指债务人及债权人。

（二）股权收购中当事各方，指收购方、转让方及被收购企业。

（三）资产收购中当事各方，指转让方、受让方。

（四）合并中当事各方，指合并企业、被合并企业及各方股东。

（五）分立中当事各方，指分立企业、被分立企业及各方股东。①

第四条 同一重组业务的当事各方应采取一致税务处理原则，即统一按一般性或特殊性税务处理。

第五条 《通知》第一条第（四）项所称实质经营性资产，是指企业用于从事生产经营活动、与产生经营收入直接相关的资产，包括经营所用各类资产、企业拥有的商业信息和技术、经营活动产生的应收款项、投资资产等。

第六条 《通知》第二条所称控股企业，是指由本企业直接持有股份的企业。

第七条 《通知》中规定的企业重组，其重组日的确定，按以下规定处理：

（一）债务重组，以债务重组合同或协议生效日为重组日。

（二）股权收购，以转让协议生效且完成股权变更手续日为重组日。

（三）资产收购，以转让协议生效且完成资产实际交割日为重组日。

（四）企业合并，以合并企业取得被合并企业资产所有权并完成工商登记变更日期为重组日。

（五）企业分立，以分立企业取得被分立企业资产所有权并完成工商登记变更日期为重组日。②

第八条 重组业务完成年度的确定，可以按各当事方适用的会计准则确定，具体参照各当事方经审计的年度财务报告。由于当事方适用的会计准则不同导致重组业务完成年度的判定有差异时，各当事方应协商一致，确定同一个纳税年度作为重组业务完成年度。③

---

① 条款废止。第三条废止。参见：《国家税务总局关于企业重组业务企业所得税征收管理若干问题的公告》，国家税务总局公告2015年第48号。

②③ 条款废止。第七条、第八条废止。参见：《国家税务总局关于企业重组业务企业所得税征收管理若干问题的公告》，国家税务总局公告2015年第48号。

第九条 本办法所称评估机构，是指具有合法资质的中国资产评估机构。

第二章 企业重组一般性税务处理管理

第十条 企业发生《通知》第四条第（一）项规定的由法人转变为个人独资企业、合伙企业等非法人组织，或将登记注册地转移至中华人民共和国境外（包括港澳台地区），应按照《财政部 国家税务总局关于企业清算业务企业所得税处理若干问题的通知》（财税〔2009〕60号）规定进行清算。

企业在报送《企业清算所得纳税申报表》时，应附送以下资料：

（一）企业改变法律形式的工商部门或其他政府部门的批准文件；

（二）企业全部资产的计税基础以及评估机构出具的资产评估报告；

（三）企业债权、债务处理或归属情况说明；

（四）主管税务机关要求提供的其他资料证明。

第十一条 企业发生《通知》第四条第（二）项规定的债务重组，应准备以下相关资料，以备税务机关检查。

（一）以非货币资产清偿债务的，应保留当事各方签订的清偿债务的协议或合同，以及非货币资产公允价格确认的合法证据等；

（二）债权转股权的，应保留当事各方签订的债权转股权协议或合同。

第十二条 企业发生《通知》第四条第（三）项规定的股权收购、资产收购重组业务，应准备以下相关资料，以备税务机关检查。

（一）当事各方所签订的股权收购、资产收购业务合同或协议；

（二）相关股权、资产公允价值的合法证据。

第十三条 企业发生《通知》第四条第（四）项规定的合并，应按照财税〔2009〕60号文件规定进行清算。

被合并企业在报送《企业清算所得纳税申报表》时，应附送以下资料：

（一）企业合并的工商部门或其他政府部门的批准文件；

（二）企业全部资产和负债的计税基础以及评估机构出具的资产评估报告；

（三）企业债务处理或归属情况说明；

（四）主管税务机关要求提供的其他资料证明。

第十四条 企业发生《通知》第四条第（五）项规定的分立，被分立企业不再继续存在，应按照财税〔2009〕60号文件规定进行清算。

被分立企业在报送《企业清算所得纳税申报表》时，应附送以下资料：

（一）企业分立的工商部门或其他政府部门的批准文件；

（二）被分立企业全部资产的计税基础以及评估机构出具的资产评估报告；

（三）企业债务处理或归属情况说明；

（四）主管税务机关要求提供的其他资料证明。

第十五条 企业合并或分立，合并各方企业或分立企业涉及享受《税法》第五十七条规定中就企业整体（即全部生产经营所得）享受的税收优惠过渡政策尚未期满的，仅就存续企业未享受完的税收优惠，按照《通知》第九条的规定执行；注销的被合并或被分立企业未享受完的税收优惠，不再由存续企业承继；合并或分立而新设的企业不得再承继或重新享受上述优惠。合并或分立各方企业按照《税法》的税收优惠规定和税收优惠过渡政策中就企业有关生产经营项目的所得享受的税收优惠承继问题，按照《实施条例》第八十九条规定执行。

第三章 企业重组特殊性税务处理管理

第十六条 企业重组业务，符合《通知》规定条件并选择特殊性税务处理的，应按照《通知》第十一条规定进行备案；如企业重组各方需要税务机关确认，可以选择由重组主导方向主管税务机关提出申请，层报省税务机关给予确认。

采取申请确认的，主导方和其他当事方不在同一省（自治区、市）的，主导方省税务机关应将确认文件抄送其他当事方所在地省税务机关。

省税务机关在收到确认申请时，原则上应在当年度企业所得税汇算清缴前完成确认。特殊情况，需要延长的，应将延长理由告知主导方。①

第十七条 企业重组主导方，按以下原则确定：

（一）债务重组为债务人；

（二）股权收购为股权转让方；

（三）资产收购为资产转让方；

（四）吸收合并为合并后拟存续的企业，新设合并为合并前资产较大的企业；

（五）分立为被分立的企业或存续企业。②

第十八条 企业发生重组业务，按照《通知》第五条第（一）项要求，企业在备案或提交确认申请时，应从以下方面说明企业重组具有合理的商业目的：③

（一）重组活动的交易方式。即重组活动采取的具体形式、交易背景、交易时间、在交易之前和之后的运作方式和有关的商业常规；

（二）该项交易的形式及实质。即形式上交易所产生的法律权利和责任，也是该项交易的法律后果。另外，交易实际上或商业上产生的最终结果；

---

①②③ 条款废止。第十六条至第十八条废止。参见：《国家税务总局关于企业重组业务企业所得税征收管理若干问题的公告》，国家税务总局公告 2015 年第 48 号。

（三）重组活动给交易各方税务状况带来的可能变化；

（四）重组各方从交易中获得的财务状况变化；

（五）重组活动是否给交易各方带来了在市场原则下不会产生的异常经济利益或潜在义务；

（六）非居民企业参与重组活动的情况。

第十九条 《通知》第五条第（三）和第（五）项所称“企业重组后的连续12个月内”，是指自重组日起计算的连续12个月内。

第二十条 《通知》第五条第（五）项规定的原主要股东，是指原持有转让企业或被收购企业20%以上股权的股东。

第二十一条 《通知》第六条第（四）项规定的同一控制，是指参与合并的企业在合并前后均受同一方或相同的多方最终控制，且该控制并非暂时性的。能够对参与合并的企业在合并前后均实施最终控制权的相同多方，是指根据合同或协议的约定，对参与合并企业的财务和经营政策拥有决定控制权的投资者群体。在企业合并前，参与合并各方受最终控制方的控制在12个月以上，企业合并后所形成的主体在最终控制方的控制时间也应达到连续12个月。

第二十二条 企业发生《通知》第六条第（一）项规定的债务重组，根据不同情形，应准备以下资料：①

（一）发生债务重组所产生的应纳税所得额占该企业当年应纳税所得额50%以上的，债务重组所得要求在5个纳税年度的期间内，均匀计入各年度应纳税所得额的，应准备以下资料：

1. 当事方的债务重组的总体情况说明（如果采取申请确认的，应为企业的申请，下同），情况说明中应包括债务重组的商业目的；

2. 当事各方所签订的债务重组合同或协议；

3. 债务重组所产生的应纳税所得额、企业当年应纳税所得额情况说明；

4. 税务机关要求提供的其他资料证明。

（二）发生债权转股权业务，债务人对债务清偿业务暂不确认所得或损失，债权人对股权投资的计税基础以原债权的计税基础确定，应准备以下资料：

1. 当事方的债务重组的总体情况说明。情况说明中应包括债务重组的商业目的；

2. 双方所签订的债转股合同或协议；

---

① 条款废止。第二十二条废止。参见：《国家税务总局关于企业重组业务企业所得税征收管理若干问题的公告》，国家税务总局公告2015年第48号。

3. 企业所转换的股权公允价格证明；

4. 工商部门及有关部门核准相关企业股权变更事项证明材料；

5. 税务机关要求提供的其他资料证明。

第二十三条 企业发生《通知》第六条第（二）项规定的股权收购业务，应准备以下资料：①

（一）当事方的股权收购业务总体情况说明，情况说明中应包括股权收购的商业目的；

（二）双方或多方所签订的股权收购业务合同或协议；

（三）由评估机构出具的所转让及支付的股权公允价值；

（四）证明重组符合特殊性税务处理条件的资料，包括股权比例，支付对价情况，以及12个月内不改变资产原来的实质性经营活动和原主要股东不转让所取得股权的承诺书等；

（五）工商等相关部门核准相关企业股权变更事项证明材料；

（六）税务机关要求的其他材料。

第二十四条 企业发生《通知》第六条第（三）项规定的资产收购业务，应准备以下资料：②

（一）当事方的资产收购业务总体情况说明，情况说明中应包括资产收购的商业目的；

（二）当事各方所签订的资产收购业务合同或协议；

（三）评估机构出具的资产收购所体现的资产评估报告；

（四）受让企业股权的计税基础的有效凭证；

（五）证明重组符合特殊性税务处理条件的资料，包括资产收购比例，支付对价情况，以及12个月内不改变资产原来的实质性经营活动、原主要股东不转让所取得股权的承诺书等；

（六）工商部门核准相关企业股权变更事项证明材料；

（七）税务机关要求提供的其他材料证明。

第二十五条 企业发生《通知》第六条第（四）项规定的合并，应准备以下资料：③

（一）当事方企业合并的总体情况说明。情况说明中应包括企业合并的商业目的；

（二）企业合并的政府主管部门的批准文件；

（三）企业合并各方当事人的股权关系说明；

---

①②③条款废止。参见：《国家税务总局关于企业重组业务企业所得税征收管理若干问题的公告》，国家税务总局公告2015年第48号。

（四）被合并企业的净资产、各单项资产和负债及其账面价值和计税基础等相关资料；

（五）证明重组符合特殊性税务处理条件的资料，包括合并前企业各股东取得股权支付比例情况，以及12个月内不改变资产原来的实质性经营活动、原主要股东不转让所取得股权的承诺书等；

（六）工商部门核准相关企业股权变更事项证明材料；

（七）主管税务机关要求提供的其他资料证明。

第二十六条 《通知》第六条第（四）项所规定的可由合并企业弥补的被合并企业亏损的限额，是指按《税法》规定的剩余结转年限内，每年可由合并企业弥补的被合并企业亏损的限额。

第二十七条 企业发生《通知》第六条第（五）项规定的分立，应准备以下资料：①

（一）当事方企业分立的总体情况说明。情况说明中应包括企业分立的商业目的；

（二）企业分立的政府主管部门的批准文件；

（三）被分立企业的净资产、各单项资产和负债账面价值和计税基础等相关资料；

（四）证明重组符合特殊性税务处理条件的资料，包括分立后企业各股东取得股权支付比例情况，以及12个月内不改变资产原来的实质性经营活动、原主要股东不转让所取得股权的承诺书等；

（五）工商部门认定的分立和被分立企业股东股权比例证明材料；分立后，分立和被分立企业工商营业执照复印件；分立和被分立企业分立业务账务处理复印件；

（六）税务机关要求提供的其他资料证明。

第二十八条 根据《通知》第六条第（四）项第2目规定，被合并企业合并前的相关所得税事项由合并企业承继，以及根据《通知》第六条第（五）项第2目规定，企业分立，已分立资产相应的所得税事项由分立企业承继，这些事项包括尚未确认的资产损失、分期确认收入的处理以及尚未享受期满的税收优惠政策承继处理问题等。其中，对税收优惠政策承继处理问题，凡属于依照《税法》第五十七条规定中就企业整体（即全部生产经营所得）享受税收优惠过渡政策的，合并或分立后的企业性质及适用税收优惠条件未发生改变

---

① 条款废止。第二十七条废止。参见：《国家税务总局关于企业重组业务企业所得税征收管理若干问题的公告》，国家税务总局公告2015年第48号。

的，可以继续享受合并前各企业或分立前被分立企业剩余期限的税收优惠。合并前各企业剩余的税收优惠年限不一致的，合并后企业每年度的应纳税所得额，应统一按合并日各合并前企业资产占合并后企业总资产的比例进行划分，再分别按相应的剩余优惠计算应纳税额。合并前各企业或分立前被分立企业按照《税法》的税收优惠规定以及税收优惠过渡政策中就有关生产经营项目所得享受的税收优惠承继处理问题，按照《实施条例》第八十九条规定执行。

第二十九条 适用《通知》第五条第（三）项和第（五）项的当事各方应在完成重组业务后的下一年度的企业所得税年度申报时，向主管税务机关提交书面情况说明，以证明企业在重组后的连续 12 个月内，有关符合特殊性税务处理的条件未发生改变。

第三十条 当事方的其中一方在规定时间内发生生产经营业务、公司性质、资产或股权结构等情况变化，致使重组业务不再符合特殊性税务处理条件的，发生变化的当事方应在情况发生变化的 30 天内书面通知其他所有当事方。主导方在接到通知后 30 日内将有关变化通知其主管税务机关。

上款所述情况发生变化后 60 日内，应按照《通知》第四条的规定调整重组业务的税务处理。原交易各方应各自按原交易完成时资产和负债的公允价值计算重组业务的收益或损失，调整交易完成纳税年度的应纳税所得额及相应的资产和负债的计税基础，并向各自主管税务机关申请调整交易完成纳税年度的企业所得税年度申报表。逾期不调整申报的，按照《征管法》的相关规定处理。

第三十一条 各当事方的主管税务机关应当对企业申报或确认适用特殊性税务处理的重组业务进行跟踪监管，了解重组企业的动态变化情况。发现问题，应及时与其他当事方主管税务机关沟通联系，并按照规定给予调整。

第三十二条 根据《通知》第十条规定，若同一项重组业务涉及在连续 12 个月内分步交易，且跨两个纳税年度，当事各方在第一步交易完成时预计整个交易可以符合特殊性税务处理条件，可以协商一致选择特殊性税务处理的，可在第一步交易完成后，适用特殊性税务处理。主管税务机关在审核有关资料后，符合条件的，可以暂认可适用特殊性税务处理。第二年进行下一步交易后，应按本办法要求，准备相关资料确认适用特殊性税务处理。①

第三十三条 上述跨年度分步交易，若当事方在首个纳税年度不能预计整个交易是否符合特殊性税务处理条件，应适用一般性税务处理。在下一纳税年度全部交易完成后，适用特殊性税务处理的，可以调整上一纳税年度的企业所

① 条款废止。参见：《国家税务总局关于企业重组业务企业所得税征收管理若干问题的公告》，国家税务总局公告 2015 年第 48 号。

得税年度申报表，涉及多缴税款的，各主管税务机关应退税，或抵缴当年应纳税款。

第三十四条 企业重组的当事各方应该取得并保管与该重组有关的凭证、资料，保管期限按照《征管法》的有关规定执行。

第四章 跨境重组税收管理

第三十五条 发生《通知》第七条规定的重组，凡适用特殊性税务处理规定的，应按照本办法第三章相关规定执行。

第三十六条 发生《通知》第七条第（一）、（二）项规定的重组，适用特殊税务处理的，应按照《国家税务总局关于印发〈非居民企业所得税源泉扣缴管理暂行办法〉的通知》（国税发〔2009〕3号）和《国家税务总局关于加强非居民企业股权转让所得企业所得税管理的通知》（国税函〔2009〕698号）要求，准备资料。①

第三十七条 发生《通知》第七条第（三）项规定的重组，居民企业应向其所在地主管税务机关报送以下资料：

1. 当事方的重组情况说明，申请文件中应说明股权转让的商业目的；
2. 双方所签订的股权转让协议；
3. 双方控股情况说明；
4. 由评估机构出具的资产或股权评估报告。报告中应分别列示涉及的各单项被转让资产和负债的公允价值；
5. 证明重组符合特殊性税务处理条件的资料，包括股权或资产转让比例，支付对价情况，以及12个月内不改变资产原来的实质性经营活动、不转让所取得股权的承诺书等；
6. 税务机关要求的其他材料。

国家税务总局关于非居民企业股权转让适用特殊性税务处理有关问题的公告

2013年12月12日 国家税务总局公告2013年第72号

【要点指引】《国家税务总局关于非居民企业股权转让适用特殊性税务处

① 条款废止。自2017年12月1日废止。参见：《国家税务总局关于非居民企业所得税源泉扣缴有关问题的公告》，国家税务总局公告2017年第37号。

理有关问题的公告》（国家税务总局公告2013年第72号，以下简称《公告》）主要明确了非居民企业股权转让适用特殊性税务处理的主导方、备案资料、备案程序及对未分配利润的税务处理等内容。(1) 明确非居民企业股权转让适用特殊性税务处理的前置条件和备案主导方。(2) 明确股权转让方、受让方或其授权代理人办理备案时应报送的资料。(3) 明确备案程序和相关规定，《公告》对税务机关内部运转程序予以明确，并提出了完成时限。(4) 明确对未分配利润的处理。(5) 根据立法法和总局有关规定，自《公告》发布之日起施行。对实施之前发生的非居民企业股权转让适用特殊性税务处理尚未处理的相关事项，可依据《公告》规定执行。

为规范和加强非居民企业股权转让适用特殊性税务处理的管理，根据《中华人民共和国企业所得税法》及其实施条例、《财政部 国家税务总局关于企业重组业务企业所得税处理若干问题的通知》（财税〔2009〕59号，以下简称《通知》）的有关规定，现就有关问题公告如下：

一、本公告所称股权转让是指非居民企业发生《通知》第七条第（一）、（二）项规定的情形；其中《通知》第七条第（一）项规定的情形包括因境外企业分立、合并导致中国居民企业股权被转让的情形。

二、非居民企业股权转让选择特殊性税务处理的，应于股权转让合同或协议生效且完成工商变更登记手续30日内进行备案。属于《通知》第七条第（一）项情形的，由转让方向被转让企业所在地所得税主管税务机关备案；属于《通知》第七条第（二）项情形的，由受让方向其所在地所得税主管税务机关备案。

股权转让方或受让方可以委托代理人办理备案事项；代理人在代为办理备案事项时，应向主管税务机关出具备案人的书面授权委托书。

三、股权转让方、受让方或其授权代理人（以下简称备案人）办理备案时应填报以下资料：

（一）《非居民企业股权转让适用特殊性税务处理备案表》（见附件1）；

（二）股权转让业务总体情况说明，应包括股权转让的商业目的、证明股权转让符合特殊性税务处理条件、股权转让前后的公司股权架构图等资料；

（三）股权转让业务合同或协议（外文文本的同时附送中文译本）；

（四）工商等相关部门核准企业股权变更事项证明资料；

（五）截至股权转让时，被转让企业历年的未分配利润资料；

（六）税务机关要求的其他材料。

以上资料已经向主管税务机关报送的，备案人可不再重复报送。其中以复印件向税务机关提交的资料，备案人应在复印件上注明“本复印件与原件一致”字样，并签字后加盖备案人印章；报送中文译本的，应在中文译本上注明“本译文与原文表述内容一致”字样，并签字后加盖备案人印章。

四、主管税务机关应当按规定受理备案，资料齐全的，应当场在《非居民企业股权转让适用特殊性税务处理备案表》上签字盖章，并退1份给备案人；资料不齐全的，不予受理，并告知备案人各应补正事项。

五、非居民企业发生股权转让属于《通知》第七条第（一）项情形的，主管税务机关应当自受理之日起30个工作日内就备案事项进行调查核实、提出处理意见，并将全部备案资料以及处理意见层报省（含自治区、直辖市和计划单列市，下同）税务机关。

税务机关在调查核实时，如发现此种股权转让情形造成以后该项股权转让所得预提税负担变化，包括转让方把股权由应征税的国家或地区转让到不征税或低税率的国家或地区，应不予适用特殊性税务处理。

六、非居民企业发生股权转让属于《通知》第七条第（二）项情形的，应区分以下两种情形予以处理：

（一）受让方和被转让企业在同一省且同属国税机关或地税机关管辖的，按照本公告第五条规定执行。

（二）受让方和被转让企业不在同一省或分别由国税机关和地税机关管辖的，受让方所在地省税务机关收到主管税务机关意见后30日内，应向被转让企业所在地省税务机关发出《非居民企业股权转让适用特殊性税务处理告知函》（见附件2）。

七、非居民企业股权转让未进行特殊性税务处理备案或备案后经调查核实不符合条件的，适用一般性税务处理规定，应按照有关规定缴纳企业所得税。[①]

八、非居民企业发生股权转让属于《通知》第七条第（一）项情形且选择特殊性税务处理的，转让方和受让方不在同一国家或地区的，若被转让企业股权转让前的未分配利润在转让后分配给受让方的，不享受受让方所在国家（地区）与中国签订的税收协定（含税收安排）的股息减税优惠待遇，并由被转让企业按税法相关规定代扣代缴企业所得税，到其所在地所得税主管税务机关申报缴纳。

九、省税务机关应做好辖区内非居民企业股权转让适用特殊性税务处理的

---

① 政策调整。自2015年6月1日起施行。第七条修改为：“非居民企业股权转让适用特殊性税务处理备案后经调查核实不符合条件的，应调整适用一般性税务处理，按照有关规定缴纳企业所得税。非居民企业股权转让适用特殊性税务处理未进行备案的，税务机关应告知其按照本公告第二条、第三条的规定办理备案手续。”参见：《国家税务总局关于修改〈非居民企业所得税核定征收管理办法〉等文件的公告》，国家税务总局公告2015年第22号。

管理工作，于年度终了后30日内向国家税务总局报送《非居民企业股权转让适用特殊性税务处理情况统计表》（见附件3）。

十、本公告自发布之日起施行。本公告实施之前发生的非居民企业股权转让适用特殊性税务处理事项尚未处理的，可依据本公告规定办理。《国家税务总局关于加强非居民企业股权转让所得企业所得税管理的通知》（国税函〔2009〕698号）第九条同时废止。

特此公告。

附件：1. 非居民企业股权转让适用特殊性税务处理备案表（编者略）
2. 非居民企业股权转让适用特殊性税务处理告知函（编者略）
3. 非居民企业股权转让适用特殊性税务处理情况统计表（编者略）

链　接

关于《国家税务总局关于非居民企业股权转让适用特殊性税务处理有关问题的公告》的解读

《财政部　国家税务总局关于企业重组业务企业所得税处理若干问题的通知》（财税〔2009〕59号，以下称59号文）、《国家税务总局关于加强非居民企业股权转让所得企业所得税管理的通知》（国税函〔2009〕698号，以下称698号文）以及《企业重组业务企业所得税管理办法》（2010年4号公告，以下称4号公告）下发后，由于未对非居民企业发生股权转让适用特殊性税务处理的问题进行具体规范，导致有的非居民企业不能选择特殊性税务处理，也增加了税务执法风险。鉴于此，依据税法的有关规定，制定《国家税务总局关于非居民企业股权转让适用特殊性税务处理有关问题的公告》（国家税务总局公告2013年第72号，以下简称《公告》）。《公告》分为十条，主要明确了非居民企业股权转让适用特殊性税务处理的主导方、备案资料、备案程序及对未分配利润的税务处理等内容，现将有关问题说明如下：

一、明确主导方

非居民企业股权转让适用特殊性税务处理的前置条件是发生59号文第七条第（一）、（二）项情形，第（一）项是非居民企业转让给另一非居民企业，由于后者在境外，通常无法履行扣缴义务，故《公告》规定由转让方向被转让企业所在地主管税务机关备案；第（二）项是非居民企业转让给居民企业，后者既是法定扣缴义务人亦有主管税务机关，故《公告》规定由受让方向其所在地主管税务机关备案。

二、明确备案资料

在参考698号文及4号公告等有关规定的基础上，《公告》第三条规定了非居民企业股权转让适用特殊性税务处理时需要提交资料的内容，并设计了《非居民股权转让适用特殊性税务处理备案表》（以下简称《备案表》）。《备案表》主要包括受让方、转让方和被转让企业的名称、所属国家（地区）、所属主管税务机关，转让方持有的股权占被转让企业全部股权的比例、交易总额及股权支付金额和比例等内容。《备案表》一式两份，备案人和主管税务机关各留存一份，省级税务机关留存复印件即可。

《公告》第三条同时明确，对备案人已经向税务机关提报的资料，不再重复报送，旨在减轻纳税人负担，优化纳税服务。

三、明确备案程序和相关规定

为规范各级税务机关的责任和权限，提高工作效率，《公告》对税务机关内部运转程序予以明确，并提出了完成时限。《公告》第四条规定对备案人提报的资料齐全的，税务机关要当场在《备案表》上签字盖章，并将其中一份《备案表》交备案人留存；不齐全的，不予受理，并一次性告知备案人补正，待补正后再提交。同时，第五条和第六条规定主管税务机关在受理备案30个工作日内对备案事项进行调查核实、提出处理意见，并将全部备案资料以及处理意见层报省级税务机关。

同时，《公告》第五条和第六条分别对属于59号文第（一）项和第（二）项的非居民企业发生股权转让适用特殊性税务处理的程序进行了明确。

（一）第五条规定，非居民企业发生股权转让属于59号文第七条第（一）项情形的，直接向主管税务机关备案即可。

（二）对于非居民企业股权转让属于59号文第七条第（二）项情形的，由于在实际操作中会存在被转让企业和受让方在同一省和不在同一省或分别由国、地税管辖的情况，《公告》分别进行了明确。

1. 受让方和被转让企业在同一省市且同属国税或地税机关管辖的，按照《公告》第五条规定执行。

2. 受让方和被转让企业不在同一省市或分别由国、地税管辖的，为保证税务处理的一致性，需要受让方所在地省级税务机将受理情况以书面方式告知被转让企业所在地省级税务机关，并通过设计使用《非居民企业股权转让适用特殊性税务处理告知函》（简称《告知函》）规范告知内容。

此外，对59号文第（一）项中“没有因此造成以后该项股权转让所得预提税负担变化”做出明确规定，即税务机关在事后调查核实时，如发现此种股权转让情形造成以后该项股权转让所得预提税负担变化，包括由应征税的国家或地区转让到按税收协定（含税收安排）不征税或低税率的国家或地区，应不予适用特殊性税务处理。

四、明确对未分配利润的处理

在实际操作中，对未分配利润的处理存在以下问题：一是部分税务机关在受理非居民企业股权转让适用特殊性税务处理备案时，因担心失去对转让前股息所得税的征税权，仅仅因为被转让企业存在未分配利润便判定其股权转让不具有合理的商业目的而不予备案；二是要求被转让企业在股权转让前将未分配利润进行分配并扣缴股息所得税。同时，各地对未分配利润的征税权也存在争议。这些都需要总局明确，否则既影响非居民企业股权转让适用特殊性税务处理的正常备案，也加大了税务机关的执法风险。

为此，为给非居民企业及时享受特殊性税务处理提供税收上的确定性，防范非居民企业利用重组避税或延迟纳税，《公告》第八条规定：一是对被转让企业转让前后的未分配利润进行区分；二是对转让方和受让方不在同一国家（地区）的，被转让股权转让前的未分配利润在转让后分配的，不享受税收协定的优惠税率待遇。例如，某美国企业将其100%控股的中国居民企业的股权转让给其100%控股的某香港企业，中国居民企业在被转让后分配其转让前的未分配利润给香港企业的，不能享受内地与香港税收安排对股息所得减按5%的优惠税率。

第八条还规定，对股权转让前的股息所得税由被转让企业履行扣缴义务并到其所在地主管税务机关申报缴纳。

五、其他事项

（一）对于实施时间，根据立法法和总局有关规定，自《公告》发布之日起施行。对实施之前发生的非居民企业股权转让适用特殊性税务处理尚未处理的相关事项，可依据本《公告》规定执行。

（二）关于698号文的规定。鉴于对非居民股权转让适用特殊性税务处理实行备案制，原698号文第九项规定的由省级税务机关核准的内容应废止。故将698号文第九项同时废止。

财政部　国家税务总局　证监会
关于沪港股票市场交易互联互通机制试点
有关税收政策的通知

2014年10月31日　财税〔2014〕81号

【要点指引】《财政部　国家税务总局　证监会关于沪港股票市场交易互

联互通机制试点有关税收政策的通知》（财税〔2014〕81号）明确了对内地投资者通过沪港通投资香港联交所和香港投资者通过沪港通投资上交所产生的转让差价、股息红利所涉及的所得税、营业税和印花税的有关问题。（1）明确内地个人投资者、企业投资者通过沪港通投资香港联合交易所有限公司上市股票取得的转让差价、股息红利的所得税问题。（2）明确香港市场个人和企业投资者通过沪港通投资上海证券交易所上市A股取得的转让差价所得及股息红利所得的所得税问题。（3）香港市场个人和企业投资者通过沪港通买卖上交所上市A股以及内地个人和企业投资者通过沪港通买卖香港联交所上市股票取得的差价收入暂免征收营业税。（4）明确内地和香港市场投资者通过沪港通买卖、继承、赠与股票的证券（股票）交易印花税问题。

各省、自治区、直辖市、计划单列市财政厅（局）、国家税务局、地方税务局，新疆生产建设兵团财务局，上海、深圳证券交易所，中国证券登记结算公司：

经国务院批准，现就沪港股票市场交易互联互通机制试点涉及的有关税收政策问题明确如下：

一、关于内地投资者通过沪港通投资香港联合交易所有限公司（以下简称香港联交所）上市股票的所得税问题

（一）内地个人投资者通过沪港通投资香港联交所上市股票的转让差价所得税。

对内地个人投资者通过沪港通投资香港联交所上市股票取得的转让差价所得，自2014年11月17日起至2017年11月16日止，暂免征收个人所得税。

（二）内地企业投资者通过沪港通投资香港联交所上市股票的转让差价所得税。

对内地企业投资者通过沪港通投资香港联交所上市股票取得的转让差价所得，计入其收入总额，依法征收企业所得税。

（三）内地个人投资者通过沪港通投资香港联交所上市股票的股息红利所得税。

对内地个人投资者通过沪港通投资香港联交所上市H股取得的股息红利，H股公司应向中国证券登记结算有限责任公司（以下简称中国结算）提出申请，由中国结算向H股公司提供内地个人投资者名册，H股公司按照20%的税率代扣个人所得税。内地个人投资者通过沪港通投资香港联交所上市的非H股取得的股息红利，由中国结算按照20%的税率代扣个人所得税。个人投资者在国外已缴纳的预提税，可持有效扣税凭证到中国结算的主管税务机关申请税收抵免。

对内地证券投资基金通过沪港通投资香港联交所上市股票取得的股息红利所得，按照上述规定计征个人所得税。

（四）内地企业投资者通过沪港通投资香港联交所上市股票的股息红利所得税。

1. 对内地企业投资者通过沪港通投资香港联交所上市股票取得的股息红利所得，计入其收入总额，依法计征企业所得税。其中，内地居民企业连续持有H股满12个月取得的股息红利所得，依法免征企业所得税。

2. 香港联交所上市H股公司应向中国结算提出申请，由中国结算向H股公司提供内地企业投资者名册，H股公司对内地企业投资者不代扣股息红利所得税款，应纳税款由企业自行申报缴纳。

3. 内地企业投资者自行申报缴纳企业所得税时，对香港联交所非H股上市公司已代扣代缴的股息红利所得税，可依法申请税收抵免。

二、关于香港市场投资者通过沪港通投资上海证券交易所（以下简称上交所）上市A股的所得税问题

1. 对香港市场投资者（包括企业和个人）投资上交所上市A股取得的转让差价所得，暂免征收所得税。

2. 对香港市场投资者（包括企业和个人）投资上交所上市A股取得的股息红利所得，在香港中央结算有限公司（以下简称香港结算）不具备向中国结算提供投资者的身份及持股时间等明细数据的条件之前，暂不执行按持股时间实行差别化征税政策，由上市公司按照10%的税率代扣所得税，并向其主管税务机关办理扣缴申报。对于香港投资者中属于其他国家税收居民且其所在国与中国签订的税收协定规定股息红利所得税率低于10%的，企业或个人可以自行或委托代扣代缴义务人，向上市公司主管税务机关提出享受税收协定待遇的申请，主管税务机关审核后，应按已征税款和根据税收协定税率计算的应纳税款的差额予以退税。

三、关于内地和香港市场投资者通过沪港通买卖股票的营业税问题

1. 对香港市场投资者（包括单位和个人）通过沪港通买卖上交所上市A股取得的差价收入，暂免征收营业税。

2. 对内地个人投资者通过沪港通买卖香港联交所上市股票取得的差价收入，按现行政策规定暂免征收营业税。

3. 对内地单位投资者通过沪港通买卖香港联交所上市股票取得的差价收入，按现行政策规定征免营业税。

四、关于内地和香港市场投资者通过沪港通转让股票的证券（股票）交易印花税问题

香港市场投资者通过沪港通买卖、继承、赠与上交所上市A股，按照内

地现行税制规定缴纳证券（股票）交易印花税。内地投资者通过沪港通买卖、继承、赠与联交所上市股票，按照香港特别行政区现行税法规定缴纳印花税。

中国结算和香港结算可互相代收上述税款。

五、本通知自 2014 年 11 月 17 日起执行。

财政部　国家税务总局
关于促进企业重组有关企业所得税处理问题的通知

2014 年 12 月 25 日　财税〔2014〕109 号

【要点指引】《财政部　国家税务总局关于促进企业重组有关企业所得税处理问题的通知》（财税〔2014〕109 号）文件明确了企业重组有关企业股权和资产的收购和划转的所得税处理问题。（1）财税〔2009〕59 号第六条第（二）项中有关“股权收购，收购企业购买的股权不低于被收购企业全部股权”的比例由 75%调整为 50%。（2）财税〔2009〕59 号文件第六条第（三）项中有关“资产收购，受让企业收购的资产不低于转让企业全部资产“的比例由 75%调整为 50%。（3）明确了 100%直接控制的居民企业之间，以及受同一或相同多家居民企业 100%直接控制的居民企业之间按账面净值划转股权或资产进行特殊性税务处理的条件和处理方式。

各省、自治区、直辖市、计划单列市财政厅（局）、国家税务局、地方税务局，新疆生产建设兵团财务局：

为贯彻落实《国务院关于进一步优化企业兼并重组市场环境的意见》（国发〔2014〕14 号），根据《中华人民共和国企业所得税法》及其实施条例有关规定，现就企业重组有关企业所得税处理问题明确如下：

一、关于股权收购

将《财政部　国家税务总局关于企业重组业务企业所得税处理若干问题的通知》（财税〔2009〕59 号）第六条第（二）项中有关“股权收购，收购企业购买的股权不低于被收购企业全部股权的 75%”规定调整为“股权收购，收购企业购买的股权不低于被收购企业全部股权的 50%”。

二、关于资产收购

将财税〔2009〕59 号文件第六条第（三）项中有关“资产收购，受让企业收购的资产不低于转让企业全部资产的 75%”规定调整为“资产收购，受让企业收购的资产不低于转让企业全部资产的 50%”。

三、关于股权、资产划转

对100%直接控制的居民企业之间，以及受同一或相同多家居民企业100%直接控制的居民企业之间按账面净值划转股权或资产，凡具有合理商业目的、不以减少、免除或者推迟缴纳税款为主要目的，股权或资产划转后连续12个月内不改变被划转股权或资产原来实质性经营活动，且划出方企业和划入方企业均未在会计上确认损益的，可以选择按以下规定进行特殊性税务处理：

1. 划出方企业和划入方企业均不确认所得。

2. 划入方企业取得被划转股权或资产的计税基础，以被划转股权或资产的原账面净值确定。

3. 划入方企业取得的被划转资产，应按其原账面净值计算折旧扣除。

四、本通知自2014年1月1日起执行。

本通知发布前尚未处理的企业重组，符合本通知规定的可按本通知执行。

国家税务总局关于非居民企业间接转让财产企业所得税若干问题的公告

2015年2月3日　国家税务总局公告2015年第7号

【要点指引】为了进一步明确《国家税务总局关于加强非居民企业股权转让所得企业所得税管理的通知》（国税函〔2009〕698号）中间接股权转让问题的配套执行程序，明确集团内部间接转让中国应税财产交易是否可以适用安全港规则等问题，明确与间接股权转让问题有类似性质的间接转让不动产、机构场所财产问题，国家税务总局发布《关于非居民企业间接转让财产企业所得税若干问题的公告》（国家税务总局公告2015年第7号，以下简称《公告》）。《公告》内容包括：（1）对“间接转让”和“中国居民企业应税财产”进行了明确界定。（2）明确了股权转让方取得的间接转让中国应税财产所得进行税务处理顺序、判断合理商业目的应考虑的相关因素、企业所得税的扣缴义务人、缴税期限等问题。（3）明确间接转让中国应税财产的交易双方和筹划方及被间接转让股权的中国居民企业应向主管税务机关提供的资料。（4）确定主管税务机关对间接转让中国应税财产交易进行立案调查及调整时适用一般反避税的相关规定，以及对股权转让方未按期或未足额申报缴纳间接转让中国应税财产所得的处理。

为进一步规范和加强非居民企业间接转让中国居民企业股权等财产的企业所得税管理，依据《中华人民共和国企业所得税法》（以下称企业所得税法）

及其实施条例（以下称企业所得税法实施条例），以及《中华人民共和国税收征收管理法》（以下称税收征管法）及其实施细则的有关规定，现就有关问题公告如下：

一、非居民企业通过实施不具有合理商业目的的安排，间接转让中国居民企业股权等财产，规避企业所得税纳税义务的，应按照企业所得税法第四十七条的规定，重新定性该间接转让交易，确认为直接转让中国居民企业股权等财产。

本公告所称中国居民企业股权等财产，是指非居民企业直接持有，且转让取得的所得按照中国税法规定，应在中国缴纳企业所得税的中国境内机构、场所财产，中国境内不动产，在中国居民企业的权益性投资资产等（以下称中国应税财产）。

间接转让中国应税财产，是指非居民企业通过转让直接或间接持有中国应税财产的境外企业（不含境外注册中国居民企业，以下称境外企业）股权及其他类似权益（以下称股权），产生与直接转让中国应税财产相同或相近实质结果的交易，包括非居民企业重组引起境外企业股东发生变化的情形。间接转让中国应税财产的非居民企业称股权转让方。

二、适用本公告第一条规定的股权转让方取得的转让境外企业股权所得归属于中国应税财产的数额（以下称间接转让中国应税财产所得），应按以下顺序进行税务处理：

（一）对归属于境外企业及直接或间接持有中国应税财产的下属企业在中国境内所设机构、场所财产的数额（以下称间接转让机构、场所财产所得），应作为与所设机构、场所有实际联系的所得，按照企业所得税法第三条第二款规定征税；

（二）除适用本条第（一）项规定情形外，对归属于中国境内不动产的数额（以下称间接转让不动产所得），应作为来源于中国境内的不动产转让所得，按照企业所得税法第三条第三款规定征税；

（三）除适用本条第（一）项或第（二）项规定情形外，对归属于在中国居民企业的权益性投资资产的数额（以下称间接转让股权所得），应作为来源于中国境内的权益性投资资产转让所得，按照企业所得税法第三条第三款规定征税。

三、判断合理商业目的，应整体考虑与间接转让中国应税财产交易相关的所有安排，结合实际情况综合分析以下相关因素：

（一）境外企业股权主要价值是否直接或间接来自于中国应税财产；

（二）境外企业资产是否主要由直接或间接在中国境内的投资构成，或其取得的收入是否主要直接或间接来源于中国境内；

（三）境外企业及直接或间接持有中国应税财产的下属企业实际履行的功能和承担的风险是否能够证实企业架构具有经济实质；

（四）境外企业股东、业务模式及相关组织架构的存续时间；

（五）间接转让中国应税财产交易在境外应缴纳所得税情况；

（六）股权转让方间接投资、间接转让中国应税财产交易与直接投资、直接转让中国应税财产交易的可替代性；

（七）间接转让中国应税财产所得在中国可适用的税收协定或安排情况；

（八）其他相关因素。

四、除本公告第五条和第六条规定情形外，与间接转让中国应税财产相关的整体安排同时符合以下情形的，无需按本公告第三条进行分析和判断，应直接认定为不具有合理商业目的：

（一）境外企业股权75%以上价值直接或间接来自于中国应税财产；

（二）间接转让中国应税财产交易发生前一年内任一时点，境外企业资产总额（不含现金）的90%以上直接或间接由在中国境内的投资构成，或间接转让中国应税财产交易发生前一年内，境外企业取得收入的90%以上直接或间接来源于中国境内；

（三）境外企业及直接或间接持有中国应税财产的下属企业虽在所在国家（地区）登记注册，以满足法律所要求的组织形式，但实际履行的功能及承担的风险有限，不足以证实其具有经济实质；

（四）间接转让中国应税财产交易在境外应缴所得税税负低于直接转让中国应税财产交易在中国的可能税负。

五、与间接转让中国应税财产相关的整体安排符合以下情形之一的，不适用本公告第一条的规定：

（一）非居民企业在公开市场买入并卖出同一上市境外企业股权取得间接转让中国应税财产所得；

（二）在非居民企业直接持有并转让中国应税财产的情况下，按照可适用的税收协定或安排的规定，该项财产转让所得在中国可以免予缴纳企业所得税。

六、间接转让中国应税财产同时符合以下条件的，应认定为具有合理商业目的：

（一）交易双方的股权关系具有下列情形之一：

1. 股权转让方直接或间接拥有股权受让方80%以上的股权；

2. 股权受让方直接或间接拥有股权转让方80%以上的股权；

3. 股权转让方和股权受让方被同一方直接或间接拥有80%以上的股权。

境外企业股权50%以上（不含50%）价值直接或间接来自于中国境内不

动产的，本条第（一）项第1、2、3目的持股比例应为100%。

上述间接拥有的股权按照持股链中各企业的持股比例乘积计算。

（二）本次间接转让交易后可能再次发生的间接转让交易相比在未发生本次间接转让交易情况下的相同或类似间接转让交易，其中国所得税负担不会减少。

（三）股权受让方全部以本企业或与其具有控股关系的企业的股权（不含上市企业股权）支付股权交易对价。

七、间接转让机构、场所财产所得按照本公告规定应缴纳企业所得税的，应计入纳税义务发生之日所属纳税年度该机构、场所的所得，按照有关规定申报缴纳企业所得税。

八、间接转让不动产所得或间接转让股权所得按照本公告规定应缴纳企业所得税的，依照有关法律规定或者合同约定对股权转让方直接负有支付相关款项义务的单位或者个人为扣缴义务人。

扣缴义务人未扣缴或未足额扣缴应纳税款的，股权转让方应自纳税义务发生之日起7日内向主管税务机关申报缴纳税款，并提供与计算股权转让收益和税款相关的资料。主管税务机关应在税款入库后30日内层报税务总局备案。①

扣缴义务人未扣缴，且股权转让方未缴纳应纳税款的，主管税务机关可以按照税收征管法及其实施细则相关规定追究扣缴义务人责任；但扣缴义务人已在签订股权转让合同或协议之日起30日内按本公告第九条规定提交资料的，可以减轻或免除责任。

九、间接转让中国应税财产的交易双方及被间接转让股权的中国居民企业可以向主管税务机关报告股权转让事项，并提交以下资料：

（一）股权转让合同或协议（为外文文本的需同时附送中文译本，下同）；

（二）股权转让前后的企业股权架构图；

（三）境外企业及直接或间接持有中国应税财产的下属企业上两个年度财务、会计报表；

（四）间接转让中国应税财产交易不适用本公告第一条的理由。

十、间接转让中国应税财产的交易双方和筹划方，以及被间接转让股权的中国居民企业，应按照主管税务机关要求提供以下资料：

（一）本公告第九条规定的资料（已提交的除外）；

（二）有关间接转让中国应税财产交易整体安排的决策或执行过程信息；

---

① 条款废止。第八条第二款自2017年12月1日起废止。参见：《国家税务总局关于非居民企业所得税源泉扣缴有关问题的公告》，国家税务总局公告2017年第37号。

（三）境外企业及直接或间接持有中国应税财产的下属企业在生产经营、人员、账务、财产等方面的信息，以及内外部审计情况；

（四）用以确定境外股权转让价款的资产评估报告及其他作价依据；

（五）间接转让中国应税财产交易在境外应缴纳所得税情况；

（六）与适用公告第五条和第六条有关的证据信息；

（七）其他相关资料。

十一、主管税务机关需对间接转让中国应税财产交易进行立案调查及调整的，应按照一般反避税的相关规定执行。

十二、股权转让方通过直接转让同一境外企业股权导致间接转让两项以上中国应税财产，按照本公告的规定应予征税，涉及两个以上主管税务机关的，股权转让方应分别到各所涉主管税务机关申报缴纳企业所得税。

各主管税务机关应相互告知税款计算方法，取得一致意见后组织税款入库；如不能取得一致意见的，应报其共同上一级税务机关协调。

十三、股权转让方未按期或未足额申报缴纳间接转让中国应税财产所得应纳税款，扣缴义务人也未扣缴税款的，除追缴应纳税款外，还应按照企业所得税法实施条例第一百二十一、一百二十二条规定对股权转让方按日加收利息。

股权转让方自签订境外企业股权转让合同或协议之日起30日内提供本公告第九条规定的资料或按照本公告第七条、第八条的规定申报缴纳税款的，按企业所得税法实施条例第一百二十二条规定的基准利率计算利息；未按规定提供资料或申报缴纳税款的，按基准利率加5个百分点计算利息。

十四、本公告适用于在中国境内未设立机构、场所的非居民企业取得的间接转让中国应税财产所得，以及非居民企业虽设立机构、场所但取得与其所设机构、场所没有实际联系的间接转让中国应税财产所得。

股权转让方转让境外企业股权取得的所得（含间接转让中国应税财产所得）与其所设境内机构、场所有实际联系的，无须适用本公告规定，应直接按照企业所得税法第三条第二款规定征税。

十五、本公告所称纳税义务发生之日是指股权转让合同或协议生效，且境外企业完成股权变更之日。

十六、本公告所称的主管税务机关，是指在中国应税财产被非居民企业直接持有并转让的情况下，财产转让所得应纳企业所得税税款的主管税务机关，应分别按照本公告第二条规定的三种情形确定。

十七、本公告所称“以上”除有特别标明外均含本数。

十八、本公告规定与税收协定不一致的，按照税收协定办理。

十九、本公告自发布之日起施行。本公告发布前发生但未作税务处理的事项，依据本公告执行。《国家税务总局关于加强非居民企业股权转让所得企业所得税管理的通知》(国税函〔2009〕698 号) 第五条、第六条及《国家税务总局关于非居民企业所得税管理若干问题的公告》(国家税务总局公告 2011 年第 24 号) 第六条第(三)、(四)、(五) 项有关内容同时废止。

特此公告。

链 接

关于《国家税务总局关于非居民企业间接转让财产企业所得税若干问题的公告》的解读

为进一步规范和加强非居民企业间接转让中国居民企业股权等财产的企业所得税管理，国家税务总局制订了《国家税务总局关于非居民企业间接转让财产企业所得税若干问题的公告》(国家税务总局公告 2015 年第 7 号，以下简称《公告》)。为便于理解和执行，现对《公告》中的主要问题解读如下：

一、为什么要发布《公告》?

答：为了进一步明确《国家税务总局关于加强非居民企业股权转让所得企业所得税管理的通知》(国税函〔2009〕698 号，以下称“698 号文”) 中间接股权转让问题的配套执行程序，明确集团内部间接转让中国应税财产交易是否可以适用安全港规则等纳税人关心的问题，明确与间接股权转让问题有类似性质的间接转让不动产、机构场所财产问题，特发布《公告》。

《公告》的制定和出台是一般反避税规则在间接转让中国应税财产交易方面的具体应用，是维护国家税收主权和权益的重要工具。《公告》既从政策层面努力平衡好维护我国税收管辖权和促进外国对华投资之间的关系，也从执行层面尽量实现确定性，包括纳税遵从的确定性和基层税务机关执法的确定性。

二、《公告》的法律依据是什么?

答：《公告》的法律依据是《中华人民共和国企业所得税法》及其实施条例，以及《中华人民共和国税收征收管理法》及其实施细则。《公告》中涉及一般反避税案件调查的具体程序，应根据《一般反避税管理办法(试行)》(国家税务总局令 2014 年第 32 号) 的有关规定执行。

三、《公告》的适用范围是什么?

答：《公告》适用于不具有合理商业目的、规避中国企业所得税纳税义务的间接转让中国应税财产交易，适用于被转让的境外企业在华拥有特定应税财产(在华设立机构场所、在华拥有不动产或不动产公司、在华拥有权益性投资资产) 的情况，不适用于股权转让所得与股权转让方在中国境内所设机构、场所有实际联系的情况。

四、如何理解《公告》第二条“股权转让方取得的转让境外企业股权所得归属于中国应税财产的数额”？

答：如果一项间接转让中国应税财产交易因不具有合理商业目的被调整定性为直接转让中国应税财产交易，则按照企业所得税法及其实施条例和《公告》规定可以就间接转让中国应税财产所得征收企业所得税。但如果被转让境外企业股权价值来源包括中国应税财产因素和非中国应税财产因素，则需按照合理方法将转让境外企业股权所得划分为归属于中国应税财产所得和归属于非中国应税财产所得，只需就归属于中国应税财产所得按照公告调整征税。

举例而言，一家设立在开曼的境外企业（不属于境外注册中国居民企业）持有中国应税财产和非中国应税财产两项资产，非居民企业转让开曼企业股权所得为100，假设其中归属于中国应税财产的所得对应为80，归属于非中国应税财产所得对应为20，在这种情况下，只就归属于中国应税财产的80部分适用《公告》规定征税；假设其中归属于中国应税财产的所得对应为120，归属于非中国应税财产的所得对应为-20，那么即便转让开曼企业股权所得为100，仍需就归属于中国应税财产的120适用《公告》规定征税。

五、如何判断间接转让中国应税财产交易及安排是否具有合理商业目的？

答：《公告》第三条列举了判断合理商业目的的相关因素。在实际税收征管处理中，要基于具体交易（含未列明的其他相关因素），按照“实质重于形式”的原则，对交易整体安排和所有要素进行综合分析判断，不应依据单一因素或者部分因素予以认定。所列因素基本含义如下：

第（一）项和第（二）项因素，要求从被转让的境外企业股权价值来源以及境外企业资产和收入构成判断间接转让交易的主要标的是否为中国应税财产。

第（三）项因素，要求通过功能风险分析判断被转让的境外企业及下属其他境外中间层公司的经济实质。通常从相关企业股权设置以及人员、财产、收入等经营情况和财务信息入手，分析被转让企业股权与相关企业实际履行功能和承担风险的关联性，及其在企业集团架构中的实质经济意义，但要注意行业差异和特点。

第（四）项因素，要求从时间间隔上考量间接转让交易及相关安排的筹划痕迹。举例而言，如果境外股权转让方在转让前短时间内搭建了中间层公司并完成间接转让，那么这种交易安排就具有明显的筹划痕迹，非常不利于合理商业目的的判定。

第（五）项因素，要求从境外应缴税情况判断是否存在跨国税收利益。境外应缴纳所得税情况包括股权转让方在其居民国应缴税情况和被转让方所在地应缴税情况。应缴税情况不仅考虑间接转让交易在境外实际缴纳的税款，还要考虑境外盈亏抵补、亏损结转等影响境外所得税税基的境外税收法律适用情况。如果在股权转让方居民国和被转让方所在地总体应缴纳所得税低于该间接转让交易在我国应缴税数额，那么就可以证明间接转让中国应税财产交易存在跨国税收利益。

第（六）项因素，要求从直接投资、直接转让中国应税财产交易与间接投资、间接转让中国应税财产交易间的可替代性分析判定间接交易是否存在合理商业实质。可替代性分析要考虑市场准入、交易审查、交易合规和交易目标等多种商业和非商业因素，不应仅凭单一因素（如市场准入限制）予以认定。

第（七）项因素，要求考虑交易适用税收协定（安排）的影响，包括适用税收协定（安排）的可能性和结果（含反滥用税收协定规则的适用结果）。

六、如何理解《公告》第五条第（一）项中“在公开市场买入并卖出同一上市境外企业股权”规定的含义？

答：一是买入和卖出交易均应该在公开市场上进行，排除人为控制的可能。由于交易市场处于境外，在交易环境和方式上各地之间会存在较多差异，同一地区也可能存在多个公开交易市场，需要依据各个市场的公开程度进行具体认定。市场的公开程度主要取决于可参与竞价的独立交易主体数量和竞价过程。

二是买入并卖出的标的为同一上市公司股票。股权转让方在公开市场卖出的上市公司股份为在公司上市之前或者上市之后通过非公开市场买入，或者股权转让方在公开市场买入上市公司股份后再通过非公开市场卖出该股份，均不符合本项规定的条件。

七、怎样判断是否符合《公告》第六条第（二）项规定的条件？

答：该项要求旨在将以获取更有利的税收结果为目的的集团内部间接转让中国应税财产交易排除在安全港之外。而是否构成以获取更有利的税收结果为目的的集团内部间接转让中国应税财产交易，则通过本次集团内部交易后可能再次发生的间接转让交易与在未发生本次集团内部交易情况下的相同或类似间接转让交易比较税收结果进行测试，凡前者税收结果可能优于后者的，均不能排除本次集团内部间接转让中国应税财产交易不是以获取更有利的税收结果为目的。

举例而言，如A公司为一家非居民企业，将其持有的境外企业C公司股权转让给集团内B公司（另一家非居民企业），因为C公司直接或间接持有中国居民企业5%股权，该项交易构成间接转让中国居民企业股权交易，如果B公司可以适用的税收协定财产收益条款限制中国对该中国居民企业 5%股权的直接转让所得征税，而 A 公司可以适用的税收协定财产收益条款则不予限制，那么本次交易后 B 公司可能再次发生的间接转让中国居民企业股权交易因其可以适用的税收协定待遇，可以适用《公告》第五条第（二）项规定而不予征税。相比之下，在未发生本次间接转让交易下的相同或类似交易，即由 A 公司转让但与前述 B 公司可能再次发生的间接转让中国居民企业股权交易相同或类似的交易，因 A 公司不能适用同等的税收协定待遇，而得不到同等的税收结果，不能排除本次交易不是以获取更有利的税收结果为目的，该交易就不符合《公告》第六条第（二）项规定的条件。

需要注意的是，即使该集团内部间接转让中国应税财产交易不符合《公告》第六条的规定，并不意味着一定会被认定为不具有合理商业目的，是否具有合理商业目的应按照《公告》第三条规定判断。

八、间接转让中国应税财产交易发生后，纳税人在报告信息和提供资料方面有何义务？

答：《公告》未对间接转让中国应税财产交易设定强制性的报告义务。第九条规定，间接转让中国应税财产的交易双方和被间接转让股权的中国居民企业可以（非强制）向主管税务机关报告该转让事项，并提交相关资料。这与 698 号文相比有较大的改变，一是由强制报告义务变为交易相关方自主选择是否报告信息；二是提交的资料相对简单，属于交易必备资料，无需额外准备，为报告主体提供便利；三是可报告的主体扩展为间接转让中国应税财产的交易双方及被间接转让股权的中国居民企业，利于交易相关方选择合适的报告主体和途径。

虽然《公告》对间接转让中国应税财产交易没有设定强制的报告义务，由纳税人或扣缴义务人自行判定是否报告并提交资料，但是《公告》第八条和第十三条规定，如果该交易需缴纳中国企业所得税，是否提交资料的法律后果是有区别的，旨在鼓励纳税人或扣缴义务人主动报告并提供相关资料。

《公告》第十条还规定，间接转让中国应税财产的交易双方和筹划方，以及被间接转让股权的中国居民企业应按照主管税务机关要求提供相关资料。这是主管税务机关在调查环节要求交易相关方提供资料的权力，也是相关方依法应承担的义务。

九、间接转让涉及两项以上中国应税财产，按公告规定应予征税，涉及两个以上主管税务机关的，应如何处理？

答：《国家税务总局关于非居民企业所得税管理若干问题的公告》（国家税务总局公告 2011 年 24 号）第六条第五款规定，对间接转让涉及两个以上且不在同一省（市）中国居民企业股权的，可选择向其中一个居民企业所在地的主管税务机关报送资料，由该主管税务机关与其他省（市）税务机关协商是否征税并报总局，经确定征税的，境外投资方应分别到中国居民企业所在地主管税务机关缴纳税款。该规定允许转让方选择向一地税务机关报送资料，避免多地重复报告负担。但由于《公告》第九条已将信息报告义务明确为非强制性提交资料，交易相关方可以自行选择向一地或多地税务机关提交资料。对于按《公告》规定应该缴纳的企业所得税涉及多个主管税务机关的情形，《公告》第十二条明确了属地管辖的原则，并规定了所涉主管税务机关协调配合的责任。

十、税务机关应承担职责是什么？

答：根据本《公告》，税务机关应承担的职责包括：

一是接受间接转让中国应税财产的交易双方及被间接转让股权的中国居民企业报告股权转让事宜并提供的相关资料，并提供便利。

二是搜集内外部相关信息并加强比对分析，判断是否存在利用间接转让交易规避缴纳我国企业所得税的风险，可以根据调查的需要，依据《公告》第十条规定，要求交易相关方提供资料。

三是需对间接转让中国应税财产交易进行立案调查及调整的，应按照一般反避税的规定执行。

四是对间接转让中国应税财产依法征收企业所得税的，应根据相关税法和本公告的规定，对应纳税款加收利息，或者追究扣缴义务人的责任。

国家税务总局关于非货币性资产投资企业所得税有关征管问题的公告

2015 年 5 月 8 日　国家税务总局公告 2015 年第 33 号

【要点指引】针对《国务院关于进一步优化企业兼并重组市场环境的意见》（国发〔2014〕14 号）和《财政部　国家税务总局关于非货币性资产投资企业所得税政策问题的通知》（财税〔2014〕116 号）下发后，各地陆续反映的在非货币性资产投资企业所得税政策执行过程中的征管问题，国家税务总局发布《关于非货币性资产投资企业所得税有关征管问题的公告》（国家税务总局公告 2015 年第 33 号，以下简称《公告》）。

《公告》明确了非货币性资产转让所得计入应纳税所得额的条件、年限及关联企业之间发生的非货币性资产投资行为确认非货币性资产转让收入的实现的时间和条件。允许同时符合财税〔2014〕116 号、财税〔2009〕59 号、财税〔2014〕109号等文件规定的特殊性税务处理条件的，可由企业选择其中一项政策执行。规定了适用《公告》第一条规定进行税务处理的企业应向主管税务机关申报的表单及留存备查的材料内容。

《国务院关于进一步优化企业兼并重组市场环境的意见》（国发〔2014〕14号）和《财政部　国家税务总局关于非货币性资产投资企业所得税政策问题的通知》（财税〔2014〕116号）发布后，各地陆续反映在非货币性资产投资企业所得税政策执行过程中有些征管问题亟需明确。经研究，现就非货币性资产投资企业所得税有关征管问题公告如下：

一、实行查账征收的居民企业（以下简称企业）以非货币性资产对外投资确认的非货币性资产转让所得，可自确认非货币性资产转让收入年度起不超过连续5个纳税年度的期间内，分期均匀计入相应年度的应纳税所得额，按规定计算缴纳企业所得税。

二、关联企业之间发生的非货币性资产投资行为，投资协议生效后12个月内尚未完成股权变更登记手续的，于投资协议生效时，确认非货币性资产转让收入的实现。

三、符合财税〔2014〕116号文件规定的企业非货币性资产投资行为，同时又符合《财政部　国家税务总局关于企业重组业务企业所得税处理若干问题的通知》（财税〔2009〕59号）、《财政部　国家税务总局关于促进企业重组有关企业所得税处理问题的通知》（财税〔2014〕109号）等文件规定的特殊性税务处理条件的，可由企业选择其中一项政策执行，且一经选择，不得改变。

四、企业选择适用本公告第一条规定进行税务处理的，应在非货币性资产转让所得递延确认期间每年企业所得税汇算清缴时，填报《中华人民共和国企业所得税年度纳税申报表》（A类，2014年版）中“A105100企业重组纳税调整明细表”第13行“其中：以非货币性资产对外投资”的相关栏目，并向主管税务机关报送《非货币性资产投资递延纳税调整明细表》（详见附件）。

五、企业应将股权投资合同或协议、对外投资的非货币性资产（明细）公允价值评估确认报告、非货币性资产（明细）计税基础的情况说明、被投资企业设立或变更的工商部门证明材料等资料留存备查，并单独准确核算税法与会计差异情况。

主管税务机关应加强企业非货币性资产投资递延纳税的后续管理。

六、本公告适用于2014年度及以后年度企业所得税汇算清缴。此前尚未处理的非货币性资产投资，符合财税〔2014〕116号文件和本公告规定的可按本公告执行。

特此公告。

附件：非货币性资产投资递延纳税调整明细表（编者略）

链 接

关于《国家税务总局关于非货币性资产投资企业所得税有关征管问题的公告》的解读

《国务院关于进一步优化企业兼并重组市场环境的意见》（国发〔2014〕14号）和《财政部 国家税务总局关于非货币性资产投资企业所得税政策问题的通知》（财税〔2014〕116号）（以下简称“116号文件”）下发后，各地陆续反映在非货币性资产投资企业所得税政策执行过程中有些征管问题亟需明确。为明确具体征管要求，国家税务总局发布《关于非货币性资产投资企业所得税有关征管问题的公告》（国家税务总局公告2015年第33号，以下简称《公告》）。现对《公告》内容解读如下：

一、适用非货币性资产投资政策对企业类型有何要求？

根据116号文件第一条规定，“居民企业以非货币性资产对外投资确认的非货币性资产转让所得，可在不超过5年期限内，分期均匀计入相应年度的应纳税所得额，按规定计算缴纳企业所得税。”

考虑到核定征收企业通常不能准确核算收入或支出情况，《公告》明确只有实行查账征收的居民企业才能适用上述政策。

二、如何理解116号文件第一条所称的“不超过5年期限”？

根据116号文件第一条规定，“居民企业以非货币性资产对外投资确认的非货币性资产转让所得，可在不超过5年期限内，分期均匀计入相应年度的应纳税所得额，按规定计算缴纳企业所得税。”

这里所指的“不超过5年期限”，是指从确认非货币性资产转让收入年度起不超过连续5个纳税年度的期间。首先要求5年的递延纳税期间要连续、中间不能中断；其次明确“年”指的是纳税年度。

三、关联企业间非货币性资产投资何时确认收入？

根据116号文件第二条第二款规定，“企业以非货币性资产对外投资，应于投资协议生效并办理股权登记手续时，确认非货币性资产转让收入的实现。”

这是针对企业非货币性资产投资收入确认时点的一般规定。但是，关联企业之间发生非货币性资产投资行为，可能由于具有关联关系而不及时办理或不办理股权登记手续，以延迟确认或长期不确认非货币性资产转让收入，实际上延长了递延纳税期限，造成对此项政策的滥用。为防止此种情况发生，《公告》要求关联企业之间非货币性资产投资行为，自投资协议生效后最长12个月内应完成股权变更登记手续。如果投资协议生效后12个月内仍未完成股权变更登记手续，则于投资协议生效时，确认非货币性资产转让收入的实现。

四、企业非货币性资产投资同时符合多项政策的，如何进行税务处理？

由于企业非货币性资产投资行为，可能同时符合116号文件规定、《财政部 国家税务总局关于企业重组业务企业所得税处理若干问题的通知》（财税〔2009〕59号）以及《财政部 国家税务总局关于促进企业重组有关企业所得税处理问题的通知》（财税〔2014〕109号）相关规定，《公告》允许企业选择其中一项政策执行，但一经选择，不得改变。

五、适用非货币性资产投资递延纳税政策的纳税人应如何进行申报？

为加强对企业非货币性资产投资企业所得税管理，《公告》为纳税人设计了《非货币性资产对外投资递延纳税调整明细表》，主要内容是被投资企业情况、非货币性资产情况、非货币性资产投资基本信息、递延纳税差异调整额和结转额等。此表由企业在非货币性资产转让所得递延确认期间每年企业所得税汇算清缴时，向主管税务机关报送。旨在确认每年递延的应纳税所得额，为税务机关加强后续管理奠定基础。同时，纳税人应填报《中华人民共和国企业所得税年度纳税申报表》（A类，2014年版）中“A105100企业重组纳税调整明细表”第13行“其中：以非货币性资产对外投资”的相关栏目。

另外，企业还应将下列资料留存备查，并单独准确核算税法与会计差异情况，包括股权投资合同或协议、对外投资的非货币性资产（明细）公允价值评估确认报告、非货币性资产（明细）计税基础的情况说明和被投资企业设立或变更的工商部门证明材料等资料。

国家税务总局关于境内机构向我国银行的境外分行支付利息扣缴企业所得税有关问题的公告

2015年6月19日 国家税务总局公告2015年第47号

【要点指引】为了促进我国金融企业的发展，促进中国银行业海外业务的发展及支持金融企业“走出去”，在落实税收法定原则的大背景下，国家税务总局出台《关于境内机构向我国银行的境外分行支付利息扣缴企业所得税有关问题的公告》（国家税务总局公告2015年第47号，以下简称《公告》），对境内机构向我国银行的境外分行支付利息扣缴企业所得税的问题进一步予以明确。

《公告》对“境外分行”的概念和纳税义务进行了解释。对境内机构向境外分行支付利息时的代扣代缴义务进行了说明。对主管税务机关的责任和对违反本公告相关规定的法律处理做出了规定。

根据《中华人民共和国企业所得税法》及其实施条例的有关规定，现对我国银行的境外分行业务活动中涉及从境内取得的利息收入有关企业所得税问题，公告如下：

一、本公告所称境外分行是指我国银行在境外设立的不具备所在国家（地区）法人资格的分行。境外分行作为中国居民企业在境外设立的分支机构，与其总机构属于同一法人。境外分行开展境内业务，并从境内机构取得的利息，为该分行的收入，计入分行的营业利润，按《财政部　国家税务总局关于企业境外所得税收抵免有关问题的通知》（财税〔2009〕125号）的相关规定，与总机构汇总缴纳企业所得税。境内机构向境外分行支付利息时，不代扣代缴企业所得税。

二、境外分行从境内取得的利息，如果据以产生利息的债权属于境内总行或总行其他境内分行的，该项利息应为总行或其他境内分行的收入。总行或其他境内分行和境外分行之间应严格区分此类收入，不得将本应属于总行或其他境内分行的境内业务及收入转移到境外分行。

三、境外分行从境内取得的利息如果属于代收性质，据以产生利息的债权属于境外非居民企业，境内机构向境外分行支付利息时，应代扣代缴企业所得税。

四、主管税务机关应加强监管，严格审核相关资料，并利用第三方信息进行比对分析，对违反本公告相关规定的，应按照有关法律法规处理。

五、本公告自2015年7月19日起施行。《国家税务总局关于加强非居民企业来源于我国利息所得扣缴企业所得税工作的通知》（国税函〔2008〕955号）第二条同时废止。

特此公告。

链　接

关于《国家税务总局关于境内机构向我国银行的境外分行支付利息扣缴企业所得税有关问题的公告》的解读

为了进一步落实好《创新税收服务与管理助推“一带一路”战略实施的

工作方案》的要求，更好地服务于“走出去”企业，加快人民币国际化战略的步伐，促进我国金融企业的发展，在落实税收法定原则的大背景下，国家税务总局对境内机构向我国银行的境外分行支付利息扣缴企业所得税的问题进一步予以明确，制定《关于境内机构向我国银行的境外分行支付利息扣缴企业所得税有关问题的公告》（国家税务总局公告2015年第47号，以下简称《公告》）。现将主要问题解读如下：

一、《公告》出台的背景

对于境内机构向我国银行的境外分行支付贷款等利息所得，目前是按照《国家税务总局关于加强非居民企业来源于我国利息所得扣缴企业所得税工作的通知》（国税函〔2008〕955号，以下简称955号文）第二条规定，由境内机构对外支付时扣缴企业所得税。但是，根据《国家税务总局关于境外分行取得来源于境内利息所得扣缴企业所得税问题的通知》（国税函〔2010〕266号，以下简称266号文）规定，属于中国居民企业的银行在境外设立的非法人分支机构与其总机构属于同一法人。因此，境外分行发生的境内业务并从境内取得利息收入，属于居民企业所得，不属于税法规定采取源泉扣缴所得税的范畴。同时，由于有些国家国内法规定对非居民在本国设立的机构场所取得的境外所得在境外所交的税款不予抵免，而根据我国企业所得税法的相关规定，境外分行取得的来源于境内的利息收入被扣缴的税款属于境内税款，不符合可抵免的规定，使得这部分税款在汇总到国内缴税时仍得不到抵免，这样一定程度上产生了重复征税问题。

综上，为了落实税收法定原则，也为了减轻企业的负担，促进中国银行业海外业务的发展及支持金融企业“走出去”，国家税务总局修改了955号文的第二条规定，对相关所得的税收处理进行重新明确。

二、《公告》的主要内容

由于境外分行是我国银行设在境外的非法人分支机构，根据266号文的规定，属于中国居民企业，《公告》将境外分行取得的利息按不同情况分别处理：

一是境外分行开展境内业务，并从境内机构取得的利息，为该分行的收入，计入境外分行营业利润，与总机构汇总缴纳企业所得税。境内机构对外支付该笔利息时不用扣缴所得税。

二是境外分行所收取利息的相关债权如属于其境内总行（包括境内总行的其他境内分行）的，则该利息收入应计入境内总行及其他境内分行的收入总额。境内机构对外支付该笔利息时不用扣缴所得税。

三是境外分行所收取的利息如果只是代收性质，例如背对背贷款、银团贷款中行使牵头行职能等情况，据以产生利息的债权属于境外非居民企业，该笔利息收入的实际取得方是境外的非居民企业，境内机构在对外支付该笔利息时，仍需依法扣缴企业所得税。

四是加强税收监管。《公告》要求主管税务机关加强对此类业务的税收监管，对相关资料进行严格审核，尤其是加强对《公告》第二条提到的可能侵蚀我国居民企业税基行为的监管，对违反《公告》规定的，应依照相关法律法规处理。

三、需要注意的事项

一是境外分行要严格区分从境内收取的利息的实际所有人，对属于代收情形的，境外分行必须将相关情况告知境内机构，境内机构在对外支付时严格按照税法规定扣缴税款。

二是为了防止境内银行利用不同国家的税制差异及我国关于税收抵免政策的规定，将本应属于总行或其他境内分行的境内业务及收入转移到境外分行，减少在我国应纳税款，侵蚀我国税基的行为，《公告》第二条规定，如有发生形式上由境外分行收取利息的情况，虽然境内机构在对外支付该笔利息时不代扣代缴企业所得税，但总行或其他境内分行和境外分行之间应严格区分此类收入，不得将本应属于总行或其他境内分行的境内业务及收入转移到境外分行。

国家税务总局关于企业重组业务企业所得税征收管理若干问题的公告

2015年6月24日　国家税务总局公告2015年第48号

【要点指引】《国家税务总局关于企业重组业务企业所得税征收管理若干问题的公告》（国家税务总局公告2015年第48号）包括以下内容：（1）对企业重组的当事各方和适用特殊性税务处理的重组主导方以及重组业务完成时间做出了明确说明。（2）规定适用特殊性税务处理的企业，应提交其合理的商业目的的说明内容等申报资料。（3）对债务重组企业应保留的记录及向主管税务机关做出的说明做出了详细规定。（4）明确了税务机关应对适用特殊性税务处理的企业重组的监管责任、统计和相关资料的归档工作时间。

根据《中华人民共和国企业所得税法》及其实施条例、《中华人民共和国税收征收管理法》及其实施细则、《国务院关于取消非行政许可审批事项的决定》（国发〔2015〕27号）、《财政部　国家税务总局关于企业重组业务企业所得税处理若干问题的通知》（财税〔2009〕59号）和《财政部　国家税务总局关于促进企业重组有关企业所得税处理问题的通知》（财税〔2014〕109号）等有关规定，现对企业重组业务企业所得税征收管理若干问题公告如下：

一、按照重组类型，企业重组的当事各方是指：

（一）债务重组中当事各方，指债务人、债权人。

（二）股权收购中当事各方，指收购方、转让方及被收购企业。

（三）资产收购中当事各方，指收购方、转让方。

（四）合并中当事各方，指合并企业、被合并企业及被合并企业股东。

（五）分立中当事各方，指分立企业、被分立企业及被分立企业股东。

上述重组交易中，股权收购中转让方、合并中被合并企业股东和分立中被分立企业股东，可以是自然人。

当事各方中的自然人应按个人所得税的相关规定进行税务处理。

二、重组当事各方企业适用特殊性税务处理的（指重组业务符合财税〔2009〕59号文件和财税〔2014〕109号文件第一条、第二条规定条件并选择特殊性税务处理的，下同），应按如下规定确定重组主导方：

（一）债务重组，主导方为债务人。

（二）股权收购，主导方为股权转让方，涉及两个或两个以上股权转让方，由转让被收购企业股权比例最大的一方作为主导方（转让股权比例相同的可协商确定主导方）。

（三）资产收购，主导方为资产转让方。

（四）合并，主导方为被合并企业，涉及同一控制下多家被合并企业的，以净资产最大的一方为主导方。

（五）分立，主导方为被分立企业。

三、财税〔2009〕59号文件第十一条所称重组业务完成当年，是指重组日所属的企业所得税纳税年度。

企业重组日的确定，按以下规定处理：

1. 债务重组，以债务重组合同（协议）或法院裁定书生效日为重组日。

2. 股权收购，以转让合同（协议）生效且完成股权变更手续日为重组日。关联企业之间发生股权收购，转让合同（协议）生效后12个月内尚未完成股权变更手续的，应以转让合同（协议）生效日为重组日。

3. 资产收购，以转让合同（协议）生效且当事各方已进行会计处理的日期为重组日。

4. 合并，以合并合同（协议）生效、当事各方已进行会计处理且完成工商新设登记或变更登记日为重组日。按规定不需要办理工商新设或变更登记的合并，以合并合同（协议）生效且当事各方已进行会计处理的日期为重组日。

5. 分立，以分立合同（协议）生效、当事各方已进行会计处理且完成工商新设登记或变更登记日为重组日。

四、企业重组业务适用特殊性税务处理的，除财税〔2009〕59号文件第四条第（一）项所称企业发生其他法律形式简单改变情形外，重组各方应在该重组业务完成当年，办理企业所得税年度申报时，分别向各自主管税务机关报送《企业重组所得税特殊性税务处理报告表及附表》（详见附件1）和申报资料（详见附件2）。合并、分立中重组一方涉及注销的，应在尚未办理注销税务登记手续前进行申报。

重组主导方申报后，其他当事方向其主管税务机关办理纳税申报。申报时还应附送重组主导方经主管税务机关受理的《企业重组所得税特殊性税务处理报告表及附表》（复印件）。

五、企业重组业务适用特殊性税务处理的，申报时，应从以下方面逐条说明企业重组具有合理的商业目的：

（一）重组交易的方式；

（二）重组交易的实质结果；

（三）重组各方涉及的税务状况变化；

（四）重组各方涉及的财务状况变化；

（五）非居民企业参与重组活动的情况。

六、企业重组业务适用特殊性税务处理的，申报时，当事各方还应向主管税务机关提交重组前连续12个月内有无与该重组相关的其他股权、资产交易情况的说明，并说明这些交易与该重组是否构成分步交易，是否作为一项企业重组业务进行处理。

七、根据财税〔2009〕59号文件第十条规定，若同一项重组业务涉及在连续12个月内分步交易，且跨两个纳税年度，当事各方在首个纳税年度交易完成时预计整个交易符合特殊性税务处理条件，经协商一致选择特殊性税务处理的，可以暂时适用特殊性税务处理，并在当年企业所得税年度申报时提交书面申报资料。

在下一纳税年度全部交易完成后，企业应判断是否适用特殊性税务处理。如适用特殊性税务处理的，当事各方应按本公告要求申报相关资料；如适用一般性税务处理的，应调整相应纳税年度的企业所得税年度申报表，计算缴纳企业所得税。

八、企业发生财税〔2009〕59号文件第六条第（一）项规定的债务重组，应准确记录应予确认的债务重组所得，并在相应年度的企业所得税汇算清缴时对当年确认额及分年结转额的情况做出说明。

主管税务机关应建立台账，对企业每年申报的债务重组所得与台账进行比对分析，加强后续管理。

九、企业发生财税〔2009〕59 号文件第七条第（三）项规定的重组，居民企业应准确记录应予确认的资产或股权转让收益总额，并在相应年度的企业所得税汇算清缴时对当年确认额及分年结转额的情况做出说明。

主管税务机关应建立台账，对居民企业取得股权的计税基础和每年确认的资产或股权转让收益进行比对分析，加强后续管理。

十、适用特殊性税务处理的企业，在以后年度转让或处置重组资产（股权）时，应在年度纳税申报时对资产（股权）转让所得或损失情况进行专项说明，包括特殊性税务处理时确定的重组资产（股权）计税基础与转让或处置时的计税基础的比对情况，以及递延所得税负债的处理情况等。

适用特殊性税务处理的企业，在以后年度转让或处置重组资产（股权）时，主管税务机关应加强评估和检查，将企业特殊性税务处理时确定的重组资产（股权）计税基础与转让或处置时的计税基础及相关的年度纳税申报表比对，发现问题的，应依法进行调整。

十一、税务机关应对适用特殊性税务处理的企业重组做好统计和相关资料的归档工作。各省、自治区、直辖市和计划单列市国家税务局、地方税务局应于每年 8 月底前将《企业重组所得税特殊性税务处理统计表》（详见附件 3）上报税务总局（所得税司）。

十二、本公告适用于 2015 年度及以后年度企业所得税汇算清缴。《国家税务总局关于发布〈企业重组业务企业所得税管理办法〉的公告》（国家税务总局公告 2010 年第 4 号）第三条、第七条、第八条、第十六条、第十七条、第十八条、第二十二条、第二十三条、第二十四条、第二十五条、第二十七条、第三十二条同时废止。

本公告施行时企业已经签订重组协议，但尚未完成重组的，按本公告执行。

特此公告。

附件：1. 企业重组所得税特殊性税务处理报告表及附表（编者略）
2. 企业重组所得税特殊性税务处理申报资料一览表（编者略）
3. 企业重组所得税特殊性税务处理统计表（编者略）

链 接

关于《国家税务总局关于企业重组业务企业所得税征收管理若干问题的公告》的解读

2015 年 6 月 24 日，国家税务总局发布了《关于企业重组业务企业所得税征收管理若干问题的公告》（国家税务总局公告 2015 年第 48 号，以下简称《公告》），为便于纳税人和税务机关理解和执行，现对《公告》解读如下：

一、《公告》起草的背景是什么？

一是实施新政策的需要。企业兼并重组是调整优化产业结构、转变经济发展方式的重要途径，是培育发展大企业大集团，提高产业集中度，提升产业竞争力的重要手段。为促进企业兼并重组，2009 年，财政部、税务总局联合发布了《关于企业重组业务企业所得税处理若干问题的通知》（财税〔2009〕59 号）（以下简称 59 号文件），对符合条件的企业重组的所得税处理给予了递延纳税的特殊待遇。2010 年，税务总局发布了《企业重组业务企业所得税管理办法》（国家税务总局公告 2010 年第 4 号）（以下简称 4 号公告），为企业享受特殊待遇提供了程序方面的指引。2014 年 3 月，国务院下发《关于进一步优化企业兼并重组市场环境的意见》（国发〔2014〕14 号），提出完善兼并重组所得税政策。2014 年底，财政部、税务总局联合发布了《关于促进企业重组有关企业所得税处理问题的通知》（财税〔2014〕109 号）和《关于非货币性资产投资企业所得税政策问题的通知》（财税〔2014〕116 号），将适用特殊性税务处理的股权收购和资产收购中被收购股权或资产比例由不低于 75%调整为不低于 50%，明确了股权或资产划转特殊性税务处理政策，以及非货币性资产投资递延纳税政策。

二是推进行政审批制度改革的需要。59 号文件规定企业选择适用特殊性税务处理的，应在年度纳税申报时向主管税务机关书面备案，否则不得进行特殊性税务处理。4 号公告进一步明确，重组各方需要税务机关确认的，可以选择由重组主导方向主管税务机关提出申请，层报省税务机关给予确认。随着国务院行政审批制度改革的推进，这种事先核准的管理方式越来越不适应重组市场的需要，特别是 2015 年 5 月 14 日，国务院发布《关于取消非行政许可审批事项的决定》（国发〔2015〕27 号），公布取消 49 项非行政许可审批事项，“企业符合特殊性税务处理规定条件业务的核准”在取消之列。转变企业重组特殊性税务处理管理方式已成当务之急。

三是进一步加强后续管理的需要。按照国务院行政审批制度改革的要求，该放得坚决放到位，该管得必须管好，要做到放管结合，加强后续管理。按照《国家税务总局关于加强企业所得税后续管理的指导意见》（税总发〔2013〕55 号），企业重组的特殊性税务处理属于一项重要的后续管理事项，由于涉及资产转让所得的递延处理和资产计税基础的调整问题，需要采用台账管理、专家团队管理等方法加强后续管理。

四是进一步规范和优化管理的需要。59 号文件和 4 号公告发布以后，各地反映一些规定在实际操作中仍然不好把握，如何将上述规定与现实中的重组案例进行有机衔接也缺乏规范可行的操作指导。这就需要结合各地征管实践，进一步完善重组管理中的若干基础概念，规范申报表和报送资料，优化征管流程。

基于以上背景，在充分吸收各地征管经验和广泛听取基层税务机关、部分中介机构和纳税人代表的基础上，经过多次讨论修改，最终形成了目前发布的《公告》。

二、如何理解《公告》的基本框架？

《公告》针对59号文件和4号公告执行中反映的实际问题，结合新发布的109号文件和国务院取消“企业符合特殊性税务处理规定条件业务的核准”要求，对企业重组特殊性税务处理的申报管理和后续管理事项进行了规范和修订，改变了管理方式，重新设计了报告表和附表，规范了申报资料，优化了征管流程，明确了征收管理的相关要求。同时，为强化政策效应分析，还设计了专门的统计表，以利于重组递延纳税效果的总量分析和结构分析。《公告》修订了4号公告的十二处条款（其他二十五条规定仍然有效），同时增加了若干条款，与4号公告的有效条款一起构成了完整的企业重组所得税管理制度体系。

三、如何理解重组特殊性税务处理申报管理的具体内容？

《公告》不再执行59号文件第十一条申报备案和4号公告第十六条税务机关确认的做法，改为年度汇算清缴时进行申报并提交相关资料，主要明确了以下管理内容：

第一，明确59号文件第四条第（一）项所称企业发生其他法律形式的简单改变，属于重组的特殊性税务处理，但不需要进行单独申报。

第二，明确重组各方应按照规定进行申报，提交相关资料。

第三，明确合并、分立中重组一方涉及注销的，应在尚未办理注销税务登记手续前进行申报。

第四，鉴于重组主导方是资产（股权）转让方，是重组所得实现和递延的主体，《公告》规定：重组主导方申报后，其他当事方应持经重组主导方主管税务机关受理的报告表及附表和申报资料向其主管税务机关申报。

第五，增加了重组前连续12个月内分步交易的管理要求。要求企业年度申报时，提交重组前连续12个月内有无与该重组相关的其他股权、资产交易，与该重组是否构成分步交易、是否作为一项企业重组业务进行处理情况的说明。

第六，设计了《企业重组所得税特殊性税务处理报告表及附表》，列明了企业享受特殊性税务处理的条件、非股权支付对应的资产转让所得或损失、资产（股权）转让方取得股权和其他资产的计税基础、资产（股权）收购方取得股权和其他资产的计税基础等，为后续管理奠定了申报基础。

四、重组特殊性税务处理征收管理中，重组各方的义务和税务机关的责任有哪些？

（一）关于重组各方的义务

一是准确记录并说明所得递延情况。企业发生适用特殊性税务处理的债务重组或居民企业以资产（股权）向非居民企业投资，应准确记录应予确认的债务重组所得或资产（股权）转让收益总额，并在相应年度的企业所得税汇算清缴时对当年确认额及分年结转额的情况做出说明。

二是转让或处置重组资产（股权）时提交专项说明。适用特殊性税务处理的企业，在以后年度转让或处置重组资产（股权）的，应在年度纳税申报时对资产（股权）转让所得或损失情况进行专项说明，着重说明特殊性税务处理时确定的重组资产（股权）计税基础与转让或处置时的计税基础的对比情况（变化及原因），还要说明递延所得税负债的处理情况。

（二）关于税务机关的责任

一是跟踪监管。了解企业重组前后连续 12 个月内相关资产、股权的动态变化情况。

二是建立台账，加强管理。企业发生适用特殊性税务处理的债务重组或居民企业以资产（股权）向非居民企业投资，主管税务机关应建立台账，加强企业申报与台账数据的比对分析。

三是加强重组资产（股权）转让环节比对管理。主管税务机关应加强评估和核查，将企业特殊性税务处理时确定的重组资产（股权）计税基础与转让或处置时的计税基础及相关的年度纳税申报表及时比对，发现问题的，应依法进行调整。

四是情况统计和上报。税务机关应每年对适用特殊性税务处理的企业重组做好统计和相关资料的归档工作，并按时上报《企业重组所得税特殊性税务处理统计表》，以便于效应分析和政策完善。

财政部　国家税务总局　证监会
关于内地与香港基金互认有关税收政策的通知

2015 年 12 月 14 日　财税〔2015〕125 号

【要点指引】《财政部　国家税务总局　证监会关于内地与香港基金互认有关税收的政策的通知》（财税〔2015〕125 号）文件对内地和香港投资者通过基金互认买卖香港和内地基金的适用税率、适用条款、扣缴义务人以及减免等所得税问题做出了规定。明确了内地投资者通过基金互认买卖香港基金份额和香港市场投资者买卖内地基金份额的营业税和印花税问题。明确了财政、税务、证监等部门的责任以及基金管理人、基金代理机构、相关证券登记结算机构以及上市公司和发行债券的企业的责任。

各省、自治区、直辖市、计划单列市财政厅（局）、国家税务局、地方税务局，新疆生产建设兵团财务局，上海、深圳证券交易所，中国证券登记结算公司：

经国务院批准，现就内地与香港基金互认涉及的有关税收政策问题明确如下：

一、关于内地投资者通过基金互认买卖香港基金份额的所得税问题

1. 对内地个人投资者通过基金互认买卖香港基金份额取得的转让差价所得，自 2015 年 12 月 18 日起至 2018 年 12 月 17 日止，三年内暂免征收个人所得税。

2. 对内地企业投资者通过基金互认买卖香港基金份额取得的转让差价所得，计入其收入总额，依法征收企业所得税。

3. 内地个人投资者通过基金互认从香港基金分配取得的收益，由该香港基金在内地的代理人按照 20%的税率代扣代缴个人所得税。

前款所称代理人是指依法取得中国证监会核准的公募基金管理资格或托管资格，根据香港基金管理人的委托，代为办理该香港基金内地事务的机构。

4. 对内地企业投资者通过基金互认从香港基金分配取得的收益，计入其收入总额，依法征收企业所得税。

二、关于香港市场投资者通过基金互认买卖内地基金份额的所得税问题

1. 对香港市场投资者（包括企业和个人）通过基金互认买卖内地基金份额取得的转让差价所得，暂免征收所得税。

2. 对香港市场投资者（包括企业和个人）通过基金互认从内地基金分配取得的收益，由内地上市公司向该内地基金分配股息红利时，对香港市场投资者按照 10%的税率代扣所得税；或发行债券的企业向该内地基金分配利息时，对香港市场投资者按照 7%的税率代扣所得税，并由内地上市公司或发行债券的企业向其主管税务机关办理扣缴申报。该内地基金向投资者分配收益时，不再扣缴所得税。

内地基金管理人应当向相关证券登记结算机构提供内地基金的香港市场投资者的相关信息。

三、关于内地投资者通过基金互认买卖香港基金份额和香港市场投资者买卖内地基金份额的营业税问题

1. 对香港市场投资者（包括单位和个人）通过基金互认买卖内地基金份额取得的差价收入，暂免征收营业税。

2. 对内地个人投资者通过基金互认买卖香港基金份额取得的差价收入，按现行政策规定暂免征收营业税。

3. 对内地单位投资者通过基金互认买卖香港基金份额取得的差价收入，按现行政策规定征免营业税。

四、关于内地投资者通过基金互认买卖香港基金份额和香港市场投资者通过基金互认买卖内地基金份额的印花税问题

1. 对香港市场投资者通过基金互认买卖、继承、赠与内地基金份额，按照内地现行税制规定，暂不征收印花税。

2. 对内地投资者通过基金互认买卖、继承、赠与香港基金份额，按照香港特别行政区现行印花税税法规定执行。

五、财政、税务、证监等部门要加强协调，通力合作，切实做好政策实施的各项工作。

基金管理人、基金代理机构、相关证券登记结算机构以及上市公司和发行债券的企业，应依照法律法规积极配合税务机关做好基金互认税收的扣缴申报、征管及纳税服务工作。

六、本通知所称基金互认，是指内地基金或香港基金经香港证监会认可或中国证监会注册，在双方司法管辖区内向公众销售。所称内地基金，是指中国证监会根据《中华人民共和国证券投资基金法》注册的公开募集证券投资基金。所称香港基金，是指香港证监会根据香港法律认可公开销售的单位信托、互惠基金或者其他形式的集体投资计划。所称买卖基金份额，包括申购与赎回、交易。

七、本通知自 2015 年 12 月 18 日起执行。

国家税务总局关于非居民企业所得税源泉扣缴有关问题的公告

2017 年 10 月 27 日　国家税务总局公告 2017 年第 37 号

【要点指引】为进一步深化税务系统“放管服”改革，优化非居民企业所得税服务和管理，国家税务总局出台了《国家税务总局关于非居民企业所得税源泉扣缴有关问题的公告》（国家税务总局公告 2017 年第 37 号，以下简称《公告》）。《公告》主要明确了以下内容：(1) 股息的扣缴义务发生时间由股东大会决议派息日调整为实际支付日。(2) 对采用分期收款方式取得的财

产转让收入允许分期纳税，且先按收回投资成本处理，再就转让所得纳税。(3) 明确税款计算中的汇率换算时点，修订股权转让所得的外币折算规则。(4) 取消了非居民企业在扣缴义务人未依法扣缴税款下应在7日内自行申报的规定。

按照《国家税务总局关于进一步深化税务系统“放管服”改革优化税收环境的若干意见》(税总发〔2017〕101号) 的安排，根据《中华人民共和国企业所得税法》(以下称“企业所得税法”) 及其实施条例、《中华人民共和国税收征收管理法》及其实施细则的有关规定，现就非居民企业所得税源泉扣缴有关问题公告如下：

一、依照企业所得税法第三十七条、第三十九条和第四十条规定办理非居民企业所得税源泉扣缴相关事项，适用本公告。与执行企业所得税法第三十八条规定相关的事项不适用本公告。

二、企业所得税法实施条例第一百零四条规定的支付人自行委托代理人或指定其他第三方代为支付相关款项，或者因担保合同或法律规定等原因由第三方保证人或担保人支付相关款项的，仍由委托人、指定人或被保证人、被担保人承担扣缴义务。

三、企业所得税法第十九条第二项规定的转让财产所得包含转让股权等权益性投资资产（以下称“股权”）所得。股权转让收入减除股权净值后的余额为股权转让所得应纳税所得额。

股权转让收入是指股权转让人转让股权所收取的对价，包括货币形式和非货币形式的各种收入。

股权净值是指取得该股权的计税基础。股权的计税基础是股权转让人投资入股时向中国居民企业实际支付的出资成本，或购买该项股权时向该股权的原转让人实际支付的股权受让成本。股权在持有期间发生减值或者增值，按照国务院财政、税务主管部门规定可以确认损益的，股权净值应进行相应调整。企业在计算股权转让所得时，不得扣除被投资企业未分配利润等股东留存收益中按该项股权所可能分配的金额。

多次投资或收购的同项股权被部分转让的，从该项股权全部成本中按照转让比例计算确定被转让股权对应的成本。

四、扣缴义务人支付或者到期应支付的款项以人民币以外的货币支付或计价的，分别按以下情形进行外币折算：

（一）扣缴义务人扣缴企业所得税的，应当按照扣缴义务发生之日人民币汇率中间价折合成人民币，计算非居民企业应纳税所得额。扣缴义务发生之日为相关款项实际支付或者到期应支付之日。

（二）取得收入的非居民企业在主管税务机关责令限期缴纳税款前自行申报缴纳应源泉扣缴税款的，应当按照填开税收缴款书之日前一日人民币汇率中间价折合成人民币，计算非居民企业应纳税所得额。

（三）主管税务机关责令取得收入的非居民企业限期缴纳应源泉扣缴税款的，应当按照主管税务机关作出限期缴税决定之日前一日人民币汇率中间价折合成人民币，计算非居民企业应纳税所得额。

五、财产转让收入或财产净值以人民币以外的货币计价的，分扣缴义务人扣缴税款、纳税人自行申报缴纳税款和主管税务机关责令限期缴纳税款三种情形，先将以非人民币计价项目金额比照本公告第四条规定折合成人民币金额；再按企业所得税法第十九条第二项及相关规定计算非居民企业财产转让所得应纳税所得额。

财产净值或财产转让收入的计价货币按照取得或转让财产时实际支付或收取的计价币种确定。原计价币种停止流通并启用新币种的，按照新旧货币市场转换比例转换为新币种后进行计算。

六、扣缴义务人与非居民企业签订与企业所得税法第三条第三款规定的所得有关的业务合同时，凡合同中约定由扣缴义务人实际承担应纳税款的，应将非居民企业取得的不含税所得换算为含税所得计算并解缴应扣税款。

七、扣缴义务人应当自扣缴义务发生之日起 7 日内向扣缴义务人所在地主管税务机关申报和解缴代扣税款。扣缴义务人发生到期应支付而未支付情形，应按照《国家税务总局关于非居民企业所得税管理若干问题的公告》（国家税务总局公告 2011 年第 24 号）第一条规定进行税务处理。

非居民企业取得应源泉扣缴的所得为股息、红利等权益性投资收益的，相关应纳税款扣缴义务发生之日为股息、红利等权益性投资收益实际支付之日。

非居民企业采取分期收款方式取得应源泉扣缴所得税的同一项转让财产所得的，其分期收取的款项可先视为收回以前投资财产的成本，待成本全部收回后，再计算并扣缴应扣税款。

八、扣缴义务人在申报和解缴应扣税款时，应填报《中华人民共和国扣缴企业所得税报告表》。

扣缴义务人可以在申报和解缴应扣税款前报送有关申报资料；已经报送的，在申报时不再重复报送。

九、按照企业所得税法第三十七条规定应当扣缴的所得税，扣缴义务人未依法扣缴或者无法履行扣缴义务的，取得所得的非居民企业应当按照企业所得税法第三十九条规定，向所得发生地主管税务机关申报缴纳未扣缴税款，并填报《中华人民共和国扣缴企业所得税报告表》。

非居民企业未按照企业所得税法第三十九条规定申报缴纳税款的，税务机关可以责令限期缴纳，非居民企业应当按照税务机关确定的期限申报缴纳税款；非居民企业在税务机关责令限期缴纳前自行申报缴纳税款的，视为已按期缴纳税款。

十、非居民企业取得的同一项所得在境内存在多个所得发生地，涉及多个主管税务机关的，在按照企业所得税法第三十九条规定自行申报缴纳未扣缴税款时，可以选择一地办理本公告第九条规定的申报缴税事宜。受理申报地主管税务机关应在受理申报后5个工作日内，向扣缴义务人所在地和同一项所得其他发生地主管税务机关发送《非居民企业税务事项联络函》（见附件），告知非居民企业涉税事项。

十一、主管税务机关可以要求纳税人、扣缴义务人和其他知晓情况的相关方提供与应扣缴税款有关的合同和其他相关资料。扣缴义务人应当设立代扣代缴税款账簿和合同资料档案，准确记录非居民企业所得税扣缴情况。

十二、按照企业所得税法第三十七条规定应当扣缴的税款，扣缴义务人应扣未扣的，由扣缴义务人所在地主管税务机关依照《中华人民共和国行政处罚法》第二十三条规定责令扣缴义务人补扣税款，并依法追究扣缴义务人责任；需要向纳税人追缴税款的，由所得发生地主管税务机关依法执行。扣缴义务人所在地与所得发生地不一致的，负责追缴税款的所得发生地主管税务机关应通过扣缴义务人所在地主管税务机关核实有关情况；扣缴义务人所在地主管税务机关应当自确定应纳税款未依法扣缴之日起5个工作日内，向所得发生地主管税务机关发送《非居民企业税务事项联络函》，告知非居民企业涉税事项。

十三、主管税务机关在按照本公告第十二条规定追缴非居民企业应纳税款时，可以采取以下措施：

（一）责令该非居民企业限期申报缴纳应纳税款。

（二）收集、查实该非居民企业在中国境内其他收入项目及其支付人的相关信息，并向该其他项目支付人发出《税务事项通知书》，从该非居民企业其他收入项目款项中依照法定程序追缴欠缴税款及应缴的滞纳金。

其他项目支付人所在地与未扣税所得发生地不一致的，其他项目支付人所在地主管税务机关应给予配合和协助。

十四、按照本公告规定应当源泉扣缴税款的款项已经由扣缴义务人实际支付，但未在规定的期限内解缴应扣税款，并具有以下情形之一的，应作为税款已扣但未解缴情形，按照有关法律、行政法规规定处理：

（一）扣缴义务人已明确告知收款人已代扣税款的；

（二）已在财务会计处理中单独列示应扣税款的；

（三）已在其纳税申报中单独扣除或开始单独摊销扣除应扣税款的；

（四）其他证据证明已代扣税款的。

除上款规定情形外，按本公告规定应该源泉扣缴的税款未在规定的期限内解缴入库的，均作为应扣未扣税款情形，按照有关法律、行政法规规定处理。

十五、本公告与税收协定及其相关规定不一致的，按照税收协定及其相关规定执行。

十六、扣缴义务人所在地主管税务机关为扣缴义务人所得税主管税务机关。

对企业所得税法实施条例第七条规定的不同所得，所得发生地主管税务机关按以下原则确定：

（一）不动产转让所得，为不动产所在地国税机关。

（二）权益性投资资产转让所得，为被投资企业的所得税主管税务机关。

（三）股息、红利等权益性投资所得，为分配所得企业的所得税主管税务机关。

（四）利息所得、租金所得、特许权使用费所得，为负担、支付所得的单位或个人的所得税主管税务机关。

十七、本公告自 2017 年 12 月 1 日起施行。本公告第七条第二款和第三款、第九条第二款可以适用于在本公告施行前已经发生但未处理的所得。下列规定自 2017 年 12 月 1 日起废止：

（一）《国家税务总局关于印发〈非居民企业所得税源泉扣缴管理暂行办法〉的通知》（国税发〔2009〕3 号）。

（二）《国家税务总局关于进一步加强非居民税收管理工作的通知》（国税发〔2009〕32 号）第二条第（三）项中的以下表述：

"各地应按照《国家税务总局关于印发〈非居民企业所得税源泉扣缴管理暂行办法〉的通知》（国税发〔2009〕3 号）规定，落实扣缴登记和合同备案制度，辅导扣缴义务人及时准确扣缴应纳税款，建立管理台账和管理档案，追缴漏税"。

（三）《国家税务总局关于加强税种征管促进堵漏增收的若干意见》（国税发〔2009〕85 号）第四条第（二）项第 3 目中以下表述：

"按照《国家税务总局关于印发〈非居民企业所得税源泉扣缴管理暂行办法〉的通知》（国税发〔2009〕3 号）规定，落实扣缴登记和合同备案制度，辅导扣缴义务人及时准确扣缴应纳税款，建立管理台账和管理档案"。

（四）《国家税务总局关于加强非居民企业股权转让所得企业所得税管理的通知》（国税函〔2009〕698 号）。

（五）《国家税务总局关于印发〈非居民企业税收协同管理办法（试行）〉的通知》（国税发〔2010〕119 号）第九条。

（六）《国家税务总局关于发布〈企业重组业务企业所得税管理办法〉的公告》（国家税务总局公告2010年第4号）第三十六条。

（七）《国家税务总局关于非居民企业所得税管理若干问题的公告》（国家税务总局公告2011年第24号）第五条和第六条。

（八）《国家税务总局关于发布〈非居民企业从事国际运输业务税收管理暂行办法〉的公告》（国家税务总局公告2014年第37号）第二条第三款中以下表述：

"和《国家税务总局关于印发〈非居民企业所得税源泉扣缴管理暂行办法〉的通知》（国税发〔2009〕3号）"。

（九）《国家税务总局关于非居民企业间接转让财产企业所得税若干问题的公告》（国家税务总局公告2015年第7号）第八条第二款。

特此公告。

附件：非居民企业税务事项联络函（编者略）

链　接

关于《国家税务总局关于非居民企业所得税源泉扣缴有关问题的公告》的解读

为进一步深化税务系统"放管服"改革，优化非居民企业所得税服务和管理，完善非居民企业所得税源泉扣缴的相关制度办法，国家税务总局发布了《国家税务总局关于非居民企业所得税源泉扣缴有关问题的公告》（税务总局公告2017年第37号，以下简称《公告》）。《公告》着眼于减轻纳税人及扣缴义务人负担，简化计算操作，便利扣缴义务人履行义务，重点解决了征管中的问题，减轻了纳税人和扣缴义务人的遵从责任。现将有关内容解读如下：

一、在减少办税负担方面，《公告》有哪些举措？

减少办税负担，改善营商环境，是制定《公告》的主要目的之一。这方面的举措包括：

一是取消合同备案。按照《国家税务总局关于印发〈非居民企业所得税源泉扣缴管理暂行办法〉的通知》（国税发〔2009〕3号，此文已被本公告废止，以下称"原国税发〔2009〕3号文件"）第五条规定，扣缴义务人每次与非居民企业签订涉及源泉扣缴事项的业务合同时，应当自签订合同（包括修改、补充、延期合同）之日起30日内，向其主管税务机关报送《扣缴企业所得税合同备案登记表》、合同复印件及相关资料。《公告》废止了该项规定，除自主选择在申报和解缴应扣税款前报送有关申报资料的外，扣缴义务人不再需要办理该项合同备案手续。

二是取消税款清算。按照原国税发〔2009〕3号文件第五条规定，对多次付款的合同项目，扣缴义务人应当在履行合同最后一次付款前15日内，向主管税务机关报送合同全部付款明细，前期扣缴表和完税凭证等资料，办理扣缴税款清算手续。《公告》废止该项规定，扣缴义务人不再需要办理该项税款清算手续。

三是简并需报送的报表资料。鉴于《中华人民共和国扣缴企业所得税报告表》栏目内容已经包含相关合同信息，为避免重复填报信息，《公告》废止了《扣缴企业所得税合同备案登记表》。除特定情形外，不再普遍要求报送合同资料。特定情形限于《国家税务总局　国家外汇管理局关于服务贸易等项目对外支付税务备案有关问题的公告》(国家税务总局　国家外汇管理局公告2013年第40号）第二条和《公告》第十一条规定需要提供相关合同资料的情形。

二、在改进非居民企业源泉扣缴协同管理和服务方面，《公告》采取了哪些措施？

非居民企业应纳企业所得税源泉扣缴事项涉及境内外多个交易主体，多种情形混杂，程序环节多且衔接复杂，往往涉及多个税务机关，特别需要加强事前、事中和事后的协同管理和服务。对此，《公告》采取了以下措施：

一是扣缴义务人未依法扣缴或者无法扣缴应扣缴税款的，按照企业所得税法第三十九条规定，由取得收入的非居民企业在所得发生地缴纳。按照企业所得税法实施条例第一百零七条规定，非居民企业取得的应税所得在境内存在多个所得发生地的，由纳税人选择一地申报缴纳企业所得税。为落实该上位法规定，《公告》第十条规定沿用原国税发〔2009〕3号文件第十六条规定，受理申报的税务机关应发函告知扣缴义务人所在地和其他所得发生地主管税务机关有关情况，并限定发函时限为受理申报后5个工作日内。

二是按照企业所得税法第三十七条规定应当扣缴的税款，但扣缴义务人应扣未扣的，如果扣缴义务人所在地与所得发生地不在一地，按照“纳税人在所得发生地缴税”以及扣缴义务人和纳税人分别承担责任的原则，《公告》第十二条明确了扣缴义务人所在地主管税务机关和所得发生地主管税务机关工作职责，加强协同管理，即由扣缴义务人所在地主管税务机关依照《中华人民共和国行政处罚法》第二十三条规定责令扣缴义务人补扣税款，并依法追究扣缴义务人责任；需要向纳税人追缴税款的，由所得发生地主管税务机关通过扣缴义务人所在地主管税务机关核实有关情况后依法执行。在扣缴义务人所在地主管税务机关发函提供情况的时限上，《公告》第十二条沿用了原国税发〔2009〕3号文件第十五条第三款规定。《公告》还取消了《国家税务总局关于印发〈非居民企业税收协同管理办法（试行）〉的通知》（国税发〔2010〕119 号）第九条规定的追缴税款 3 个月等待期。

三、非居民企业部分转让同项股权，如何计算股权转让成本？

如果非居民企业通过多次投资或收购而持有一项股权，但仅部分对外转让，根据《公告》第三条第四款规定，应从该项股权全部成本中按照转让比例计算确定被转让股权对应的成本。举例说明如下：

境外 A 企业为非居民企业，境内 B 企业和 C 企业为居民企业，A 企业经过前后三次投资 C 企业，合计持有 C 企业 40%的股权，第一次投资人民币 100 万元，第二次投资人民币 200 万元，第三次投资人民币 400 万元。2016 年 1 月 8 日，A 企业与 B 企业签订股权转让合同，以人民币 1000 万元的价格转让其持有的 C 企业 30%的股权给 B 企业。则 A 企业持有 C 企业 40%股权的全部成本为 700 万元（100+200+400），本次交易转让比例为 75%（30%÷40%），该被转让的 C 企业 30%股权对应的成本则为 525 万元（700×75%），本次股权转让交易的应纳税所得额为 475 万元（1000−525）。

四、在计算应源泉扣缴的非居民企业应纳税款时，如何进行外汇换算？

原国税发〔2009〕3 号文件第九条规定，扣缴义务人对外支付或者到期应支付的款项为人民币以外货币的，在申报扣缴企业所得税时，应当按照扣缴当日国家公布的人民币汇率中间价，折合成人民币计算应纳税所得额。扣缴义务人须以折合成人民币后的应纳税所得额按适用税率计算应扣税款，并以人民币解缴应扣税款。除将扣缴当日限定为扣缴义务发生当日外，《公告》第四条第（一）项规定沿用了原国税发〔2009〕3 号文件第九条规定做法，并明确扣缴义务发生之日为相关款项实际支付或者到期应支付之日。此外，如果应源泉扣缴税款由非居民企业纳税人申报缴纳，按照《公告》第四条第（二）项和第（三）项规定，应当分别纳税人自行申报缴纳税款和主管税务机关责令限期缴纳税款两种情形，相应按照填开税收缴款书之日前一日或主管税务机关做出限期缴纳税款决定之日前一日人民币汇率中间价进行外汇折算。

五、对非居民企业取得的财产转让所得，如何进行外汇换算？

按照原《国家税务总局关于加强非居民企业股权转让所得企业所得税管理的通知》（国税函〔2009〕698 号，此文已被《公告》废止，以下称“原国税函〔2009〕698 号文件”）第四条规定，在计算股权转让所得时，以非居民企业向被转让股权的中国居民企业投资时或向原投资方购买该股权时的币种计算股权转让价和股权成本价。如果同一非居民企业存在多次投资的，以首次投入资本时的币种计算股权转让价和股权成本价，以加权平均法计算股权成本价；多次投资时币种不一致的，则应按照每次投入资本当日的汇率换算成首次投资时的币种。为进一步简化外汇换算，该项规定被《公告》第五条所替代。

根据替代后的规定，财产转让收入或财产净值以人民币以外的货币计价的，分扣缴义务人扣缴税款、纳税人自行申报缴纳税款和主管税务机关责令限期缴纳税款三种情形，先将以非人民币计价项目金额按照《公告》第四条规定的时点汇率折合成人民币金额；再按企业所得税法第十九条第二项及相关规定计算非居民企业财产转让所得应纳税所得额。举例说明如下：

境外 A 企业为非居民企业，境内 B 企业和 C 企业为居民企业，A 企业经过前后两次投资 C 企业，合计持有 C 企业 40%的股权，2008 年 8 月 1 日第一次出资 100 万美元（假设当时人民币汇率中间价为：1 美元=8.6 元人民币），2010 年 9 月 1 日第二次投资 50 万欧元（假设当时人民币汇率中间价为：1 欧元=8.9 元人民币），2016 年 1 月 10 日 A 企业以人民币 2000 万元将该项股权转让给 B 企业，合同于当天生效，B 企业于 2016 年 1 月 15 日向 A 企业支付了股权转让款 2000 万元，假设 2016 年 1 月 15 日，人民币兑美元和欧元的中间价分别为：1 美元=6.6 元人民币，1 欧元=7.2 元人民币。则本次交易财产转让收入为 2000 万元人民币；本次交易财产净值为 1020 万元人民币（100×6.6+50×7.2）；本次交易应纳税所得额为 980 万元人民币（2000-1020）。

六、扣缴义务人对外支付股息，如何确定扣缴义务时间？

按照企业所得税法第三十七条规定，应该源泉扣缴的税款由扣缴义务人在每次支付或者到期应支付时，从支付或到期应支付的款项中扣缴。据此，《公告》第四条第（一）项明确，扣缴义务发生之日为相关款项实际支付或者到期应支付之日。关于到期应支付情形下扣缴所得税问题，《公告》第七条第一款明确继续按照《国家税务总局关于非居民企业所得税管理若干问题的公告》（国家税务总局公告 2011 年第 24 号）第一条规定执行。基于这些规定，鉴于股息是由企业的税后利润派发给股东的，不应计入扣缴义务人的成本、费用，不会发生到期应支付情形，《公告》第七条第二款进一步明确，非居民企业取得应纳税的股息所得，相关税款扣缴义务发生之日即是股息的实际支付之日。扣缴义务人应在实际支付之日代扣税款，并在扣缴义务发生之日起 7 日内向扣缴义务人所在地主管税务机关申报和解缴代扣税款。该规定改变了国家税务总局公告 2011 年第 24 号第五条的规定，不再以做出利润分配决定的日期作为扣缴义务发生之日。

七、非居民企业采取分期收款方式从扣缴义务人收取同一项财产转让收入价款的，如何计算扣缴税款？

按照《公告》第七条第三款的规定，如果非居民企业采取分期收款方式取得应源泉扣缴所得税的同一项转让财产所得，其分期收取的款项可先视为收回以前投资财产的成本，待相关成本全部收回后，再计算并扣缴应扣缴税款。举例说明如下：

境外A企业为非居民企业，境内B企业和C企业均为居民企业，A企业和B企业各持有C企业50%股权，A企业投资取得C企业50%股权的成本为500万元人民币。2016年1月10日A企业以人民币1000万元人民币将该项股权一次转让给B企业，但按股权转让合同约定，B企业分别于2016年2月10日、2016年3月10日和2016年4月10日支付转让价款300万元、400万元和300万元。在本次交易中，B企业于2016年2月10日支付的300万元人民币价款可视为A企业收回500万元股权转让成本中的300万元；B企业于2016年3月10日支付的400万元人民币价款中的200万元为A企业收回500万元股权转让成本中的剩余200万元成本，其余200万元价款应作为股权转让收益计算扣缴税款；B企业于2016年4月10日支付的300万元人民币价款全部作为股权转让收益计算扣缴税款。

八、在扣缴义务人未依法履行扣缴义务的情况下，有关非居民企业申报缴纳税款期限的规定有何变化？

在扣缴义务人未依法履行扣缴义务的情况下，按原国税发〔2009〕3号文件第十五条第一款规定，非居民企业应于扣缴义务人支付或者到期应支付之日起7日内，到所得发生地主管税务机关申报缴纳企业所得税；非居民企业取得所得为股权转让所得的，按照原国税函〔2009〕698号文件第二条规定，非居民企业应自合同、协议约定的股权转让之日（如果转让方提前取得股权转让收入的，应自实际取得股权转让收入之日）起7日内，到所得发生地主管税务机关申报缴纳企业所得税。按照《国家税务总局关于非居民企业间接转让财产企业所得税若干问题的公告》（国家税务总局公告2015年第7号）第八条第二款规定，扣缴义务人未扣缴或未足额扣缴应纳税款的，股权转让方应自纳税义务发生之日起7日内向主管税务机关申报缴纳税款。为便于与源泉扣缴程序衔接和纳税人遵从，《公告》第九条第二款规定取代上述三项规定。按照新规定，在扣缴义务人未依法履行或者无法履行扣缴义务的情况下，非居民企业在主管税务机关责令限期缴纳税款前自行申报缴纳未扣缴税款的，或者在主管税务机关限期缴纳税款期限内申报缴纳税款的，均视为按期缴纳了税款。

九、如何理解《公告》第十条与国家税务总局公告2015年第7号第十二条的关系？

两项规定适用不同的情形，不存在矛盾。《公告》第十条适用于非居民企业取得同一项所得的情形。国家税务总局公告2015年第7号第十二条适用于非居民企业直接转让境外企业股权导致间接转让两项以上境内应税财产交易所产生的所得。尽管适用国家税务总局公告2015年第7号第十二条的交易在形式上为转让境外企业股权的一次交易，但如果按照国家税务总局公告2015年第7号对其重新定性，则应将该直接转让境外企业股权的交易重新确认为直接转让境内应税财产的交易。而如果间接交易涉及的境内应税财产有两项或两项以上，那么重新确认后的直接转让境内应税财产交易也有两项或两项以上，进而可以确定，两项或两项以上直接转让境内应税财产交易产生的所得不属于同一项所得，不适用《公告》第十条规定。

（二）承包工程作业和提供劳务

非居民承包工程作业和提供劳务税收管理暂行办法

2009年1月20日　国家税务总局令第19号

【要点指引】《非居民承包工程作业和提供劳务税收管理暂行办法》（国家税务总局令第19号，以下简称《办法》）是对非居民在中国境内承包工程作业和提供劳务的税收征收管理文件。《办法》在税源管理、征收管理、税源跟踪管理的各个环节做出了明确的规定；明确了非居民、扣缴义务人或代理人存在税收违法行为或发包方未按照规定报告有关事项的法律责任。

《非居民承包工程作业和提供劳务税收管理暂行办法》已经国家税务总局第5次局务会议审议通过，现予发布，自2009年3月1日起施行。

国家税务总局局长：肖捷

非居民承包工程作业和提供劳务税收管理暂行办法

第一章　总　　则

第一条　为规范对非居民在中国境内承包工程作业和提供劳务的税收征收管理，根据《中华人民共和国税收征收管理法》（以下简称税收征管法）及其实施细则、《中华人民共和国企业所得税法》（以下简称企业所得税法）及其实施条例、《中华人民共和国营业税暂行条例》及其实施细则、《中华人民共和国增值税暂行条例》及其实施细则、中国政府对外签署的避免双重征税协定（含与香港、澳门特别行政区签署的税收安排，以下统称税收协定）等相关法律法规，制定本办法。

第二条 本办法所称非居民，包括非居民企业和非居民个人。非居民企业是指依照外国（地区）法律成立且实际管理机构不在中国境内，但在中国境内设立机构、场所的，或者在中国境内未设立机构、场所，但有来源于中国境内所得的企业。非居民个人是指在中国境内无住所又不居住或者无住所而在境内居住不满一年的个人。

第三条 本办法所称承包工程作业，是指在中国境内承包建筑、安装、装配、修缮、装饰、勘探及其他工程作业。

本办法所称提供劳务是指在中国境内从事加工、修理修配、交通运输、仓储租赁、咨询经纪、设计、文化体育、技术服务、教育培训、旅游、娱乐及其他劳务活动。

第四条 本办法所称非居民在中国境内承包工程作业和提供劳务税收管理，是指对非居民营业税、增值税和企业所得税的纳税事项管理。涉及个人所得税、印花税等税收的管理，应依照有关规定执行。

第二章 税源管理

第一节 登记备案管理

第五条 非居民企业在中国境内承包工程作业或提供劳务的，应当自项目合同或协议（以下简称合同）签订之日起30日内，向项目所在地主管税务机关办理税务登记手续。

依照法律、行政法规规定负有税款扣缴义务的境内机构和个人，应当自扣缴义务发生之日起30日内，向所在地主管税务机关办理扣缴税款登记手续。

境内机构和个人向非居民发包工程作业或劳务项目的，应当自项目合同签订之日起30日内，向主管税务机关报送《境内机构和个人发包工程作业或劳务项目报告表》(见附件1)，并附送非居民的税务登记证、合同、税务代理委托书复印件或非居民对有关事项的书面说明等资料。

第六条 非居民企业在中国境内承包工程作业或提供劳务的，应当在项目完工后15日内，向项目所在地主管税务机关报送项目完工证明、验收证明等相关文件复印件，并依据《税务登记管理办法》的有关规定申报办理注销税务登记。

第七条 境内机构和个人向非居民发包工程作业或劳务项目合同发生变更的，发包方或劳务受让方应自变更之日起10日内向所在地主管税务机关报送《非居民项目合同变更情况报告表》(见附件2)。

第八条 境内机构和个人向非居民发包工程作业或劳务项目，从境外取得的与项目款项支付有关的发票和其他付款凭证，应在自取得之日起30日内向所在地主管税务机关报送《非居民项目合同款项支付情况报告表》（见附件3）及付款凭证复印件。

境内机构和个人不向非居民支付工程价款或劳务费的，应当在项目完工开具验收证明前，向其主管税务机关报告非居民在项目所在地的项目执行进度、支付人名称及其支付款项金额、支付日期等相关情况。

第九条 境内机构和个人向非居民发包工程作业或劳务项目，与非居民的主管税务机关不一致的，应当自非居民申报期限届满之日起15日内向境内机构和个人的主管税务机关报送非居民申报纳税证明资料复印件。

第二节 税源信息管理

第十条 税务机关应当建立税源监控机制，获取并利用发改委、建设、外汇管理、商务、教育、文化、体育等部门关于非居民在中国境内承包工程作业和提供劳务的相关信息，并可根据工作需要，将信息使用情况反馈给有关部门。

第十一条 非居民或境内机构和个人的同一涉税事项同时涉及国家税务局和地方税务局的，各主管税务机关办理涉税事项后应当制作《非居民承包工程作业和提供劳务项目信息传递表》（见附件4），并按月传递给对方纳入非居民税收管理档案。

第三章 申报征收

第一节 企业所得税

第十二条 非居民企业在中国境内承包工程作业或提供劳务项目的，企业所得税按纳税年度计算、分季预缴，年终汇算清缴，并在工程项目完工或劳务合同履行完毕后结清税款。

第十三条 非居民企业进行企业所得税纳税申报时，应当如实报送纳税申报表，并附送下列资料：

（一）工程作业（劳务）决算（结算）报告或其他说明材料；

（二）参与工程作业或劳务项目外籍人员姓名、国籍、出入境时间、在华工作时间、地点、内容、报酬标准、支付方式、相关费用等情况的书面报告；

（三）财务会计报告或财务情况说明；

（四）非居民企业依据税收协定在中国境内未构成常设机构，需要享受税收协定待遇的，应提交《非居民企业承包工程作业和提供劳务享受税收协定待遇报告表》（以下简称报告表）（见附件5），并附送居民身份证明及税务机关要求提交的其他证明资料。

非居民企业未按上述规定提交报告表及有关证明资料，或因项目执行发生变更等情形不符合享受税收协定待遇条件的，不得享受税收协定待遇，应依照企业所得税法规定缴纳税款。

第十四条 工程价款或劳务费的支付人所在地县（区）以上主管税务机关根据附件 1 及非居民企业申报纳税证明资料或其他信息，确定符合企业所得税法实施条例第一百零六条所列指定扣缴的三种情形之一的，可指定工程价款或劳务费的支付人为扣缴义务人，并将《非居民企业承包工程作业和提供劳务企业所得税扣缴义务通知书》（见附件 6）送达被指定方。

第十五条 指定扣缴义务人应当在申报期限内向主管税务机关报送扣缴企业所得税报告表及其他有关资料。

第十六条 扣缴义务人未依法履行扣缴义务或无法履行扣缴义务的，由非居民企业在项目所在地申报缴纳。主管税务机关应自确定未履行扣缴义务之日起 15 日内通知非居民企业在项目所在地申报纳税。

第十七条 非居民企业逾期仍未缴纳税款的，项目所在地主管税务机关应自逾期之日起 15 日内，收集该非居民企业从中国境内取得其他收入项目的信息，包括收入类型，支付人的名称、地址，支付金额、方式和日期等，并向其他收入项目支付人（以下简称其他支付人）发出《非居民企业欠税追缴告知书》（见附件 7），并依法追缴税款和滞纳金。

非居民企业从中国境内取得其他收入项目，包括非居民企业从事其他工程作业或劳务项目所得，以及企业所得税法第三条第二、三款规定的其他收入项目。非居民企业有多个其他支付人的，项目所在地主管税务机关应根据信息准确性、收入金额、追缴成本等因素确定追缴顺序。

第十八条 其他支付人主管税务机关应当提供必要的信息，协助项目所在地主管税务机关执行追缴事宜。

第二节 营业税和增值税

第十九条 非居民在中国境内发生营业税或增值税应税行为，在中国境内设立经营机构的，应自行申报缴纳营业税或增值税。

第二十条 非居民在中国境内发生营业税或增值税应税行为而在境内未设立经营机构的，以代理人为营业税或增值税的扣缴义务人；没有代理人的，以发包方、劳务受让方或购买方为扣缴义务人。

工程作业发包方、劳务受让方或购买方，在项目合同签订之日起 30 日内，未能向其所在地主管税务机关提供下列证明资料的，应履行营业税或增值税扣缴义务：

（一）非居民纳税人境内机构和个人的工商登记和税务登记证明复印件及

其从事经营活动的证明资料；

（二）非居民委托境内机构和个人代理事项委托书及受托方的认可证明。

第二十一条 非居民进行营业税或增值税纳税申报，应当如实填写报送纳税申报表，并附送下列资料：

（一）工程（劳务）决算（结算）报告或其他说明材料；

（二）参与工程或劳务作业或提供加工、修理修配的外籍人员的姓名、国籍、出入境时间、在华工作时间、地点、内容、报酬标准、支付方式、相关费用等情况；

（三）主管税务机关依法要求报送的其他有关资料。

第四章 跟踪管理

第二十二条 主管税务机关应当按项目建档、分项管理的原则，建立非居民承包工程作业和提供劳务项目的管理台账和纳税档案，及时准确掌握工程和劳务项目的合同执行、施工进度、价款支付、对外付汇、税款缴纳等情况。

第二十三条 境内机构和个人从境外取得的付款凭证，主管税务机关对其真实性有疑义的，可要求其提供境外公证机构或者注册会计师的确认证明，经税务机关审核认可后，方可作为计账核算的凭证。

第二十四条 主管税务机关应对非居民享受协定待遇进行事后管理，审核其提交的报告表和证明资料的真实性和准确性，对其不构成常设机构的情形进行认定。对于不符合享受协定待遇条件且未履行纳税义务的情形，税务机关应该依法追缴其应纳税款、滞纳金及罚款。

第二十五条 税务机关应当利用售付汇信息，包括境内机构和个人向非居民支付服务贸易款项的历史记录，以及当年新增发包项目付款计划等信息，对承包工程作业和提供劳务项目实施监控。对于付汇前有欠税情形的，应当及时通知纳税人或扣缴义务人缴纳，必要时可以告知有关外汇管理部门或指定外汇支付银行依法暂停付汇。

第二十六条 主管税务机关应对非居民参与国家、省、地市级重点建设项目，包括城市基础设施建设、能源建设、企业技术设备引进等项目中涉及的承包工程作业或提供劳务，以及其他有非居民参与的合同金额超过5000万元人民币的，实施重点税源监控管理；对承包方和发包方是否存在关联关系、合同实际执行情况、常设机构判定、境内外劳务收入划分等事项进行重点跟踪核查，对发现的问题，可以实施情报交换、反避税调查或税务稽查。

第二十七条 省（自治区、直辖市和计划单列市）税务机关应当于年度终了后45日内，将《非居民承包工程作业和提供劳务重点建设项目统计表》（见附件8），以及项目涉及的企业所得税、增值税、营业税、印花税、个人所得税等税收收入和税源变动情况的分析报告报送国家税务总局（国际税务司）。

第二十八条 主管税务机关可根据需要对非居民承包工程作业和提供劳务的纳税情况实施税务审计，必要时应将审计结果及时传递给同级国家税务局或地方税务局。税务审计可以采取国家税务局、地方税务局联合审计的方式进行。

第二十九条 主管税务机关在境内难以获取涉税信息时，可以制作专项情报，由国家税务总局（国际税务司）向税收协定缔约国对方提出专项情报请求；非居民在中国境内未依法履行纳税义务的，主管税务机关可制作自动或自发情报，提交国家税务总局依照有关规定将非居民在中国境内的税收违法行为告知协定缔约国对方主管税务当局；对非居民承包工程作业和提供劳务有必要进行境外审计的，可根据税收情报交换有关规定，经国家税务总局批准后组织实施。

第三十条 欠缴税款的非居民企业法定代表人或非居民个人在出境前未按照规定结清应纳税款、滞纳金又不提供纳税担保的，税务机关可以通知出入境管理机关阻止其出境。

第三十一条 对于非居民工程或劳务项目完毕，未按期结清税款并已离境的，主管税务机关可制作《税务事项告知书》（见附件9），通过信函、电子邮件、传真等方式，告知该非居民限期履行纳税义务，同时通知境内发包方或劳务受让者协助追缴税款。

第五章 法律责任

第三十二条 非居民、扣缴义务人或代理人实施承包工程作业和提供劳务有关事项存在税收违法行为的，税务机关应按照税收征管法及其实施细则的有关规定处理。

第三十三条 境内机构或个人发包工程作业或劳务项目，未按本办法第五条、第七条、第八条、第九条规定向主管税务机关报告有关事项的，由税务机关责令限期改正，可以处2000元以下的罚款；情节严重的，处2000元以上10000元以下的罚款。

第六章 附　则

第三十四条 各省、自治区、直辖市和计划单列市国家税务局、地方税务局可根据本办法制定具体实施办法。

附件：

1. 境内机构和个人发包工程作业或劳务项目报告表（编者略）

2. 非居民项目合同变更情况报告表（编者略）
3. 非居民项目合同款项支付情况报告表（编者略）
4. 非居民承包工程作业和提供劳务项目信息传递表（编者略）
5. 非居民企业承包工程作业和提供劳务享受税收协定待遇报告（已废止）（编者略）
6. 非居民企业承包工程作业和提供劳务企业所得税扣缴义务通知书（编者略）
7. 非居民企业欠税追缴告知书（编者略）
8. 非居民承包工程作业和提供劳务重点建设项目统计表（编者略）
9. 税务事项告知书（编者略）

国家税务总局关于非居民企业派遣人员在中国境内提供劳务征收企业所得税有关问题的公告

2013年4月19日　国家税务总局公告2013年第19号

【要点指引】《国家税务总局关于非居民企业派遣人员在中国境内提供劳务征收企业所得税有关问题的公告》（国家税务总局公告2013年第19号）明确了非居民企业派遣人员在中国境内提供劳务被判定为在中国境内设立机构、场所或构成常设机构的确定因素和相应的涉税处理、派遣企业不被认定为在中国境内设立机构、场所或常设机构的情形，以及主管税务机关重点审核的资料等内容。

根据《中华人民共和国企业所得税法》及其实施条例、中国政府对外签署的避免双重征税协定（含与香港、澳门特别行政区签署的税收安排，以下统称税收协定）以及《国家税务总局关于印发〈中华人民共和国政府和新加坡共和国政府关于对所得避免双重征税和防止偷漏税的协定及议定书条文解释〉的通知》（国税发〔2010〕75号）等规定，现就非居民企业派遣人员在中国境内提供劳务征收企业所得税有关问题公告如下：

一、非居民企业（以下统称“派遣企业”）派遣人员在中国境内提供劳务，如果派遣企业对被派遣人员工作结果承担部分或全部责任和风险，通常考核评估被派遣人员的工作业绩，应视为派遣企业在中国境内设立机构、场所提供劳务；如果派遣企业属于税收协定缔约对方企业，且提供劳务的机构、场所具有相对的固定性和持久性，该机构、场所构成在中国境内设立的常设机构。

在做出上述判断时，应结合下列因素予以确定：

（一）接收劳务的境内企业（以下统称“接收企业”）向派遣企业支付管理费、服务费性质的款项；

（二）接收企业向派遣企业支付的款项金额超出派遣企业代垫、代付被派遣人员的工资、薪金、社会保险费及其他费用；

（三）派遣企业并未将接收企业支付的相关费用全部发放给被派遣人员，而是保留了一定数额的款项；

（四）派遣企业负担的被派遣人员的工资、薪金未全额在中国缴纳个人所得税；

（五）派遣企业确定被派遣人员的数量、任职资格、薪酬标准及其在中国境内的工作地点。

二、如果派遣企业仅为在接收企业行使股东权利、保障其合法股东权益而派遣人员在中国境内提供劳务的，包括被派遣人员为派遣企业提供对接收企业投资的有关建议、代表派遣企业参加接收企业股东大会或董事会议等活动，均不因该活动在接收企业营业场所进行而认定为派遣企业在中国境内设立机构、场所或常设机构。

三、符合第一条规定的派遣企业和接收企业应按照《非居民承包工程和提供劳务税收管理暂行办法》（国家税务总局令第19号）规定办理税务登记和备案、税款申报及其他涉税事宜。

四、符合第一条规定的派遣企业应依法准确计算其取得的所得并据实申报缴纳企业所得税；不能如实申报的，税务机关有权按照相关规定核定其应纳税所得额。

五、主管税务机关应加强对派遣行为的税收管理，重点审核下列与派遣行为有关的资料，以及派遣安排的经济实质和执行情况，确定非居民企业所得税纳税义务：

（一）派遣企业、接收企业和被派遣人员之间的合同协议或约定；

（二）派遣企业或接收企业对被派遣人员的管理规定，包括被派遣人员的工作职责、工作内容、工作考核、风险承担等方面的具体规定；

（三）接收企业向派遣企业支付款项及相关账务处理情况，被派遣人员个人所得税申报缴纳资料；

（四）接收企业是否存在通过抵消交易、放弃债权、关联交易或其他形式隐蔽性支付与派遣行为相关费用的情形。

六、主管税务机关根据企业所得税法及本公告规定确定派遣企业纳税义务时，应与被派遣人员提供劳务涉及的个人所得税、营业税的主管税务机关加强协调沟通，交换被派遣人员提供劳务的相关信息，确保税收政策的准确执行。

七、各地在执行本公告规定对非居民企业派遣人员提供劳务进行税务处理时，应严格按照有关规定为派遣企业或接收企业及时办理对外支付相关手续。

八、本公告自2013年6月1日起施行。本公告施行前发生但未作税务处理的事项，依据本公告执行。

特此公告。

链 接

关于《国家税务总局关于非居民企业派遣人员在中国境内提供劳务征收企业所得税有关问题的公告》的解读

《国家税务总局非居民企业派遣人员提供劳务征收企业所得税有关问题的公告》（国家税务总局公告2013年第19号，以下简称《公告》）根据企业所得税法的有关规定，旨在明确非居民企业派遣人员提供劳务构成机构、场所履行企业所得税纳税义务等问题。为帮助税务机关和纳税人更好地理解和掌握这一文件，现对《公告》的发文背景和主要内容解读如下：

一、发文背景

自2008年1月1日实施新企业所得税法以来，各地税务机关国际税务部门对于非居民企业所得税管理加大了力度，政策掌握和执行也逐渐规范化。近年来，部分基层税务机关反映，非居民企业向境内企业，主要是其关联企业，派遣人员担任境内企业高管或其他技术职务，并由境内企业向该境外企业支付派遣人员的工资、薪金，以及管理费等费用，在此情形下，非居民企业是否构成在中国境内设立机构、场所难以把握，由于此类外派模式较普遍存在于外国企业在中国投资的企业中，而企业所得税法、实施条例及相关文件对此仅有原则性的规定，基层税务机关、纳税人和税务代理机构普遍希望税务总局发文予以明确，在税务总局网站在线纳税咨询问答中，也有不少纳税人提出这一问题。

为从技术上解决这一反映比较集中的问题，体现税法执行的公正性和确定性，并使管理规则具备可操作性，国家税务总局就相关问题，如提供劳务的派遣模式、费用支付模式开展了广泛的调研，并对形成的初稿征求税务机关、纳税人和税务代理机构的意见，吸收了他们的合理意见和建议，历时一年多，经过多次修改成稿。

非居民企业派遣人员提供劳务税收问题的复杂性，在于被派遣人员与境内企业和境外派遣企业之间的管理、责任和款项支付性质等关系难以厘清，特别对于派遣人员在境内担任高管等公司职务的情形下认定更加困难。从整体而言，此类行为涉及企业所得税、营业税和个人所得税的问题；从企业所得税角度来说，税收协定缔约国对方居民（中国的非居民）是否负有纳税义务，除需要判定其是否构成机构、场所外，还应判定是否构成常设机构。为提高文件的针对性和可操作性，《公告》主要从企业所得税法和税收协定角度明确构成机构、场所和常设机构的判定标准、参考因素和相关管理程序，其他税种或涉及税收协定的问题仍遵循相关法规规定或应另发文明确。

二、《公告》主要解决的问题

判定非居民企业派遣人员在境内提供劳务纳税义务的难点在于确定外派人员的工作性质，由于通常情况下，外派人员受非居民企业派遣，与非居民企业的雇佣关系并不解除，在派遣期间主要在境内企业从事管理、技术等方面的工作，因此，在派遣期间外派人员是作为非居民企业雇员为非居民企业提供劳务，还是属于境内企业雇员为境内企业提供劳务，税企双方存在较大争议，如果属于前者，则非居民企业构成在境内设立机构场所。因此，确定外派人员是否属于非居民企业的雇员并为非居民企业服务的具体标准是解决这一问题的关键，为此，文件从对工作结果承担责任和风险、工作考核评估等方面规定了判定要素。

此外，如何将派遣行为纳入非居民登记申报程序，如何与税务总局关于非居民承包工程和提供劳务的相关规定（见国家税务总局令第 19 号），以及关于非居民企业所得税核定、对外支付开具税务证明规定相衔接，也是《公告》解决的主要问题。

三、《公告》的主要内容

首先，对于非居民企业派遣人员在境内提供劳务从两个角度明确了构成机构、场所的判定要素，一是根据被派遣企业人员的工作结果产生的责任和风险由谁承担，来判定派遣人员所从事的工作性质与派遣企业还是与境内企业有实质联系；这是基本判定因素，与构成常设机构的判定具有原则和逻辑上的一致性，二是列举五个方面的参考因素，主要从费用支付相关的情况，考察派遣企业是否通过收取费用取得来源于中国所得，以支持第一层次的判断。这五个方面的因素，大部分属于并列的情形，也就是说，只要符合其中之一，加上前面的定性条件，就可以判定构成机构、场所和常设机构。值得注意的是，如果被派遣人员的工资、薪金已经全额在中国缴纳个人所得税，即使派遣企业负担其中的全部或部分费用，由于不存在派遣企业负担工资、薪金或通过派遣行为取得所得的情况，因此规定此种情形不作为判断构成机构、场所的因素。

其次，《公告》规定派遣行为应该纳入正常的税收管理规范，根据企业所得税法和国家税务总局令第 19 号相关规定进行登记申报和资料报送，并要求据实申报，或在不能如实申报的情况下核定征税。

此外，《公告》对于税务机关审核派遣行为性质的内容、方法提出了具体指引。外派人员提供劳务行为涉及涉税信息的采集以及国地税之间的协调配合，以确定与企业所得税相关的个人所得税、营业税等问题，因此，文件从纳税人提供资料以及国地税的配合等方面提出了要求。

四、理解和执行《公告》应注意的问题

（一）有关构成常设机构问题。在派遣企业属于与中国有税收协定的协定国或地区居民的情况下，如果被判定为在中国境内构成机构、场所，并需要享受协定待遇的，需要根据税收协定执行规定的有关内容和程序，包括根据协定条款具体判定常设机构是否构成，以及进行相应的备案。构成机构场所但未构成常设机构的，其取得的归属于机构场所的所得在中国不负有纳税义务。由于《公告》主要针对的派遣人员在境内担任固定职务的时间通常超过6个月，因此，判断属于此种特殊情形的，必须在严格区分机构场所和常设机构概念的基础上，提出相关的理由和资料，证明其虽构成机构场所但不构成常设机构，在《公告》界定的外派劳务的模式下，此种构成机构、场所但不构成常设机构的情形属于例外情形。

（二）《公告》对派遣行为涉及的对外支付，非居民企业、支付人和税务机关都应该严格遵照税务总局下发的对外支付出具税务证明的相关规定执行。主管税务机关在境内机构和个人提交对外支付申请表并填写完整、所附资料齐全的，应当场为其出具税务证明，不得以相关纳税义务难以判断等为理由，拖延或阻碍正常的对外支付行为。

（三）涉及《公告》施行前发生的事项，如果未作税务处理的，包括有相关款项未对外支付，或未申报纳税等情形下的，应当根据《公告》的规定，重新进行判定，符合条件的，应相应进行登记、申报纳税及相关税务管理。

（三）外国企业常驻代表机构

国家税务总局关于印发《外国企业常驻代表机构税收管理暂行办法》的通知

2010年2月20日　国税发〔2010〕18号

【要点指引】为适应新形势下外国企业常驻代表机构的税收管理，国家税务总局于2010年2月20日下发了《外国企业常驻代表机构税收管理暂行办法》（国税发〔2010〕18号，以下简称《办法》），并于同年1月1日起施行。

在理解《办法》时应注意以下四点变化：(1) 购置固定资产支出，应在发生时一次性换算收入计税。(2) 明确了发生的交际费，可以据实计入经费支出额。(3) 采取核定征收方式的代表机构，其核定利润率由原规定的10%，变为不应低于15%。(4) 各地不再受理审批代表机构企业所得税免税申请，并按照本办法规定对已核准免税的代表机构进行清理。

各省、自治区、直辖市和计划单列市国家税务局、地方税务局：

为规范外国企业常驻代表机构税收管理，税务总局制定了《外国企业常驻代表机构税收管理暂行办法》，现印发给你们，请遵照执行。执行中发现的问题请及时反馈税务总局（国际税务司）。

外国企业常驻代表机构税收管理暂行办法

第一条 为规范外国企业常驻代表机构税收管理，根据《中华人民共和国税收征收管理法》（以下简称税收征管法）及其实施细则、《中华人民共和国企业所得税法》及其实施条例、《中华人民共和国营业税暂行条例》及其实施细则、《中华人民共和国增值税暂行条例》及其实施细则，以及相关税收法律法规，制定本办法。

第二条 本办法所称外国企业常驻代表机构，是指按照国务院有关规定，在工商行政管理部门登记或经有关部门批准，设立在中国境内的外国企业（包括港澳台企业）及其他组织的常驻代表机构（以下简称代表机构）。

第三条 代表机构应当就其归属所得依法申报缴纳企业所得税，就其应税收入依法申报缴纳营业税和增值税。

第四条 代表机构应当自领取工商登记证件（或有关部门批准）之日起30日内，持以下资料，向其所在地主管税务机关申报办理税务登记：

（一）工商营业执照副本或主管部门批准文件的原件及复印件；

（二）组织机构代码证书副本原件及复印件；

（三）注册地址及经营地址证明（产权证、租赁协议）原件及其复印件；如为自有房产，应提供产权证或买卖契约等合法的产权证明原件及其复印件；如为租赁的场所，应提供租赁协议原件及其复印件，出租人为自然人的还应提供产权证明的原件及复印件；

（四）首席代表（负责人）护照或其他合法身份证件的原件及复印件；

（五）外国企业设立代表机构的相关决议文件及在中国境内设立的其他代

表机构名单（包括名称、地址、联系方式、首席代表姓名等）；

（六）税务机关要求提供的其他资料。

第五条 代表机构税务登记内容发生变化或者驻在期届满、提前终止业务活动的，应当按照税收征管法及相关规定，向主管税务机关申报办理变更登记或者注销登记；代表机构应当在办理注销登记前，就其清算所得向主管税务机关申报并依法缴纳企业所得税。

第六条 代表机构应当按照有关法律、行政法规和国务院财政、税务主管部门的规定设置账簿，根据合法、有效凭证记账，进行核算，并应按照实际履行的功能和承担的风险相配比的原则，准确计算其应税收入和应纳税所得额，在季度终了之日起 15 日内向主管税务机关据实申报缴纳企业所得税、营业税，并按照《中华人民共和国增值税暂行条例》及其实施细则规定的纳税期限，向主管税务机关据实申报缴纳增值税。

第七条 对账簿不健全，不能准确核算收入或成本费用，以及无法按照本办法第六条规定据实申报的代表机构，税务机关有权采取以下两种方式核定其应纳税所得额：

（一）按经费支出换算收入：适用于能够准确反映经费支出但不能准确反映收入或成本费用的代表机构。

1. 计算公式：

收入额=本期经费支出额/(1-核定利润率-营业税税率)；

应纳企业所得税额=收入额×核定利润率×企业所得税税率。[①]

2. 代表机构的经费支出额包括：在中国境内、外支付给工作人员的工资薪金、奖金、津贴、福利费、物品采购费（包括汽车、办公设备等固定资产）、通讯费、差旅费、房租、设备租赁费、交通费、交际费、其他费用等。

（1）购置固定资产所发生的支出，以及代表机构设立时或者搬迁等原因所发生的装修费支出，应在发生时一次性作为经费支出额换算收入计税。

（2）利息收入不得冲抵经费支出额；发生的交际应酬费，以实际发生数额计入经费支出额。

（3）以货币形式用于我国境内的公益、救济性质的捐赠、滞纳金、罚款，以及为其总机构垫付的不属于其自身业务活动所发生的费用，不应作为代表机构的经费支出额；

（4）其他费用包括：为总机构从中国境内购买样品所支付的样品费和运

---

① 政策调整。自 2016 年 5 月 1 日起施行。第七条第一项第 1 目规定的计算公式修改为：应纳税所得额=本期经费支出额/(1-核定利润率)。参见：《国家税务总局关于修改按经费支出换算收入方式核定非居民企业应纳税所得额计算公式的公告》，国家税务总局公告 2016 年第 28 号。

输费用；国外样品运往中国发生的中国境内的仓储费用、报关费用；总机构人员来华访问聘用翻译的费用；总机构为中国某个项目投标由代表机构支付的购买标书的费用，等等。

（二）按收入总额核定应纳税所得额：适用于可以准确反映收入但不能准确反映成本费用的代表机构。计算公式：

应纳企业所得税额=收入总额×核定利润率×企业所得税税率。

第八条 代表机构的核定利润率不应低于15%。采取核定征收方式的代表机构，如能建立健全会计账簿，准确计算其应税收入和应纳税所得额，报主管税务机关备案，可调整为据实申报方式。

第九条 代表机构发生增值税、营业税应税行为，应按照增值税和营业税的相关法规计算缴纳应纳税款。

第十条 代表机构需要享受税收协定待遇，应依照税收协定以及《国家税务总局关于印发〈非居民享受税收协定待遇管理办法（试行）〉的通知》（国税发〔2009〕124号）的有关规定办理，并应按照本办法第六条规定的时限办理纳税申报事宜。

第十一条 本办法自2010年1月1日起施行。原有规定与本办法相抵触的，以本办法为准。《国家税务总局关于加强外国企业常驻代表机构税收征管有关问题的通知》（国税发〔1996〕165号）、《国家税务总局关于外国企业常驻代表机构有关税收管理问题的通知》（国税发〔2003〕28号）以及《国家税务总局关于外国政府等在我国设立代表机构免税审批程序有关问题的通知》（国税函〔2008〕945号）废止，各地不再受理审批代表机构企业所得税免税申请，并按照本办法规定对已核准免税的代表机构进行清理。

第十二条 各省、自治区、直辖市和计划单列市国家税务局和地方税务局可按本办法规定制定具体操作规程，并报国家税务总局（国际税务司）备案。

（四）税收征收管理

国家税务总局关于非居民企业不享受小型微利企业所得税优惠政策问题的通知

2008年7月3日 国税函〔2008〕650号

【要点指引】《企业所得税法》第二十八条规定的小型微利企业是指企业的全部生产经营活动产生的所得均负有我国企业所得税纳税义务的企业，即小型微利企业通常是那些没有跨国经营业务的小型微型居民企业。非居民企业既负有我国企业所得税纳税义务，也负有居住国的纳税义务。因此，不属于企业所得税法第二十八条规定的小型微利企业，不适用小型微利企业减按20%税率征收企业所得税的政策。我国企业所得税法也规定了对非居民企业的税收优惠政策，如享受相关税收协定待遇等。

各省、自治区、直辖市和计划单列市国家税务局、地方税务局：

关于非居民企业是否享受企业所得税法规定的对小型微利企业的税收优惠政策问题，现明确如下：

企业所得税法第二十八条规定的小型微利企业是指企业的全部生产经营活动产生的所得均负有我国企业所得税纳税义务的企业。因此，仅就来源于我国所得负有我国纳税义务的非居民企业，不适用该条规定的对符合条件的小型微利企业减按20%税率征收企业所得税的政策。

国家税务总局关于调整新增企业所得税征管范围问题的通知

2008年12月16日　国税发〔2008〕120号

【要点指引】《国家税务总局关于调整新增企业所得税征管范围问题的通知》(国税发〔2008〕120号) 的核心内容是明确所得税的主管征收机关。基本规定是：2008年底之前国家税务局、地方税务局各自管理的企业所得税纳税人不作调整。2009年起新增企业所得税纳税人，按其应缴纳的流转税来确定主管税务局，即：应缴纳增值税的企业，其企业所得税由国家税务局管理；应缴纳营业税的，由地方税务局管理。

确定主管税务机关时大体遵循以下规则：(1) 企业所得税的主管税务局按其应缴（或免缴）的流转税确定，缴纳增值税的企业，其所得税归国家税务局管理；缴纳营业税的，归地方税务局管理。(2) 银行、保险公司等集中核算的企业、外商投资企业和外国企业常驻代表机构，其所得税归国家税务局管理。(3) 既不缴纳增值税也不缴纳营业税的企业，其企业所得税暂由地方税务局管理。(4) 既缴纳增值税又缴纳营业税的企业，按照税务登记时自行申报的主营业务应缴纳的流转税税种确定征管归属；税务登记无法确定主营业务的，以工商登记的第一项业务为准。(5) 分支机构企业所得税的管理部门应与总机构企业所得税管理部门相一致。(6) 境内单位和个人向非居民企业支付《中华人民共和国企业所得税法》第三条第三款规定的所得的，该所得税的征管税务机关为该支付主体的所得税主管税务局。

各省、自治区、直辖市和计划单列市国家税务局、地方税务局：

为深入贯彻落实科学发展观，进一步提高企业所得税征管质量和效率，经国务院同意，现对2009年以后新增企业的所得税征管范围调整事项通知如下：

一、基本规定

以2008年为基年，2008年底之前国家税务局、地方税务局各自管理的企业所得税纳税人不作调整。2009年起新增企业所得税纳税人中，应缴纳增值税的企业，其企业所得税由国家税务局管理；应缴纳营业税的企业，其企业所得税由地方税务局管理。

同时，2009年起下列新增企业的所得税征管范围实行以下规定：

（一）企业所得税全额为中央收入的企业和在国家税务局缴纳营业税的企业，其企业所得税由国家税务局管理。

（二）银行（信用社）、保险公司的企业所得税由国家税务局管理，除上述规定外的其他各类金融企业的企业所得税由地方税务局管理。

（三）外商投资企业和外国企业常驻代表机构的企业所得税仍由国家税务局管理。

二、对若干具体问题的规定

（一）境内单位和个人向非居民企业支付《中华人民共和国企业所得税法》第三条第三款规定的所得的，该项所得应扣缴的企业所得税的征管，分别由支付该项所得的境内单位和个人的所得税主管国家税务局或地方税务局负责。

（二）2008年底之前已成立跨区经营汇总纳税企业，2009年起新设立的分支机构，其企业所得税的征管部门应与总机构企业所得税征管部门相一致；2009年起新增跨区经营汇总纳税企业，总机构按基本规定确定的原则划分征管归属，其分支机构企业所得税的管理部门也应与总机构企业所得税管理部门相一致。

（三）按税法规定免缴流转税的企业，按其免缴的流转税税种确定企业所得税征管归属；既不缴纳增值税也不缴纳营业税的企业，其企业所得税暂由地方税务局管理。

（四）既缴纳增值税又缴纳营业税的企业，原则上按照其税务登记时自行申报的主营业务应缴纳的流转税税种确定征管归属；企业税务登记时无法确定主营业务的，一般以工商登记注明的第一项业务为准；一经确定，原则上不再调整。

（五）2009年起新增企业，是指按照《财政部　国家税务总局关于享受企业所得税优惠政策的新办企业认定标准的通知》（财税〔2006〕1号）及有关规定的新办企业认定标准成立的企业。

三、各地国家税务局、地方税务局要加强沟通协调，及时研究和解决实施过程中出现的新问题，本着保证税收收入不流失和不给纳税人增加额外负担的原则，确保征管范围调整方案落实到位。

本通知自2009年1月1日起执行。

国家税务总局关于印发《非居民企业所得税汇算清缴管理办法》的通知

2009年1月22日　国税发〔2009〕6号

【要点指引】《非居民企业所得税汇算清缴管理办法》（国税发〔2009〕6号印发，以下简称《办法》）与居民企业所得税汇算清缴管理基本相近，主要依据是《中华人民共和国企业所得税法》和《中华人民共和国税收征收管理法》。

《办法》对非居民企业所得税汇算清缴对象、汇算清缴时限、申报纳税的具体规定、法律责任等要点做出了明确规定。

各省、自治区、直辖市和计划单列市国家税务局，广东省和深圳市地方税务局：

为贯彻实施《中华人民共和国企业所得税法》及其实施条例，规范非居民企业所得税汇算清缴工作，税务总局制定了《非居民企业所得税汇算清缴管理办法》，现印发给你们，请遵照执行。执行中发现的问题请及时反馈税务总局（国际税务司）。

附件：1. 非居民企业所得税汇算清缴涉税事宜通知书（据实申报企业适用）（编者略）
2. 非居民企业所得税汇算清缴涉税事宜通知书（核定征收企业适用）（编者略）
3. 非居民企业汇总申报企业所得税证明（编者略）
4. 非居民企业所得税应纳税款核定通知书（编者略）

非居民企业所得税汇算清缴管理办法

为规范非居民企业所得税汇算清缴工作，根据《中华人民共和国企业所得税法》（以下简称企业所得税法）及其实施条例和《中华人民共和国税收征收管理法》（以下简称税收征管法）及其实施细则的有关规定，制定本办法。

一、汇算清缴对象

（一）依照外国（地区）法律成立且实际管理机构不在中国境内，但在中国境内设立机构、场所的非居民企业（以下称为企业），无论盈利或者亏损，均应按照企业所得税法及本办法规定参加所得税汇算清缴。

（二）企业具有下列情形之一的，可不参加当年度的所得税汇算清缴：

1. 临时来华承包工程和提供劳务不足 1 年，在年度中间终止经营活动，且已经结清税款；

2. 汇算清缴期内已办理注销；

3. 其他经主管税务机关批准可不参加当年度所得税汇算清缴。

二、汇算清缴时限

（一）企业应当自年度终了之日起 5 个月内，向税务机关报送年度企业所得税纳税申报表，并汇算清缴，结清应缴应退税款。

（二）企业在年度中间终止经营活动的，应当自实际经营终止之日起 60 日内，向税务机关办理当期企业所得税汇算清缴。

三、申报纳税

（一）企业办理所得税年度申报时，应当如实填写和报送下列报表、资料：

1. 年度企业所得税纳税申报表及其附表；

2. 年度财务会计报告；

3. 税务机关规定应当报送的其他有关资料。

（二）企业因特殊原因，不能在规定期限内办理年度所得税申报，应当在年度终了之日起 5 个月内，向主管税务机关提出延期申报申请。主管税务机关批准后，可以适当延长申报期限。

（三）企业采用电子方式办理纳税申报的，应附报纸质纳税申报资料。

（四）企业委托中介机构代理年度企业所得税纳税申报的，应附送委托人签章的委托书原件。

（五）企业申报年度所得税后，经主管税务机关审核，需补缴或退还所得税的，应在收到主管税务机关送达的《非居民企业所得税汇算清缴涉税事宜通知书》（见附件1和附件2）后，按规定时限将税款补缴入库，或按照主管税务机关的要求办理退税手续。

（六）经批准采取汇总申报缴纳所得税的企业，其履行汇总纳税的机构、场所（以下简称汇缴机构），应当于每年5月31日前，向汇缴机构所在地主管税务机关索取《非居民企业汇总申报企业所得税证明》（以下称为《汇总申报纳税证明》，见附件3）；企业其他机构、场所（以下简称其他机构）应当于每年6月30日前将《汇总申报纳税证明》及其财务会计报告送交其所在地主管税务机关。

在上述规定期限内，其他机构未向其所在地主管税务机关提供《汇总申报纳税证明》，且又无汇缴机构延期申报批准文件的，其他机构所在地主管税务机关应负责检查核实或核定该其他机构应纳税所得额，计算征收应补缴税款并实施处罚。

（七）企业补缴税款确因特殊困难需延期缴纳的，按税收征管法及其实施细则的有关规定办理。

（八）企业在所得税汇算清缴期限内，发现当年度所得税申报有误的，应当在年度终了之日起5个月内向主管税务机关重新办理年度所得税申报。

（九）企业报送报表期限的最后一日是法定休假日的，以休假日期满的次日为期限的最后一日；在期限内有连续三日以上法定休假日的，按休假日天数顺延。

四、法律责任

（一）企业未按规定期限办理年度所得税申报，且未经主管税务机关批准延期申报，或报送资料不全、不符合要求的，应在收到主管税务机关送达的《责令限期改正通知书》后按规定时限补报。

企业未按规定期限办理年度所得税申报，且未经主管税务机关批准延期申报的，主管税务机关除责令其限期申报外，可按照税收征管法的规定处以2000元以下的罚款，逾期仍不申报的，可处以2000元以上10000元以下的罚款，同时核定其年度应纳税额，责令其限期缴纳。企业在收到主管税务机关送达的《非居民企业所得税应纳税款核定通知书》（见附件4）后，应在规定时限内缴纳税款。

（二）企业未按规定期限办理所得税汇算清缴，主管税务机关除责令其限期办理外，对发生税款滞纳的，按照税收征管法的规定，加收滞纳金。

（三）企业同税务机关在纳税上发生争议时，依照税收征管法相关规定执行。

五、本办法自2008年1月1日起执行。

国家税务总局关于明确非居民企业所得税征管范围的补充通知

2009年1月23日　国税函〔2009〕50号

【要点指引】《国家税务总局关于明确非居民企业所得税征管范围的补充通知》(国税函〔2009〕50号) 在《国家税务总局关于调整新增企业所得税征管范围问题的通知》(国税发〔2008〕120号) 文件的基础上进一步明确两个问题：(1) 除外商投资企业和外国企业常驻代表机构外，在中国境内设立机构、场所的其他非居民企业的企业所得税仍由国家税务局管理。(2) 境内单位和个人向非居民企业支付《中华人民共和国企业所得税法》第三条第三款规定的所得 (即非居民企业在中国境内未设立机构、场所，或者虽设立机构、场所但取得与其所设机构、场所没有实际联系的来源于中国境内的所得) 的，该所得应扣企业所得税的征管，由该所得的境内支付主体的所得税主管国家税务局或地方税务局负责。该境内支付主体不缴纳企业所得税的，该所得税源泉扣缴管理工作仍由国家税务局负责。此项征管范围划分是从支付主体方面考虑，与国税发〔2008〕120号文件的“二、对若干具体问题的规定 (三)”不同。

各省、自治区、直辖市和计划单列市国家税务局、地方税务局：

为贯彻落实《国家税务总局关于调整新增企业所得税征管范围问题的通知》(国税发〔2008〕120号)，现就非居民企业所得税征管范围补充明确如下：

一、对“一、基本规定 (三) ”规定的情形，除外国企业常驻代表机构外，还应包括在中国境内设立机构、场所的其他非居民企业。

二、除“二、对若干具体问题的规定 (一) ”规定的情形外，不缴纳企业所得税的境内单位，其发生的企业所得税源泉扣缴管理工作仍由国家税务局负责。

财政部　国家税务总局关于企业清算业务企业所得税处理若干问题的通知

2009年4月30日　财税〔2009〕60号

【要点指引】《中华人民共和国公司法》于1994年7月1日起施行，《中华人民共和国企业破产法》自2007年6月1日起施行。这两部法律对企业破产清算进行了法律上的规制。随着经济发展，企业重组、破产、清算的情况增多，在企业所得税的处理上存在很多不规范的做法。为此，财政部 国家税务总局发出《关于企业清算业务企业所得税处理若干问题的通知》（财税〔2009〕60号，以下简称《通知》），对企业所得税的处理做出相关规定。

理解《通知》应掌握以下四点：(1) 企业清算包括企业终止经营的清算、破产清算和企业重组中的清算。(2) 通过清理财产、债权债务等确定清算所得是企业清算所得税处理的重点。(3) 企业应将整个清算期作为一个独立的纳税年度计算清算所得。(4) 注意股东等分得利益的后续税收处理问题。

各省、自治区、直辖市、计划单列市财政厅（局）、国家税务局、地方税务局，新疆生产建设兵团财务局：

根据《中华人民共和国企业所得税法》第五十三条、第五十五条和《中华人民共和国企业所得税法实施条例》（国务院令第512号）第十一条规定，现就企业清算有关所得税处理问题通知如下：

一、企业清算的所得税处理，是指企业在不再持续经营，发生结束自身业务、处置资产、偿还债务以及向所有者分配剩余财产等经济行为时，对清算所得、清算所得税、股息分配等事项的处理。

二、下列企业应进行清算的所得税处理：

（一）按《公司法》、《企业破产法》等规定需要进行清算的企业；

（二）企业重组中需要按清算处理的企业。

三、企业清算的所得税处理包括以下内容：

（一）全部资产均应按可变现价值或交易价格，确认资产转让所得或损失；

（二）确认债权清理、债务清偿的所得或损失；

（三）改变持续经营核算原则，对预提或待摊性质的费用进行处理；

（四）依法弥补亏损，确定清算所得；

（五）计算并缴纳清算所得税；

（六）确定可向股东分配的剩余财产、应付股息等。

四、企业的全部资产可变现价值或交易价格，减除资产的计税基础、清算费用、相关税费，加上债务清偿损益等后的余额，为清算所得。

企业应将整个清算期作为一个独立的纳税年度计算清算所得。

五、企业全部资产的可变现价值或交易价格减除清算费用，职工的工资、社会保险费用和法定补偿金，结清清算所得税、以前年度欠税等税款，清偿企业债务，按规定计算可以向所有者分配的剩余资产。

被清算企业的股东分得的剩余资产的金额，其中相当于被清算企业累计未分配利润和累计盈余公积中按该股东所占股份比例计算的部分，应确认为股息所得；剩余资产减除股息所得后的余额，超过或低于股东投资成本的部分，应确认为股东的投资转让所得或损失。

被清算企业的股东从被清算企业分得的资产应按可变现价值或实际交易价格确定计税基础。

六、本通知自2008年1月1日起执行。

国家税务总局关于印发《非居民企业所得税核定征收管理办法》的通知

2010年2月20日　国税发〔2010〕19号

【要点指引】2008年内外资企业所得税法合并，新企业所得税法代替了原有的外商投资企业和外国企业所得税法。但新企业所得税法对如何确定和计算非居民企业在华机构、场所的应税所得，规定并不明确，在实践中一直沿用旧法进行相关税务处理。为了规范非居民企业所得税核定征收工作，2010年2月20日，国家税务总局发布了《非居民企业所得税核定征收管理办法》（国税发〔2010〕19号印发，以下简称《办法》）。《办法》明确了非居民企业如何确定和计算归属于其在华机构、场所的应税所得，并为后续的相关所得税政策的制定奠定了基础。

理解《办法》应注意以下四点：(1)《办法》的适用范围为企业所得税法第三条第二款规定的非居民企业。(2) 经税务机关核定的利润率比旧税法的规定有较大幅度提高。(3) 随机器设备或货物销售的劳务服务收费不明确或计价不合理的，主管税务机关可参照相应标准核定；无参照标准的，按不低于合同总价的10%确定（比旧规定有所提高）。(4) 非居民企业在中国境内外向境内客户提供劳务，应以劳务发生地为原则划分其境内外收入；非居民企业从事适用不同核定利润率的经营活动的，应分别核算并适用相应的利润率计算缴纳企业所得税。

各省、自治区、直辖市和计划单列市国家税务局、地方税务局：

为规范非居民企业所得税核定征收工作，税务总局制定了《非居民企业所得税核定征收管理办法》，现印发给你们，请遵照执行。执行中发现的问题请及时反馈税务总局（国际税务司）。

非居民企业所得税核定征收管理办法

第一条 为了规范非居民企业所得税核定征收工作，根据《中华人民共和国企业所得税法》（以下简称企业所得税法）及其实施条例和《中华人民共和国税收征收管理法》（以下简称税收征管法）及其实施细则，制定本办法。

第二条 本办法适用于企业所得税法第三条第二款规定的非居民企业，外国企业常驻代表机构企业所得税核定办法按照有关规定办理。

第三条 非居民企业应当按照税收征管法及有关法律法规设置账簿，根据合法、有效凭证记账，进行核算，并应按照其实际履行的功能与承担的风险相匹配的原则，准确计算应纳税所得额，据实申报缴纳企业所得税。

第四条 非居民企业因会计账簿不健全，资料残缺难以查账，或者其他原因不能准确计算并据实申报其应纳税所得额的，税务机关有权采取以下方法核定其应纳税所得额。

（一）按收入总额核定应纳税所得额：适用于能够正确核算收入或通过合理方法推定收入总额，但不能正确核算成本费用的非居民企业。计算公式如下：

应纳税所得额=收入总额×经税务机关核定的利润率

（二）按成本费用核定应纳税所得额：适用于能够正确核算成本费用，但不能正确核算收入总额的非居民企业。计算公式如下：

应纳税所得额=成本费用总额/(1-经税务机关核定的利润率)×经税务机关核定的利润率

（三）按经费支出换算收入核定应纳税所得额：适用于能够正确核算经费支出总额，但不能正确核算收入总额和成本费用的非居民企业。计算公式：

应纳税所得额=经费支出总额/(1-经税务机关核定的利润率-营业税税率)×经税务机关核定的利润率①

第五条 税务机关可按照以下标准确定非居民企业的利润率：

（一）从事承包工程作业、设计和咨询劳务的，利润率为15%~30%；

（二）从事管理服务的，利润率为30%~50%；

（三）从事其他劳务或劳务以外经营活动的，利润率不低于15%。

---

① 政策调整。该公式修改为：应纳税所得额=本期经费支出额/(1-核定利润率)×核定利润率。参见：《国家税务总局关于修改按经费支出换算收入方式核定非居民企业应纳税所得额计算公式的公告》，国家税务总局公告2016年第28号。

税务机关有根据认为非居民企业的实际利润率明显高于上述标准的，可以按照比上述标准更高的利润率核定其应纳税所得额。

第六条 非居民企业与中国居民企业签订机器设备或货物销售合同，同时提供设备安装、装配、技术培训、指导、监督服务等劳务，其销售货物合同中未列明提供上述劳务服务收费金额，或者计价不合理的，主管税务机关可以根据实际情况，参照相同或相近业务的计价标准核定劳务收入。无参照标准的，以不低于销售货物合同总价款的10%为原则，确定非居民企业的劳务收入。

第七条 非居民企业为中国境内客户提供劳务取得的收入，凡其提供的服务全部发生在中国境内的，应全额在中国境内申报缴纳企业所得税。凡其提供的服务同时发生在中国境内外的，应以劳务发生地为原则划分其境内外收入，并就其在中国境内取得的劳务收入申报缴纳企业所得税。税务机关对其境内外收入划分的合理性和真实性有疑义的，可以要求非居民企业提供真实有效的证明，并根据工作量、工作时间、成本费用等因素合理划分其境内外收入；如非居民企业不能提供真实有效的证明，税务机关可视同其提供的服务全部发生在中国境内，确定其劳务收入并据以征收企业所得税。

第八条 采取核定征收方式征收企业所得税的非居民企业，在中国境内从事适用不同核定利润率的经营活动，并取得应税所得的，应分别核算并适用相应的利润率计算缴纳企业所得税；凡不能分别核算的，应从高适用利润率，计算缴纳企业所得税。

第九条 拟采取核定征收方式的非居民企业应填写《非居民企业所得税征收方式鉴定表》（见附件，以下简称《鉴定表》），报送主管税务机关。主管税务机关应对企业报送的《鉴定表》的适用行业及所适用的利润率进行审核，并签注意见。

对经审核不符合核定征收条件的非居民企业，主管税务机关应自收到企业提交的《鉴定表》后15个工作日内向其下达《税务事项通知书》，将鉴定结果告知企业。非居民企业未在上述期限内收到《税务事项通知书》的，其征收方式视同已被认可。①

---

① 政策调整。自2015年6月1日起施行。第九条修改为："主管税务机关应及时向非居民企业送达《非居民企业所得税征收方式鉴定表》（见附件，以下简称《鉴定表》），非居民企业应在收到《鉴定表》后10个工作日内，完成《鉴定表》的填写并送达主管税务机关，主管税务机关在受理《鉴定表》后20个工作日内，完成该项征收方式的确认工作。"参见：《国家税务总局关于修改〈非居民企业所得税核定征收管理办法〉等文件的公告》，国家税务总局公告2015年第22号。

第十条 税务机关发现非居民企业采用核定征收方式计算申报的应纳税所得额不真实，或者明显与其承担的功能风险不相匹配的，有权予以调整。

第十一条 各省、自治区、直辖市和计划单列市国家税务局和地方税务局可按照本办法第五条规定确定适用的核定利润率幅度，并根据本办法规定制定具体操作规程，报国家税务总局（国际税务司）备案。

第十二条 本办法自发布之日起施行。

附件：非居民企业所得税征收方式鉴定表（编者略）①

国家税务总局关于美国船级社企业所得税待遇问题的通知

2010年12月8日 国税函〔2010〕612号

【要点指引】《国家税务总局关于美国ABS船级社享受免税待遇的通知》（国税函发〔1992〕1067号）和《财政部 国家税务总局关于美国船级社继续享受免税待遇的通知》（财税字〔1998〕35号），先后给予美国船级社所得税和流转税的免税待遇。

《国家税务总局关于美国船级社企业所得税待遇问题的通知》（国税函〔2010〕612号）明确，自2008年1月1日起，美国船级社应当依照企业所得税法第三条规定缴纳企业所得税。如果其成为我国非营利组织，可享受非营利组织相关税收优惠。

各省、自治区、直辖市和计划单列市国家税务局、地方税务局：

根据《中华人民共和国企业所得税法》第六十条规定，现就美国船级社企业所得税待遇问题通知如下：

一、《财政部 国家税务总局关于美国船级社继续享受免税待遇的通知》（财税字〔1998〕35号）文件中关于企业所得税规定部分效力至2007年12月31日终止。

二、自2008年1月1日起，美国船级社应当依照企业所得税法第三条规

① 《鉴定表》做了相应的修改。参见：《国家税务总局关于修改〈非居民企业所得税核定征收管理办法等文件的公告〉》，国家税务总局公告2015年第22号。

定缴纳企业所得税。

三、美国船级社如果依法取得我国非营利组织资格，可享受非营利组织相关税收优惠政策。

国家税务总局关于非居民企业所得税管理若干问题的公告

2011 年 3 月 28 日　国家税务总局公告 2011 年第 24 号

【要点指引】《国家税务总局关于非居民企业所得税管理若干问题的公告》（国家税务总局公告 2011 年第 24 号）是针对企业所得税法实施以来，征纳双方在执行非居民企业所得税有关政策和管理规定中遇到的一些具体问题而做出的规范解释。需要重点关注的有以下五点：

(1) 到期应支付而未支付的所得，支付方已计入企业当期成本、费用，并在纳税申报中作税前扣除的，应代扣代缴企业所得税；计入资产类分期摊销的，在计入相关资产的年度全额代扣代缴；提前支付的，在实际支付时代扣代缴。(2) 非居民企业取得来源于中国境内的担保费，负有企业所得税纳税义务，与利息所得适用相同税率。(3) 明确土地使用权转让所得的纳税义务，同时明确了扣缴义务和应纳税所得额的计算方法。(4) 明确融资租赁所得属于利息所得，同时明确了扣缴义务和应纳税所得额的计算方法。非居民企业出租位于中国境内的不动产取得的租金所得，未设机构场所进行日常管理的，由承租人支付时履行代扣代缴义务；设立机构进行日常管理的，应视为其在中国境内设立机构、场所，由非居民企业自行申报缴纳企业所得税，税率 25%。(5) 向非居民企业分配股息、红利所得，应在作出利润分配决定的日期或实际支付时代扣代缴企业所得税。

依据《中华人民共和国企业所得税法》及其实施条例（以下简称企业所得税法），现就非居民企业所得税管理有关问题公告如下：

一、关于到期应支付而未支付的所得扣缴企业所得税问题

中国境内企业（以下称为企业）和非居民企业签订与利息、租金、特许权使用费等所得有关的合同或协议，如果未按照合同或协议约定的日期支付上述所得款项，或者变更或修改合同或协议延期支付，但已计入企业当期成本、费用，并在企业所得税年度纳税申报中作税前扣除的，应在企业所得税年度纳税申报时按照企业所得税法有关规定代扣代缴企业所

得税。

如果企业上述到期未支付的所得款项，不是一次性计入当期成本、费用，而是计入相应资产原价或企业筹办费，在该类资产投入使用或开始生产经营后分期摊入成本、费用，分年度在企业所得税前扣除的，应在企业计入相关资产的年度纳税申报时就上述所得全额代扣代缴企业所得税。

如果企业在合同或协议约定的支付日期之前支付上述所得款项的，应在实际支付时按照企业所得税法有关规定代扣代缴企业所得税。

二、关于担保费税务处理问题

非居民企业取得来源于中国境内的担保费，应按照企业所得税法对利息所得规定的税率计算缴纳企业所得税。上述来源于中国境内的担保费，是指中国境内企业、机构或个人在借贷、买卖、货物运输、加工承揽、租赁、工程承包等经济活动中，接受非居民企业提供的担保所支付或负担的担保费或相同性质的费用。

三、关于土地使用权转让所得征税问题

非居民企业在中国境内未设立机构、场所而转让中国境内土地使用权，或者虽设立机构、场所但取得的土地使用权转让所得与其所设机构、场所没有实际联系的，应以其取得的土地使用权转让收入总额减除计税基础后的余额作为土地使用权转让所得计算缴纳企业所得税，并由扣缴义务人在支付时代扣代缴。

四、关于融资租赁和出租不动产的租金所得税务处理问题

（一）在中国境内未设立机构、场所的非居民企业，以融资租赁方式将设备、物件等租给中国境内企业使用，租赁期满后设备、物件所有权归中国境内企业（包括租赁期满后作价转让给中国境内企业），非居民企业按照合同约定的期限收取租金，应以租赁费（包括租赁期满后作价转让给中国境内企业的价款）扣除设备、物件价款后的余额，作为贷款利息所得计算缴纳企业所得税，由中国境内企业在支付时代扣代缴。

（二）非居民企业出租位于中国境内的房屋、建筑物等不动产，对未在中国境内设立机构、场所进行日常管理的，以其取得的租金收入全额计算缴纳企业所得税，由中国境内的承租人在每次支付或到期应支付时代扣代缴。

如果非居民企业委派人员在中国境内或者委托中国境内其他单位或个人对上述不动产进行日常管理的，应视为其在中国境内设立机构、场所，非居民企业应在税法规定的期限内自行申报缴纳企业所得税。

五、关于股息、红利等权益性投资收益扣缴企业所得税处理问题

中国境内居民企业向未在中国境内设立机构、场所的非居民企业分配股息、

红利等权益性投资收益，应在作出利润分配决定的日期代扣代缴企业所得税。如实际支付时间先于利润分配决定日期的，应在实际支付时代扣代缴企业所得税。①

六、关于贯彻《国家税务总局关于加强非居民企业股权转让所得企业所得税管理的通知》（国税函〔2009〕698号，以下称为《通知》）有关问题

（一）非居民企业直接转让中国境内居民企业股权，如果股权转让合同或协议约定采取分期付款方式的，应于合同或协议生效且完成股权变更手续时，确认收入实现。

（二）《通知》第一条所称“在公开的证券市场上买入并卖出中国居民企业的股票”，是指股票买入和卖出的对象、数量和价格不是由买卖双方事先约定而是按照公开证券市场通常交易规则确定的行为。

（三）《通知》第五条、第六条和第八条的“境外投资方（实际控制方）”是指间接转让中国居民企业股权的所有投资者；《通知》第五条中的“实际税负”是指股权转让所得的实际税负，“不征所得税”是指对股权转让所得不征企业所得税。

（四）两个及两个以上境外投资方同时间接转让中国居民企业股权的，可由其中一方按照《通知》第五条规定向被转让股权的中国居民企业所在地主管税务机关提供资料。

（五）境外投资方同时间接转让两个及两个以上且不在同一省（市）中国居民企业股权的，可以选择向其中一个中国居民企业所在地主管税务机关按照《通知》第五条规定提供资料，由该主管税务机关所在省（市）税务机关与其他省（市）税务机关协商确定是否征税，并向国家税务总局报告；如果确定征税的，应分别到各中国居民企业所在地主管税务机关缴纳税款。②

七、本公告自2011年4月1日起施行。本公告施行前发生但未作税务处理的事项，依据本公告执行。

特此公告。

---

① 条款废止。自2017年12月1日起废止。参见：《国家税务总局关于非居民企业所得税源泉扣缴有关问题的公告》，国家税务总局公告2017年第37号。

② 条款废止。参见：《国家税务总局关于非居民企业所得税源泉扣缴有关问题的通知》，国家税务总局公告2017年第37号；《国家税务总局关于非居民企业间接转让财产企业所得税若干问题的公告》，国家税务总局公告2015年第7号。

国家税务总局关于企业所得税若干问题的公告

2011年6月9日　国家税务总局公告2011年第34号

【要点指引】 国家税务总局发布《关于企业所得税若干问题的公告》（国家税务总局公告2011年第34号，以下简称《公告》）对金融企业同期同类贷款利率确定等问题进行了明确，有利于企业所得税的规范统一管理。《公告》明确：(1)“同期同类贷款利率”可以是本省任何一家金融企业提供的实际贷款利率。(2)明确由企业统一制作并要求员工工作时统一着装所发生的企业员工服饰费用为企业合理的支出，准予税前扣除。消除了属于职工福利费还是劳保费的争议。(3)航空企业空勤训练费可以作为航空企业运输成本在税前扣除，不受“职工教育经费”2.5%的比例限制。(4)企业在预缴季度所得税时，未取得成本、费用的有效凭证，可暂缺；但在汇算清缴时，应补充提供。

根据《中华人民共和国企业所得税法》（以下简称税法）以及《中华人民共和国企业所得税法实施条例》（以下简称《实施条例》）的有关规定，现就企业所得税若干问题公告如下：

一、关于金融企业同期同类贷款利率确定问题

根据《实施条例》第三十八条规定，非金融企业向非金融企业借款的利息支出，不超过按照金融企业同期同类贷款利率计算的数额的部分，准予税前扣除。鉴于目前我国对金融企业利率要求的具体情况，企业在按照合同要求首次支付利息并进行税前扣除时，应提供“金融企业的同期同类贷款利率情况说明”，以证明其利息支出的合理性。

“金融企业的同期同类贷款利率情况说明”中，应包括在签订该借款合同当时，本省任何一家金融企业提供同期同类贷款利率情况。该金融企业应为经政府有关部门批准成立的可以从事贷款业务的企业，包括银行、财务公司、信托公司等金融机构。“同期同类贷款利率”是指在贷款期限、贷款金额、贷款担保以及企业信誉等条件基本相同下，金融企业提供贷款的利率。既可以是金融企业公布的同期同类平均利率，也可以是金融企业对某些企业提供的实际贷款利率。

二、关于企业员工服饰费用支出扣除问题

企业根据其工作性质和特点，由企业统一制作并要求员工工作时统一着装所发生的工作服饰费用，根据《实施条例》第二十七条的规定，可以作为企业合理的支出给予税前扣除。

三、关于航空企业空勤训练费扣除问题

航空企业实际发生的飞行员养成费、飞行训练费、乘务训练费、空中保卫员训练费等空勤训练费用，根据《实施条例》第二十七条规定，可以作为航空企业运输成本在税前扣除。

四、关于房屋、建筑物固定资产改扩建的税务处理问题

企业对房屋、建筑物固定资产在未足额提取折旧前进行改扩建的，如属于推倒重置的，该资产原值减除提取折旧后的净值，应并入重置后的固定资产计税成本，并在该固定资产投入使用后的次月起，按照税法规定的折旧年限，一并计提折旧；如属于提升功能、增加面积的，该固定资产的改扩建支出，并入该固定资产计税基础，并从改扩建完工投入使用后的次月起，重新按税法规定的该固定资产折旧年限计提折旧，如该改扩建后的固定资产尚可使用的年限低于税法规定的最低年限的，可以按尚可使用的年限计提折旧。

五、投资企业撤回或减少投资的税务处理

投资企业从被投资企业撤回或减少投资，其取得的资产中，相当于初始出资的部分，应确认为投资收回；相当于被投资企业累计未分配利润和累计盈余公积按减少实收资本比例计算的部分，应确认为股息所得；其余部分确认为投资资产转让所得。

被投资企业发生的经营亏损，由被投资企业按规定结转弥补；投资企业不得调整减低其投资成本，也不得将其确认为投资损失。

六、关于企业提供有效凭证时间问题

企业当年度实际发生的相关成本、费用，由于各种原因未能及时取得该成本、费用的有效凭证，企业在预缴季度所得税时，可暂按账面发生金额进行核算；但在汇算清缴时，应补充提供该成本、费用的有效凭证。

七、本公告自 2011 年 7 月 1 日起施行。本公告施行以前，企业发生的相关事项已经按照本公告规定处理的，不再调整；已经处理，但与本公告规定处理不一致的，凡涉及需要按照本公告规定调减应纳税所得额的，应当在本公告施行后相应调减 2011 年度企业应纳税所得额。

特此公告。

国家税务总局关于营业税改征增值税试点中非居民企业缴纳企业所得税有关问题的公告

2013 年 2 月 19 日　国家税务总局公告 2013 年第 9 号

【要点指引】 增值税为价外税，在计算缴纳企业所得税时，应税所得额中

不包括增值税额。非居民企业在中国境内未设立机构、场所的，或者虽设立机构、场所但取得的所得与其所设机构、场所没有实际联系的，其来源于中国境内的所得在计算缴纳企业所得税时，扣除增值税后为应纳税所得额。

现将营业税改征增值税试点中非居民企业缴纳企业所得税有关问题公告如下：

营业税改征增值税试点中的非居民企业，取得《中华人民共和国企业所得税法》第三条第三款规定的所得，在计算缴纳企业所得税时，应以不含增值税的收入全额作为应纳税所得额。

本公告自发布之日起施行。

特此公告。

链 接

关于《国家税务总局关于营业税改征增值税试点中非居民企业缴纳企业所得税有关问题的公告》的解读

近期参与营业税改征增值税试点的部分地区反映，非居民企业取得企业所得税法第三条第三款规定的所得，如果需要缴纳增值税的，在计算缴纳企业所得税时，是否应将合同价款换算成不含增值税价格计算。

按照企业所得税法第十九条第（一）款及企业所得税法实施条例第一百零三条的规定，非居民企业取得企业所得税法第三条第三款规定的所得，应以收入全额为应纳税所得额。按照现行增值税有关规定，增值税为价外税，因此，在计算缴纳企业所得税时，应以不含增值税的收入全额，作为企业所得税计税依据。举例如下：

非居民企业与境内某公司签订特许权使用费合同（假设该合同在营改增前需在地税部门缴纳营业税），合同价款为100万元人民币，合同约定各项税费由非居民企业承担，假定增值税适用税率为6%，则该境内公司应扣缴非居民企业所得税计算如下：

应纳税所得额=100/1+6%=94.34（万元）

应纳税额=94.34×10%=9.43（万元）

为配合营业税改征增值税试点工作的顺利开展，国家税务总局特将上述问题予以公告明确。

国家税务总局　国家外汇管理局关于服务贸易等项目对外支付税务备案有关问题的公告

2013年7月9日　国家税务总局　国家外汇管理局公告2013年第40号

【要点指引】 随着国家对外开放的不断发展，国家服务贸易外汇收支频繁、规模增大，国内机构和个人对外支付外汇也越来越多。如何既方便境内机构和个人对外付汇，又能有效加强跨境税源的管理，是需要解决的重要问题。为此，国家税务总局、国家外汇管理局联合发布《关于服务贸易等项目对外支付税务备案有关问题的公告》(国家税务总局　国家外汇管理局公告2013年第40号，以下简称《公告》)。

(1)《公告》对需要进行税务备案的，提出数量和内容两种标准。一是数量上，境内机构和个人向境外单笔支付等值5万美元以上（不含等值5万美元）的；二是内容上，又从正反两方面明确了需要税务备案的情形。需要税务备案的列举三项，涵盖了大部分情形；不需要备案的十五项，相对全面一些。(2)备案人发生属于税务备案范围内的支付事项，须填写《备案表》、提交相应的资料，由主管国税机关盖章登记，然后到外汇指定银行办理付汇手续。(3)未按照规定进行税务备案的，要严格依法处理。

为便利对外支付和加强跨境税源管理，现就服务贸易等项目对外支付税务备案有关问题公告如下：

一、境内机构和个人向境外单笔支付等值5万美元以上（不含等值5万美元，下同）下列外汇资金，除本公告第三条规定的情形外，均应向所在地主管国税机关进行税务备案，主管税务机关仅为地税机关的，应向所在地同级国税机关备案：

（一）境外机构或个人从境内获得的包括运输、旅游、通信、建筑安装及劳务承包、保险服务、金融服务、计算机和信息服务、专有权利使用和特许、体育文化和娱乐服务、其他商业服务、政府服务等服务贸易收入；

（二）境外个人在境内的工作报酬，境外机构或个人从境内获得的股息、红利、利润、直接债务利息、担保费以及非资本转移的捐赠、赔偿、税收、偶然性所得等收益和经常转移收入；

（三）境外机构或个人从境内获得的融资租赁租金、不动产的转让收入、股权转让所得以及外国投资者其他合法所得。

外国投资者以境内直接投资合法所得在境内再投资单笔5万美元以上的，应按照本规定进行税务备案。

二、境内机构和个人（以下称备案人）在办理对外支付税务备案时，应向主管国税机关提交加盖公章的合同（协议）或相关交易凭证复印件（外文文本应同时附送中文译本），并填报《服务贸易等项目对外支付税务备案表》（一式三份，以下简称《备案表》，见附件1）。

同一笔合同需要多次对外支付的，备案人须在每次付汇前办理税务备案手续，但只需在首次付汇备案时提交合同（协议）或相关交易凭证复印件。

三、境内机构和个人对外支付下列外汇资金，无需办理和提交《备案表》：

（一）境内机构在境外发生的差旅、会议、商品展销等各项费用；

（二）境内机构在境外代表机构的办公经费，以及境内机构在境外承包工程的工程款；

（三）境内机构发生在境外的进出口贸易佣金、保险费、赔偿款；

（四）进口贸易项下境外机构获得的国际运输费用；

（五）保险项下保费、保险金等相关费用；

（六）从事运输或远洋渔业的境内机构在境外发生的修理、油料、港杂等各项费用；

（七）境内旅行社从事出境旅游业务的团费以及代订、代办的住宿、交通等相关费用；

（八）亚洲开发银行和世界银行集团下属的国际金融公司从我国取得的所得或收入，包括投资合营企业分得的利润和转让股份所得、在华财产（含房产）出租或转让收入以及贷款给我国境内机构取得的利息；

（九）外国政府和国际金融组织向我国提供的外国政府（转）贷款（含外国政府混合（转）贷款）和国际金融组织贷款项下的利息。本项所称国际金融组织是指国际货币基金组织、世界银行集团、国际开发协会、国际农业发展基金组织、欧洲投资银行等；

（十）外汇指定银行或财务公司自身对外融资如境外借款、境外同业拆借、海外代付以及其他债务等项下的利息；

（十一）我国省级以上国家机关对外无偿捐赠援助资金；

（十二）境内证券公司或登记结算公司向境外机构或境外个人支付其依法获得的股息、红利、利息收入及有价证券卖出所得收益；

（十三）境内个人境外留学、旅游、探亲等因私用汇；

（十四）境内机构和个人办理服务贸易、收益和经常转移项下退汇；

（十五）国家规定的其他情形。

四、境外个人办理服务贸易、收益和经常转移项下对外支付，应按照个人外汇管理的相关规定办理。

五、备案人可通过以下方法获取《备案表》：

（一）在主管国税机关办税服务厅窗口领取；

（二）从主管国税机关官方网站下载。

六、备案人提交的资料齐全、《备案表》填写完整的，主管国税机关无须当场进行纳税事项审核，应编制《备案表》流水号，在《备案表》上盖章，1份当场退还备案人，1份留存，1份于次月10日前以邮寄或其他方式传递给备案人主管地税机关。

《备案表》流水号具体格式为：年份（2位）+税务机关代码（6位）+顺序号（6位）。"年份"指公历年度后两位数字，"顺序号"为本年度的自然顺序号。

七、备案人完成税务备案手续后，持主管国税机关盖章的《备案表》，按照外汇管理的规定，到外汇指定银行办理付汇审核手续。

八、主管国税机关或地税机关应自收到《备案表》后15个工作日内，对备案人提交的《备案表》及所附资料进行审查，并可要求备案人进一步提供相关资料。审查的内容包括：

（一）备案信息与实际支付项目是否一致；

（二）对外支付项目是否已按规定缴纳各项税款；

（三）申请享受减免税待遇的，是否符合相关税收法律法规和税收协定（安排）的规定。

九、主管税务机关审查发现对外支付项目未按规定缴纳税款的，应书面告知纳税人或扣缴义务人履行申报纳税或源泉扣缴义务，依法追缴税款，按照税收法律法规的有关规定实施处罚。

十、主管国税机关、地税机关应加强对外支付税务备案事项的管理，及时统计对外支付备案情况及税收征管情况，填写《服务贸易等项目对外支付税务备案情况年度统计表》（见附件2），并于次年1月31日前层报税务总局（国际税务司）。

十一、各级税务部门、外汇管理部门应当密切配合，加强信息交换工作。执行过程中如发现问题，应及时向上级部门反馈。

十二、本公告自2013年9月1日起施行。《国家税务总局　国家外汇管理局关于加强外国公司船舶运输收入税收管理及国际海运业对外支付管理的通知》（国税发〔2001〕139号）、《国家税务总局　国家外汇管理局关于加强外国公司船舶运输收入税收管理及国际海运业对外支付管理的补充通知》（国税发〔2002〕107号）、《国家税务总局　国家外汇管理局关于境内机构及个人对外支付技术转让费不再提交营业税税务凭证的通知》（国税发〔2005〕28号）、《国家外汇管理局　国家税务总局关于服务贸易等项目对外支付提交税务证明有关问题的通知》（汇发〔2008〕64号）、《国家税务总局关于印发〈服务贸易等项目对外支付出具税务证明管理办法〉的通知》（国税发〔2008〕122号）、《国家外汇管理局关于转发国家税务总局服务贸易等项目对外支付出具税务证明管理办法的通知》（汇发〔2009〕1号）、《国家外汇管理局 国家税务总局关于进一步明确服务贸易等项目对外支付提交税务证明有关问题的通知》（汇发〔2009〕52号）和《国家税务总局关于修改〈服务贸易等项目对外支付出具税务证明申请表〉的公告》（国家税务总局公告2012年第54号）同时废止。

特此公告。

附件：1. 服务贸易等项目对外支付税务备案表（编者略）
2. 服务贸易等项目对外支付税务备案情况年度统计表（编者略）

链 接

关于《国家税务总局 国家外汇管理局关于服务贸易等项目对外支付税务备案有关问题的公告》的解读

《国家税务总局 国家外汇管理局关于服务贸易等项目对外支付税务备案有关问题的公告》（国家税务总局 国家外汇管理局公告2013年第40号，以下简称《公告》）旨在便利对外支付，同时加强跨境税源管理。现对《公告》的发文背景和主要内容说明如下：

一、发文背景

自2008年《国家外汇管理局 国家税务总局关于服务贸易等项目对外支付提交税务证明有关问题的公告》（汇发〔2008〕64号）施行以来，对外支付税务证明成为税务机关加强跨境税源管理的重要手段。随着近几年我国服务贸易外汇收支规模的不断增长，境内机构和个人对外汇支付便利性的需求不断提高。为加强跨境税源管理，进一步便利境内机构和个人对外支付，税务总局和外汇管理局联合下发本《公告》。

《公告》主要解决三个方面问题：一是为境内机构和个人对外付汇提供便利；二是督促纳税人和扣缴义务人依法履行申报纳税和源泉扣缴义务；三是督促各级税务机关主动挖掘非居民税源，拓展信息渠道，不断提升非居民税收征管水平。

同时，税务部门和外汇管理部门将进一步加强税务信息和外汇信息的监管和共享，对发现的异常、可疑线索及时沟通，共同打击各种骗汇和逃避税行为。

二、主要内容

《公告》整合了此前关于对外支付的相关文件，取消了对外支付开具税务证明的要求，保留了部分无须进行备案的情形，增加了督促履行法定义务、依法加强监管等内容，主要如下：

（一）明确了对外支付需要进行税务备案的情形

总的来说，境内机构和个人向境外单笔支付等值5万美元以上（不含等值5万美元）外汇资金，以及外国投资者境内合法所得汇出或以境内合法所得在境内再投资，除了规定的无须备案的情形外，均须进行备案。为方便税务机关、付汇银行以及备案人对支付项目的理解，《公告》第一条对需要进行税务备案的情形做了正面列举，但应注意，这些列举不是穷尽的，究竟哪些支付项目不需进行税务备案，还要看第三条的除外情形。

（二）规范和简化对外支付税务备案程序

首先，备案人仅需向所在地主管国税机关进行备案（主管税务机关仅为地税的，向所在地同级国税机关备案），以进一步简化程序，减轻纳税人负担。

其次，简化备案人应提供的资料。境内机构和个人进行对外支付税务备案时，仅需向税务机关提供加盖公章的合同（协议）复印件，如果没有合同（协议）的（如合格境外投资者对外支付其投资收益等项目），可提供相关交易凭证复印件。

此外，《公告》明确规定税务机关当场无须对纳税事项进行审核，而只在《备案表》上盖章，《备案表》中也不体现有关纳税事项的内容。这样既可保证对外付汇的效率，也可使税务机关及税务人员打消承担失察责任的顾虑。

（三）对境内支付人和税务机关提出要求

首先，付汇的境内机构和个人要自觉遵从税收法律法规，依法履行申报纳税、源泉扣缴或资料报告义务。这体现了优化纳税服务的宗旨，信任纳税人能够自我遵从，自行申报。当然，未履行义务的纳税人或扣缴义务人将依法承担相应的法律责任。

其次，税务机关要加强对备案事项的事前管理和事后审核。税务机关应转变工作思路，在管理非居民税源时，不应仅仅依赖对外支付信息，而应在日常管理中下大功夫，做到非居民税收管理专业化、常规化。在此基础上，不断拓展信息渠道，研究更加行之有效的非居民税收征管手段。同时，对于备案事项，加大事后审核力度，如发现对外支付项目未按规定缴纳税款的，除依法追缴税款外，还应按税收征管法的有关规定予以处理。

最后，各级税务机关要充分利用好备案信息，加强对《备案表》的管理，及时统计对外支付备案情况及税收征管情况，按年度层报税务总局。

三、执行中应注意的问题

首先，税务机关应在备案人提交《备案表》时当场盖章，不做有关纳税事项的审核，这既是方便付汇的要求，也是提醒税务机关不能仅依赖于对外支付信息监控非居民税源，而应注重加强备案事项的事前管理和事后审核。

其次，境内机构和个人对外支付国际运输收入亦应遵从本《公告》。为统一和规范各类对外支付的税务管理，取消了原对国际运输业务对外支付的相关规定，统一遵从本《公告》的规定。

最后，对外支付的境内机构和个人不应存有侥幸心理，税务机关不当场审核纳税事项不等于不履行管理职责，而是把审核工作转移到备案之后。备案人在未履行法定的税务登记、申报纳税、源泉扣缴或资料报告义务的情况下，进行对外支付税务备案，将面临承担法律责任的风险。税务机关发现备案事项未依法履行纳税义务的，将严格按照税收征管法的有关规定追缴税款并实施处罚。

国家税务总局关于修改《非居民企业所得税核定征收管理办法》等文件的公告

2015 年 4 月 17 日　国家税务总局公告 2015 年第 22 号

【要点指引】《国家税务总局关于修改〈非居民企业所得税核定征收管理办法〉等文件的公告》（国家税务总局公告 2015 年第 22 号，以下简称《公告》）出台的大背景是国务院取消、下放和调整了一批行政审批项目，如取消了主管税务机关对非居民企业适用行业及所适用的利润率审核、境外注册中资控股居民企业选择主管税务机关批准和主管税务机关变更审批等。变化趋势是压缩行政审批的空间，或取消，或下放，或由审批改为备案。在相关法条的语言表达上也要做相应调整。

《公告》对《非居民企业所得税核定征收管理办法》（国税发〔2010〕19 号）第九条的改动较大，取消了对企业报送的《鉴定表》的适用行业及所适用的利润率进行审核，变成主管税务机关送表——非居民企业填表、报表——税务机关确认。主管税务机关受理后的处理期限比照了行政许可的期限。

《公告》对《境外注册中资控股居民企业所得税管理办法（试行）》（国家税务总局公告 2011 年第 45 号发布）的修改，主要是明确主管税务机关，便于征纳之间沟通。

《公告》对《国家税务总局关于非居民企业股权转让适用特殊性税务处理有关问题的公告》（国家税务总局公告 2013 年第 72 号）第七条进行修订。此次修订主要是为了适应取消行政审批事项及加强后续管理要求。

根据《国务院关于取消和调整一批行政审批项目等事项的决定》（国发〔2015〕11号）和《国务院关于取消和下放一批行政审批项目的决定》（国发〔2014〕5号）有关取消非居民企业税收管理审批事项的要求，国家税务总局决定对相关文件规定进行修改，现公告如下：

一、《非居民企业所得税核定征收管理办法》（国税发〔2010〕19号）第九条修改为："主管税务机关应及时向非居民企业送达《非居民企业所得税征收方式鉴定表》（见附件，以下简称《鉴定表》），非居民企业应在收到《鉴定表》后10个工作日内，完成《鉴定表》的填写并送达主管税务机关，主管税务机关在受理《鉴定表》后20个工作日内，完成该项征收方式的确认工作。"

同时，对《鉴定表》做了相应修改，详见本公告附件。

二、《境外注册中资控股居民企业所得税管理办法（试行）》（国家税务总局公告2011年第45号发布）第五条修改为："本办法所称主管税务机关是指境外注册中资控股居民企业中国境内主要投资者登记注册地主管税务机关。"

三、《国家税务总局关于非居民企业股权转让适用特殊性税务处理有关问题的公告》（国家税务总局公告2013年第72号）第七条修改为："非居民企业股权转让适用特殊性税务处理备案后经调查核实不符合条件的，应调整适用一般性税务处理，按照有关规定缴纳企业所得税。非居民企业股权转让适用特殊性税务处理未进行备案的，税务机关应告知其按照本公告第二条、第三条的规定办理备案手续。"

四、本公告自2015年6月1日起施行。

特此公告。

附件：非居民企业所得税征收方式鉴定表（编者略）

链　接

关于《国家税务总局关于修改〈非居民企业所得税核定征收管理办法〉等文件的公告》的解读

现将《国家税务总局关于修改〈非居民企业所得税核定征收管理办法〉等文件的公告》（国家税务总局公告2015年第22号，以下简称《公告》）的有关内容，解读如下：

一、发文背景

《国务院关于取消和调整一批行政审批项目等事项的决定》（国发〔2015〕11号）和《国务院关于取消和下放一批行政审批项目的决定》（国发〔2014〕5号），取消了主管税务机关对非居民企业适用行业及所适用的利润率审核、境外注册中资控股居民企业选择主管税务机关批准和主管税务机关变更审批、非居民企业股权转让选择特殊性税务处理核准事项。为此，需对《非居民企业所得税核定征收管理办法》（国税发〔2010〕19号）、《境外注册中资控股居民企业所得税管理办法（试行）》（国家税务总局公告2011年第45号发布）和《国家税务总局关于非居民企业股权转让适用特殊性税务处理有关问题的公告》（国家税务总局公告2013年第72号）有关条款进行修订，此次修订主要是为了适应取消行政审批事项及加强后续管理要求。

二、主要调整的内容

（一）对《非居民企业所得税核定征收管理办法》的修改

非居民企业核定征收的相关规定，是根据税收征管法第三十五条，税务机关依职权对无法据实征收的非居民企业的一项征管行为，不是以纳税人申请为前提的，为避免歧义对相关表述进行修改，删除该条第二款，进一步规范核定征收程序及工作要求，规定了办理时限，修改关于“审核”的表述。同时，对《非居民企业所得税征收方式鉴定表》做相应修改。

（二）对《境外注册中资控股居民企业所得税管理办法（试行）》的修改

就目前的税收法律法规的相关规定看，企业实际管理机构的概念及其所在地的判定标准还不够清晰，据此确定主管税务机关往往有争议，如果对境外注册中资控股居民企业主管税务机关不事先明确，会增加征纳双方的不确定性和征管成本。为此，税务总局已在《国家税务总局关于依据实际管理机构标准实施居民企业认定有关问题的公告》（国家税务总局公告2014年第9号），对《国家税务总局关于境外注册中资控股企业依据实际管理机构标准认定为居民企业有关问题的通知》（国税发〔2009〕82号，以下简称《通知》）有关条款进行了修订，规定符合《通知》第二条规定的居民企业认定条件的境外中资企业，须向其中国境内主要投资者登记注册地主管税务机关提出居民企业认定申请。《公告》在此基础上，进一步明确了境外注册中资控股居民企业主管税务机关为其中国境内主要投资者登记注册地主管税务机关，取消境外注册中资控股居民企业选择主管税务机关批准和主管税务机关变更审批。

（三）对《关于非居民企业股权转让适用特殊性税务处理有关问题的公告》的修改

非居民企业股权转让选择特殊性税务处理核准，该项行政审批已通过国家税务总局2013年第72号公告将其调整为备案管理，但是72号公告第七条当中“非居民企业股权转让未进行特殊性税务处理备案，适用一般性税务处理规定，应按照有关规定缴纳企业所得税”的规定，容易造成在执行当中作为事前核准性备案方式，变相实施审批，故取消该规定。税务机关要结合日常征管，加强非居民企业股权转让适用特殊性税务处理的管理，发现非居民企业股权转让适用特殊性税务处理未进行备案的，应告知其按照本公告第二条、第三条的规定办理备案手续。对非居民企业股权转让适用特殊性税务处理不履行备案手续的，税务机关将按征管法及其实施细则的有关规定处理。

国家税务总局关于发布《中华人民共和国非居民企业所得税年度纳税申报表》等报表的公告

2015年4月30日　国家税务总局公告2015年第30号

【要点指引】 在《国家税务总局关于发布〈中华人民共和国非居民企业所得税年度纳税申报表〉等报表的公告》（国家税务总局公告2015年第30号）出台以前，非居民企业所得税纳税申报一直使用2008年启用的报表，由于报表申报内容过于简单，信息量不足，无法满足实际管理工作的需要。

新的非居民企业所得税纳税申报表体系包括以下三类报表：

（1）非居民企业年度、季度纳税申报表（适用于据实申报企业）

主表在有关项目和统计口径与居民企业年度纳税申报表保持一致。表格栏目有增有减。

附表包括《一般企业收入明细表》《一般企业成本支出明细表》《期间费用明细表》《纳税调整项目明细表》《税收优惠明细表》等。增加特殊行业专用报表，如《金融企业收入明细表》《金融企业支出明细表》。

（2）非居民企业所得税季度和年度纳税申报表（适用于核定征收企业）/（不构成常设机构和国际运输免税申报）

将原适用于核定征收的非居民企业季度纳税申报表和年度纳税申报表2张申报表合并为1张申报表，同时，不构成常设机构和国际运输免税申报也使用本表。非居民企业根据自身业务选填申报内容。

（3）扣缴企业所得税报告表

《中华人民共和国扣缴企业所得税报告表》适用于法定和指定的扣缴义务人；扣缴义务人未依法扣缴或者无法履行扣缴义务的，由纳税人填写本表进行自主申报。

为进一步规范和加强非居民企业所得税管理，根据《中华人民共和国企业所得税法》及其实施条例和有关规定，现将国家税务总局修订的《中华人民共和国非居民企业所得税年度纳税申报表（适用于据实申报企业）》《中华人民共和国非居民企业所得税季度纳税申报表（适用于据实申报企业）》《中华人民共和国非居民企业所得税季度和年度纳税申报表（适用于核定征收企业）/（不构成常设机构和国际运输免税申报）》《中华人民共和国扣缴企业所得税报告表》及相应填报说明予以发布，并就有关事项公告如下：

一、《中华人民共和国非居民企业所得税季度纳税申报表（适用于据实申报企业）》适用于非居民企业预缴季度税款时填报。《中华人民共和国非居民企业所得税年度纳税申报表（适用于据实申报企业）》适用于非居民企业年度企业所得税汇算清缴时填报，其中附表《金融企业收入明细表》、《金融企业支出明细表》和《对外合作开采石油企业勘探开发费用年度明细表》，由特定行业企业填报，一般企业无需填报。《中华人民共和国非居民企业所得税季度和年度纳税申报表（适用于核定征收企业）/（不构成常设机构和国际运输免税申报）》适用于非居民企业预缴季度税款、年度企业所得税汇算清缴时填报，同时，不构成常设机构和国际运输免税申报也使用本表。

二、《中华人民共和国扣缴企业所得税报告表》适用于扣缴义务人，包括法定扣缴义务人和指定扣缴义务人，以及扣缴义务人未依法扣缴或者无法履行扣缴义务情况下自行申报的纳税人，按次或按期扣缴或申报企业所得税税款时填报。

三、本公告自2015年7月1日起施行。《国家税务总局关于印发〈中华人民共和国非居民企业所得税申报表〉等报表的通知》（国税函〔2008〕801号）同时废止。

特此公告。

附件：1. 中华人民共和国非居民企业所得税年度纳税申报表（适用于据实申报企业）（编者略）

2.《中华人民共和国非居民企业所得税年度纳税申报表（适用于据实申报企业）》填报说明（编者略）

3. 中华人民共和国非居民企业所得税季度纳税申报表（适用于据实申报企业）（编者略）

4.《中华人民共和国非居民企业所得税季度纳税申报表（适用于据实申报企业）》填报说明（编者略）

5. 中华人民共和国非居民企业所得税季度和年度纳税申报表（适用于核定征收企业）/（不构成常设机构和国际运输免税申报）（编者略）

6.《中华人民共和国非居民企业所得税季度和年度纳税申报表（适用于核定征收企业）/(不构成常设机构和国际运输免税申报）》填报说明（编者略）①

7. 中华人民共和国扣缴企业所得税报告表（编者略）

8.《中华人民共和国扣缴企业所得税报告表》填报说明（编者略）

链 接

关于《国家税务总局关于发布〈中华人民共和国非居民企业所得税年度纳税申报表〉等报表的公告》的解读

2015 年 4 月 30 日，国家税务总局发布《关于发布〈中华人民共和国非居民企业所得税年度纳税申报表〉等报表的公告》（国家税务总局公告 2015 年第 30 号，以下简称《公告》），对现行非居民企业所得税年度纳税申报表等报表（以下简称“非居民企业所得税纳税申报表”）进行了修订。现解读如下：

一、为什么要修订非居民企业所得税纳税申报表？

现行非居民企业纳税申报表自 2008 年启用至今已使用近 7 个年度，在实际管理工作中，现行报表存在一些问题，主要是报表结构不完整，申报内容过于简单，存在空缺，无法满足新形势下加强跨境税源风险管理的需要；非居民企业享受减免税政策和税收协定待遇的情况没有完整准确的申报信息，无法满足目前减免税核算管理工作和国际税收经济分析的需要。为解决上述问题，对现行非居民企业所得税纳税申报表进行修订。

二、修订后的申报表有什么主要特点？

据实征收的非居民企业与查账征收的居民企业在会计核算和企业所得税税收政策的适用上基本一致，故其申报表在报表体系、表式结构和申报内容上基本保持一致，且结合非居民企业的特点予以简化。核定征收的非居民企业申报表和扣缴企业所得税报告表则在原有基础上更加准确体现非居民企业所得税税收政策和执行税收协定的情况。修订后的申报表主要有以下三个特点：

一是结构完整简洁。原据实征收年度报表为 1 张主表、2 张附表即《营业收入及成本费用明细表》和《弥补亏损明细表》组成，修订后的申报表将

---

① 政策调整。附件 6 第七条第 13 项的计算公式已修改。自 2016 年 5 月 1 日起施行。参见：《国家税务总局关于修改按经费支出换算收入方式核定非居民企业应纳税所得额计算公式的公告》，国家税务总局公告 2016 年第 28 号。

《营业收入及成本费用明细表》拆分为收入、成本、期间费用3张附表，并考虑行业特点，增加了金融企业收入明细表、支出明细表和对外合作开采石油企业勘探开发费用年度明细表，由特定行业企业填报。将原来在主表体现的纳税调整和税收优惠情况分别增加1张附表，即《纳税调整项目明细表》和《税收优惠明细表》体现。

二是信息量适度增加。修订后的年度纳税申报表只设置了一级附表，在不过多增加纳税人填报负担的情况下，基本全面体现了税收政策，能够较为全面反映企业的财务与税收情况，有利于纳税人适用税收政策，准确核算应纳税所得额。增加反映纳税调整项目情况和享受税收优惠情况的附表，弥补了原申报表申报内容空缺的问题。申报表信息量的增加是必要且适度的，为税务机关开展所得税后续管理和国际税收经济分析提供了基础信息。

三是全面准确反映非居民企业减免税的情况。通过修订申报表，既体现了非居民企业可以享受的税收优惠政策，同时又强化了非居民企业的减免税申报义务。非居民企业减免税政策包括根据国内法有关规定的减免税政策和依据税收协定的优惠待遇。非居民企业根据国内法有关规定可以享受的减免税政策，主要在据实征收的非居民企业年度、季度纳税申报的附表《税收优惠明细表》体现；对未设立机构、场所的非居民企业取得股息、利息、特许权使用费、财产转让及其他所得等享受协定待遇和根据国内法规定减免税政策的情况，主要体现在扣缴企业所得税报告表中；对于不构成常设机构和国际运输享受协定待遇免税的情况，为简化起见，统一使用《非居民企业所得税季度和年度纳税申报表（适用于核定征收企业）/(不构成常设机构和国际运输免税申报）》申报。

三、申报表主要在哪些地方做了修订？

（一）非居民企业年度纳税申报表（适用于据实申报企业）

1. 对主表的修改，主要是有关项目和统计口径与居民企业年度纳税申报表保持一致。增加免税、减计收入及加计扣除和所得减免栏目，规范减免税统计口径；增加纳税调整增加额和纳税调整减少额反映纳税调整情况，取消账载金额和依法申报金额调整的表述。

2. 对附表的修改：将原附表《营业收入及成本费用明细表》拆分为收入、成本、期间费用表，同时增加特殊行业专用报表，增加《纳税调整项目明细表》和《税收优惠明细表》。《一般企业收入明细表》《一般企业成本支出明细表》与居民企业年度报表相同；《金融企业收入明细表》《金融企业支出明细表》在居民企业年度报表基础上删除证券业务相关栏次；《期间费用明细表》在居民企业年度申报表基础上增加分摊的总机构费用；《纳税调整项目明细表》在居民企业年度报表基础上增加固定资产加速折旧（扣除）；《税收优惠明细表》为新增附表，按照确认的非居民可以享受的税收优惠政策，参照居民企业税收优惠分类方式来设计，每个类别都设置了多栏“其他减免项目名称及减免性质代码”，避免因政策调整频繁修改申报表；《企业所得税弥补亏损明细表》在居民企业年度申报表基础上删除“合并、分立转入（转出）可弥补的亏损额”列。

（二）非居民企业季度纳税申报表（适用于据实申报企业）

主表的修改与年度申报表主表的修改基本相同。附表增加《税收优惠明细表》，且在年度《税收优惠明细表》的基础上予以简化。

（三）非居民企业所得税季度和年度纳税申报表（适用于核定征收企业）/（不构成常设机构和国际运输免税申报）

将原适用于核定征收的非居民企业季度纳税申报表和年度纳税申报表2张申报表合并为1张申报表，同时，不构成常设机构和国际运输免税申报也使用本表。主要增加是否享受协定待遇的选项，如选择“是”，在相应的协定待遇进行勾选，如勾选“不构成常设机构”或“国际运输完全免税”企业只需填写收入额或经费支出总额（含明细）或成本费用总额，不需要填写其他栏次；如勾选“国际运输减免税”或选择“否”，则需完整计算应纳所得税额和国际运输减免所得税额。增加免税收入的申报内容。

（四）扣缴企业所得税报告表

1. 在适用范围上增加了扣缴申报或自行申报的选项。对扣缴义务人未依法扣缴或者无法履行扣缴义务的情况下，由非居民企业自行申报的，使用本表。

2. 增加是否享受税收协定待遇以及适用税收协定条款选项、是否享受其他类协定待遇以及其他类协定名称选项和是否享受国内税法优惠以及国内税法优惠项目选项，并通过信息化处理，增强数据校验功能，减少纳税人填报错误。

3. 增加所得减免，用于申报国内税法有关规定优惠的所得金额或属于税收协定规定所得减免金额，保留实际征收率，用于统计享受税收协定待遇的优惠税率的情况。

4. 在指定扣缴部分，如享受税收协定常设机构及营业利润待遇条款或享受国际运输类协定待遇完全免税，仅需企业填写收入总额，税务机关不再核定利润率，企业也不需计算应纳税额。同时，考虑了国际运输类协定待遇的特殊情况。

四、修改后的申报表是否增加纳税人负担？

修订后的申报表主要是据实申报的年度纳税申报表的附表有所增加，但主要是对原有附表的拆分，实质新增仅为《纳税调整项目明细表》和《税收优惠明细表》2张附表。对于享受税收协定不构成常设机构待遇等情况的申报，采取简化处理，企业只需填写收入额或经费支出总额或成本费用总额，不需要换算收入额，不需要税务机关核定利润率，不需要计算应纳税所得额和应纳税额。在非居民税收征管中涉及较多扣缴义务填报的《扣缴企业所得税报告表》，并未增加更多的填报内容，只是为减免税核算工作的需要，对相关内容进行了进一步的规范。从这个意义上说，基本未增加纳税人填报负担。

五、关于实施时间

《公告》实施时间为2015年7月1日。《非居民企业所得税季度纳税申报表（适用于据实申报企业）》《非居民企业所得税季度和年度纳税申报表（适用于核定征收企业）/（不构成常设机构和国际运输免税申报）》和《扣缴企业所得税报告表》自2015年7月1日使用，《非居民企业所得税年度纳税申报表（适用于据实申报企业）》自2016年1月1日使用。

国家税务总局关于中外合作开采石油天然气有关非居民税收问题的批复

2015年9月14日　税总函〔2015〕494号

【要点指引】掌握中外合作开采石油天然气的相关非居民税收政策，要点在于外方合作者的身份及合作方式。

《国家税务总局关于中外合作开采石油天然气有关非居民税收问题的批复》（税总函〔2015〕494号）所称外国企业，是指在中国境内设立机构、场所从事生产经营活动的非居民企业，不包括实际管理机构设立在中国境内的外国企业。

外国企业在中国境内设立机构、场所（未设立独立企业），与中国境内企业签订协议或合同，在中国境内合作开采石油天然气。该外国企业作为合作方，适用企业所得税法第三条第二款的规定，须自主申报缴纳企业所得税。其分取的合作生产经营所得在纳税后，属于税后利润，不再按照企业所得税法第三条第三款的规定扣缴企业所得税。

外国企业与中国境内企业在中国境内共同设立中外合作经营企业开采石油天然气的，该中外合作经营企业为居民企业，应就所得缴纳企业所得税。作为投资方的外国企业从中外合作经营企业分取的税后利润，属于适用企业所得税法第三条第三款规定的所得，应按有关规定扣缴企业所得税。

上述外国企业及中外合作经营企业，符合规定条件的，还可以享受相关企业所得税优惠。

新疆维吾尔自治区国家税务局：

你局《关于中外合作开采石油天然气相关非居民税收政策的请示》（新国税发〔2015〕105号）收悉。经研究，批复如下：

一、按照《中华人民共和国对外合作开采陆上石油资源条例》《中华人民共和国对外合作开采海洋石油资源条例》等相关规定，外国企业（不含实际管理机构设立在中国境内的外国企业，下同）与中国境内企业签订协议或合同，在中国境内合作开采石油天然气，凡未按照中国法律设立独立企业的，由合作各方分别缴纳企业所得税，外国企业属于在中国境内设立机构、场所从事生产经营活动的非居民企业，其分取的合作生产经营所得应按照企业所得税法第三条第二款的规定申报缴纳企业所得税。在按前述规定缴纳企业所得税后，该外国企业取得的税后利润不属于适用企业所得税法第三条第三款规定的所得，不予扣缴企业所得税。

二、外国企业与中国境内企业按照《中华人民共和国中外合作经营企业法》在中国境内共同设立中外合作经营企业，由该中外合作经营企业开采石油天然气的，无论其是否具有法人资格，均为企业所得税法第二条规定的居民企业。该中外合作经营企业应就其取得的石油天然气开采所得和其他所得统一缴纳企业所得税。作为投资方的外国企业从中外合作经营企业分取的税后利润属于适用企业所得税法第三条第三款规定的所得，应按有关规定扣缴企业所得税。

三、适用本批复第一条规定在中国境内设立机构、场所取得石油天然气开采所得和其他所得的外国企业，以及适用本批复第二条规定取得石油天然气开采所得和其他所得的中外合作经营企业，符合《财政部　海关总署　国家税务总局关于深入实施西部大开发战略有关税收政策问题的通知》（财税〔2011〕58号）规定条件的，可以享受相关企业所得税优惠。

国家税务总局关于修改按经费支出换算收入方式核定非居民企业应纳税所得额计算公式的公告

2016年5月5日　国家税务总局公告2016年第28号

【要点指引】 2016年5月1日起，在全国范围内全面推开营业税改征增值税（以下称营改增）试点后，原缴纳营业税的收入改为缴纳增值税，由营业税的价内税，改为增值税的价外税，核定征收方式下的应纳税所得额计算公式也要发生相应变化，比如《非居民企业所得税核定征收管理办法》（国税发〔2010〕19号文件印发）第四条第三项规定的计算公式：

应纳税所得额=经费支出总额/(1-经税务机关核定的利润率-营业税税率)×经税务机关核定的利润率

修改为：

应纳税所得额=本期经费支出额/(1-核定利润率)×核定利润率

从修改的内容来看，主要是删除了有关营业税的部分，在计算方法上达成统一。

自2016年5月1日起，全国范围内全面推开营业税改征增值税（以下称营改增）试点。在营改增后，按经费支出换算收入方式核定非居民企业应纳税所得额的计算公式需要修改，现将修改内容公告如下：

一、《外国企业常驻代表机构税收管理暂行办法》（国税发〔2010〕18号文件印发）第七条第一项第1目规定的计算公式修改为：

应纳税所得额=本期经费支出额/(1-核定利润率)×核定利润率

二、《非居民企业所得税核定征收管理办法》（国税发〔2010〕19号文件印发）第四条第三项规定的计算公式修改为：

应纳税所得额=本期经费支出额/(1-核定利润率)×核定利润率

三、《国家税务总局关于发布〈中华人民共和国非居民企业所得税年度纳税申报表〉等报表的公告》（国家税务总局公告2015年第30号）附件6第七条第13项的计算公式修改为：

换算的收入额=经费支出总额÷(1-核定利润率)

本公告自2016年5月1日起施行。

特此公告。

链　接

关于《国家税务总局关于修改按经费支出换算收入方式核定非居民企业应纳税所得额计算公式的公告》的解读

《国家税务总局关于印发〈外国企业常驻代表机构税收管理暂行办法〉的通知》（国税发〔2010〕18号）和《国家税务总局关于印发〈非居民企业所得税核定征收管理办法〉的通知》（国税发〔2010〕19号，以下称19号文）中规定了非居民企业所得税核定征收的方式，其中一种方式就是按经费支出换算收入后计算应纳税所得额。

根据国务院统一部署，自2016年5月1日起，在全国范围内全面推开营业税改征增值税（以下称营改增）试点，营改增后，对于原来缴纳营业税的收入改为缴纳增值税，由于营业税是价内税，增值税是价外税，上述文件中关于核定征收方式的应纳税所得额计算公式已不能准确换算非居民企业的应纳税所得额。因此，国家税务总局将计算公式修改为：

应纳税所得额=本期经费支出额/(1-核定利润率)×核定利润率

为保证申报征收环节的准确计算，国家税务总局对《国家税务总局关于发布〈中华人民共和国非居民企业所得税年度纳税申报表〉等报表的公告》（国家税务总局公告2015年第30号）中的相应申报表的填表说明，即《中华人民共和国非居民企业所得税季度和年度纳税申报表（适用于核定征收企业）/(不构成常设机构和国际运输免税申报）》填表说明中“按经费支出换算应纳税所得额的计算”中的“换算的收入额”的计算公式一并进行了修改。

主管税务机关在营改增后，对符合条件的非居民企业按经费支出换算收入核定应纳税所得额的，应继续在19号文确定的利润率范围内进行核定。

《国家税务总局关于修改按经费支出换算收入方式核定非居民企业应纳税所得额计算公式的公告》（国家税务总局公告2016年第28号）的执行时间与全面推开营改增试点保持一致，即从2016年5月1日起施行。

国家税务总局 财政部 中国人民银行 中国银行业监督管理委员会 中国证券监督管理委员会 中国保险监督管理委员会 关于发布《非居民金融账户涉税信息尽职调查管理办法》的公告

2017年5月9日 国家税务总局 财政部 中国人民银行 中国银行业监督管理委员会 中国证券监督管理委员会 中国保险监督管理委员会公告2017年第14号

【要点指引】 在经济全球化的大背景下，国际交往的频度和深度都在加强，纳税人通过境外金融机构持有和管理资产，并将收益隐匿在境外金融账户以逃避居民国纳税义务的现象日趋严重。如何进一步加强国际税收信息交换、加强相应方面的监管、维护本国的税收权益已经成为各国的共识。受G20委托，2014年7月，OECD发布了金融账户涉税信息自动交换标准（以下简称“标准”），获得当年G20布里斯班峰会的核准，为各国加强国际税收合作、打击跨境逃避税提供了强有力的工具。在G20的大力推动下，目前已有101个国家（地区）承诺实施“标准”。

《非居民金融账户涉税信息尽职调查管理办法》（国家税务总局 财政部 中华人民银行 中国银行业监督管理委员会 中国证券监督管理委员会 中国保险监督管理委员会公告2016年第14号发布）旨在将国际通用的“标准”转化成适应我国国情的具体要求，为我国实施“标准”提供法律依据和操作指引，既是我国积极推动“标准”实施的重要举措，也是我国履行国际承诺的具体体现。

《管理办法》共7章44条，包括3个附表，主要规定了我国境内金融机构识别非居民账户并收集相关信息的原则和程序，包括对基本定义的解释、新开账户与存量账户的尽职调查程序、无须开展尽职调查的金融机构和金融账户的范围、金融机构需收集和报送的信息范围，以及对违规金融机构和客户的处罚措施等。

第一章 总则。制定本办法的法律依据、本办法的适用范围、制定本办法的目的和要求。

第二章 基本定义。采用列举法和排除法解释金融机构的含义，解释金融账户、非居民、账户持有人、消极非金融机构、控制人、账户加总余额、非居民标识等。

第三章 个人账户尽职调查。金融机构应当按照规定时间，对新开个人账户、存量个人低净值账户以及高净值账户的尽职调查。

第四章 机构账户尽职调查。金融机构应当按照规定，对新开机构账户开展尽职调查；应当识别存量机构账户持有人是否为非居民企业或消极非金融机构。

第五章 其他合规要求。金融机构除自身开展尽职调查外，可以委托其他机构和第三方开展尽职调查。列举了无需开展尽职调查的账户。规定了金融机构登记、保管资料、报关资料的要求。

第六章 监督管理。金融机构应当建立实施监控机制。规定了国家税务总局对金融机构的监管措施以及有关金融主管部门对金融机构、账户持有人的监管措施。

第七章 附则。明确了本办法自2017年7月1日起施行。

为了履行金融账户涉税信息自动交换国际义务，规范金融机构对非居民金融账户涉税信息的尽职调查行为，国家税务总局、财政部、中国人民银行、中国银行业监督管理委员会、中国证券监督管理委员会、中国保险监督管理委员会制定了《非居民金融账户涉税信息尽职调查管理办法》，现予发布，自2017

年7月1日起施行。

特此公告。

附件：1. 个人税收居民身份声明文件（样表）（编者略）

2. 机构税收居民身份声明文件（样表）（编者略）

3. 控制人税收居民身份声明文件（样表）（编者略）

非居民金融账户涉税信息尽职调查管理办法

第一章　总　　则

第一条　为了履行《多边税收征管互助公约》和《金融账户涉税信息自动交换多边主管当局间协议》规定的义务，规范金融机构对非居民金融账户涉税信息的尽职调查行为，根据《中华人民共和国税收征收管理法》《中华人民共和国反洗钱法》等法律、法规的规定，制定本办法。

第二条　依法在中华人民共和国境内设立的金融机构开展非居民金融账户涉税信息尽职调查工作，适用本办法。

第三条　金融机构应当遵循诚实信用、谨慎勤勉的原则，针对不同类型账户，按照本办法规定，了解账户持有人或者有关控制人的税收居民身份，识别非居民金融账户，收集并报送账户相关信息。

第四条　金融机构应当建立完整的非居民金融账户尽职调查管理制度，设计合理的业务流程和操作规范，并定期对本办法执行落实情况进行评估，妥善保管尽职调查过程中收集的资料，严格进行信息保密。金融机构应当对其分支机构执行本办法规定的尽职调查工作作出统一要求并进行监督管理。

金融机构应当向账户持有人充分说明本机构需履行的信息收集和报送义务，不得明示、暗示或者帮助账户持有人隐匿身份信息，不得协助账户持有人隐匿资产。

第五条　账户持有人应当配合金融机构的尽职调查工作，真实、及时、准确、完整地向金融机构提供本办法规定的相关信息，并承担未遵守本办法规定的责任和风险。

第二章　基本定义

第六条　本办法所称金融机构，包括存款机构、托管机构、投资机构、特定的保险机构及其分支机构：

（一）存款机构是指在日常经营活动中吸收存款的机构；

（二）托管机构是指近三个会计年度总收入的百分之二十以上来源于为客户持有金融资产的机构，机构成立不满三年的，按机构存续期间计算；

（三）投资机构是指符合以下条件之一的机构：

1. 近三个会计年度总收入的百分之五十以上来源于为客户投资、运作金融资产的机构，机构成立不满三年的，按机构存续期间计算；

2. 近三个会计年度总收入的百分之五十以上来源于投资、再投资或者买卖金融资产，且由存款机构、托管机构、特定的保险机构或者本项第 1 目所述投资机构进行管理并作出投资决策的机构，机构成立不满三年的，按机构存续期间计算；

3. 证券投资基金、私募投资基金等以投资、再投资或者买卖金融资产为目的而设立的投资实体。

（四）特定的保险机构是指开展有现金价值的保险或者年金业务的机构。本办法所称保险机构是指上一公历年度内，保险、再保险和年金合同的收入占总收入比重百分之五十以上的机构，或者在上一公历年度末拥有的保险、再保险和年金合同的资产占总资产比重百分之五十以上的机构。

本办法所称金融资产包括证券、合伙权益、大宗商品、掉期、保险合同、年金合同或者上述资产的权益，前述权益包括期货、远期合约或者期权。金融资产不包括实物商品或者不动产非债直接权益。

第七条 下列机构属于本办法第六条规定的金融机构：

（一）商业银行、农村信用合作社等吸收公众存款的金融机构以及政策性银行；

（二）证券公司；

（三）期货公司；

（四）证券投资基金管理公司、私募基金管理公司、从事私募基金管理业务的合伙企业；

（五）开展有现金价值的保险或者年金业务的保险公司、保险资产管理公司；

（六）信托公司；

（七）其他符合条件的机构。

第八条 下列机构不属于本办法第六条规定的金融机构：

（一）金融资产管理公司；

（二）财务公司；

（三）金融租赁公司；

（四）汽车金融公司；

（五）消费金融公司；

（六）货币经纪公司；

（七）证券登记结算机构；

（八）其他不符合条件的机构。

第九条 本办法所称金融账户包括：

（一）存款账户，是指开展具有存款性质业务而形成的账户，包括活期存款、定期存款、旅行支票、带有预存功能的信用卡等。

（二）托管账户，是指开展为他人持有金融资产业务而形成的账户，包括代理客户买卖金融资产的业务以及接受客户委托、为客户管理受托资产的业务：

1. 代理客户买卖金融资产的业务包括证券经纪业务、期货经纪业务、代理客户开展贵金属、国债业务或者其他类似业务；

2. 接受客户委托、为客户管理受托资产的业务包括金融机构发起、设立或者管理不具有独立法人资格的理财产品、基金、信托计划、专户/集合类资产管理计划或者其他金融投资产品。

（三）其他账户，是指符合以下条件之一的账户：

1. 投资机构的股权或者债权权益，包括私募投资基金的合伙权益和信托的受益权；

2. 具有现金价值的保险合同或者年金合同。

第十条 本办法所称非居民是指中国税收居民以外的个人和企业（包括其他组织），但不包括政府机构、国际组织、中央银行、金融机构或者在证券市场上市交易的公司及其关联机构。前述证券市场是指被所在地政府认可和监管的证券市场。中国税收居民是指中国税法规定的居民企业或者居民个人。

本办法所称非居民金融账户是指在我国境内的金融机构开立或者保有的、由非居民或者有非居民控制人的消极非金融机构持有的金融账户。金融机构应当在识别出非居民金融账户之日起将其归入非居民金融账户进行管理。

账户持有人同时构成中国税收居民和其他国家（地区）税收居民的，金融机构应当按照本办法规定收集并报送其账户信息。

第十一条 本办法所称账户持有人是指由金融机构登记或者确认为账户所有者的个人或者机构，不包括代理人、名义持有人、授权签字人等为他人利益而持有账户的个人或者机构。

现金价值保险合同或者年金合同的账户持有人是指任何有权获得现金价值或者变更合同受益人的个人或者机构，不存在前述个人或者机构的，则为合同所有者以及根据合同条款对支付款项拥有既得权利的个人或者机构。现金价值保险合同或者年金合同到期时，账户持有人包括根据合同规定有权领取款项的个人或者机构。

第十二条 本办法所称消极非金融机构是指符合下列条件之一的机构：

（一）上一公历年度内，股息、利息、租金、特许权使用费收入等不属于积极经营活动的收入，以及据以产生前述收入的金融资产的转让收入占总收入比重百分之五十以上的非金融机构；

（二）上一公历年度末，拥有可以产生本款第一项所述收入的金融资产占总资产比重百分之五十以上的非金融机构；

（三）税收居民国（地区）不实施金融账户涉税信息自动交换标准的投资机构。

下列非金融机构不属于消极非金融机构：

（一）上市公司及其关联机构；

（二）政府机构或者履行公共服务职能的机构；

（三）仅为了持有非金融机构股权或者向其提供融资和服务而设立的控股公司；

（四）成立时间不足二十四个月且尚未开展业务的企业；

（五）正处于资产清算或者重组过程中的企业；

（六）仅与本集团（该集团内机构均为非金融机构）内关联机构开展融资或者对冲交易的企业；

（七）非营利组织。

第十三条 本办法所称控制人是指对某一机构实施控制的个人。

公司的控制人按照以下规则依次判定：

（一）直接或者间接拥有超过百分之二十五公司股权或者表决权的个人；

（二）通过人事、财务等其他方式对公司进行控制的个人；

（三）公司的高级管理人员。

合伙企业的控制人是拥有超过百分之二十五合伙权益的个人。

信托的控制人是指信托的委托人、受托人、受益人以及其他对信托实施最终有效控制的个人。

基金的控制人是指拥有超过百分之二十五权益份额或者其他对基金进行控制的个人。

第十四条 本办法所称关联机构是指一个机构控制另一个机构，或者两个机构受到共同控制，则该两个机构互为关联机构。

前款所称控制是指直接或者间接拥有机构百分之五十以上的股权和表决权。

第十五条 本办法所称金融账户包括存量账户和新开账户。

存量账户是指符合下列条件之一的账户，包括存量个人账户和存量机构账户：

（一）截至 2017 年 6 月 30 日由金融机构保有的、由个人或者机构持有的金融账户；

（二）2017 年 7 月 1 日（含当日，下同）以后开立并同时符合下列条件的金融账户：

1. 账户持有人已在同一金融机构开立了本款第一项所述账户的；

2. 上述金融机构在确定账户加总余额时将本款第二项所述账户与本款第一项所述账户视为同一账户的；

3. 金融机构已经对本款第一项所述账户进行反洗钱客户身份识别的；

4. 账户开立时，账户持有人无需提供除本办法要求以外的其他信息的。

存量个人账户包括低净值账户和高净值账户，低净值账户是指截至 2017 年 6 月 30 日账户加总余额不超过相当于一百万美元（简称“一百万美元”，下同）的账户，高净值账户是指截至 2017 年 6 月 30 日账户加总余额超过一百万美元的账户。

新开账户是指 2017 年 7 月 1 日以后在金融机构开立的，除第二款第二项规定账户外，由个人或者机构持有的金融账户，包括新开个人账户和新开机构账户。

第十六条 本办法所称账户加总余额是指账户持有人在同一金融机构及其关联机构所持有的全部金融账户余额或者资产的价值之和。

金融机构需加总的账户限于通过计算机系统中客户号、纳税人识别号等关键数据项能够识别的所有金融账户。

联名账户的每一个账户持有人，在加总余额时应当计算该联名账户的全部余额。

在确定是否为高净值账户时，客户经理知道或者应当知道在其供职的金融机构内几个账户直接或者间接由同一个人拥有或者控制的，应当对这些账户进行加总。

前款所称客户经理是指由金融机构指定、与特定客户有直接联系，根据客户需求向客户介绍、推荐或者提供相关金融产品、服务或者提供其他协助的人员，但不包括符合前述条件，仅由于偶然性原因为客户提供上述服务的人员。

金融机构在计算账户加总余额时，账户币种为非美元的，应当按照计算日当日中国人民银行公布的外汇中间价折合为美元计算。折合美元时，可以根据原币种金额折算，也可以根据该金融机构记账本位币所记录的金额进行折算。

第十七条 本办法所称非居民标识是指金融机构用于检索判断存量个人账户持有人是否为非居民个人的有关要素，具体包括：

（一）账户持有人的境外身份证明；

（二）账户持有人的境外现居地址或者邮寄地址，包括邮政信箱；

（三）账户持有人的境外电话号码，且没有我国境内电话号码；

（四）存款账户以外的账户向境外账户定期转账的指令；

（五）账户代理人或者授权签字人的境外地址；

（六）境外的转交地址或者留交地址，并且是唯一地址。转交地址是指账户持有人要求将其相关信函寄给转交人的地址，转交人收到信函后再交给账户持有人。留交地址是指账户持有人要求将其相关信函暂时存放的地址。

第十八条 本办法所称证明材料是指：

（一）由政府出具的税收居民身份证明；

（二）由政府出具的含有个人姓名且通常用于身份识别的有效身份证明，或者由政府出具的含有机构名称以及主要办公地址或者注册成立地址等信息的官方文件。

第三章 个人账户尽职调查

第十九条 金融机构应当按照以下规定，对新开个人账户开展尽职调查：

（一）个人开立账户时，金融机构应当获取由账户持有人签署的税收居民身份声明文件（以下简称“声明文件”），识别账户持有人是否为非居民个人。金融机构通过本机构电子渠道接收个人账户开户申请时，应当要求账户持有人提供电子声明文件。声明文件应当作为开户资料的一部分，声明文件相关信息可并入开户申请书中。个人代理他人开立金融账户以及单位代理个人开立金融账户时，经账户持有人书面授权后可由代理人签署声明文件。

（二）金融机构应当根据开户资料（包括通过反洗钱客户身份识别程序收集的资料），对声明文件的合理性进行审核，主要确认填写信息是否与其他信息存在明显矛盾。金融机构认为声明文件存在不合理信息时，应当要求账户持有人提供有效声明文件或者进行解释。不提供有效声明文件或者合理解释的，不得开立账户。

（三）识别为非居民个人的，金融机构应当收集并记录报送所需信息。

（四）金融机构知道或者应当知道新开个人账户情况发生变化导致原有声明文件信息不准确或者不可靠的，应当要求账户持有人提供有效声明文件。账户持有人自被要求提供之日起九十日内未能提供声明文件的，金融机构应当将其账户视为非居民账户管理。

第二十条 金融机构应当于 2018 年 12 月 31 日前选择以下方式完成对存量个人低净值账户的尽职调查：

（一）对于在现有客户资料（包括通过反洗钱客户身份识别程序收集的资料，下同）中留有地址，且有证明材料证明是现居地址或者地址位于现居国家（地区）的账户持有人，可以根据账户持有人的地址确定是否为非居民个人。邮寄无法送达的，不得将客户资料所留地址视为现居地址。

（二）利用现有信息系统开展电子记录检索，识别账户是否存在任一非居民标识。

现有客户资料中没有现居地址信息的，或者账户情况发生变化导致现居地址证明材料不再准确的，金融机构应当采用前款第二项方式开展尽职调查。

第二十一条 金融机构应当在 2017 年 12 月 31 日前对存量个人高净值账户依次完成以下尽职调查程序：

（一）开展电子记录检索和纸质记录检索，识别账户是否存在任一非居民标识。应当检索的纸质记录包括过去五年中获取的、与账户有关的全部纸质资料。

金融机构利用现有信息系统可电子检索出全部非居民标识字段信息的，可以不开展纸质记录检索。

（二）询问客户经理其客户是否为非居民个人。

第二十二条 对于存量个人低净值账户，2017 年 6 月 30 日之后任一公历年度末账户加总余额超过一百万美元时，金融机构应当在次年 12 月 31 日前，按照本办法第二十一条规定程序完成对账户的尽职调查。

第二十三条 对发现存在非居民标识的存量个人账户，金融机构可以通过现有客户资料确认账户持有人为非居民个人的，应当收集并记录报送所需信息。无法确认的，应当要求账户持有人提供声明文件。声明为中国税收居民个人的，金融机构应当要求其提供相应证明材料；声明为非居民个人的，金融机构应当收集并记录报送所需信息。账户持有人自被要求提供之日起九十日内未能提供声明文件的，金融机构应当将其账户视为非居民账户管理。

对未发现存在非居民标识的存量个人账户，金融机构无需作进一步处理，但应当建立持续监控机制。当账户情况变化出现非居民标识时，应当执行前款规定程序。

第二十四条 对于现金价值保险合同或者年金合同，金融机构知道或者应当知道获得死亡保险金的受益人为非居民个人的，应当将其账户视为非居民账户管理。

第四章 机构账户尽职调查

第二十五条 金融机构应当按照以下规定，对新开机构账户开展尽职调查：

（一）机构开立账户时，金融机构应当获取由该机构授权人签署的声明文件，识别账户持有人是否为非居民企业和消极非金融机构。声明文件应当作为开户资料的一部分，声明文件相关信息可并入开户申请书中。

（二）金融机构应当根据开户资料（包括通过反洗钱客户身份识别程序收

集的资料）或者公开信息对声明文件的合理性进行审核，主要确认填写信息是否与其他信息存在明显矛盾。金融机构认为声明文件存在不合理信息时，应当要求账户持有人提供有效声明文件或者进行解释。不提供有效声明文件或者合理解释的，不得开立账户。

（三）识别为非居民企业的，金融机构应当收集并记录报送所需信息。合伙企业等机构声明不具有税收居民身份的，金融机构可按照其实际管理机构所在地确定其税收居民国（地区）。

（四）识别为消极非金融机构的，金融机构应当依据反洗钱客户身份识别程序收集的资料识别其控制人，并且获取机构授权人或者控制人签署的声明文件，识别控制人是否为非居民个人。识别为有非居民控制人的消极非金融机构的，金融机构应当收集并记录消极非金融机构及其控制人相关信息。

账户持有人为非居民企业的，也应当进一步识别其是否同时为有非居民控制人的消极非金融机构。

（五）金融机构知道或者应当知道新开机构账户情况发生变化导致原有声明文件信息不准确或者不可靠的，应当要求机构授权人提供有效声明文件。机构授权人自被要求提供之日起九十日内未能提供声明文件的，金融机构应当将其账户视为非居民账户管理。

第二十六条 金融机构应当根据现有客户资料或者境外机构境内外汇账户标识，识别存量机构账户持有人是否为非居民企业。

除通过机构授权人签署的声明文件或者公开信息能确认为中国税收居民企业的外，上述信息表明该机构为非居民企业的，应当识别为非居民企业。

识别为非居民企业的，金融机构应当收集并记录报送所需信息。

第二十七条 金融机构应当识别存量机构账户持有人是否为消极非金融机构。通过现有客户资料或者公开信息确认不是消极非金融机构的，无需进一步处理。无法确认的，金融机构应当获取由机构授权人签署的声明文件。声明为消极非金融机构的，应当按照第二款规定进一步识别其控制人。无法获取声明文件的，金融机构应当将账户持有人视为消极非金融机构。

识别为消极非金融机构并且截至 2017 年 6 月 30 日账户加总余额超过一百万美元的，金融机构应当获取由机构控制人或者授权人签署的声明文件，识别控制人是否为非居民个人。无法获取声明文件的，金融机构应当针对控制人开展非居民标识检索，识别其是否为非居民个人。账户加总余额不超过一百万美元的，金融机构可以根据现有客户资料识别消极非金融机构控制人是否为非居民个人。根据现有客户资料无法识别的，金融机构可以不收集控制人相关信息。

识别为有非居民控制人的消极非金融机构的，金融机构应当收集并记录消极非金融机构及其控制人相关信息。

第二十八条 截至 2017 年 6 月 30 日账户加总余额超过二十五万美元的存量机构账户，金融机构应当在 2018 年 12 月 31 日前完成对账户的尽职调查。

截至 2017 年 6 月 30 日账户加总余额不超过二十五万美元的存量机构账户，金融机构无需开展尽职调查。但当之后任一公历年度末账户加总余额超过二十五万美元时，金融机构应当在次年 12 月 31 日前，按照本办法第二十六条和第二十七条规定完成对账户的尽职调查。

第五章 其他合规要求

第二十九条 金融机构可以根据自身业务需要，将新开账户的尽职调查程序适用于存量账户。

第三十条 金融机构委托其他机构向客户销售金融产品的，代销机构应当配合委托机构开展本办法所要求的尽职调查工作，并向委托机构提供本办法要求的信息。

第三十一条 金融机构可以委托第三方开展尽职调查，但相关责任仍应当由金融机构承担。基金、信托等属于投资机构的，可以分别由基金管理公司、信托公司作为第三方完成尽职调查相关工作。

第三十二条 金融机构应当建立账户持有人信息变化监控机制，包括要求账户持有人在本办法规定的相关信息变化之日起三十日内告知金融机构。金融机构在知道或者应当知道账户持有人相关信息发生变化之日起九十日内或者本年度 12 月 31 日前根据有关尽职调查程序重新识别账户持有人或者有关控制人是否为非居民。

第三十三条 对下列账户无需开展尽职调查：

（一）同时符合下列条件的退休金账户：

1. 受政府监管；

2. 享受税收优惠；

3. 向税务机关申报账户相关信息；

4. 达到规定的退休年龄等条件时才可取款；

5. 每年缴款不超过五万美元，或者终身缴款不超过一百万美元。

（二）同时符合下列条件的社会保障类账户：

1. 受政府监管；

2. 享受税收优惠；

3. 取款应当与账户设立的目的相关，包括医疗等；

4. 每年缴款不超过五万美元。

（三）同时符合下列条件的定期人寿保险合同：

1. 在合同存续期内或者在被保险人年满九十岁之前（以较短者为准），至少按年度支付保费，且保费不随时间递减；

2. 在不终止合同的情况下，任何人均无法获取保险价值；

3. 合同解除或者终止时，应付金额（不包括死亡抚恤金）在扣除合同存续期间相关支出后，不得超过为该合同累计支付的保费总额；

4. 合同不得通过有价方式转让。

（四）为下列事项而开立的账户：

1. 法院裁定或者判决；

2. 不动产或者动产的销售、交易或者租赁；

3. 不动产抵押贷款情况下，预留部分款项便于支付与不动产相关的税款或者保险；

4. 专为支付税款。

（五）同时符合下列条件的存款账户：

1. 因信用卡超额还款或者其他还款而形成，且超额款项不会立即返还账户持有人；

2. 禁止账户持有人超额还款五万美元以上，或者账户持有人超额还款五万美元以上的款项应当在六十日内返还账户持有人。

（六）上一公历年度余额不超过一千美元的休眠账户。休眠账户是满足下列条件之一的账户（不包括年金合同）：

1. 过去三个公历年度中，账户持有人未向金融机构发起任何与账户相关的交易；

2. 过去六个公历年度中，账户持有人未与金融机构沟通任何与账户相关的事宜；

3. 对于具有现金价值的保险合同，在过去六个公历年度中，账户持有人未与金融机构沟通任何与账户相关的事宜。

（七）由我国政府机关、事业单位、军队、武警部队、居民委员会、村民委员会、社区委员会、社会团体等单位持有的账户；由军人（武装警察）持军人（武装警察）身份证件开立的账户。

（八）政策性银行为执行政府决定开立的账户。

（九）保险公司之间的补偿再保险合同。

第三十四条 金融机构应当妥善保管本办法执行过程中收集的资料，保存期限为自报送期末起至少五年。相关资料可以以电子形式保存，但应当确保能够按照相关行业监督管理部门和国家税务总局的要求提供纸质版本。

第三十五条 金融机构应当汇总报送境内分支机构的下列非居民账户信息，并注明报送信息的金融机构名称、地址以及纳税人识别号：

（一）个人账户持有人的姓名、现居地址、税收居民国（地区）、居民国（地区）纳税人识别号、出生地、出生日期；机构账户持有人的名称、地址、税收居民国（地区）、居民国（地区）纳税人识别号；机构账户持有人是有非居民控制人的消极非金融机构的，还应当报送非居民控制人的姓名、现居地址、税收居民国（地区）、居民国（地区）纳税人识别号、出生地、出生日期。

（二）账号或者类似信息。

（三）公历年度末单个非居民账户的余额或者净值（包括具有现金价值的保险合同或者年金合同的现金价值或者退保价值）。账户在本年度内注销的，余额为零，同时应当注明账户已注销。

（四）存款账户，报送公历年度内收到或者计入该账户的利息总额。

（五）托管账户，报送公历年度内收到或者计入该账户的利息总额、股息总额以及其他因被托管资产而收到或者计入该账户的收入总额。报送信息的金融机构为代理人、中间人或者名义持有人的，报送因销售或者赎回金融资产而收到或者计入该托管账户的收入总额。

（六）其他账户，报送公历年度内收到或者计入该账户的收入总额，包括赎回款项的总额。

（七）国家税务总局要求报送的其他信息。

上述信息中涉及金额的，应当按原币种报送并且标注原币种名称。

对于存量账户，金融机构现有客户资料中没有居民国（地区）纳税人识别号、出生日期或者出生地信息的，无需报送上述信息。但是，金融机构应当在上述账户被认定为非居民账户的次年 12 月 31 日前，积极采取措施，获取上述信息。

非居民账户持有人无居民国（地区）纳税人识别号的，金融机构无需收集并报送纳税人识别号信息。

第三十六条　金融机构应当于 2017 年 12 月 31 日前登录国家税务总局网站办理注册登记，并且于每年 5 月 31 日前按要求报送第三十五条所述信息。

第六章　监督管理

第三十七条　金融机构应当建立实施监控机制，按年度评估本办法执行情况，及时发现问题、进行整改，并于次年 6 月 30 日前向相关行业监督管理部门和国家税务总局书面报告。

第三十八条　金融机构有下列情形之一的，由国家税务总局责令其限期改正：

（一）未按照本办法规定开展尽职调查的；

（二）未按照本办法建立实施监控机制的；

（三）故意错报、漏报账户持有人信息的；

（四）帮助账户持有人隐藏真实信息或者伪造信息的；

（五）其他违反本办法规定的。

逾期不改正的，税务机关将记录相关纳税信用信息，并用于纳税信用评价。有关违规情形通报相关金融主管部门。

第三十九条 对于金融机构的严重违规行为，有关金融主管部门可以采取下列措施：

（一）责令金融机构停业整顿或者吊销其经营许可证；

（二）取消金融机构直接负责的董事、高级管理人员和其他直接责任人员的任职资格、禁止其从事有关金融行业的工作；

（三）责令金融机构对直接负责的董事、高级管理人员和其他直接责任人给予纪律处分。

第四十条 对于账户持有人的严重违规行为，有关金融主管部门依据相关法律、法规进行处罚，涉嫌犯罪的，移送司法机关进行处理。

第七章 附 则

第四十一条 本办法施行前我国与相关国家（地区）已经就非居民金融账户涉税信息尽职调查事项商签双边协定的，有关要求另行规定。

第四十二条 国家税务总局与有关金融主管部门建立涉税信息共享机制，保障国家税务总局及时获取本办法规定的信息。非居民金融账户涉税信息报送要求另行规定。

第四十三条 本办法所称“以上”“以下”均含本数，“不满”“超过”均不含本数。

第四十四条 本办法自2017年7月1日起施行。

链 接

关于《国家税务总局 财政部 中国人民银行 中国银行业监督管理委员会 中国证券监督管理委员会中国保险监督管理委员会关于发布〈非居民金融账户涉税信息尽职调查管理办法〉的公告》的解读

为了履行金融账户涉税信息自动交换国际义务，规范金融机构对非居民金融账户涉税信息尽职调查行为，国家税务总局、财政部、中国人民银行、中国银行业监督管理委员会、中国证券监督管理委员会、中国保险监督管理委员会制定了《非居民金融账户涉税信息尽职调查管理办法》（以下简称《管理办法》）。现就《管理办法》有关内容解读如下：

一、《管理办法》出台的背景是什么？

受二十国集团（G20）委托，经济合作与发展组织（OECD）于2014年7月发布金融账户涉税信息自动交换标准（以下简称“标准”），获得当年G20布里斯班峰会的核准，为各国加强国际税收合作、打击跨境逃避税提供了强有力的信息工具。在G20的大力推动下，目前已有100个国家（地区）承诺实施“标准”。

经国务院批准，我国向G20承诺实施“标准”，首次对外交换信息的时间为2018年9月。2015年7月，《多边税收征管互助公约》由十二届全国人大常委会第十五次会议批准，于2016年2月对我国生效，为我国实施“标准”奠定了多边法律基础。2015年12月，国家税务总局签署了《金融账户涉税信息自动交换多边主管当局间协议》，为我国与其他国家（地区）间相互交换金融账户涉税信息提供了操作层面的依据。

本次发布的《管理办法》旨在将国际通用的“标准”转化成适应我国国情的具体要求，为我国实施“标准”提供法律依据和操作指引，既是我国积极推动“标准”实施的重要举措，也是我国履行国际承诺的具体体现。

二、“标准”的主要内容是什么？

“标准”由主管当局间协议和统一报告标准两部分内容组成。主管当局间协议是规范各国（地区）税务主管当局之间开展金融账户涉税信息自动交换的操作性文件。统一报告标准规定了金融机构识别、收集和报送非居民个人和机构账户信息的相关要求和程序。

根据“标准”开展金融账户涉税信息自动交换，首先由一国（地区）金融机构通过尽职调查程序识别另一国（地区）税收居民个人和企业在该金融机构开立的账户，按年向金融机构所在国（地区）主管部门报送账户持有人名称、纳税人识别号、地址、账号、账户余额或价值、利息、股息以及出售金融资产（不包括实物资产）的收入等信息，再由该国（地区）税务主管当局与账户持有人的居民国税务主管当局开展信息交换，最终为各国（地区）进行跨境税源监管提供信息支持。具体过程如下图所示：

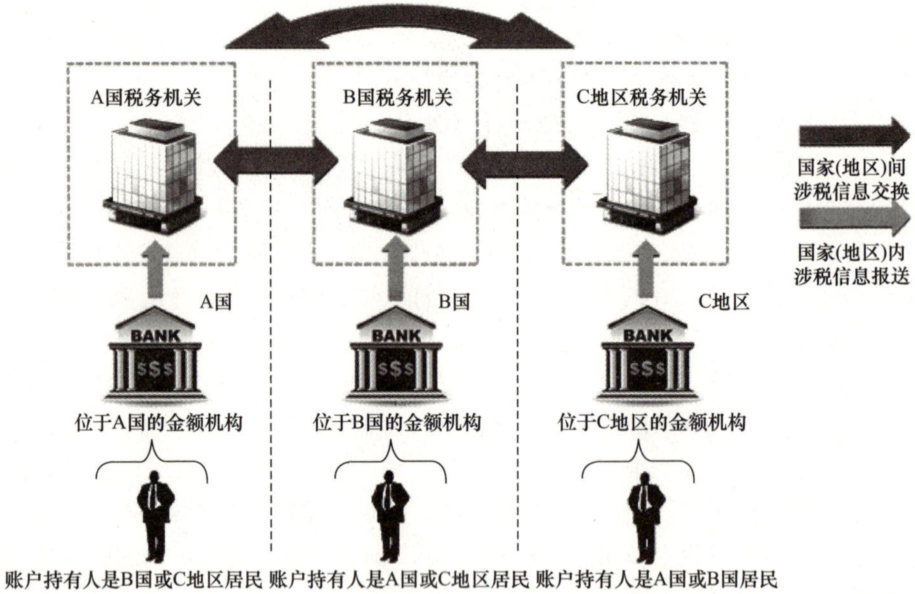

三、“标准”与美国的《海外账户税收合规法案》是什么关系？

2010年，美国颁布《海外账户税收合规法案》（FATCA），要求外国金融机构向美国国内收入局报告美国税收居民（包括美国公民、绿卡持有者）账户的信息，否则外国金融机构在接收来源于美国的特定收入时将被扣缴30%的惩罚性预提所得税。FATCA主要采用双边信息交换机制，即美国与其他国家（地区）根据双边政府间协定开展信息交换。

“标准”是以FATCA政府间协定为蓝本设计的多边信息交换机制，可以说是全球版的FATCA。“标准”与FATCA内容上大体相同，但是在细节上存在一些差异，包括报送对象、个人账户的尽职调查门槛、免予报送信息的金融机构类别、处罚措施等。《管理办法》旨在识别“标准”所要求的非居民账户，并不适用于FATCA所要求的美国税收居民账户。鉴于我国政府正与美国政府积极商谈有关FATCA政府间协定事宜，金融机构可以考虑在操作层面将“标准”与FATCA统筹，包括根据自身业务需求将二者的声明文件进行整合等。

四、有哪些国家（地区）已经承诺实施“标准”？

预计未来将有更多国家（地区）承诺实施“标准”。对于一直不承诺实施“标准”的国家（地区），国际社会可能采取联合反制措施，促使其承诺实施“标准”，提高税收透明度。长远来看，“标准”在全球范围内的实施是大势所趋，金融账户涉税信息自动交换终将覆盖绝大部分国家（地区）。

2017 年首次交换信息的国家（地区）共 50 个
安圭拉、阿根廷、比利时、百慕大、英属维尔京群岛、保加利亚、开曼群岛、哥伦比亚、克罗地亚、塞浦路斯、捷克、丹麦、爱沙尼亚、法罗群岛、芬兰、法国、德国、直布罗陀、希腊、格陵兰、根西岛、匈牙利、冰岛、印度、爱尔兰、马恩岛、意大利、泽西岛、韩国、拉脱维亚、列支敦士登、立陶宛、卢森堡、马耳他、墨西哥、蒙特塞拉特、荷兰、挪威、波兰、葡萄牙、罗马尼亚、圣马力诺、塞舌尔、斯洛伐克、斯洛文尼亚、南非、西班牙、瑞典、特克斯和凯科斯群岛、英国
2018 年首次交换信息的国家（地区）共 50 个
安道尔、安提瓜和巴布达、阿鲁巴、澳大利亚、奥地利、巴哈马、巴林、巴巴多斯、伯利兹、巴西、文莱达鲁萨兰国、加拿大、智利、中国、库克群岛、哥斯达黎加、库拉索岛、多米尼克、加纳、格林纳达、中国香港、印度尼西亚、以色列、日本、科威特、黎巴嫩、马绍尔群岛、中国澳门、马来西亚、毛里求斯、摩纳哥、瑙鲁、新西兰、纽埃、巴拿马、卡塔尔、俄罗斯、圣基茨和尼维斯、萨摩亚、圣卢西亚、圣文森特和格林纳丁斯、沙特阿拉伯、新加坡、圣马丁、瑞士、特立尼达和多巴哥、土耳其、阿拉伯联合酋长国、乌拉圭、瓦努阿图

五、我国将与哪些国家（地区）交换金融账户涉税信息？

已承诺实施“标准”的国家（地区）相互挑选信息交换伙伴，双方均有意向的则可建立伙伴关系。中国将与尽可能多的国家（地区）建立信息交换伙伴关系。相关情况见国家税务总局网站。

六、制定《管理办法》的原则是什么？

一是严格遵循国际标准。“标准”由 OECD 会同 G20 成员国制定，已成为税收透明度国际新标准。为了构建良好的国际税收征管秩序，避免各国（地区）具体实施水平参差不齐的情况，国际社会要求各国（地区）在国内法转化过程中严格遵循“标准”的规定，并且将对各国国内法制定和执行情况进行国际审议。因此，《管理办法》按照“标准”的主要内容制定，规定了我国境内金融机构识别非居民账户并收集相关信息的原则和程序，包括对基本定义的解释、个人账户与机构账户的尽职调查程序、金融机构需收集和报送的信息范围等。

二是充分考虑国内实际。考虑到《管理办法》的内容涉及金融机构的日常合规工作和金融机构客户的切身体验，《管理办法》数次通过金融主管部门广泛征求金融业界意见，并于 2016 年 10 月在国家税务总局网站上向社会公开征求意见。本着兼顾国际、国内两方面需求的原则，《管理办法》在“标准”允许范围内尽量考虑了国内各方诉求，从而减轻金融机构合规负担和对客户体验的影响。

七、《管理办法》对社会公众有何影响？

《管理办法》对社会公众影响较小，主要对在金融机构开立新账户的部分个人和机构有一定影响。从 2017 年 7 月 1 日起，个人和机构在金融机构新开立账户，包括在商业银行开立存款账户、在保险公司购买商业保险，需按照金融机构要求在开户申请书或额外的声明文件里声明其税收居民身份。由于在我国境内金融机构开立账户的个人和机构绝大部分为中国税收居民，填写声明文件时仅需勾选“中国税收居民”即可，开户体验影响不大。如果上述个人和机构前期已经开立了账户，2017 年 7 月 1 日之后在同一金融机构开立新账户时，大部分情况下无需进行税收居民身份声明，其税收居民身份由金融机构根据留存资料来确认。

对于 2017 年 7 月 1 日之前已经开立的账户，金融机构根据留存资料确认账户持有人的税收居民身份，极少数不能确认的需要个人和机构配合提供材料。

八、《管理办法》对哪些人影响较大？

《管理办法》主要对在中国境内开立账户的非居民或者有非居民控制人的消极非金融机构影响较大。这里所称非居民，是指中国税收居民以外的个人和企业（包括其他组织），但不包括政府机构、国际组织、中央银行、金融机构或者在所在地政府认可和监管的证券市场上市交易的公司及其关联机构。

非居民或者有非居民控制人的消极非金融机构在开立金融账户时，需要详细填写账户持有人或控制人的税收居民身份声明文件，包括姓名（名称）、现居地址、税收居民国（地区）、居民国（地区）纳税人识别号、出生地、出生日期等信息，并应确保信息真实、准确。

上述信息报送到相关部门后，由国家税务总局按照我国对外签订的协议交换给账户持有人居民国税务主管当局。

九、什么是消极非金融机构？

如果一家非金融机构取得的大部分收入是股息、利息、租金、特许权使用费等消极经营活动收入，则该机构属于消极非金融机构，例如设立在某避税地、仅持有子公司股权的中间控股公司。由于消极非金融机构容易被当作跨境逃避税的工具，金融机构需要识别出这些机构及其背后的实际控制人。如果消极非金融机构的控制人是非居民，金融机构则需要收集并报送控制人相关信息。

十、账户持有人为什么需要填写税收居民身份声明文件？

《管理办法》采用的是税收居民概念，与居住管理法规中的居民概念不同。税收居民身份认定标准比较复杂，无法通过普通的居民身份证件直接判定，因此需要开立账户的个人和机构自行声明其税收居民身份。开立账户的个人和机构应配合金融机构的尽职调查工作，真实、及时、准确、完整地填写税收居民身份声明文件，提供《管理办法》规定的相关材料，并承担因未遵守规定而引发的法律责任和风险。

十一、账户持有人如何判断自己的税收居民身份？

各国（地区）国内法有关税收居民身份的认定标准并不一致。对于个人而言，通常同时采用住所（居所）标准和停留时间标准，纳税人只要符合其中之一即可构成该国（地区）的税收居民；对于企业而言，通常采用注册地标准和管理机构所在地标准。

以我国为例。根据我国税法，中国税收居民个人是指在中国境内有住所，或者无住所而在境内居住满一年的个人（在中国境内有住所是指因户籍、家庭、经济利益关系而在中国境内习惯性居住）；中国税收居民企业是指依法在中国境内成立，或者依照外国（地区）法律成立，但实际管理机构在中国境内的企业（包括其他组织）。

账户持有人要根据自身实际情况，结合相关国家（地区）税收居民身份认定规则，对自己的税收居民身份进行综合判断。国家税务总局网站将公布相关资料供金融机构和账户持有人参考（http：//www. chinatax. gov. cn/aeoi_ index. html）。账户持有人也可咨询专业税务顾问来判定自己的税收居民身份。

十二、中国税收居民个人的账户信息将被报送和交换吗？

账户持有人为中国税收居民个人的，金融机构不会收集和报送相关账户信息，也不会交换给其他国家（地区）。账户持有人同时构成中国税收居民和其他国家（地区）税收居民的，其中国境内的账户信息将会交换给相应税收居民国（地区）的税务当局，其境外的账户信息交换给国家税务总局。

十三、《管理办法》所称尽职调查是指什么？

《管理办法》所称尽职调查，并非一般意义上的调查，而是指金融机构按照规定的程序，了解账户持有人或者有关控制人的税收居民身份，识别非居民金融账户，收集并记录相关账户信息。一直以来，金融机构在相关主管部门的要求下，为了反洗钱目的已经开展了类似客户身份识别工作，为执行《管理办法》奠定了基础。

十四、哪些金融机构需要按照《管理办法》开展尽职调查？

《管理办法》所定义的金融机构与通常经济生活中理解的金融机构不一样。例如，某公司按照国民经济行业分类属于“金融业”，但并不一定属于《管理办法》所称金融机构。

依法在我国境内设立的存款机构、托管机构、投资机构和特定的保险机构等金融机构，需要按照《管理办法》的规定开展尽职调查。相关定义在《管理办法》中均有具体解释和列举。

金融资产管理公司、财务公司、金融租赁公司、汽车金融公司、消费金融公司、货币经纪公司、证券登记结算机构以及其他不符合条件的机构，不属于《管理办法》规定的金融机构，因此不需要开展尽职调查。

十五、哪些账户在《管理办法》规定的尽职调查范围之内？

从2017年7月1日起，我国境内金融机构将对存款账户、托管账户、投资机构的股权权益或债权权益以及具有现金价值的保险合同或年金合同开展尽职调查。这些账户不论金额大小，都应通过尽职调查识别账户持有人是否为非居民。

在实践中，某些金融账户被用来跨国逃避税的风险较低，因此，《管理办法》参照国际标准也规定了一些免予尽职调查的账户，例如符合条件的退休金账户、社会保障类账户、定期人寿保险合同、休眠账户以及其他符合条件的账户等。相关条件在《管理办法》中均有具体规定。

十六、所有类别账户的尽职调查程序一样吗？

《管理办法》将账户分为个人和机构两类账户，每类账户又分为新开账户和存量账户。不同类别账户的尽职调查要求和程序有所不同。简单来说，新开账户尽职调查要求相对严格，需要开户人提供其税收居民身份声明文件，金融机构根据开户资料进行合理性审核。存量账户尽职调查程序相对简易，金融机构主要依据留存资料进行检索。有条件的金融机构可以选择将新开账户尽职调查要求适用于存量账户。具体要求详见下表：

<table>
<tr><th colspan="3">账户类别</th><th>描述</th><th>尽职调查程序</th><th>时间要求</th></tr>
<tr><td rowspan="3">个人</td><td colspan="2">新开</td><td>2017.7.1以后开立</td><td>声明文件+合理性审核</td><td>2017.7.1开始</td></tr>
<tr><td rowspan="2">存量</td><td>低净值</td><td>截至2017.6.30账户加总余额≤100万美元</td><td>检索留存资料（电子）</td><td>2018.12.31完成</td></tr>
<tr><td>高净值</td><td>截至2017.6.30账户加总余额>100万美元</td><td>检索留存资料（电子+纸质）+询问客户经理</td><td>2017.12.31完成</td></tr>
<tr><td rowspan="3">机构</td><td colspan="2">新开</td><td>2017.7.1以后开立</td><td>声明文件+合理性审核</td><td>2017.7.1开始</td></tr>
<tr><td rowspan="2">存量</td><td>小额</td><td>截至2017.6.30账户加总余额≤25万美元</td><td>无需处理</td><td>无</td></tr>
<tr><td>其他</td><td>截至2017.6.30账户加总余额>25万美元</td><td>检索留存资料+部分账户声明文件</td><td>2018.12.31完成</td></tr>
</table>

十七、金融机构需要做好哪些执行准备工作？

为执行《管理办法》，金融机构应建立完整的非居民金融账户尽职调查管理制度，设计合理的业务流程和操作规范，并完成相关信息系统的开发和改造。金融机构还需加强对本机构相关岗位工作人员的培训，使其具备开展非居民金融账户尽职调查的意识和能力。此外，金融机构还可以通过印制宣传资料等形式对客户进行宣传，使其了解《管理办法》的相关背景，配合金融机构完成尽职调查工作。

需要注意的是，金融机构应于2017年12月31日前登录国家税务总局网站（http：//www.chinatax.gov.cn/aeoi_ index.html）办理注册登记，为下一步信息报送做好准备。

十八、金融机构可以委托其他机构履行尽职调查义务吗?

金融机构可以委托第三方履行尽职调查义务，但相关责任仍由金融机构承担。基金、信托等属于投资机构的，可以分别由基金管理公司、信托公司作为第三方完成尽职调查相关工作。金融机构委托其他机构向客户销售金融产品的，代销机构应当配合委托机构开展尽职调查，并向委托机构提供信息用于报送。为了保证实施效果，金融机构应当妥善保管尽职调查过程中收集的资料，保存期限至少五年。

十九、《管理办法》后续配套措施有哪些?

相关部门将制定配套的金融机构信息报送规定，明确报送渠道、格式和相关技术规范，以便于金融机构将通过尽职调查收集的信息报送给相关部门。

为方便金融机构和社会公众深入了解有关金融账户涉税信息自动交换的内容，国家税务总局网站上将开设专题网页（http：//www.chinatax.gov.cn/aeoi_ index.html），集中发布参考资料，包括各国税收居民身份认定规则、纳税人识别号编码规则、常见问题等，供金融机构和社会公众学习参考。

二十、客户隐私会泄露吗?

金融机构收集和报送非居民账户信息，不会造成客户信息泄露。一是《管理办法》规定金融机构应对客户信息严格保密。二是金融机构有义务向客户充分说明其需履行的信息收集和报送义务，不会在客户不知情的情况下收集账户信息。三是相关部门应按规定对客户信息进行保密。四是两国税务主管当局间通过经安全加密的统一传输系统开展信息交换。五是金融机构报送的客户信息原则上仅用于税收征管目的。

二十一、信息交换是否意味着增加纳税人的税收负担?

金融账户涉税信息自动交换是各国（地区）之间加强跨境税源管理的一种手段，不会增加纳税人本应履行的纳税义务。交换的信息是来源于境外的第三方信息，主要用于各国开展风险评估，并非直接用于征税。对评估列为高风险的纳税人，税务机关将有针对性地开展税务检查并采取相应后续管理措施。依法诚信申报纳税的纳税人无须担心因信息交换而增加税收负担。

二十二、对海外华侨华人有何影响？

在我国境内金融机构新开立账户的华侨华人，应在开户时向金融机构提供个人税收居民身份声明文件。已经在我国境内金融机构开立账户的华侨华人，如果该账户存在境外地址、电话等非居民标识，账户持有人需配合金融机构确认其是否为非居民。对于确认为非居民的华侨华人，金融机构将收集并报送账户信息，由国家税务总局交换给税收居民国税务主管当局；确认为中国税收居民的，相关账户信息将不会收集和交换。

在我国境外有金融账户的华侨华人，如果所在国（地区）也实施了“标准”，华侨华人需配合当地金融机构确认其税收居民身份。确认为中国税收居民的华侨华人，所在国（地区）税务主管当局将向国家税务总局提供相关账户信息；确认为所在国（地区）税收居民的，相关账户信息将不会报回国内。

如果华侨华人所在国（地区）不实施“标准”，其本人大部分情况下不会受到任何影响。但是，如果其本人是所在地某投资机构的控制人，那么该投资机构在实施“标准”的国家（地区）开立账户时，对方金融机构将收集控制人的信息，也就是其本人信息。

二十三、我国居民个人在境外开立账户有何注意事项？

在已承诺实施“标准”的国家（地区）设立的金融机构，都需要识别非居民账户，并向所在地税务当局报送账户相关信息。我国税收居民个人在这些国家（地区）开立金融账户时，需要提供税收居民身份信息，包括我国纳税人识别号。根据我国相关规定，对于以中国居民身份证为有效身份证明的个人，其纳税人识别号为其居民身份证号码。由于金融机构可能需要核验账户持有人相关证件，我国居民个人在境外开立账户请带好本人居民身份证。对于以外国护照等其他证件作为有效身份证明的个人，其纳税人识别号规则请参见国家税务总局网站（http：//www. chinatax. gov. cn/aeoi_ index. html）。

（五）国际运输

国家税务总局关于发布《非居民企业从事国际运输业务税收管理暂行办法》的公告

2014 年 6 月 30 日　国家税务总局公告 2014 年第 37 号

【要点指引】随着国际交往日益频繁，非居民企业从事国际海运业务、国际空运业务不断增多。而原有的相关税收管理规定与此不相适应，为此国家税务总局出台了《非居民企业从事国际运输业务税收管理暂行办法》（国家税务总局公告 2014 年第 37 号发布，以下简称《办法》），以便加强对这一领域的监管。

《办法》第一章解释了从事国际运输业务、纳税人、主管税务机关等基本概念。其中非居民企业以程租、期租、湿租的方式出租船舶、飞机取得收入的经营活动，性质上是一种运输服务，属于国际运输业务。该类非居民企业要自行或委托代理人选择向境内一处业务口岸所在地主管税务机关办理税务登记，在取得国际运输业务收入后要自主向主管税务机关申报缴纳企业所得税。而非居民企业以光租、干租等方式出租船舶、飞机，或者出租集装箱及其他装载工具给境内机构或者个人取得的所得，为租金收入，不属于《办法》规定的国际运输业务，应按照企业所得税法第三条第三款的规定执行。

《办法》第二章依照税收征管法的要求，规定了税务登记、账簿设置、应纳税额的确定、扣缴义务人的法定职责等内容。

《办法》第三章的享受税收协定待遇管理，已由《国家税务总局关于发布〈非居民纳税人享受税收协定待遇管理办法〉的公告》（国家税务总局公告 2015 年第 60 号）废止。

《办法》第四章强调要按户跟踪管理，重点是广泛、充分地获取信息。主管税务机关既要注重从港务、航管、海关、商检等国内相关部门获取税源信息，也可以由国家税务总局向缔约国对方提出专项情报请求。

《办法》第五章附则第二十二条的视同已按规定备案、可免予重新备案等，将适用国家税务总局公告 2015 年第 60 号的新规定。

为规范和加强非居民企业从事国际运输业务的税收管理，国家税务总局制定了《非居民企业从事国际运输业务税收管理暂行办法》，现予以公布，自 2014 年 8 月 1 日起施行。

特此公告。

非居民企业从事国际运输业务税收管理暂行办法

第一章　总　　则

第一条　为规范非居民企业从事国际运输业务的税收管理，根据《中华人民共和国企业所得税法》及其实施条例（以下简称企业所得税法）、《中华人民共和国税收征收管理法》及其实施细则（以下简称税收征管法），以及中国政府对外签署的避免双重征税协定〔含与香港、澳门特别行政区签署的税收安排、互免海运（空运）国际运输收入协定、海运（空运）协定以及其他有关协议或者换文，以下统称税收协定〕等相关法律法规，制定本办法。

第二条 本办法所称从事国际运输业务，是指非居民企业以自有或者租赁的船舶、飞机、舱位，运载旅客、货物或者邮件等进出中国境内口岸的经营活动以及相关装卸、仓储等附属业务。

非居民企业以程租、期租、湿租的方式出租船舶、飞机取得收入的经营活动属于国际运输业务。

非居民企业以光租、干租等方式出租船舶、飞机，或者出租集装箱及其他装载工具给境内机构或者个人取得的租金收入，不属于本办法规定的国际运输业务收入，应按照企业所得税法第三条第三款和《国家税务总局关于印发〈非居民企业所得税源泉扣缴管理暂行办法〉的通知》(国税发〔2009〕3号)①的规定执行（税收协定有特殊规定的除外)。

第三条 非居民企业从事本办法规定的国际运输业务，以取得运输收入的非居民企业为纳税人。

第四条 除执行税收协定涉及的其他税种外，本办法仅适用于企业所得税。

本办法所称主管税务机关是指主管国税机关。

第二章 征收管理

第五条 非居民企业应自有关部门批准其经营资格或运输合同、协议签订之日起30日内，自行或委托代理人选择向境内一处业务口岸所在地主管税务机关办理税务登记，并同时提供经营资格证书、经营航线资料、相关业务合同以及境内联系人等相关信息。

非居民企业选择境内一处口岸办理税务登记后，应当在其他业务口岸发生业务时向所在地主管税务机关报送税务登记资料、运输合同及其他相关资料的复印件。

第六条 非居民企业按照本办法第五条规定已经办理税务登记的，应当按照税收征管法及有关法律法规设置账簿，根据合法、有效凭证记账，进行核算，准确计算应纳税所得额，自行或委托代理人向税务登记所在地主管税务机

① 该文件已全文废止。自2017年12月1日起废止。参见：《国家税务总局关于非居民企业所得税源泉扣缴有关问题的公告》，国家税务总局公告2017年第37号。

关依法申报缴纳企业所得税。

第七条 非居民企业从事国际运输业务取得的所得应根据企业所得税法的规定，从收入总额中减除实际发生并与取得收入有关、合理的支出后的余额确定应纳税所得额。

收入总额是指非居民企业运载旅客、货物或者邮件等进出中国境内口岸所取得的客运收入、货运收入的总和。客运收入包括客票收入以及逾重行李运费、餐费、保险费、服务费和娱乐费等；货运收入包括基本运费以及各项附加费等。

第八条 非居民企业不能准确计算并据实申报其应纳税所得额的，由主管税务机关按照《国家税务总局关于印发〈非居民企业所得税核定征收管理办法〉的通知》（国税发〔2010〕19号）的规定核定其应纳税所得额。

第九条 非居民企业从事国际运输业务符合企业所得税法指定扣缴情形的，支付人所在地主管税务机关应按照《非居民承包工程作业和提供劳务税收管理暂行办法》（国家税务总局令第19号）第十四条规定的程序，指定支付人为扣缴义务人。支付人包括：

（一）向非居民企业或其境内子公司、分公司或代表机构，或者有权代表非居民企业收取款项的境内外代理人支付款项的单位或个人；

（二）通过其境外关联方或有特殊利益联系的第三方支付款项的单位或个人；

（三）其他符合企业所得税法规定的单位或个人。

第十条 支付人每次代扣代缴税款时，应向其主管税务机关报送《中华人民共和国扣缴企业所得税申报表》及相关资料，并自代扣之日起7日内将税款缴入国库。

第三章 享受税收协定待遇管理①

第十一条 非居民企业享受税收协定待遇适用的国际运输收入或所得以及税种的范围，按照税收协定有关规定执行。

第十二条 非居民企业需要享受税收协定待遇的，应在按照国内税法规定发生纳税义务之前或者申报相关纳税义务时，向其登记地主管税务机关备案，一式两份提交《非居民享受税收协定待遇备案报告表》〔见《国家税务总局关于印发〈非居民享受协定待遇管理办法（试行）〉的通知》（国税发〔2009〕124号）附件1，以下简称享受协定待遇备案表〕及下列资料：

（一）企业注册地所在国签发的企业注册证明副本或复印件；

---

① 条款废止。第三章废止。自2015年11月1日起废止。参见《国家税务总局关于发布〈非居民纳税人享受税收协定待遇管理办法〉的公告》，国家税务总局公告2015年第60号。

（二）税收协定缔约对方税务主管当局或者航运主管部门在上一公历年度开始以后出具的居民身份证明、法人证明原件或复印件（提供复印件的，应标明原件存放处）；

（三）与取得国际运输收入、所得有关的合同或协议复印件；

（四）关于运行航线、运输客货邮件及在中国境内的沿途停泊口岸情况的书面说明；

（五）税务机关要求提交的与享受税收协定待遇有关的其他资料。

非居民企业提供的备案资料齐全、完整的，主管税务机关应当场在两份享受协定待遇备案表上加盖印章，一份存档备查，一份退还非居民企业。对于非居民企业提交的备案资料不齐全或填写不完整的，主管税务机关应当场告知其予以补正。上述备案资料中已报送主管税务机关的，可不再重复报送。

同一非居民企业在同一地需要多次享受税收协定待遇的，在首次办理上述备案后3个公历年度内（含本年度）可免于重复办理备案手续。

第十三条 非居民企业未按本办法第十二条规定备案并提交资料的，不得享受税收协定待遇；已经自行享受税收协定待遇的，经主管税务机关责令限期改正仍未改正，又无正当理由的，应补缴税款，并根据税收征管法有关规定处理。

第十四条 非居民企业在境内多个口岸发生国际运输业务的，应将主管税务机关受理后的享受协定待遇备案表复印件提交给其他口岸主管税务机关留存备查。其他口岸主管税务机关如有异议，应与受理享受协定待遇备案的主管税务机关沟通协调，协调不一致的向共同上一级税务机关报告。

第十五条 非居民企业可享受但未曾享受税收协定待遇，且因未享受本可享受的税收协定待遇而多缴税款的，可自结算缴纳该多缴税款之日起三年内向主管税务机关提出追补享受税收协定待遇的要求，并按本办法规定补办备案手续，退还多缴的税款；超过前述规定时限的，主管税务机关不予受理。

第四章 跟踪管理

第十六条 主管税务机关应当按照逐户建档、按户管理的原则，建立非居民企业从事国际运输业务的管理台账和纳税档案，及时、准确掌握其收取运费及相关款项、税款缴纳、享受税收协定待遇等情况。

第十七条 主管税务机关应对非居民企业享受税收协定待遇情况进行跟踪管理。对其按本办法第十二条规定报送的资料与所从事的国际运输业务内容，以及备案提交的资料进行对比稽核，对于不符合享受税收协定待遇条件且未履行纳税义务的情形，应按照税收征管法有关规定处理。

第十八条 主管税务机关应与港务、航管、海关、商检、海监、外汇管理、商务等部门加强合作，获取相关税源信息，对非居民企业进出境内口岸、履行纳税义务、收取运费及相关款项等情况实施监控。

第十九条 主管税务机关在境内难以获取涉税信息时，可以制作专项情报，由税务总局向缔约国对方提出专项情报请求。

第五章 附 则

第二十条 非居民企业、扣缴义务人或代理人存在税收违法行为的，税务机关应按照税收征管法的有关规定处理。

第二十一条 各省、自治区、直辖市和计划单列市税务机关可根据本办法，结合本地区实际情况，制定具体实施办法。

第二十二条 本办法自 2014 年 8 月 1 日起施行。非居民企业在本办法施行之日以前已经办理享受税收协定待遇审批、备案或免税证明等相关手续的，视同已按本办法第十二条第一款规定备案，在本办法第十二条第三款规定的时限内可免予重新备案。

第二十三条 《国家税务局关于国际航空运输业务若干问题的通知》（国税发〔1993〕097 号）、《国家税务总局关于印制使用〈外轮运输收入税收报告表〉的通知》（国税函发〔1996〕729 号）、《国家税务总局关于印制使用〈外国公司船舶运输收入免征企业所得税申报表〉和〈外国公司船舶运输收入免征营业税证明表〉的通知》（国税函〔2002〕160 号）、《国家税务总局关于印制外国公司有关船舶运输税收情况报告表格的通知》（国税函〔2002〕384 号）等上述文件涉及企业所得税的规定和《国家税务总局关于非居民企业船舶、航空运输收入计算征收企业所得税有关问题的通知》（国税函〔2008〕952 号）自 2014 年 8 月 1 日起废止。

链 接

关于《国家税务总局关于发布〈非居民企业从事国际运输业务税收管理暂行办法〉的公告》的解读

自 20 世纪 80 年代开始，财政部、国家税务总局、国家外汇管理局单独或联合下发了多个文件，从税收管理、对外支付及享受税收协定待遇等方面对非居民企业从事国际运输业务进行了规范。随着 2008 年实施新的企业所得税法，有关国际运输涉及的非居民企业纳税义务和管理规定发生了较大变化，原来的很多规定不能适应当前税收管理工作的需要。为此，国家税务总局草拟了《非居民企业从事国际运输业务税收管理暂行办法》（国家税务总局公告 2014

年第37号，以下简称《办法》)。《办法》分五章23条，分别为总则（1—4条)、征收管理（5—10条)、享受税收协定待遇管理（11—15条)、跟踪管理（16—19条）和附则（20—23条)。主要包括非居民企业从事国际海运业务、国际空运业务涉及的企业所得税的管理，从税务登记、征收管理、享受协定待遇及跟踪管理等环节做出了具体规定，主要内容如下：

一、明确了非居民企业从事国际运输业务的税收管理范围

《办法》所称从事国际运输业务是指非居民企业以自有或者租赁的船舶、飞机、舱位，运载旅客、货物或者邮件等进出中国境内口岸的经营活动，含相关装卸、仓储等附属业务，并明确了以程租、期租、湿租的方式出租船舶、飞机取得收入的经营活动也属于国际运输业务。

二、税务登记管理

非居民企业从事国际运输劳务，按照税务总局发布的《非居民承包工程和提供劳务税收管理暂行办法》(国家税务总局令2009年第19号）的规定，在中国境内承包工程和提供劳务的非居民企业，均应办理税务登记。

鉴于非居民企业可能会在国内多个口岸开展国际运输业务，为方便纳税人，同时便于税务机关对同一纳税人集中管理，纳税人可自行选择一处业务发生地办理税务登记即可。当在其他业务口岸发生业务时，只需向业务发生地主管税务机关报送税务登记复印件及相关业务资料即可。

三、明确由支付人扣缴税款的规定

为便于管理，办法中明确未办理税务登记或未据实申报的非居民企业，由向其直接支付运费的支付人为扣缴义务人，包括境内委托方、货代公司等。

四、关于企业所得税征收管理的规定

企业所得税申报征收采取据实申报、核定征收、指定扣缴三种方式．设立账簿且能够准确计算应纳税所得额的非居民企业应当自行申报缴纳企业所得税；不能准确计算并据实申报其应纳税所得额的非居民企业采取核定征收的办法；未办理税务登记且未自行申报和未委托代理人申报的非居民企业由支付人按次支付运费时扣缴税款。

五、关于享受税收协定待遇的管理

（一）非居民企业需要享受税收协定待遇的，应提供缔约国税务主管当局出具的居民身份证明及复印件或者由缔约国航运主管部门出具的法人证明文件及复印件，包括注册地或实际管理机构所在地国家出具的居民身份证明，并按照规定提交资料，并同时向其他业务口岸主管税务机关报告协定待遇备案情况，其程序遵从了《非居民享受税收协定待遇管理办法（试行)》(国税发〔2009〕124号）的相关规定。

《办法》第十二条列明了申请享受协定待遇需要提报的资料，并规定对已

经向主管税务机关报送的，不再重复报送，减轻了纳税人负担，优化了纳税服务。

享受税收协定待遇的实际承运人，为经我国有关部门批准取得经营资格并载运旅客、货物进出中国境内口岸的非居民企业。非居民企业申请享受税收协定待遇的国际运输收入依据协定规定包括客运收入、货运收入及其附属收入。

（二）若税收协定涉及增值税、营业税等企业所得税以外的税种，其程序遵从本办法的规定。

六、其他事项

《办法》自2014年8月1日起施行，自《办法》生效后发生的国际运输业务按照《办法》的规定执行。非居民企业在《办法》施行之日前已经办理享受税收协定待遇审批、备案或免税证明等相关手续的，视同已按本办法第十二条第一款规定备案，在《办法》第十二条第三款规定的时限内无需再重新办理，待执行到期后再按照本办法规定办理。

三、"走出去"企业税收服务与管理

国家税务总局关于境外注册中资控股企业依据实际管理机构标准认定为居民企业有关问题的通知

2009年4月22日　国税发〔2009〕82号

【要点指引】 为进一步明确依据实际管理机构判定境外注册中资控股企业的居民企业标准、相关税收待遇、双重居民身份协调问题，国家税务总局出台《关于境外注册中资控股企业依据实际管理机构标准认定为居民企业有关问题的通知》(国税发〔2009〕82号，以下简称《通知》)。《通知》主要明确了以下三项内容：(1) 境外注册中资控股居民企业的判定标准、认定条件、认定程序、享有的权利和承担的义务；(2) 境外注册中资控股企业由于实际管理机构在中国境内而被认定为中国居民后，将其从中国境内其他居民企业取得的股息、红利等权益性投资收益作为免税收入；(3) 境外中资企业依据实际管理机构标准认定为居民企业的相关程序。

各省、自治区、直辖市和计划单列市国家税务局、地方税务局：

根据《中华人民共和国企业所得税法》(以下简称企业所得税法) 和《中华人民共和国企业所得税法实施条例》(以下简称实施条例) 的有关规定，为规范执行企业所得税法关于居民企业的判定标准，加强企业所得税管理，现对境外注册的中资控股企业 (以下称境外中资企业) 依据实际管理机构判定为中国居民企业的有关企业所得税问题通知如下：

一、境外中资企业是指由中国境内的企业或企业集团作为主要控股投资者，在境外依据外国 (地区) 法律注册成立的企业。

二、境外中资企业同时符合以下条件的，根据企业所得税法第二条第二款和实施条例第四条的规定，应判定其为实际管理机构在中国境内的居民企业 (以下称非境内注册居民企业)，并实施相应的税收管理，就其来源于中国境内、境外的所得征收企业所得税。

(一) 企业负责实施日常生产经营管理运作的高层管理人员及其高层管理部门履行职责的场所主要位于中国境内；

(二) 企业的财务决策 (如借款、放款、融资、财务风险管理等) 和人事决策（如任命、解聘和薪酬等）由位于中国境内的机构或人员决定，或需要得到位于中国境内的机构或人员批准；

（三）企业的主要财产、会计账簿、公司印章、董事会和股东会议纪要档案等位于或存放于中国境内；

（四）企业 1/2（含 1/2）以上有投票权的董事或高层管理人员经常居住于中国境内。

三、对于实际管理机构的判断，应当遵循实质重于形式的原则。

四、非境内注册居民企业从中国境内其他居民企业取得的股息、红利等权益性投资收益，按照企业所得税法第二十六条和实施条例第八十三条的规定，作为其免税收入。非境内注册居民企业的投资者从该居民企业分得的股息红利等权益性投资收益，根据实施条例第七条第（四）款的规定，属于来源于中国境内的所得，应当征收企业所得税；该权益性投资收益中符合企业所得税法第二十六条和实施条例第八十三条规定的部分，可作为收益人的免税收入。

五、非境内注册居民企业在中国境内投资设立的企业，其外商投资企业的税收法律地位不变。

六、境外中资企业被判定为非境内注册居民企业的，按照企业所得税法第四十五条以及受控外国企业管理的有关规定，不视为受控外国企业，但其所控制的其他受控外国企业仍应按照有关规定进行税务处理。

七、境外中资企业可向其实际管理机构所在地或中国主要投资者所在地主管税务机关提出居民企业申请，主管税务机关对其居民企业身份进行初步审核后，层报国家税务总局确认；境外中资企业未提出居民企业申请的，其中国主要投资者的主管税务机关可以根据所掌握的情况对其是否属于中国居民企业做出初步判定，层报国家税务总局确认。

境外中资企业或其中国主要投资者向税务机关提出居民企业申请时，应同时向税务机关提供如下资料：

（一）企业法律身份证明文件；

（二）企业集团组织结构说明及生产经营概况；

（三）企业最近一个年度的公证会计师审计报告；

（四）负责企业生产经营等事项的高层管理机构履行职责的场所的地址证明；

（五）企业董事及高层管理人员在中国境内居住记录；

（六）企业重大事项的董事会决议及会议记录；

（七）主管税务机关要求的其他资料。

八、境外中资企业被认定为中国居民企业后成为双重居民身份的，按照中国与相关国家（或地区）签署的税收协定（或安排）的规定执行。

九、本通知自 2008 年 1 月 1 日起执行。

财政部　国家税务总局关于企业境外所得税收抵免有关问题的通知

2009 年 12 月 25 日　财税〔2009〕125 号

【要点指引】为了消除国际重复征税，明确居民企业取得境外所得计征企业所得税时抵免境外已纳或负担所得税额的相关问题，财政部、国家税务总局联合发布《关于企业境外所得税收抵免有关问题的通知》(财税〔2009〕125 号，以下简称《通知》)，对企业所得税法及其实施条例关于境外所得税抵免制度的规定作了进一步明确。《通知》内容主要包括：(1) 以否定列举的形式明确了不可抵免境外所得税税额的情况；(2) 明确了间接抵免的持股比例、抵免层级和间接负担税额的计算公式；(3) 明确了对境外所得已纳税额计算抵免的简易办法。

各省、自治区、直辖市、计划单列市财政厅（局)、国家税务局、地方税务局，新疆生产建设兵团财务局：

根据《中华人民共和国企业所得税法》(以下简称企业所得税法) 及《中华人民共和国企业所得税法实施条例》(以下简称实施条例) 的有关规定，现就企业取得境外所得计征企业所得税时抵免境外已纳或负担所得税额的有关问题通知如下：

一、居民企业以及非居民企业在中国境内设立的机构、场所（以下统称企业）依照企业所得税法第二十三条、第二十四条的有关规定，应在其应纳税额中抵免在境外缴纳的所得税额的，适用本通知。

二、企业应按照企业所得税法及其实施条例、税收协定以及本通知的规定，准确计算下列当期与抵免境外所得税有关的项目后，确定当期实际可抵免分国（地区）别的境外所得税税额和抵免限额：

（一）境内所得的应纳税所得额（以下称境内应纳税所得额）和分国（地区）别的境外所得的应纳税所得额（以下称境外应纳税所得额)；

（二）分国（地区）别的可抵免境外所得税税额；

（三）分国（地区）别的境外所得税的抵免限额。

企业不能准确计算上述项目实际可抵免分国（地区）别的境外所得税税额的，在相应国家（地区）缴纳的税收均不得在该企业当期应纳税额中抵免，也不得结转以后年度抵免。

三、企业应就其按照实施条例第七条规定确定的中国境外所得（境外税前所得)，按以下规定计算实施条例第七十八条规定的境外应纳税所得额：

（一）居民企业在境外投资设立不具有独立纳税地位的分支机构，其来源于境外的所得，以境外收入总额扣除与取得境外收入有关的各项合理支出后的余额为应纳税所得额。各项收入、支出按企业所得税法及实施条例的有关规定确定。

居民企业在境外设立不具有独立纳税地位的分支机构取得的各项境外所得，无论是否汇回中国境内，均应计入该企业所属纳税年度的境外应纳税所得额。

（二）居民企业应就其来源于境外的股息、红利等权益性投资收益，以及利息、租金、特许权使用费、转让财产等收入，扣除按照企业所得税法及实施条例等规定计算的与取得该项收入有关的各项合理支出后的余额为应纳税所得额。来源于境外的股息、红利等权益性投资收益，应按被投资方作出利润分配决定的日期确认收入实现；来源于境外的利息、租金、特许权使用费、转让财产等收入，应按有关合同约定应付交易对价款的日期确认收入实现。

（三）非居民企业在境内设立机构、场所的，应就其发生在境外但与境内所设机构、场所有实际联系的各项应税所得，比照上述第（二）项的规定计算相应的应纳税所得额。

（四）在计算境外应纳税所得额时，企业为取得境内、外所得而在境内、境外发生的共同支出，与取得境外应税所得有关的、合理的部分，应在境内、境外（分国（地区）别，下同）应税所得之间，按照合理比例进行分摊后扣除。

（五）在汇总计算境外应纳税所得额时，企业在境外同一国家（地区）设立不具有独立纳税地位的分支机构，按照企业所得税法及实施条例的有关规定计算的亏损，不得抵减其境内或他国（地区）的应纳税所得额，但可以用同一国家（地区）其他项目或以后年度的所得按规定弥补。

四、可抵免境外所得税税额，是指企业来源于中国境外的所得依照中国境外税收法律以及相关规定应当缴纳并已实际缴纳的企业所得税性质的税款。但不包括：

（一）按照境外所得税法律及相关规定属于错缴或错征的境外所得税税款；

（二）按照税收协定规定不应征收的境外所得税税款；

（三）因少缴或迟缴境外所得税而追加的利息、滞纳金或罚款；

（四）境外所得税纳税人或者其利害关系人从境外征税主体得到实际返还或补偿的境外所得税税款；

（五）按照我国企业所得税法及其实施条例规定，已经免征我国企业所得税的境外所得负担的境外所得税税款；

（六）按照国务院财政、税务主管部门有关规定已经从企业境外应纳税所得额中扣除的境外所得税税款。

五、居民企业在按照企业所得税法第二十四条规定用境外所得间接负担的税额进行税收抵免时，其取得的境外投资收益实际间接负担的税额，是指根据直接或者间接持股方式合计持股20%以上（含20%，下同）的规定层级的外国企业股份，由此应分得的股息、红利等权益性投资收益中，从最低一层外国企业起逐层计算的属于由上一层企业负担的税额，其计算公式如下：

本层企业所纳税额属于由一家上一层企业负担的税额=(本层企业就利润和投资收益所实际缴纳的税额+符合本通知规定的由本层企业间接负担的税额)×本层企业向一家上一层企业分配的股息(红利)÷本层企业所得税后利润额。

六、除国务院财政、税务主管部门另有规定外，按照实施条例第八十条规定由居民企业直接或者间接持有20%以上股份的外国企业，限于符合以下持股方式的三层外国企业：

第一层：单一居民企业直接持有20%以上股份的外国企业；

第二层：单一第一层外国企业直接持有20%以上股份，且由单一居民企业直接持有或通过一个或多个符合本条规定持股条件的外国企业间接持有总和达到20%以上股份的外国企业；

第三层：单一第二层外国企业直接持有20%以上股份，且由单一居民企业直接持有或通过一个或多个符合本条规定持股条件的外国企业间接持有总和达到20%以上股份的外国企业。

七、居民企业从与我国政府订立税收协定（或安排）的国家（地区）取得的所得，按照该国（地区）税收法律享受了免税或减税待遇，且该免税或减税的数额按照税收协定规定应视同已缴税额在中国的应纳税额中抵免的，该免税或减税数额可作为企业实际缴纳的境外所得税额用于办理税收抵免。

八、企业应按照企业所得税法及其实施条例和本通知的有关规定分国（地区）别计算境外税额的抵免限额。

某国(地区)所得税抵免限额=中国境内、境外所得依照企业所得税法及实施条例的规定计算的应纳税总额×来源于某国(地区)的应纳税所得额÷中国境内、境外应纳税所得总额

据以计算上述公式中“中国境内、境外所得依照企业所得税法及实施条例的规定计算的应纳税总额”的税率，除国务院财政、税务主管部门另有规定外，应为企业所得税法第四条第一款规定的税率。

企业按照企业所得税法及其实施条例和本通知的有关规定计算的当期境内、境外应纳税所得总额小于零的，应以零计算当期境内、境外应纳税所得总

额，其当期境外所得税的抵免限额也为零。

九、在计算实际应抵免的境外已缴纳和间接负担的所得税税额时，企业在境外一国（地区）当年缴纳和间接负担的符合规定的所得税税额低于所计算的该国（地区）抵免限额的，应以该项税额作为境外所得税抵免额从企业应纳税总额中据实抵免；超过抵免限额的，当年应以抵免限额作为境外所得税抵免额进行抵免，超过抵免限额的余额允许从次年起在连续五个纳税年度内，用每年度抵免限额抵免当年应抵税额后的余额进行抵补。

十、属于下列情形的，经企业申请，主管税务机关核准[①]，可以采取简易办法对境外所得已纳税额计算抵免：

（一）企业从境外取得营业利润所得以及符合境外税额间接抵免条件的股息所得，虽有所得来源国（地区）政府机关核发的具有纳税性质的凭证或证明，但因客观原因无法真实、准确地确认应当缴纳并已经实际缴纳的境外所得税税额的，除就该所得直接缴纳及间接负担的税额在所得来源国（地区）的实际有效税率低于我国企业所得税法第四条第一款规定税率50%以上的外，可按境外应纳税所得额的12.5%作为抵免限额，企业按该国（地区）税务机关或政府机关核发具有纳税性质凭证或证明的金额，其不超过抵免限额的部分，准予抵免；超过的部分不得抵免。

属于本款规定以外的股息、利息、租金、特许权使用费、转让财产等投资性所得，均应按本通知的其他规定计算境外税额抵免。

（二）企业从境外取得营业利润所得以及符合境外税额间接抵免条件的股息所得，凡就该所得缴纳及间接负担的税额在所得来源国（地区）的法定税率且其实际有效税率明显高于我国的，可直接以按本通知规定计算的境外应纳税所得额和我国企业所得税法规定的税率计算的抵免限额作为可抵免的已在境外实际缴纳的企业所得税税额。具体国家（地区）名单见附件。财政部、国家税务总局可根据实际情况适时对名单进行调整。

属于本款规定以外的股息、利息、租金、特许权使用费、转让财产等投资性所得，均应按本通知的其他规定计算境外税额抵免。

十一、企业在境外投资设立不具有独立纳税地位的分支机构，其计算生产、经营所得的纳税年度与我国规定的纳税年度不一致的，与我国纳税年度当年度相对应的境外纳税年度，应为在我国有关纳税年度中任何一日结束的境外纳税年度。

---

① 该内容已废止。参见：《国家税务总局关于企业境外所得适用简易征收和饶让抵免的核准事项取消后有关后续管理问题的公告》，国家税务总局公告2015年第70号。

企业取得上款以外的境外所得实际缴纳或间接负担的境外所得税，应在该项境外所得实现日所在的我国对应纳税年度的应纳税额中计算抵免。

十二、企业抵免境外所得税额后实际应纳所得税额的计算公式为：

企业实际应纳所得税额=企业境内外所得应纳税总额-企业所得税减免、抵免优惠税额-境外所得税抵免额

十三、本通知所称不具有独立纳税地位，是指根据企业设立地法律不具有独立法人地位或者按照税收协定规定不认定为对方国家（地区）的税收居民。

十四、企业取得来源于中国香港、澳门、台湾地区的应税所得，参照本通知执行。

十五、中华人民共和国政府同外国政府订立的有关税收的协定与本通知有不同规定的，依照协定的规定办理。

十六、本通知自2008年1月1日起执行。

附件：法定税率明显高于我国的境外所得来源国（地区）名单（编者略）

国家税务总局关于发布《企业境外所得税收抵免操作指南》的公告①

2010年7月2日　国家税务总局公告2010年第1号

【要点指引】我国企业所得税法对来源境外所得已在境外缴纳的所得税允许按规定抵免，为了指导企业申报境外所得税收抵免的具体操作，国家税务总局出台了《企业境外所得税收抵免操作指南》（国家税务总局公告2010年第1号，以下简称《公告》），对境外所得税收抵免的具体计算过程进行了演示说明。《公告》主要明确了境外所得税额抵免计算的基本项目，境外应纳税所得额、抵免限额、实际抵免境外税额的计算以及简易计算抵免办法等内容。

根据《中华人民共和国企业所得税法》（以下简称企业所得税法）、《中华人民共和国企业所得税法实施条例》（以下简称实施条例）及《财政部　国家税务总局关于企业境外所得税收抵免有关问题的通知》（财税〔2009〕125号，

---

① 政策调整。“企业境外所得适用简易征收和饶让抵免的核准”取消。参见：1.《国家税务总局关于贯彻落实〈国务院关于第一批取消62项中央指定地方实施行政审批事项的决定〉的通知》，税总发〔2015〕141号。2.《国务院关于第一批取消62项中央指定地方实施行政审批事项的决定》，国发〔2015〕57号。3.《国家税务总局关于公布已取消的22项税务非行政许可审批事项的公告》，国家税务总局公告2015年第58号。

以下简称《通知》）的有关规定，现将《企业境外所得税收抵免操作指南》予以发布，于2010年1月1日起施行。

2008、2009年度尚未进行境外税收抵免处理的，可按本公告计算抵免。

特此公告。

《企业境外所得税收抵免操作指南》

目　录

《通知》第一条　关于适用范围

居民企业以及非居民企业在中国境内设立的机构、场所（以下统称企业）依照企业所得税法第二十三条、第二十四条的有关规定，应在其应纳税额中抵免在境外缴纳的所得税额的，适用本通知。

1. 可以适用境外（包括港澳台地区，以下同）所得税收抵免的纳税人包括两类：

（1）根据企业所得税法第二十三条关于境外税额直接抵免和第二十四条关于境外税额间接抵免的规定，居民企业（包括按境外法律设立但实际管理机构在中国，被判定为中国税收居民的企业）可以就其取得的境外所得直接缴纳和间接负担的境外企业所得税性质的税额进行抵免。

（2）根据企业所得税法第二十三条的规定，非居民企业（外国企业）在中国境内设立的机构（场所）可以就其取得的发生在境外、但与其有实际联系的所得直接缴纳的境外企业所得税性质的税额进行抵免。

为缓解由于国家间对所得来源地判定标准的重叠而产生的国际重复征税，我国税法对非居民企业在中国境内分支机构取得的发生于境外的所得所缴纳的境外税额，给予了与居民企业类似的税额抵免待遇。对此类非居民给予的境外税额抵免仅涉及直接抵免。

所谓实际联系是指，据以取得所得的权利、财产或服务活动由非居民企业在中国境内的分支机构拥有、控制或实施，如外国银行在中国境内分行以其可支配的资金向中国境外贷款，境外借款人就该笔贷款向其支付的利息，即属于发生在境外与该分行有实际联系的所得。

2. 境外税额抵免分为直接抵免和间接抵免。

直接抵免是指，企业直接作为纳税人就其境外所得在境外缴纳的所得税额在我国应纳税额中抵免。直接抵免主要适用于企业就来源于境外的营业利润所得在境外所缴纳的企业所得税，以及就来源于或发生于境外的股息、红利等权益性投资所得、利息、租金、特许权使用费、财产转让等所得在境外被源泉扣缴的预提所得税。

间接抵免是指，境外企业就分配股息前的利润缴纳的外国所得税额中由我国居民企业就该项分得的股息性质的所得间接负担的部分，在我国的应纳税额中抵免。例如我国居民企业（母公司）的境外子公司在所在国（地区）缴纳企业所得税后，将税后利润的一部分作为股息、红利分配给该母公司，子公司在境外就其应税所得实际缴纳的企业所得税税额中按母公司所得股息占全部税后利润之比的部分即属于该母公司间接负担的境外企业所得税额。间接抵免的适用范围为居民企业从其符合《通知》第五、六条规定的境外子公司取得的股息、红利等权益性投资收益所得。

《通知》第二条　关于境外所得税额抵免计算的基本项目

企业应按照企业所得税法及其实施条例、税收协定以及通知的规定，准确计算下列当期与抵免境外所得税有关的项目后，确定当期实际可抵免分国（地区）别的境外所得税税额和抵免限额：

（一）境内所得的应纳税所得额（以下称境内应纳税所得额）和分国（地

区）别的境外所得的应纳税所得额（以下称境外应纳税所得额）；

（二）分国（地区）别的可抵免境外所得税税额；

（三）分国（地区）别的境外所得税的抵免限额。

企业不能准确计算上述项目实际可抵免分国（地区）别的境外所得税税额的，在相应国家（地区）缴纳的税收均不得在该企业当期应纳税额中抵免，也不得结转以后年度抵免。

3. 企业取得境外所得，其在中国境外已经实际直接缴纳和间接负担的企业所得税性质的税额，进行境外税额抵免计算的基本项目包括：境内、境外所得分国别（地区）的应纳税所得额、可抵免税额、抵免限额和实际抵免税额。不能按照有关税收法律法规准确计算实际可抵免的境外分国别（地区）的所得税税额的，不应给予税收抵免。

《通知》第三条　关于境外应纳税所得额的计算

第三条　第一款

企业应就其按照实施条例第七条规定确定的中国境外所得（境外税前所得），按以下规定计算实施条例第七十八条规定的境外应纳税所得额。

4. 根据实施条例第七条规定确定的境外所得，在计算适用境外税额直接抵免的应纳税所得额时，应为将该项境外所得直接缴纳的境外所得税额还原计算后的境外税前所得；上述直接缴纳税额还原后的所得中属于股息、红利所得的，在计算适用境外税额间接抵免的境外所得时，应再将该项境外所得间接负担的税额还原计算，即该境外股息、红利所得应为境外股息、红利税后净所得与就该项所得直接缴纳和间接负担的税额之和（参见示例七）。

对上述税额还原后的境外税前所得，应再就计算企业应纳税所得总额时已按税法规定扣除的有关成本费用中与境外所得有关的部分进行对应调整扣除后，计算为境外应纳税所得额。

第三条　第一款　第（一）项

（一）居民企业在境外投资设立不具有独立纳税地位的分支机构，其来源于境外的所得，以境外收入总额扣除与取得境外收入有关的各项合理支出后的余额为应纳税所得额。各项收入、支出按企业所得税法及其实施条例的有关规定确定。

居民企业在境外设立不具有独立纳税地位的分支机构取得的各项境外所得，无论是否汇回中国境内，均应计入该企业所属纳税年度的境外应纳税所得额。

5. 本项规定了境外分支机构应纳税所得额的计算。以上所称不具有独立纳税地位含义参见《通知》第十三条规定。

6. 由于分支机构不具有分配利润职能，因此，境外分支机构取得的各项所得，不论是否汇回境内，均应当计入所属年度的企业应纳税所得额。

7. 境外分支机构确认应纳税所得额时的各项收入与支出标准，须符合我国企业所得税法相关规定。

8. 根据实施条例第二十七条规定，确定与取得境外收入有关的合理的支出，应主要考察发生支出的确认和分摊方法是否符合一般经营常规和我国税收法律规定的基本原则。企业已在计算应纳税所得总额时扣除的，但属于应由各分支机构合理分摊的总部管理费等有关成本费用应做出合理的对应调整分摊。

境外分支机构合理支出范围通常包括境外分支机构发生的人员工资、资产折旧、利息、相关税费和应分摊的总机构用于管理分支机构的管理费用等。

第三条　第一款　第（二）项

（二）居民企业应就其来源于境外的股息、红利等权益性投资收益，以及利息、租金、特许权使用费、转让财产等收入，扣除按照企业所得税法及实施条例等规定计算的与取得该项收入有关的各项合理支出后的余额为应纳税所得额。来源于境外的股息、红利等权益性投资收益，应按被投资方作出利润分配决定的日期确认收入实现；来源于境外的利息、租金、特许权使用费、转让财产等收入，应按有关合同约定应付交易对价款的日期确认收入实现。

9. 从境外收到的股息、红利、利息等境外投资性所得一般表现为毛所得，应对在计算企业总所得额时已做统一扣除的成本费用中与境外所得有关的部分，在该境外所得中对应调整扣除后，才能作为计算境外税额抵免限额的境外应纳税所得额（参见示例一）。在就境外所得计算应对应调整扣除的有关成本费用时，应对如下成本费用（但不限于）予以特别注意：

（1）股息、红利，应对应调整扣除与境外投资业务有关的项目研究、融资成本和管理费用；

（2）利息，应对应调整扣除为取得该项利息而发生的相应的融资成本和相关费用；

（3）租金，属于融资租赁业务的，应对应调整扣除其融资成本；属于经营租赁业务的，应对应调整扣除租赁物相应的折旧或折耗；

（4）特许权使用费，应对应调整扣除提供特许使用的资产的研发、摊销等费用；

（5）财产转让，应对应调整扣除被转让财产的成本净值和相关费用。

涉及上述所得应纳税所得额中应包含的已间接负担税额的具体还原计算将在《通知》第五条、第六条项下说明。

10. 企业应根据实施条例第二章第二节中关于收入确认时间的规定确认境外所得的实现年度及其税额抵免年度。

（1）企业来源于境外的股息、红利等权益性投资收益所得，若实际收到所得的日期与境外被投资方作出利润分配决定的日期不在同一纳税年度的，应按被投资方作出利润分配日所在的纳税年度确认境外所得。

企业来源于境外的利息、租金、特许权使用费、转让财产等收入，若未能在合同约定的付款日期当年收到上述所得，仍应按合同约定付款日期所属的纳税年度确认境外所得。

（2）属于企业所得税法第四十五条以及实施条例第一百一十七条和第一百一十八条规定情形的，应按照有关法律法规的规定确定境外所得的实现年度。

（3）企业收到某一纳税年度的境外所得已纳税凭证时，凡是迟于次年5月31日汇算清缴终止日的，可以对该所得境外税额抵免追溯计算。

第三条　第一款　第（三）项

（三）非居民企业在境内设立机构、场所的，应就其发生在境外但与境内所设机构、场所有实际联系的各项应税所得，比照上述第（二）项的规定计算相应的应纳税所得额。

11. 非居民企业在中国境内设立机构、场所，在享受境外税额抵免时，也应就其发生在境外但与境内所设机构、场所有实际联系的各项应税所得，按企业所得税法和实施条例及《通知》、《指南》等相关税收法规规定计算境外所得的应纳税所得额。

第三条　第一款　第（四）项

（四）在计算境外应纳税所得额时，企业为取得境内、外所得而在境内、境外发生的共同支出，与取得境外应税所得有关的、合理的部分，应在境内、境外（分国（地区）别，下同）应税所得之间，按照合理比例进行分摊后扣除。

12. 本项所称共同支出，是指与取得境外所得有关但未直接计入境外所得应纳税所得额的成本费用支出，通常包括未直接计入境外所得的营业费用、管理费用和财务费用等支出。

企业应对在计算总所得额时已统一归集并扣除的共同费用，按境外每一国（地区）别数额占企业全部数额的下列一种比例或几种比例的综合比例，在每一国别的境外所得中对应调整扣除，计算来自每一国别的应纳税所得额。

（1）资产比例；

（2）收入比例；

（3）员工工资支出比例；

（4）其他合理比例。

上述分摊比例确定后应报送主管税务机关备案；无合理原因不得改变。

第三条　第一款　第（五）项

（五）在汇总计算境外应纳税所得额时，企业在境外同一国家（地区）设立不具有独立纳税地位的分支机构，按照企业所得税法及实施条例的有关规定计算的亏损，不得抵减其境内或他国（地区）的应纳税所得额，但可以用同一国家（地区）其他项目或以后年度的所得按规定弥补。

13. 本项基于分国不分项计算抵免的原则及其要求，对在不同国家的分支机构发生的亏损不得相互弥补做出了规定，以避免出现同一笔亏损重复弥补或须进行繁复的还原弥补、还原抵免的现象。

14. 企业在同一纳税年度的境内外所得加总为正数的，其境外分支机构发生的亏损，由于上述结转弥补的限制而发生的未予弥补的部分（以下称为非实际亏损额），今后在该分支机构的结转弥补期限不受5年期限制（参见示例二）。即：

（1）如果企业当期境内外所得盈利额与亏损额加总后和为零或正数，则其当年度境外分支机构的非实际亏损额可无限期向后结转弥补；

（2）如果企业当期境内外所得盈利额与亏损额加总后和为负数，则以境外分支机构的亏损额超过企业盈利额部分的实际亏损额，按企业所得税法第十八条规定的期限进行亏损弥补，未超过企业盈利额部分的非实际亏损额仍可无限期向后结转弥补。

企业应对境外分支机构的实际亏损额与非实际亏损额不同的结转弥补情况做好记录。

《通知》第四条　关于可予抵免境外所得税额的确认

可抵免境外所得税税额，是指企业来源于中国境外的所得依照中国境外税收法律以及相关规定应当缴纳并已实际缴纳的企业所得税性质的税款。但不包括：

（一）按照境外所得税法律及相关规定属于错缴或错征的境外所得税税款；

（二）按照税收协定规定不应征收的境外所得税税款；

（三）因少缴或迟缴境外所得税而追加的利息、滞纳金或罚款；

（四）境外所得税纳税人或者其利害关系人从境外征税主体得到实际返还或补偿的境外所得税税款；

（五）按照我国企业所得税法及其实施条例规定，已经免征我国企业所得税的境外所得负担的境外所得税税款；

（六）按照国务院财政、税务主管部门有关规定已经从企业境外应纳税所得额中扣除的境外所得税税款。

15. 可抵免的境外所得税税额的基本条件为：

（1）企业来源于中国境外的所得依照中国境外税收法律以及相关规定计算而缴纳的税额；

（2）缴纳的属于企业所得税性质的税额，而不拘泥于名称。在不同的国家，对于企业所得税的称呼有着不同的表述，如法人所得税、公司所得税等。判定是否属于企业所得税性质的税额，主要看其是否是针对企业净所得征收的税额。

（3）限于企业应当缴纳且已实际缴纳的税额。税收抵免旨在解决重复征税问题，仅限于企业应当缴纳且已实际缴纳的税额（除另有饶让抵免或其他规定外）。

（4）可抵免的企业所得税税额，若是税收协定非适用所得税项目，或来自非协定国家的所得，无法判定是否属于对企业征收的所得税税额的，应层报国家税务总局裁定。

16. 不应作为可抵免境外所得税税额的情形分析：

（1）本条第一项规定是指，属于境外所得税法律及相关规定适用错误而且企业不应缴纳而错缴的税额，企业应向境外税务机关申请予以退还，而不应作为境外已交税额向中国申请抵免企业所得税。

（2）本条第二项规定是指，根据中国政府与其他国家（地区）政府签订的税收协定（或安排）的规定不属于对方国家的应税项目，却被对方国家（地区）就其征收的企业所得税，对此，企业应向征税国家申请退还不应征收的税额；该项税额还应包括，企业就境外所得在来源国纳税时适用税率高于税收协定限定税率所多缴纳的所得税税额。

（3）本条第四项规定是指，如果有关国家为了实现特定目标而规定不同形式和程度的税收优惠，并采取征收后由政府予以返还或补偿方式退还的已缴税额，对此，企业应从其境外所得可抵免税额中剔除该相应部分。

（4）本条第五项规定是指，如果我国税收法律法规做出对某项境外所得给予免税优惠规定，企业取得免征我国企业所得税的境外所得的，该项所得的应纳税所得额及其缴纳的境外所得税额均应从计算境外所得税额抵免的境外应纳税所得额和境外已纳税额中减除。

（5）本条第六项规定是指，如果我国税法规定就一项境外所得的已纳所得税额仅作为费用从该项境外所得额中扣除的，就该项所得及其缴纳的境外所得税额不应再纳入境外税额抵免计算。

17. 企业取得的境外所得已直接缴纳和间接负担的税额为人民币以外货币的，在以人民币计算可予抵免的境外税额时，凡企业记账本位币为人民币的，应按企业就该项境外所得记入账内时使用的人民币汇率进行换算；凡企业以人民币以外其他货币作为记账本位币的，应统一按实现该项境外所得对应的我国纳税年度最后一日的人民币汇率中间价进行换算。

《通知》第五条　关于境外所得间接负担税额的计算

居民企业在按照企业所得税法第二十四条规定用境外所得间接负担的税额进行税收抵免时，其取得的境外投资收益实际间接负担的税额，是指根据直接或者间接持股方式合计持股20%以上（含20%，下同）的规定层级的外国企业股份，由此应分得的股息、红利等权益性投资收益中，从最低一层外国企业起逐层计算的属于由上一层企业负担的税额，其计算公式如下：

本层企业所纳税额属于由一家上一层企业负担的税额=(本层企业就利润和投资收益所实际缴纳的税额+符合本通知规定的由本层企业间接负担的税额)×本层企业向一家上一层企业分配的股息(红利)÷本层企业所得税后利润额

18. 本条规定了境外所得间接负担的符合《通知》第六条规定条件的下层企业税额的计算方式及公式（参见示例三），公式中：

（1）本层企业是指实际分配股息（红利）的境外被投资企业；

（2）本层企业就利润和投资收益所实际缴纳的税额是指，本层企业按所在国税法就利润缴纳的企业所得税和在被投资方所在国就分得的股息等权益性投资收益被源泉扣缴的预提所得税；

（3）符合《通知》规定的由本层企业间接负担的税额是指该层企业由于从下一层企业分回股息（红利）而间接负担的由下一层企业就其利润缴纳的企业所得税税额；

（4）本层企业向一家上一层企业分配的股息（红利）是指该层企业向上一层企业实际分配的扣缴预提所得税前的股息（红利）数额；

（5）本层企业所得税后利润额是指该层企业实现的利润总额减去就其利润实际缴纳的企业所得税后的余额；

19. 每一层企业从其持股的下一层企业在一个年度中分得的股息（红利），若是由该下一层企业不同年度的税后未分配利润组成，则应按该股息（红利）对应的每一年度未分配利润，分别计算就该项分配利润所间接负担的税额；按各年度计算的间接负担税额之和，即为取得股息（红利）的企业该一个年度中分得的股息（红利）所得所间接负担的所得税额。

20. 境外第二层及以下层级企业归属不同国家的，在计算居民企业负担境外税额时，均以境外第一层企业所在国（地区）为国别划分进行归集计算，而不论该第一层企业的下层企业归属何国（地区）。

《通知》第六条　关于适用间接抵免的外国企业持股比例的计算

除国务院财政、税务主管部门另有规定外，按照实施条例第八十条规定由居民企业直接或者间接持有20%以上股份的外国企业，限于符合以下持股方式的三层外国企业：

第一层：单一居民企业直接持有20%以上股份的外国企业；

第二层：单一第一层外国企业直接持有20%以上股份，且由单一居民企业直接持有或通过一个或多个符合本条规定持股条件的外国企业间接持有总和达到20%以上股份的外国企业；

第三层：单一第二层外国企业直接持有20%以上股份，且由单一居民企业直接持有或通过一个或多个符合本条规定持股条件的外国企业间接持有总和达到20%以上股份的外国企业。

21. 本条所述符合规定的“持股条件”是指，各层企业直接持股、间接持股以及为计算居民企业间接持股总和比例的每一个单一持股，均应达到20%的持股比例（参见示例四、五）。

《通知》第七条　关于税收饶让抵免的应纳税额的确定

居民企业从与我国政府订立税收协定（或安排）的国家（地区）取得的所得，按照该国（地区）税收法律享受了免税或减税待遇，且该免税或减税的数额按照税收协定规定应视同已缴税额在中国的应纳税额中抵免的，该免税或减税数额可作为企业实际缴纳的境外所得税额用于办理税收抵免。

22. 我国企业所得税法目前尚未单方面规定税收饶让抵免，但我国与有关国家签订的税收协定规定有税收饶让抵免安排，本条对此进行了重申。居民企业从与我国订立税收协定（或安排）的对方国家取得所得，并按该国税收法律享受了免税或减税待遇，且该所得已享受的免税或减税数额按照税收协定（或安排）规定应视同已缴税额在我国应纳税额中抵免的，经企业主管税务机关确认，可在其申报境外所得税额时视为已缴税额（参见示例六）。

23. 税收饶让抵免应区别下列情况进行计算：

（1）税收协定规定定率饶让抵免的，饶让抵免税额为按该定率计算的应纳境外所得税额超过实际缴纳的境外所得税额的数额；

（2）税收协定规定列举一国税收优惠额给予饶让抵免的，饶让抵免税额为按协定国家（地区）税收法律规定税率计算的应纳所得税额超过实际缴纳税额的数额，即实际税收优惠额。

24. 境外所得采用《通知》第十条规定的简易办法计算抵免额的，不适用饶让抵免。

25. 企业取得的境外所得根据来源国税收法律法规不判定为所在国应税所得，而按中国税收法律法规规定属于应税所得的，不属于税收饶让抵免范畴，应全额按中国税收法律法规规定缴纳企业所得税。

《通知》第八条　关于抵免限额的计算

企业应按照企业所得税法及其实施条例和本通知的有关规定分国（地区）别计算境外税额的抵免限额。

某国（地区）所得税抵免限额＝中国境内、境外所得依照企业所得税法及实施条例的规定计算的应纳税总额×来源于某国（地区）的应纳税所得额÷中国境

内、境外应纳税所得总额

据以计算上述公式中“中国境内、境外所得依照企业所得税法及实施条例的规定计算的应纳税总额”的税率，除国务院财政、税务主管部门另有规定外，应为企业所得税法第四条第一款规定的税率。

企业按照企业所得税法及其实施条例和本通知的有关规定计算的当期境内、境外应纳税所得总额小于零的，应以零计算当期境内、境外应纳税所得总额，其当期境外所得税的抵免限额也为零。

26. 中国境内外所得依照企业所得税法及实施条例的规定计算的应纳税总额的税率是25%，即使企业境内所得按税收法规规定享受企业所得税优惠的，在进行境外所得税额抵免限额计算中的中国境内、外所得应纳税总额所适用的税率也应为25%。今后若国务院财政、税务主管部门规定境外所得与境内所得享受相同企业所得税优惠政策的，应按有关优惠政策的适用税率或税收负担率计算其应纳税总额和抵免限额；简便计算，也可以按该境外应纳税所得额直接乘以其实际适用的税率或税收负担率得出抵免限额（参见示例七）。

27. 若企业境内所得为亏损，境外所得为盈利，且企业已使用同期境外盈利全部或部分弥补了境内亏损，则境内已用境外盈利弥补的亏损不得再用以后年度境内盈利重复弥补。由此，在计算境外所得抵免限额时，形成当期境内、外应纳税所得总额小于零的，应以零计算当期境内、外应纳税所得总额，其当期境外所得税的抵免限额也为零。上述境外盈利在境外已纳的可予抵免但未能抵免的税额可以在以后5个纳税年度内进行结转抵免（参见示例八）。

28. 如果企业境内为亏损，境外盈利分别来自多个国家，则弥补境内亏损时，企业可以自行选择弥补境内亏损的境外所得来源国家（地区）顺序。

《通知》第九条　关于实际抵免境外税额的计算

在计算实际应抵免的境外已缴纳和间接负担的所得税税额时，企业在境外一国（地区）当年缴纳和间接负担的符合规定的所得税税额低于所计算的该国（地区）抵免限额的，应以该项税额作为境外所得税抵免额从企业应纳税总额中据实抵免；超过抵免限额的，当年应以抵免限额作为境外所得税抵免额进行抵免，超过抵免限额的余额允许从次年起在连续五个纳税年度内，用每年度抵免限额抵免当年应抵税额后的余额进行抵补。

29. 本条规定了企业在境外一国（地区）当年缴纳和间接负担的符合规定的企业所得税税额的具体抵免方法，即企业每年应分国（地区）别在抵免限额内据实抵免境外所得税额，超过抵免限额的部分可在以后连续5个纳税年度延续抵免；企业当年境外一国（地区）可抵免税额中既有属于当年已直接缴纳或间接负担的境外所得税额，又有以前年度结转的未逾期可抵免税额时，应首先抵免当年已直接缴纳或间接负担的境外所得税额后，抵免限额有余额的，可再抵免以前年度结转的未逾期可抵免税额，仍抵免不足的，继续向以后年度结转（参见示例九）。

30. 企业申报抵免境外所得税收（包括按照《通知》第十条规定的简易办法进行的抵免）时应向其主管税务机关提交如下书面资料：

（1）与境外所得相关的完税证明或纳税凭证（原件或复印件）。

（2）不同类型的境外所得申报税收抵免还需分别提供：

①取得境外分支机构的营业利润所得需提供境外分支机构会计报表；境外分支机构所得依照中国境内企业所得税法及实施条例的规定计算的应纳税额的计算过程及说明资料；具有资质的机构出具的有关分支机构审计报告等；

②取得境外股息、红利所得需提供集团组织架构图；被投资公司章程复印件；境外企业有权决定利润分配的机构作出的决定书等；

③取得境外利息、租金、特许权使用费、转让财产等所得需提供依照中国境内企业所得税法及实施条例规定计算的应纳税额的资料及计算过程；项目合同复印件等。

（3）申请享受税收饶让抵免的还需提供：

①本企业及其直接或间接控制的外国企业在境外所获免税及减税的依据及证明或有关审计报告披露该企业享受的优惠政策的复印件；

②企业在其直接或间接控制的外国企业的参股比例等情况的证明复印件；

③间接抵免税额或者饶让抵免税额的计算过程；

④由本企业直接或间接控制的外国企业的财务会计资料。

（4）采用简易办法计算抵免限额的还需提供：

①取得境外分支机构的营业利润所得需提供企业申请及有关情况说明；来源国（地区）政府机关核发的具有纳税性质的凭证和证明复印件；

②取得符合境外税额间接抵免条件的股息所得需提供企业申请及有关情况说明；符合企业所得税法第二十四条条件的有关股权证明的文件或凭证复印件。

（5）主管税务机关要求提供的其他资料。

以上提交备案资料使用非中文的，企业应同时提交中文译本复印件。

上述资料已向税务机关提供的，可不再提供；上述资料若有变更的，须重新提供；复印件须注明与原件一致，译本须注明与原本无异义，并加盖企业公章。

31. 税务机关、企业在年度企业所得税汇算清缴时，应对结转以后年度抵免的境外所得税额分国别（地区）建立台账管理，准确填写逐年抵免情况。

（1）台账表式：

境外所得税额结转抵免管理台账

企业名称：

所得来源国别（地区）： 金额单位：人民币（列至角分）

<table>
<tr><th rowspan="3">行次</th><th colspan="2">本年度未抵免税额</th><th colspan="10">五年期结转抵扣额及余额</th></tr>
<tr><th rowspan="2">税额所属年度</th><th rowspan="2">未抵免额</th><th colspan="2">第一年</th><th colspan="2">第二年</th><th colspan="2">第三年</th><th colspan="2">第四年</th><th colspan="2">第五年</th></tr>
<tr><th>抵免额</th><th>余额</th><th>抵免额</th><th>余额</th><th>抵免额</th><th>余额</th><th>抵免额</th><th>余额</th><th>抵免额</th><th>不得再结转额</th></tr>
<tr><td>1</td><td></td><td></td><td></td><td></td><td></td><td></td><td></td><td></td><td></td><td></td><td></td><td></td></tr>
<tr><td>2</td><td></td><td></td><td></td><td></td><td></td><td></td><td></td><td></td><td></td><td></td><td></td><td></td></tr>
<tr><td>3</td><td></td><td></td><td></td><td></td><td></td><td></td><td></td><td></td><td></td><td></td><td></td><td></td></tr>
<tr><td>4</td><td></td><td></td><td></td><td></td><td></td><td></td><td></td><td></td><td></td><td></td><td></td><td></td></tr>
<tr><td>5</td><td></td><td></td><td></td><td></td><td></td><td></td><td></td><td></td><td></td><td></td><td></td><td></td></tr>
</table>

（2）管理台账的编制说明：

填报以前年度境外所得已纳税额未抵免部分的结转、抵扣情况。

①按分国不分项填报结转抵扣额的境外所得税在各年的抵扣情况；

②本年度未抵免税额：填报税额所属年度未抵免结转以后年度抵扣的税额；

③五年结转抵扣额：填报按规定用本期税额扣除限额的余额抵扣以前年度结转的税额及抵扣后的余额。

《通知》第十条　关于简易办法计算抵免

（一）企业从境外取得营业利润所得以及符合境外税额间接抵免条件的股息所得，虽有所得来源国（地区）政府机关核发的具有纳税性质的凭证或证明，但因客观原因无法真实、准确地确认应当缴纳并已经实际缴纳的境外所得税税额的，除就该所得直接缴纳及间接负担的税额在所得来源国（地区）的实际有效税率低于我国企业所得税法第四条第一款规定税率50%以上的外，可按境外应纳税所得额的12.5%作为抵免限额，企业按该国（地区）税务机关或政府机关核发具有纳税性质凭证或证明的金额，其不超过抵免限额的部分，准予抵免；超过的部分不得抵免。

属于本款规定以外的股息、利息、租金、特许权使用费、转让财产等投资性所得，均应按本通知的其他规定计算境外税额抵免。

（二）企业从境外取得营业利润所得以及符合境外税额间接抵免条件的股息所得，凡就该所得缴纳及间接负担的税额在所得来源国（地区）的法定税率且其实际有效税率明显高于我国的，可直接以按本通知规定计算的境外应纳税所得额和我国企业所得税法规定的税率计算的抵免限额作为可抵免的已在境外实际缴纳的企业所得税税额。具体国家（地区）名单见附件。财政部、国家税务总局可根据实际情况适时对名单进行调整。

属于本款规定以外的股息、利息、租金、特许权使用费、转让财产等投资性所得，均应按本通知的其他规定计算境外税额抵免。

32. 采用简易办法也须遵循"分国不分项"原则。

33. 本条第一项中"从所得来源国（地区）政府机关取得具有纳税性质的凭证或证明"是指向境外所在国家政府实际缴纳了具有综合税额（含企业所得税）性质的款项的有效凭证。

34. 本条第二项中"实际有效税率"是指实际缴纳或负担的企业所得税税额与应纳税所得额的比率。

法定税率且实际有效税率明显高于我国（税率）的国家，由财政部和国家税务总局列名单公布；各地税务机关不能自行作出判定，发现名单所列国家抵免异常的，应立即向国家税务总局报告。

35. 本条第一项和第二项中"属于本款规定以外的股息、利息、租金、特许权使用费、转让财产等投资性所得"是指，居民企业从境外未达到直接持股20%条件的境外子公司取得的股息所得，以及取得利息、租金、特许权使用费、转让财产等所得，向所得来源国直接缴纳的预提所得税额，应按《通知》有关直接抵免的规定正常计算抵免。

《通知》第十一条　关于境外分支机构与我国对应纳税年度的确定

企业在境外投资设立不具有独立纳税地位的分支机构，其计算生产、经营所得的纳税年度与我国规定的纳税年度不一致的，与我国纳税年度当年度相对应的境外纳税年度，应为在我国有关纳税年度中任何一日结束的境外纳税年度。

企业取得上款以外的境外所得实际缴纳或间接负担的境外所得税，应在该项境外所得实现日所在的我国对应纳税年度的应纳税额中计算抵免。

36. 企业就其在境外设立的不具有独立纳税地位的分支机构每一纳税年度的营业利润，计入企业当年度应纳税所得总额时，如果分支机构所在国纳税年度的规定与我国规定的纳税年度不一致的，在确定该分支机构境外某一年度的税额如何对应我国纳税年度进行抵免时，境外分支机构按所在国规定计算生产经营所得的纳税年度与其境内总机构纳税年度相对应的纳税年度，应为该境外分支机构所在国纳税年度结束日所在的我国纳税年度（参见示例十）。

37. 企业取得境外股息所得实现日为被投资方做出利润分配决定的日期，不论该利润分配是否包括以前年度未分配利润，均应作为该股息所得实现日所在的我国纳税年度所得计算抵免（参见示例十一）。

《通知》第十二条　关于境外所得税抵免时应纳所得税额的计算

企业抵免境外所得税额后实际应纳所得税额的计算公式为：

企业实际应纳所得税额=企业境内外所得应纳税总额−企业所得税减免、抵免优惠税额−境外所得税抵免额

38. 公式中抵免优惠税额是指按企业所得税法第三十四条规定，企业购置用于环境保护、节能节水、安全生产等专用设备的投资额，可以按一定比例实行税额抵免。

境外所得税抵免额是指按照《通知》和《指南》计算的境外所得税额在抵免限额内实际可以抵免的税额。

《通知》第十三条　关于不具有独立纳税地位的定义

本通知所称不具有独立纳税地位，是指根据企业设立地法律不具有独立法人地位或者按照税收协定规定不认定为对方国家（地区）的税收居民。

39. 企业居民身份的判定，一般以国内法为准。如果一个企业同时被中国和其他国家认定为居民（即双重居民），应按中国与该国之间税收协定（或安排）的规定执行。

40. 不具有独立纳税地位的境外分支机构特别包括企业在境外设立的分公司、代表处、办事处、联络处，以及在境外提供劳务、被劳务发生地国家（地区）认定为负有企业所得税纳税义务的营业机构和场所等。

《通知》第十四条　关于来源于港、澳、台地区的所得

企业取得来源于中国香港、澳门、台湾地区的应税所得，参照本通知执行。

《通知》第十五条　关于税收协定优先原则的适用

中华人民共和国政府同外国政府订立的有关税收的协定与本通知有不同规定的，依照协定的规定办理。

41. 本条所称有关税收的协定包括，内地与中国香港、澳门地区等签订的

相关税收安排。

《通知》第十六条　关于执行日期

本通知自 2008 年 1 月 1 日起执行。

42.《通知》虽然于 2009 年 12 月发布，但仍属于对执行企业所得税法及实施条例的解释，因此，与企业所得税法及实施条例的执行日期一致。

《通知》附件：法定税率明显高于我国的境外所得来源国（地区）名单

美国、阿根廷、布隆迪、喀麦隆、古巴、法国、日本、摩洛哥、巴基斯坦、赞比亚、科威特、孟加拉国、叙利亚、约旦、老挝。

43. 此类国家（地区）名单，由财政部和国家税务总局适时调整。

附示例

示例一：来源于境外利息收入的应纳税所得额的计算

中国 A 银行向甲国某企业贷出 500 万元，合同约定的利率为 5%。2009 年 A 银行收到甲国企业就应付利息 25 万元扣除已在甲国扣缴的预提所得税 2.5 万元（预提所得税税率为 10%）后的 22.5 万元税后利息。A 银行应纳税所得总额为 1000 万元，已在应纳税所得总额中扣除的该笔境外贷款的融资成本为本金的 4%。分析并计算该银行应纳税所得总额中境外利息收入的应纳税所得额：

来源于境外利息收入的应纳税所得额，应为已缴纳境外预提所得税前的就合同约定的利息收入总额，再对应调整扣除相关筹资成本费用等。

境外利息收入总额＝税后利息 22.5＋已扣除税额 2.5＝25 万元

对应调整扣除相关成本费用后的应纳税所得额＝25－500×4%＝5 万元

该境外利息收入用于计算境外税额抵免限额的应纳税所得额为 5 万元，应纳税所得总额仍为 1000 万元不变。

示例二：境外分支机构亏损的弥补

中国居民 A 企业 2008 年度境内外净所得为 160 万元。其中，境内所得的应纳税所得额为 300 万元；设在甲国的分支机构当年度应纳税所得额为 100 万元；设在乙国的分支机构当年度应纳税所得额为－300 万元；A 企业当年度从乙国取得利息所得的应纳税所得额为 60 万元。调整计算该企业当年度境内、外所得的应纳税所得额如下：

（1）A 企业当年度境内外净所得为 160 万元，但依据境外亏损不得在境内或他国盈利中抵减的规定，其发生在乙国分支机构的当年度亏损额 300 万元，仅可以用从该国取得的利息 60 万元弥补，未能弥补的非实际亏损额 240 万元，不得从当年度企业其他盈利中弥补。因此，相应调整后 A 企业当年境内、外应纳税所得额为：

境内应纳税所得额=300 万元；

甲国应纳税所得额=100 万元；

乙国应纳税所得额=-240 万元；

A 企业当年度应纳税所得总额=400 万元。

（2）A 企业当年度境外乙国未弥补的非实际亏损共 240 万元，允许 A 企业以其来自乙国以后年度的所得无限期结转弥补。

示例三：间接抵免负担税额的计算

以示例五中居民企业 A 集团公司组织架构（如图一所示）及其对符合间接抵免持股条件的判定结果为例，对 A 公司于 2010 年初申报的 2009 年度符合条件的各层公司生产经营及分配股息情况，计算 A 公司可进入抵免（参见例五分析）的间接负担的境外所得税额如下：

图一

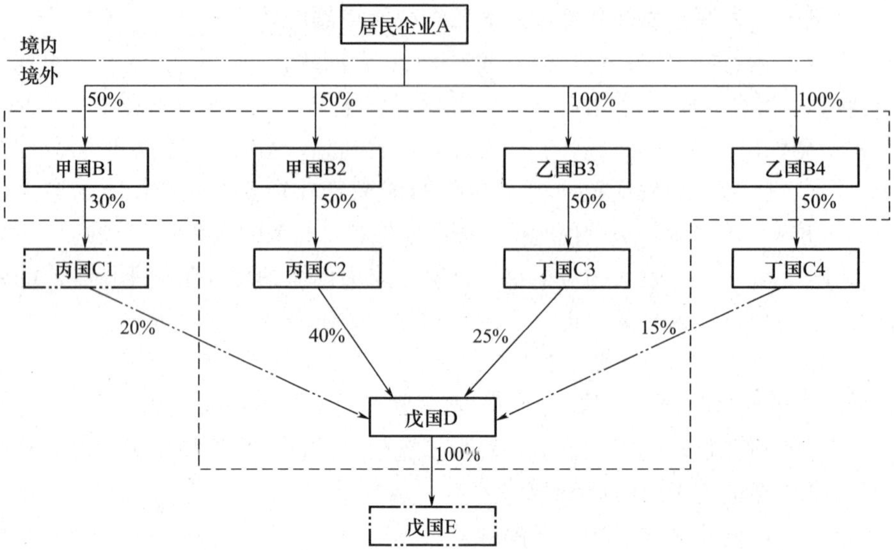

（1）计算甲国 B1 及其下层各企业已纳税额中属于 A 公司可予抵免的间接负担税额：

①C1 公司及其对 D 公司 20%持股税额的计算

由于 C1 不符合 A 公司的间接抵免条件，因此，其就利润所纳税额及其按持有 D 公司 20%股份而分得股息直接缴纳的预提所得税及该股息所包含的 D 公司税额，均不应计算为由 A 公司可予抵免的间接负担税额。

②B1 公司税额的计算

B1 公司符合 A 公司的间接抵免持股条件。B1 公司应纳税所得总额为 1000 万元（假设该“应纳税所得总额”中在 B1 公司所在国计算税额抵免时已包含投资收益还原计算的间接税额，下同），其中来自 C1 公司的投资收益为 300 万元，按10%缴纳C1公司所在国预提所得税额为30万元（300万×10%），无符合抵免条件的间接税额；

B1公司适用税率为30%，其当年在所在国按该国境外税收抵免规定计算后实际缴纳所在国所得税额为210万元；B1公司当年税前利润为1000万元，则其当年税后利润为760万元（税前利润1000万-实际缴纳所在国税额210万-缴纳预提税额30万），且全部分配；

B1公司向A公司按其持股比例50%分配股息380万元；

将上述数据代入《通知》第五条公式（即：本层企业所纳税额属于由一家上一层企业负担的税额=本层企业就利润和投资收益所实际缴纳的税额+符合本通知规定的由本层企业间接负担的税额）×本层企业向一家上一层企业分配的股息（红利）÷本层企业所得税后利润额，下同）计算，A公司就从B1公司分得股息间接负担的可在我国应纳税额中抵免的税额为120万元：

(210+30+0)×(380÷760)= 120万元

（2）计算甲国B2及其下层各企业已纳税额中属于A公司可予抵免的间接负担税额：

①D公司税额的计算

D公司符合A公司的间接抵免持股条件。D公司应纳税所得总额和税前会计利润均为1250万元，适用税率为20%，无投资收益和缴纳预提所得税项目。当年D公司在所在国缴纳企业所得税为250万元；D公司将当年税后利润1000万元全部分配；

D公司向C2公司按其持股比例40%分配股息400万元；

将上述数据代入《通知》第五条公式计算，D公司已纳税额属于可由C2公司就分得股息间接负担的税额为100万元：

(250+0+0)×(400÷1000)= 100万元

②C2公司税额的计算

C2公司符合A公司的间接抵免持股条件。C2公司应纳税所得总额为2000万元；其中从D公司分得股息400万元，按10%缴纳D公司所在国预提所得税额为40万元（400万×10%），符合条件的间接负担下层公司税额100万元；

C2公司适用税率为25%，假设其当年享受直接和间接抵免后实际缴纳所在国所得税额为360万元；当年税前利润为2000万元，则其税后利润为1600万元（2000万-360万-40万）；

C2公司将当年税后利润的一半用于分配，C2公司向B2公司按其持股比例50%分配股息400万元（1600万×50%×50%）；同时，将该公司2008年未分配税后利润1600万元（实际缴纳所得税额为400万元，且无投资收益和缴纳预提所得税项目）一并分配，向 B2 公司按其持股比例 50%分配股息 800 万元（1600 万×50%）；

C2 公司向 B2 公司按其持股比例分配股息 1200 万元；

将上述数据代入《通知》第五条公式计算，C2 公司已纳税额属于可由 B2 公司就 2009 年度分得股息间接负担的税额共计为 325 万元，其中以 2009 年度利润分配股息间接负担的税额 125 万元［(360+40+100)×(400÷1600)＝125 万元］；以 2008 年度利润分配股息间接负担的税额 200 万元［(400+0+0)×(800÷1600)＝200 万元］。

③B2 公司税额的计算

B2 公司符合 A 公司的间接抵免持股条件。B2 公司应纳税所得总额为 5000 万元，其中来自 C2 公司的投资收益为 1200 万元，按 10%缴纳 C2 公司所在国预提所得税额为 120 万元（1200 万×10%），符合条件的间接负担下层公司税额 325 万元；

B2 公司适用税率为 30%，假设其当年享受直接和间接抵免后实际缴纳所在国所得税额为 1140 万元；当年税前利润为 5000 万元，则其税后利润为 3740 万元（5000 万－1140 万－120 万），且全部分配；

B2 公司向 A 公司按其持股比例 50%分配股息 1870 万元；

将上述数据代入《通知》第五条公式计算，A 公司就从 B2 公司分得股息间接负担的可在我国应纳税额中抵免的税额为 792.5 万元：

(1140+120+325)×(1870÷3740)＝792.5 万元

（3）计算乙国 B3 及其下层各企业已纳税额中属于 A 公司可予抵免的间接负担税额：

①D 公司税额的计算

D 公司符合 A 公司的间接抵免持股条件。D 公司应纳税所得总额为 1250 万元，适用税率为 20%，无投资收益和缴纳预提所得税项目。当年 D 公司在所在国缴纳企业所得税为 250 万元；D 公司将当年税后利润 1000 万元全部分配；

D 公司向 C3 公司按其持股比例 25%分配股息 250 万元；

将上述数据代入《通知》第五条公式计算，D 公司已纳税额属于可由 C3 公司就分得股息间接负担的税额为 62.5 万元：

(250+0+0)×(250÷1000)＝62.5 万元

②C3 公司税额的计算

C3 公司符合 A 公司的间接抵免持股条件。C3 公司应纳税所得总额为 1000 万元；其中从 D 公司分得股息 250 万元，按 10%缴纳 D 公司所在国预提所得税额为 25 万元（250 万×10%），符合条件的间接负担下层公司税额 62.5 万元；

C3 公司适用税率为 30%，假设其当年享受直接和间接抵免后实际缴纳所在国所得税额为 245 万元；当年税前利润为 1000 万元，则其税后利润为 730 万元（1000 万-245 万-25 万），且全部分配；

C3 公司向 B3 公司按其持股比例 50%分配股息 365 万元；

将上述数据代入《通知》第五条公式计算，C3 公司已纳税额属于可由 B3 公司就分得股息间接负担的税额为 166.25 万元：

(245+25+62.5)×(365÷730) = 166.25 万元

③B3 公司税额的计算

B3 公司符合 A 公司的间接抵免持股条件。B3 公司应纳税所得总额为 2000 万元，其中来自 C3 公司的投资收益为 365 万元，按 10%缴纳 C3 公司所在国预提所得税额为 36.5 万元（365 万×10%），符合条件的间接负担下层公司税额 166.25 万元；

B3 公司适用税率为 30%，假设其当年享受直接和间接抵免后实际缴纳所在国所得税额为 463.5 万元；当年税前利润为 2000 万元，则其税后利润为 1500 万元（2000 万-463.5 万-36.5 万），且全部分配；

B3 公司向 A 公司按其持股比例 100%分配股息 1500 万元。

将上述数据代入《通知》第五条公式计算，A 公司就从 B3 公司分得股息间接负担的可在我国应纳税额中抵免的税额为 666.25 万元：

(463.5+36.5+166.25)×(1500÷1500) = 666.25 万元

（4）计算乙国 B4 及其下层各企业已纳税额中属于 A 公司可予抵免的间接负担税额：

①D 公司税额的计算

D 公司被 C4 公司持有的 15%股份不符合 A 公司享受间接抵免的持股比例条件，因此，其所纳税额中属于该 15%股息负担的部分不能通过 C4 等公司计入 A 公司可予抵免的间接负担税额。

②C4 公司税额的计算

C4 公司符合 A 公司的间接抵免持股条件。C4 公司应纳税所得总额为 1000 万元；其中从 D 公司分得股息 150 万元，其按 10%直接缴纳 D 公司所在国的预提所得税额 15 万元（150 万×10%）属于可计算 A 公司间接抵免的税额，无符合条件的间接负担税额；

C4 公司适用税率为 25%，假设其当年享受直接和间接抵免后实际缴纳所在国所得税额为 235 万元；当年税前利润为 1000 万元，则其税后利润为 750 万元（1000 万-235 万-15 万），且全部分配；

C4 公司向 B4 公司按其持股比例 50%分配股息 375 万元；

将上述数据代入《通知》第五条公式计算，C4 公司已纳税额属于可由 B4 公司就分得股息间接负担的税额为 125 万元：

(235+15+0)×(375÷750)= 125 万元

③B4 公司税额的计算

B4 公司符合 A 公司的间接抵免持股条件。B4 公司应纳税所得总额为 2000 万元，其中来自 C4 公司的投资收益为 375 万元，按 10%缴纳 C4 公司所在国预提所得税额为 37. 5 万元（375 万×10%），符合条件的间接负担下层公司税额 125 万元；

B4 公司适用税率为 30%，假设其当年享受直接和间接抵免后实际缴纳所在国所得税额为 462. 5 万元；当年税前利润为 2000 万元，则其税后利润为 1500 万元（2000 万-462. 5 万-37. 5 万），且全部分配；

B4 公司向 A 公司按其持股比例 100%分配股息 1500 万元；

将上述数据代入《通知》第五条公式计算，A 公司就从 B4 公司分得股息间接负担的可在我国应纳税额中抵免的税额为 625 万元：

(462. 5+37. 5+125)×(1500÷1500)= 625 万元

（5）上述计算后，A 公司可适用间接抵免的境外所得及间接负担的境外已纳税额分国为：

①可适用间接抵免的境外所得（含直接所缴预提所得税但未含间接负担的税额）为 5250 万元，其中：

来自甲国的境外所得为 2250 万元（B1 股息 380 万+B2 股息 1870 万）；

来自乙国的境外所得为 3000 万元（B3 股息 1500 万+B4 股息 1500 万）；

②可抵免的间接负担境外已纳税额为 2203. 75 万元，其中：

来自甲国的可抵免间接负担境外已纳税额为 912. 5 万元（间接负担 B1 税额 120 万+间接负担 B2 税额 792. 5 万）；

来自乙国的可抵免间接负担境外已纳税额为 1291. 25 万元（间接负担 B3 税额 666. 25 万+间接负担 B4 税额 625 万）

（6）计算 A 公司可适用抵免的全部境外所得税额为：

①假设上项境外所得在来源国均按 10%税率直接缴纳境外预提所得税合计为 525 万元，其中：

缴纳甲国预提所得税为 225 万元（2250 万×10%）；

缴纳乙国预提所得税为 300 万元（3000 万×10%）；

②来自甲乙两国所得的全部可抵免税额分别为：

甲国：直接缴纳 225 万元+间接负担 912. 5 万元=1137. 5 万元

乙国：直接缴纳 300 万元+间接负担 1291. 25 万元=1591. 25 万元

示例四：二层持股条件的判定

中国居民 A 企业直接持有甲国 B 企业 20%股份，直接持有乙国 C 企业 16%股份，并且 B 企业直接持有 C 企业 20%股份，如下图所示：

图二

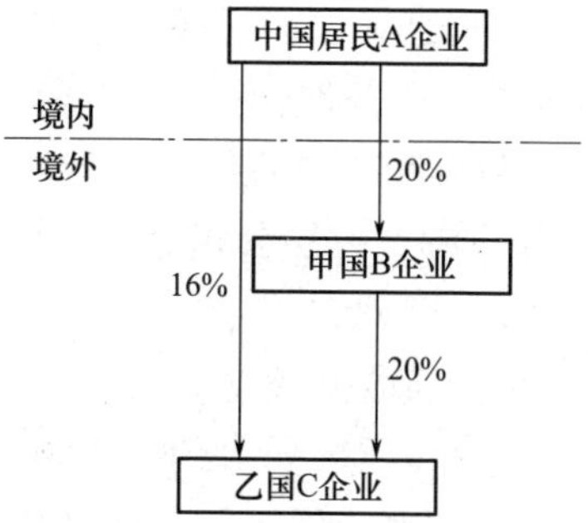

分析：

（1）中国居民 A 企业直接持有甲国 B 企业 20%股份，满足直接持股 20%（含 20%）的条件。

（2）中国居民 A 企业直接持有乙国 C 企业 16%股份，间接持有乙国 C 企业股份 = 20%×20% = 4%，由于 A 企业直接持有 C 企业的股份不足 20%，故不能计入 A 企业对 C 企业直接持股或间接持股的总和比例之中。因此，C 企业未满足居民企业通过一个或多个符合规定持股条件的外国企业间接持有总和达到 20%以上股份的外国企业的规定。

示例五：多层持股条件的综合判定

中国居民企业 A 分别控股了四家公司甲国 B1、甲国 B2、乙国 B3、乙国 B4，持股比例分别为 50%、50%、100%、100%；B1 持有丙国 C1 公司 30%股份，B2 持有丙国 C2 公司 50%股份，B3 持有丁国 C3 公司 50%股份，B4 持有丁国 C4 公司 50%股份；C1、C2、C3、C4 分别持有戊国 D 公司 20%、40%、25%、15%股份；D 公司持有戊国 E 公司 100%股份。图示如下：

图三

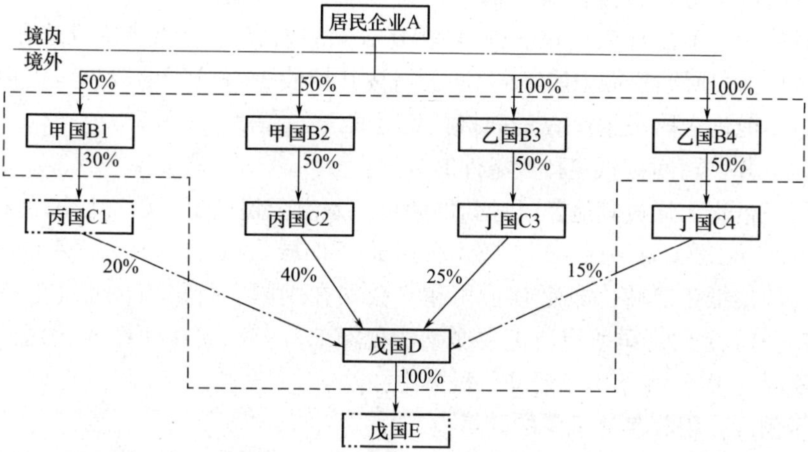

注：…虚线内为判定符合间接持股条件的公司及可就分配的股息计算间接抵免税额的所持股份。

（1）B层各公司间接抵免持股条件的判定：

B1、B2、B3、B4公司分别直接被A公司控股50%、50%、100%、100%，均符合间接抵免第一层公司的持股条件。

（2）C层各公司间接抵免持股条件的判定：

①C1公司虽然被符合条件的上一层公司B1控股30%，但仅受居民企业A间接控股15%（50%×30%），因此，属于不符合间接抵免持股条件的公司（但如果协定的规定为10%，则符合间接抵免条件）；

②C2公司被符合条件的上一层公司B2控股50%，且被居民企业A间接控股达到25%（50%×50%），因此，属于符合间接抵免持股条件的公司；

③C3公司被符合条件的上一层公司B3控股50%，且被居民企业A间接控股达到50%（100%×50%），因此，属于符合间接抵免持股条件的公司；

④C4公司情形与C3公司相同，属于符合间接抵免持股条件的公司。

（3）D公司间接抵免持股条件的判定：

①虽然D公司被C1控股达到了20%，但由于C1属于不符合持股条件的公司，所以，C1对D公司的20%持股也不得再计入D公司间接抵免持股条件的范围，来源于D公司20%部分的所得的已纳税额不能进入居民企业A的抵免范畴；

②D公司被C2控股达到40%，但被A通过符合条件的B2、C2间接持股仅10%，未达到20%，因此，还不能由此判定D是否符合间接抵免条件；

③D公司被C3控股达到25%，且由A通过符合条件的B3、C3间接控股达12.5%（100%×50%×25%），加上A通过B2、C2的间接控股10%，间接控股总和达到22.5%。因此，D公司符合间接抵免条件，其所纳税额中属于向C2和C3公司分配的65%股息所负担的部分，可进入A公司的间接抵免范畴。

④D公司被C4控股15%，虽然C4自身为符合持股条件的公司，但其对D公司的持股不符合直接控股达20%的持股条件。因此，该C4公司对D公司15%的持股，不能计入居民企业A对D公司符合条件的间接持股总和之中；同时，D公司所纳税额中属于向C4公司按其持股15%分配的股息所负担的部分，也不能进入居民企业A的间接抵免范畴。

（4）E公司间接抵免持股条件的判定：

居民企业A通过其他公司对E的间接控制由于超过了三层（居民企业A→B2（B3）→C2（C3）→D→E，E公司处于向下四层），因此，E公司不能纳入A公司的间接抵免范畴；即使D公司和E公司在戊国实行集团合并（汇总）纳税，D公司就E公司所得所汇总缴纳的税额部分，也须在计算A公司间接负担税额时在D公司合并（汇总）税额中扣除。

示例六：税收饶让抵免的计算

中国居民企业A公司，在甲国投资设立了B公司，甲国政府为鼓励境外投资，对B公司第一个获利年度实施了企业所得税免税。按甲国的税法规定，企业所得税税率为20%。A公司获得了B公司免税年度分得的利润2000万元。根据中国和甲国政府签订税收协定规定，中国居民从甲国取得的所得，按照协定规定在甲国缴纳的税额可以在对居民征收的中国税收中抵免。所缴纳的税额包括假如没有按照该缔约国给予减免税或其他税收优惠而本应缴纳的税额。所缴纳的甲国税收应包括相当于所放弃的甲国税收的数额。计算如下：

A公司在计算缴纳企业所得税时，B公司的免税额=2000×20%=400万元，应计算为由A公司抵免的间接负担的境外税额。

示例七：抵免限额的计算

以示例三中对居民企业A公司已确定的可予计算间接抵免的境外所得及税额为例，假设A公司申报的境内外所得总额为15796.25万元，其中取得境外股息所得为5250万元（已还原向境外直接缴纳10%的预提所得税525万元，但未含应还原计算的境外间接负担的税额，见示例三），其中甲国2250万元，乙国3000万元；同时假设A公司用于管理四个B子公司的管理费合计为433.75万元，其中用于甲国B1、B2公司的管理费用为184.5万元，用于乙国B3、B4公司的管理费用为249.25万元。应在计算来自两个国家四个B子公司的股息应纳税所得时对应调整扣除（参见《通知》第三条项下释义）。

分析：

（1）境外股息所得应为境外股息净所得与境外直接缴纳税额和间接缴纳税额之和7453.75万元（5250万+2203.75万），其中：

来源于甲国股息所得3162.5万元（2250万+912.5万）；

来源于乙国股息所得4291.25万元（3000万+1291.25万）；

（2）境外股息所得对应调整扣除相关管理费后的应纳税所得额为7020万元（7453.75万-433.75万），其中：

来源于甲国股息所得对应调整后应纳税所得额为2978万元（3162.5万-184.5万）；

来源于乙国股息所得对应调整后应纳税所得额为4042万元（4291.25万-249.25万）。

（3）境外间接负担税额还原计算后境内、外应纳税所得总额为：

已还原直接税额的境内外所得总额+可予计算抵免的间接税额=15796.25+2203.75=18000万元；

（4）企业应纳税总额为：

应纳税所得总额×适用税率=18000×25%=4500万元；

（5）计算抵免限额为：

①来源于甲国所得的抵免限额为：

应纳税总额×甲国的应纳税所得额÷中国境内、境外应纳税所得总额=4500×2978÷18000=744.5万元

②来源于乙国所得的抵免限额为：

应纳税总额×乙国的应纳税所得额÷中国境内、境外应纳税所得总额=4500×4042÷18000=1010.5万元

示例八：境外盈利弥补境内亏损时，境外已缴税额的处理

表一 金额单位：万元

项目	境内企业	境外营业机构	境外已纳税额	抵免限额	结转以后年度抵免余额
税率	25%	30%	—	—	—
第一年利润	-100	100	30	0	30
第二年利润	100	100	30	25	35

分析：

第一年：应纳税所得额=-100+100=0，抵免限额为0，境外已缴税额结转下一年度抵补余额为30万元。

第二年：应纳税所得额=100+100=200万元

当年境外所得税税额=30万元

抵免限额=200×25%×[100÷200]=25万元(＜30万元)

实际抵免境外所得税额=25万元

留待以后结转抵免税额=30-25+30=35万元

示例九：实际抵免境外税额的计算

以示例三对A公司计算的可抵免境外负担税额及示例七对其计算的境外所得应纳税总额和境外税额抵免限额为例，计算其当年度可实际抵免的境外税额。

(1) 甲国

可抵免境外税额=直接税额225万+间接负担税额912.5万=1137.5万元；

抵免限额=744.5万元(<1137.5万元)；

当年可实际抵免税额=744.5万元；

可结转的当年度未抵免税额=1137.5-744.5=393万元；

(2) 乙国

可抵免境外税额=直接税额300万+间接负担税额1291.25万=1591.25

万元；

抵免限额=1010.5 万元(<1591.25 万元)；

当年可实际抵免税额=1010.5 万元；

可结转的当年度未抵免税额=1591.25-1010.5=580.75 万元；

(3) 当年度可实际抵免税额合计=744.5+1010.5=1755 万元；

再以此例按《通知》第十二条所列公式计算 A 公司 2010 年抵免境外所得税后应纳所得税额为（假设 A 公司没有适用税法规定的有关设备投资抵免税额等优惠）：

境内外应纳所得税总额-当年可实际抵免境外税额=18000×25%-1755=2745 万元

示例十：境外分支机构纳税年度的判定

某居民企业在 A 国的分公司，按 A 国法律规定，计算当期利润年度为每年 10 月 1 日至次年 9 月 30 日。

分析：

该分公司按 A 国规定计算 2009 年 10 月 1 日至次年 9 月 30 日期间（即 A 国 2009/2010 年度）的营业利润及其已纳税额，应在我国 2010 年度计算纳税及境外税额抵免。

示例十一：境外股息所得在我国计算抵免的时间

某居民企业的境外子公司于 2010 年 5 月 1 日股东会决定，将分别属于 2007 年、2008 年的未分配利润共计 2000 万元分配。

分析：

该 2000 万元均属于该居民企业 2010 年取得的股息，就该股息被扣缴的预提所得税以及该股息间接负担的由境外子公司就其 2008 年、2009 年度利润缴纳的境外所得税，均应按规定的适用条件在该居民企业 2010 年应纳我国企业所得税中计算抵免。(可参见例三中“C2 公司税额的计算”)

财政部　国家税务总局关于我国石油企业在境外从事油（气）资源开采所得税收抵免有关问题的通知

2011 年 5 月 26 日　财税〔2011〕23 号

【要点指引】《财政部　国家税务总局关于我国石油企业在境外从事油（气）资源开采所得税收抵免有关问题的通知》（财税〔2011〕23 号，以下简称《通知》）是财政部、国家税务总局在《财政部　国家税务总局关于企业境外所得税收抵免有关问题的通知》（财税〔2009〕125 号）的基础上，就我国石油企业在境外从事油（气）资源开采活动的应纳税所得额时抵免境外已纳或负担所得税额有关问题下发的补充通知。石油企业可以在“分国（地区）不分项”“不分国（地区）不分项”两种方式中选择一种计算其可抵免境外所得税税额和抵免限额，且选定其中一种方式后，5年内不得改变。此外，《通知》还规定了石油企业直接或间接持有的20%以上股份的外国企业，是按照财税〔2009〕125号文件第六条规定持股方式确定的五层外国企业。

各省、自治区、直辖市、计划单列市财政厅（局）、国家税务局、地方税务局，新疆生产建设兵团财务局：

根据《中华人民共和国企业所得税法》及其《实施条例》和《财政部 国家税务总局关于企业境外所得税收抵免有关问题的通知》（财税〔2009〕125号）的有关规定，现就我国石油企业在境外从事油（气）资源开采所得计征企业所得税时抵免境外已纳或负担所得税额的有关问题补充通知如下：

一、石油企业可以选择按国（地区）别分别计算（即“分国（地区）不分项”），或者不按国（地区）别汇总计算（即“不分国（地区）不分项”）其来源于境外油（气）项目投资、工程技术服务和工程建设的油（气）资源开采活动的应纳税所得额，并按照财税〔2009〕125号文件第八条规定的税率，分别计算其可抵免境外所得税税额和抵免限额。上述方式一经选择，5年内不得改变。

石油企业选择采用不同于以前年度的方式（以下简称新方式）计算可抵免境外所得税税额和抵免限额时，对该企业以前年度按照财税〔2009〕125号文件规定没有抵免完的余额，可在税法规定结转的剩余年限内，按新方式计算的抵免限额中继续结转抵免。

二、石油企业在境外从事油（气）项目投资、工程技术服务和工程建设的油（气）资源开采活动取得股息所得，在按规定计算该石油企业境外股息所得的可抵免所得税额和抵免限额时，由该企业直接或者间接持有20%以上股份的外国企业，限于按照财税〔2009〕125号文件第六条规定的持股方式确定的五层外国企业，即：

第一层：石油企业直接持有20%以上股份的外国企业；

第二层至第五层：单一上一层外国企业直接持有20%以上股份，且由该石油企业直接持有或通过一个或多个符合财税〔2009〕125号文件第六条规定持股方式的外国企业间接持有总和达到20%以上股份的外国企业。

三、石油企业境外所得税收抵免的其他事项，按照财税〔2009〕125号文件的有关规定执行。

四、本通知自2010年1月1日起执行。

国家税务总局关于印发《境外注册中资控股居民企业所得税管理办法（试行）》的公告

2011年7月27日　国家税务总局公告2011年第45号

【要点指引】 境外注册中资控股居民企业是指因实际管理机构在中国境内而被认定为中国居民企业的境外注册中资控股企业。境外注册中资控股居民企业应当按照企业所得税法及其实施条例和相关管理规定的要求，履行居民企业所得税纳税义务。《境外注册中资控股居民企业所得税管理办法（试行）》（国家税务总局公告2011年第45号印发）明确了居民身份认定管理、税务登记管理、账簿凭证管理、申报征收管理、特定事项管理等内容。

为规范和加强对依据实际管理机构标准被认定为居民企业的境外注册中资控股企业的所得税管理，国家税务总局制定了《境外注册中资控股居民企业所得税管理办法（试行）》，现予以发布，自2011年9月1日起施行。

特此公告。

附件：1. 境外注册中资控股企业居民身份认定书（编者略）
　　　2. 境外注册中资控股居民企业所得税管理情况汇总表（编者略）

境外注册中资控股居民企业所得税管理办法（试行）

第一章　总　　则

第一条　为规范和加强境外注册中资控股居民企业的所得税税收管理，根据《中华人民共和国企业所得税法》（以下简称企业所得税法）及其实施条例、《中华人民共和国税收征收管理法》（以下简称税收征管法）及其实施细则、中国政府对外签署的避免双重征税协定（含与香港、澳门特别行政区签署的税收安排，以下简称税收协定）、《国家税务总局关于境外注册中资控股企业依据实际管理机构标准认定为居民企业有关问题的通知》（国税发〔2009〕82 号，以下简称《通知》）和其他有关规定，制定本办法。

第二条 本办法所称境外注册中资控股企业（以下简称境外中资企业）是指由中国内地企业或者企业集团作为主要控股投资者，在中国内地以外国家或地区（含香港、澳门、台湾）注册成立的企业。

第三条 本办法所称境外注册中资控股居民企业（以下简称非境内注册居民企业）是指因实际管理机构在中国境内而被认定为中国居民企业的境外注册中资控股企业。

第四条 非境内注册居民企业应当按照企业所得税法及其实施条例和相关管理规定的要求，履行居民企业所得税纳税义务，并在向非居民企业支付企业所得税法第三条第三款规定的款项时，依法代扣代缴企业所得税。

第五条 本办法所称主管税务机关包括：

（一）非境内注册居民企业的实际管理机构所在地与境内主要控股投资者所在地一致的，为境内主要控股投资者的企业所得税主管税务机关。

（二）非境内注册居民企业的实际管理机构所在地与境内主要控股投资者所在地不一致的，为实际管理机构所在地的国税局主管机关；经共同的上级税务机关批准，企业也可以选择境内主要控股投资者的企业所得税主管税务机关为其主管税务机关。

（三）非境内注册居民企业存在多个实际管理机构所在地的，由相关税务机关报共同的上级税务机关确定。

主管税务机关确定后，不得随意变更；确需变更的，应当层报税务总局批准。①

第二章 居民身份认定管理

第六条 境外中资企业居民身份的认定，采用企业自行判定提请税务机关认定和税务机关调查发现予以认定两种形式。

第七条 境外中资企业应当根据生产经营和管理的实际情况，自行判定实际管理机构是否设立在中国境内。如其判定符合《通知》第二条规定的居民企业条件，应当向其主管税务机关书面提出居民身份认定申请，同时提供以下资料：

（一）企业法律身份证明文件；

---

① 条款修改。第五条修改为“本办法所称主管税务机关是指境外注册中资控股居民企业中国境内主要投资者登记注册地主管税务机关。”参见：《国家税务总局关于修改〈非居民企业所得税核定征收管理办法〉等文件的公告》，国家税务总局公告 2015 年第 22 号。

（二）企业集团组织结构说明及生产经营概况；

（三）企业上一个纳税年度的公证会计师审计报告；

（四）负责企业生产经营等事项的高层管理机构履行职责场所的地址证明；

（五）企业上一年度及当年度董事及高层管理人员在中国境内居住的记录；

（六）企业上一年度及当年度重大事项的董事会决议及会议记录；

（七）主管税务机关要求提供的其他资料。

第八条 主管税务机关发现境外中资企业符合《通知》第二条规定但未申请成为中国居民企业的，可以对该境外中资企业的实际管理机构所在地情况进行调查，并要求境外中资企业提供本办法第七条规定的资料。调查过程中，主管税务机关有权要求该企业的境内投资者提供相关资料。

第九条 主管税务机关依法对企业提供的相关资料进行审核，提出初步认定意见，将据以做出初步认定的相关事实（资料）、认定理由和结果层报税务总局确认。

税务总局认定境外中资企业居民身份的，应当将相关认定结果同时书面告知境内投资者、境内被投资者的主管税务机关。

第十条 非境内注册居民企业的主管税务机关收到税务总局关于境外中资企业居民身份的认定结果后，应当在10日内向该企业下达《境外注册中资控股企业居民身份认定书》（见附件1），通知其从企业居民身份确认年度开始按照我国居民企业所得税管理规定及本办法规定办理有关税收事项。

第十一条 非境内注册居民企业发生下列重大变化情形之一的，应当自变化之日起15日内报告主管税务机关，主管税务机关应当按照本办法规定层报税务总局确定是否取消其居民身份。

（一）企业实际管理机构所在地变更为中国境外的；

（二）中方控股投资者转让企业股权，导致中资控股地位发生变化的。

第十二条 税务总局认定终止非境内注册居民企业居民身份的，应当将相关认定结果同时书面告知境内投资者、境内被投资者的主管税务机关。企业应当自主管税务机关书面告知之日起停止履行中国居民企业的所得税纳税义务与扣缴义务，同时停止享受中国居民企业税收待遇。上述主管税务机关应当依法做好减免税款追缴等后续管理工作。

第三章 税务登记管理

第十三条 非境内注册居民企业应当自收到居民身份认定书之日起30日内向主管税务机关提供以下资料申报办理税务登记，主管税务机关核发临时税务登记证及副本：

（一）居民身份认定书；

（二）境外注册登记证件；

（三）税务机关要求提供的其他资料。

第十四条 非境内注册居民企业经税务总局确认终止居民身份的，应当自收到主管税务机关书面通知之日起15日内向主管税务机关申报办理注销税务登记。

第十五条 发生本办法第四条扣缴义务的非境内注册居民企业应当自扣缴义务发生之日起30日内，向主管税务机关申报办理扣缴税款登记。

第四章 账簿凭证管理

第十六条 非境内注册居民企业应当按照中国有关法律、法规和国务院财政、税务主管部门的规定，编制财务、会计报表，并在领取税务登记证件之日起15日内将企业的财务、会计制度或者财务会计、处理办法及有关资料报送主管税务机关备案。

第十七条 非境内注册居民企业存放在中国境内的会计账簿和境内税务机关要求提供的报表等资料，应当使用中文。

第十八条 发生扣缴义务的非境内注册居民企业应当设立代扣代缴税款账簿和合同资料档案，准确记录扣缴企业所得税情况。

第十九条 非境内注册居民企业与境内单位或者个人发生交易的，应当按照发票管理办法规定使用发票，发票存根应当保存在中国境内，以备税务机关查验。

第五章 申报征收管理

第二十条 非境内注册居民企业按照分季预缴、年度汇算清缴方法申报缴纳所得税。

第二十一条 非境内注册居民企业发生终止生产经营或者居民身份变化情形的，应当自停止生产经营之日或者税务总局取消其居民企业之日起60日内，向其主管税务机关办理当期企业所得税汇算清缴。

非境内注册居民企业需要申报办理注销税务登记的，应在注销税务登记前，就其清算所得向主管税务机关申报缴纳企业所得税。

第二十二条 非境内注册居民企业应当以人民币计算缴纳企业所得税；所得以人民币以外的货币计算的，应当按照企业所得税法及其实施条例有关规定折合成人民币计算并缴纳企业所得税。

第二十三条 对非境内注册居民企业未依法履行居民企业所得税纳税义务的，主管税务机关应依据税收征管法及其实施细则的有关规定追缴税款、加收滞纳金，并处罚款。

主管税务机关应当在非境内注册居民企业年度申报和汇算清缴结束后两个月内，判定其构成居民身份的条件是否发生实质性变化。对实际管理机构转移至境外或者企业中资控股地位发生变化的，主管税务机关应层报税务总局终止其居民身份。

对于境外中资企业频繁转换企业身份，又无正当理由的，主管税务机关应层报国家税务总局核准后追回其已按居民企业享受的股息免税待遇。

第二十四条 主管税务机关应按季度核查非境内注册居民企业向非居民企业支付股息、利息、租金、特许权使用费、转让财产收入及其他收入依法扣缴企业所得税的情况，发现该企业未依法履行相关扣缴义务的，应按照税收征管法及其实施细则和企业所得税法及其实施条例等有关规定对其进行处罚，并向非居民企业追缴税款。

第六章 特定事项管理

第二十五条 非境内注册居民企业取得来源于中国境内的股息、红利等权益性投资收益和利息、租金、特许权使用费所得、转让财产所得以及其他所得，应当向相关支付方出具本企业的《境外注册中资控股企业居民身份认定书》复印件。

相关支付方凭上述复印件不予履行该所得的税款扣缴义务，并在对外支付上述外汇资金时凭该复印件向主管税务机关申请开具相关税务证明。其中涉及个人所得税、营业税等其他税种纳税事项的，仍按对外支付税务证明开具的有关规定办理。

第二十六条 非居民企业转让非境内注册居民企业股权所得，属于来源于中国境内所得，被转让的非境内注册居民企业应当自股权转让协议签订之日起30日内，向其主管税务机关报告并提供股权转让合同及相关资料。

第二十七条 非境内注册居民企业应当按照企业所得税法及其实施条例以及《特别纳税调整实施办法（试行）》（国税发〔2009〕2号）的相关规定，履行关联申报及同期资料准备等义务。

第二十八条 非境内注册居民企业同时被我国与其注册所在国家（地区）税务当局确认为税收居民的，应当按照双方签订的税收协定的有关规定确定其居民身份；如经确认为我国税收居民，可适用我国与其他国家（地区）签订的税收协定，并按照有关规定办理享受税收协定优惠待遇手续；需要证明其中国税收居民身份的，可向其主管税务机关申请开具《中国税收居民身份证明》，主管税务机关应在受理申请之日起10个工作日内办结。①

① 条款废止。自2016年10月1日起废止。参见：《国家税务总局关于开具〈中国税收居民身份证明〉有关事项的公告》，国家税务总局公告2016年第40号。

第二十九条 境外税务当局拒绝给予非境内注册居民企业税收协定待遇，或者将其认定为所在国家（地区）税收居民的，该企业可按有关规定书面申请启动税务相互协商程序。

主管税务机关受理企业提请协商的申请后，应当及时将申请及有关资料层报税务总局，由税务总局与有关国家（地区）税务当局进行协商。

第七章 附 则

第三十条 主管税务机关应当做好非境内注册居民企业所得税管理情况汇总统计工作，于每年8月15日前向税务总局层报《境外注册中资控股居民企业所得税管理情况汇总表》（见附件2）。税务总局不定期对各地相关管理工作进行检查，并将检查情况通报各地。

第三十一条 本办法由税务总局负责解释。各省、自治区、直辖市和计划单列市国家税务局、地方税务局可根据本办法制定具体操作规程。

第三十二条 本办法自2011年9月1日起施行。此前根据《通知》规定已经被认定为非境内注册居民企业的，适用本办法相关规定处理。

国家税务总局关于依据实际管理机构标准实施居民企业认定有关问题的公告

2014年1月29日 国家税务总局公告2014年第9号

【要点指引】《国家税务总局关于依据实际管理机构标准实施居民企业认定有关问题的公告》（国家税务总局公告2014年第9号）是对《国家税务总局关于境外注册中资控股企业依据实际管理机构标准认定为居民企业有关问题的通知》（国税发〔2009〕82号）有关条款进行的补充修订，明确主管税务机关判定其居民身份后需层报省级税务机关确认。境外注册中资控股企业自被认定为居民企业的年度起，从中国境内其他居民企业取得的以前年度的符合条件的股息、红利等权益性投资收益，也应当作为免税收入处理。

为完善依据实际管理机构实施居民企业的认定工作，加强企业所得税征收管理，根据《国务院关于取消和下放一批行政审批项目的决定》（国发〔2013〕44号），国家税务总局对《国家税务总局关于境外注册中资控股企业依据实际管理机构标准认定为居民企业有关问题的通知》（国税发〔2009〕82号，以下简称《通知》）有关条款进行了修订，现公告如下：

一、符合《通知》第二条规定的居民企业认定条件的境外中资企业，须向其中国境内主要投资者登记注册地主管税务机关提出居民企业认定申请，主管税务机关对其居民企业身份进行初步判定后，层报省级税务机关确认。经省级税务机关确认后抄送其境内其他投资地相关省级税务机关。

二、按本公告实施居民企业认定时，经省级税务机关确认后，30 日内抄报国家税务总局，由国家税务总局网站统一对外公布。国家税务总局适时开展检查，对不符合条件的，责令其纠正。

三、境外注册中资控股企业自其被认定为居民企业的年度起，从中国境内其他居民企业取得以前年度（限于 2008 年 1 月 1 日以后）的股息、红利等权益性投资收益，应按照《中华人民共和国企业所得税法》第二十六条及其实施条例第十七条、第八十三条的规定处理。

四、境外注册中资控股企业所得税征管的其他事项，仍按照《通知》的相关规定执行。

五、本公告适用于 2013 年度及以后年度企业所得税申报。

特此公告。

链　接

关于《国家税务总局关于依据实际管理机构标准实施居民企业认定有关问题的公告》的解读

现将《国家税务总局关于依据实际管理机构标准实施居民企业认定有关问题的公告》（国家税务总局公告 2014 年第 9 号，以下简称《公告》）的有关内容，解读如下：

一、发文背景

《中华人民共和国企业所得税法》第二条关于居民企业认定条款的立法本意是借鉴国际惯例，适度拓宽税收管辖权，堵塞跨国避税漏洞，维护国家税收权益。

2008 年企业所得税法实施后，有关股息所得税政策发生变化，即，对境外投资者从我国境内取得的股息、红利所得恢复征收所得税，由此，境外红筹中资控股企业面临股息重复征税问题。为解决这一问题，国家税务总局出台了《关于境外注册中资控股企业依据实际管理机构标准认定为居民企业有关问题的通知》（国税发〔2009〕82 号），对部分境外红筹中资控股企业通过“居民企业”认定的方式，解决了其股息重复征税问题。与之配套，国家税务总局制订下发了《境外注册中资控股居民企业所得税管理办法（试行）》（国家税务总局公告 2011 年第 45 号），对有关管理问题做出了比较详尽的规定。根据上述文件规定，目前，针对境外中资企业依据实际管理机构标准实施居民企业认定分为两类情况，一类是企业为解决股息重复征税而主动提出申请；另一类是为避免税收流失，税务机关对未提出申请的企业主动实施判定。

境外中资企业依据实际管理机构标准实施居民企业认定工作执行以来，依法拓宽我国的税收管辖权，堵塞跨国避税漏洞，维护国家税收权益，总体情况是好的。但是，上述层层上报税务总局审核批准的管理方式也产生了一些问题。例如，主管税务机关更熟悉企业的实际情况，主管税务机关应当依据有关文件规定的条件和企业实际来判定其是否为我国的居民企业，居民认定应是主管税务机关的工作职责，而不是层层上报至税务总局审批。另外，按照国家逐步简化和清理行政审批的总体要求，也需要适时调整审批层级，完善管理办法。因此，有必要对管理模式调整及由此所带来的相关问题做出规定。在这个背景下，国家税务总局以公告形式对《关于境外注册中资控股企业依据实际管理机构标准认定为居民企业有关问题的通知》（国税发〔2009〕82 号）有关条款进行了修订。

二、主要调整的内容

（一）调整了居民企业认定层级。按国税发〔2009〕82 号文要求，居民企业认定申请由主管税务机关初审后，层层上报税务总局审核批准。根据国务院行政审批制度改革的要求，税务总局已上报国务院下放这一项目的认定。根据这一精神，新办法规定，居民企业认定申请由主管税务机关初审后，层报省级税务机关确认，不再层层上报至税务总局审核确认。具体流程为：主管税务机关对其居民企业身份进行初步判定后，层报省级税务机关确认。经省级税务机关确认后抄送其境内其他投资地相关省级税务机关。发起认定的省级税务机关在认定后，需抄报税务总局，并在总局网站上统一公布。这样处理，既有利于简政放权，又有利于全国范围内的监督与协调。

（一）调整了居民企业认定申请主管部门。为有效协调跨地区事项，方便纳税人，也便于税务部门对境外中资企业实施更加有效的管理，对于境外中资企业的实际管理机构所在地与其中国境内主要投资者所在地分离的情形，本《公告》将原文件可以多地发起认定调整为只向其中国境内主要境内投资者登记注册地主管税务机关提出认定申请。这样规定明确了权限下放后的认定主管部门，避免多地认定带来的矛盾，也增强了主管税务机关的责任。

（三）明确了股息、红利等权益性投资的税务处理。居民企业以前年度股息、红利等权益性投资的税务处理问题相关规定还不够清晰。为此，《公告》明确对境外中资企业自其被认定为非境内注册居民企业的年度起，从中国境内其他居民企业取得的股息、红利等权益性投资收益及以前年度未分配利润，按照《中华人民共和国企业所得税法》第二十六及其实施条例第十七条、第八十三条的规定处理。这样做体现了税法的精神。

（四）明确了《公告》与国税发〔2009〕82号文件有关条款衔接问题。《公告》是针对国税发〔009〕82号文件的修订，主要体现下放审批权限、实施有效征管，其他征管问题仍然按照国税发〔2009〕82号相关规定执行。

国家税务总局关于居民企业报告境外投资和所得信息有关问题的公告

2014年6月30日　国家税务总局公告2014年第38号

【要点指引】为了及时、准确、完整地收集境外税收信息，推动税收风险管理和促进纳税遵从，对所有取得境外所得的居民企业实施分类管理，国家税务总局发布了《国家税务总局关于居民企业报告境外投资和所得信息有关问题的公告》（国家税务总局公告2014年第38号以下简称《公告》），以《居民企业参股外国企业信息报告表》和《受控外国企业信息报告表》替代《国家税务总局关于印发〈中华人民共和国企业年度关联业务往来报告表〉的通知》（国税发〔2008〕114号）所附《对外投资报告表》，显示出我国对境外所得信息报告制度更为严格。《公告》旨在规范居民企业提供境外投资和所得信息的内容和方式。

《公告》适用的情形包括两类，一是居民企业发生规定的境外投资或取得境外所得；二是非居民企业在境内设立机构、场所取得发生在境外，但与其所设机构、场所有实际联系的所得。

《公告》主要内容规范了填报《居民企业参股外国企业信息报告表》的三种情形，《受控外国企业信息报告表》的两种情形，以及按照中国会计制度编报年度独立财务报表的两类企业。同时对以上资料的报送时间进行了规范。

为规范居民企业境外投资和所得信息报告的内容和方式，根据《中华人民共和国税收征收管理法》（以下简称税收征管法）及其实施细则、《中华人民共和国企业所得税法》（以下简称企业所得税法）及其实施条例等有关规定，现就居民企业报告境外投资和所得信息有关问题公告如下：

一、居民企业成立或参股外国企业，或者处置已持有的外国企业股份或有表决权股份，符合以下情形之一，且按照中国会计制度可确认的，应当在办理企业所得税预缴申报时向主管税务机关填报《居民企业参股外国企业信息报告表》（附件1）：

（一）在本公告施行之日，居民企业直接或间接持有外国企业股份或有表决权股份达到10%（含）以上；

（二）在本公告施行之日后，居民企业在被投资外国企业中直接或间接持有的股份或有表决权股份自不足10%的状态改变为达到或超过10%的状态；

（三）在本公告施行之日后，居民企业在被投资外国企业中直接或间接持有的股份或有表决权股份自达到或超过10%的状态改变为不足10%的状态。

二、居民企业在办理企业所得税年度申报时，还应附报以下与境外所得相关的资料信息：

（一）有适用企业所得税法第四十五条情形或者需要适用《特别纳税调整实施办法（试行）》（国税发〔2009〕2号文件印发）第八十四条规定的居民企业填报《受控外国企业信息报告表》（附件2）；

（二）纳入企业所得税法第二十四条规定抵免范围的外国企业或符合企业所得税法第四十五条规定的受控外国企业按照中国会计制度编报的年度独立财务报表。

三、在税务检查（包括纳税评估、税务审计及特别纳税调整调查等）时，主管税务机关可以要求居民企业限期报告与其境外所得相关的必要信息。

四、居民企业能够提供合理理由，证明确实不能按照本办法规定期限报告境外投资和所得信息的，可以依法向主管税务机关提出延期要求。限制提供相关信息的境外法律规定、商业合同或协议，不构成合理理由。

五、主管税务机关应当为纳税人报告境外投资和所得信息提供便利，及时受理纳税人报告的各类信息，并依法保密。

六、居民企业未按照本办法规定报告境外投资和所得信息，经主管税务机关责令限期改正，逾期仍不改正的，主管税务机关可根据税收征管法及其实施细则以及其他有关法律、法规的规定，按已有信息合理认定相关事实，并据以计算或调整应纳税款。

七、非居民企业在境内设立机构、场所，取得发生在境外但与其所设机构、场所有实际联系的所得的，参照本公告规定报告相关信息。

八、本公告自2014年9月1日起施行。在施行之日以前发生，但与施行之日以后应报告信息相关或者属于施行之日以后纳税年度的应报告信息，仍适用本公告规定。《国家税务总局关于印发〈中华人民共和国企业年度关联业务往来报告表〉的通知》（国税发〔2008〕114号）所附《对外投资情况表》同时废止。

附件：1. 居民企业参股外国企业信息报告表（编者略）

2. 受控外国企业信息报告表（编者略）

国家税务总局关于落实"一带一路"发展战略要求做好税收服务与管理工作的通知

2015年4月21日 税总发〔2015〕60号

【要点指引】为了贯彻党中央、国务院关于"一带一路"倡议的重大决策部署，国家税务总局就做好有关税收服务和管理工作，从"执行协定维权益、改善服务谋发展、规范管理促遵从"三个方面提出十项具体要求，促进各地区税务机关采取有力措施，全力做好"一带一路"建设落实工作。

各省、自治区、直辖市和计划单列市国家税务局、地方税务局：

为贯彻落实党中央、国务院关于"一带一路"发展战略的重大决策部署，现就做好相关税收服务与管理工作提出以下要求，请遵照执行。

一、总体目标

各地要按照税务总局提出的税收服务"一带一路"发展战略的总体要求，从"执行协定维权益、改善服务谋发展、规范管理促遵从"三个方面，采取有力措施，做好本地区的落实工作。

二、主要内容

（一）执行协定维权益

1. 认真执行税收协定

按照税务总局"便民办税春风行动"和纳税服务规范的要求，认真执行我国对外签署的税收协定及相关解释性文件，保证不同地区执法的一致性，减少涉税争议的发生，并配合税务总局做好非居民享受协定待遇审批改备案相关工作，为跨境纳税人提供良好的税收环境。

2. 加强涉税争议双边协商

落实《国家税务总局关于发布〈税收协定相互协商程序实施办法〉的公告》（国家税务总局公告2013年第56号）和《国家税务总局关于印发〈特别纳税调整实施办法（试行）〉的通知》（国税发〔2009〕2号）的有关规定，及时了解我国与"一带一路"沿线其他国家"引进来"和"走出去"企业涉税诉求和税收争议，主动向企业宣传、解释税收协定相关条款，特别是相互协商程序的规定，及时受理企业提起的相互协商申请，并配合税务总局完成相关工作。

（二）改善服务谋发展

3. 建设国别税收信息中心

税务总局将于2015年7月底前向全国各省税务机关推广国别信息中心试点工作。根据税务总局统一部署，省税务机关要做好前期调研、人员配备等启动准备，积极开展对口国家税收信息收集、分析和研究工作，尽快形成各省分国对接机制。

4. 建立“一带一路”税收服务网页

依托税务总局网站于2015年6月底前建立“一带一路”税收服务网页，并从四季度开始，分国别发布“一带一路”沿线国家税收指南，介绍有关国家税收政策，提示对外投资税收风险，争取在2016年底前全部完成。“一带一路”税收服务网页也要发布我国有关税收政策解读、办税服务指南等，为“引进来”企业提供指导。

5. 深化对外投资税收宣传辅导

分期分批为我国“走出去”企业开展税收协定专题培训及问题解答，帮助企业利用税收协定保护自身权益，防范税收风险。根据不同国家税收政策和投资风险特点，为“走出去”企业开展对外投资税收政策专题宣讲。

6. 设立12366纳税服务热线专席

依托税务咨询12366平台，于2015年6月底前设置专岗，加强对专岗人员培训，解答“走出去”企业的政策咨询，回应服务诉求。

7. 发挥中介机构作用

合理引导注册会计师事务所、注册税务师事务所等中介机构“走出去”，提供重点投资国税收法律咨询等方面服务，努力为“走出去”企业提供稳定、及时、方便的专业服务。

（三）规范管理促遵从

8. 完善境外税收信息申报管理

做好企业境外涉税信息申报管理，督促企业按照《国家税务总局关于发布〈中华人民共和国企业所得税年度纳税申报表（A类，2014年版）〉的公告》（国家税务总局公告2014年第63号）和《国家税务总局关于居民企业报告境外投资和所得信息有关问题的公告》（国家税务总局公告2014年第38号）的规定履行相关涉税信息申报义务，为企业遵从提供指导和方便，并分类归集境外税收信息，建立境外税收信息专门档案。

9. 开展对外投资税收分析

依托现有征管数据，进一步拓展第三方数据，及时跟进本地区企业投资“一带一路”沿线国家情况，了解投资分布特点、经营和纳税情况。从2015年起，省税务机关要每年编写本地区“走出去”企业税收分析年度报告，并于次年2月底前上报税务总局。

10. 探索跨境税收风险管理

根据国际经济环境变化和对外投资特点研究涉税风险特征，探索设置风险监控指标，逐步建立分国家、分地区风险预警机制，提示“走出去”企业税收风险，积累出境交易税收风险管理办法和经验。

三、有关要求

（一）提高认识，加强领导

“一带一路”发展战略涉及面广、任务重，各地要统一思想，切实加强组织领导，充实相关岗位人员，统筹做好各项工作。

（二）密切协作，狠抓落实

重点省市要制定本地区落实方案，明确牵头部门，协调其他相关部门，密切协作，并结合本地区实际，积极研究税收服务“一带一路”发展战略的新举措新方法，努力将各项措施落到实处。

（三）广泛宣传，扩大影响

按照税务总局的总体要求，充分利用媒体广泛宣传税收服务“一带一路”发展战略的措施，营造良好的税收舆论环境，切实方便纳税人。

各地贯彻落实情况和意见建议请及时报告税务总局（国际税务司）。

国家税务总局关于做好居民企业报告境外投资和所得信息工作的通知

2015 年 6 月 18 日　税总函〔2015〕327 号

【要点指引】2014 年国家税务总局发布了《国家税务总局关于居民企业报告境外投资和所得信息有关问题的公告》（国家税务总局公告 2014 年第 38 号），对居民企业提供境外投资和所得信息的内容和方式，做出了原则性规定，规范了相关信息的报送。经过近一年的实施，有些填表的细节问题需要进一步明确，为此国家税务总局发布《国家税务总局关于做好居民企业报告境外投资和所得信息工作的通知》（税总函〔2015〕327 号）。其要点：（1）企业填报的关联业务往来报告表未发生变化可不再重复报送；（2）对纳入企业所得税法第二十四条规定抵免范围的外国企业或符合企业所得税法第四十五条规定的受控外国企业按照中国会计制度编报的年度独立财务报表包括的内容做出解释；（3）对受控外国企业信息报告表有关栏目填写进行分项说明；（4）对税务机关做好信息填报辅导工作提出要求。

各省、自治区、直辖市和计划单列市国家税务局、地方税务局：

为贯彻落实《国家税务总局关于居民企业报告境外投资和所得信息有关问题的公告》（国家税务总局公告 2014 年第 38 号，以下简称《公告》）要求，提高信息申报质量，现就有关填报口径及工作要求通知如下：

一、在《公告》实施前，企业已按照《国家税务总局关于印发〈中华人民共和国企业年度关联业务往来报告表〉的通知》（国税发〔2008〕114 号）的规定填报有关对外投资信息，且未发生变化的，在《公告》实施后可不再重复报送。

二、企业按照《公告》第二条第（二）款规定应该报送的年度独立财务报表包括按照中国会计制度规定需要编报的主表及相关附表，以及会计报表附注、财务情况说明书、审计报告等附属资料。

三、《受控外国企业信息报告表》第六项受控外国企业利润分配项下有关栏目填表说明如下：

（一）可分配利润总额栏按照受控外国企业当年度独立资产负债表未分配利润期末余额与当年实际分配数额之和填报。

（二）以前年度已视同分配额栏按照以前年度已视同分配金额扣除该视同分配金额的实际分配额后的余额填报。计算结果为负数的，填报零。

（三）本年度分配额超出以前年度已视同分配额的数额栏按照本年度分配额与以前年度已视同分配额之差填报。计算结果为负数的，填报零。

（四）各可抵免外国税额栏按照前面一栏相应利润额依据《财政部　国家税务总局关于企业境外所得税收抵免有关问题的通知（财税〔2009〕125 号）》及有关文件规定计算的可抵免境外所得税税额填报。

四、各主管税务机关应按照《国家税务总局关于落实“一带一路”发展战略要求　做好税收服务与管理工作的通知》（税总发〔2015〕60 号）的要求，做好信息填报辅导工作，为企业遵从提供方便。同时，结合企业所得税年度汇算清缴，注意将企业报告的境外投资和所得信息与企业所得税年度申报信息衔接、比对，督促纳税人及时、准确履行申报义务。

国家税务总局关于企业境外所得适用简易征收和饶让抵免的核准事项取消后有关后续管理问题的公告

2015 年 10 月 10 日　国家税务总局公告 2015 年第 70 号

【要点指引】《国家税务总局关于企业境外所得适用简易征收和饶让抵免的核准事项取消后有关后续管理问题的公告》（国家税务总局公告 2015 年第 70 号，以下简称《公告》）主要对《财政部　国家税务总局关于企业境外所得税收抵免有关问题的通知》(财税〔2009〕125号)中第十条第(一)、(二)项进行了修订。原符合第十条中第(一)、(二)项条件的情形,须经企业申请、主管税务机关核准后可以采取简易办法对境外所得已纳税额计算抵免。《公告》规定,企业无需申请,只要是符合条件,即可采取简易办法对境外所得已纳税额进行抵免。

根据《国家税务总局关于公布已取消的22项税务非行政许可审批事项的公告》(国家税务总局公告2015年第58号),为加强后续管理,经商财政部同意,现就"企业境外所得适用简易征收和饶让抵免的核准"审批事项取消后有关管理问题公告如下:

一、企业境外所得符合《财政部 国家税务总局关于企业境外所得税收抵免有关问题的通知》(财税〔2009〕125号)第十条第(一)项和第(二)项规定情形的,可以采取简易办法对境外所得已纳税额计算抵免。企业在年度汇算清缴期内,应向主管税务机关报送备案资料,备案资料的具体内容按照《国家税务总局关于发布〈企业境外所得税收抵免操作指南〉的公告》(国家税务总局公告2010年第1号)第30条的规定执行。

二、本公告自公布之日起施行。《财政部 国家税务总局关于企业境外所得税收抵免有关问题的通知》(财税〔2009〕125号)第十条中"经企业申请,主管税务机关核准"的规定同时废止。

特此公告。

链 接

关于《国家税务总局关于企业境外所得适用简易征收和饶让抵免的核准事项取消后有关管理问题的公告》的解读

2015年10月10日,国家税务总局制发《国家税务总局关于企业境外所得运用简易征收和饶让抵免的核准事项取消后有关管理问题的公告》(国家税务总局公告2015年第70号,以下简称《公告》)。现将《公告》内容解读如下:

一、《公告》出台背景

为进一步简化税务行政审批,国家税务总局下发了《国家税务总局关于公布已取消的22项非行政许可审批事项的公告》(国家税务总局公告2015年第58号),其中明确,企业境外所得适用简易征收和饶让抵免得核准予以取消。为做好取消该项税务行政审批事项的后续管理工作,国家税务总局制订发布《国家税务总局关于企业境外所得适用简易征收和饶让抵免的核准事项取消后有关后续管理问题的公告》(国家税务总局公告2015年第70号)。

二、关于税务行政审批事项取消后有关管理问题的规定

（一）对于企业境外所得符合《财政部　国家税务总局关于企业境外所得税收抵免有关问题的通知》（财税〔2009〕125号）第十条第（一）项和第（二）项规定情形的，可以采取简易办法对境外所得已纳税额计算抵免。为简化管理程序，将原税务审批规定调整为事后备案管理，即，企业根据自身实际，对照现行政策规定，确定其是否符合适用简易办法或饶让抵免条件，并在年度汇算清缴期内，向主管税务机关报送备案资料。有关备案资料的具体内容按照《国家税务总局关于发布〈企业境外所得税收抵免操作指南〉的公告》（国家税务总局公告2010第1号）第30条的规定执行。

（二）原税务审批规定调整为事后备案管理后，《财政部　国家税务总局关于企业境外所得税收抵免有关问题的通知》（财税〔2009〕125号）第十条中“经企业申请，主管税务机关核准”的规定相应废止。

国家税务总局关于开具《中国税收居民身份证明》有关事项的公告

2016年6月28日　国家税务总局公告2016年第40号

【要点指引】为了简化工作程序，优化办税流程，最大程度给纳税人提供便利，国家税务总局出台《关于开具〈中国税收居民身份证明〉有关事项的公告》（国家税务总局公告2016年第40号，以下简称《公告》），对以前的规定做了五方面的修改。（1）简化了办理流程，开具权限下放到县级机关，减少了资料报送，降低了办理层级；（2）明确了办理时限，由主管税务机关作出确认的10个工作日办结，需请示上级机关的20个工作日办结；（3）明确了资料报送要求，取消了申请《税收居民证明》提交的完税证明和说明，结合不同申请主体，对提交资料重新进行了梳理；（4）优化了纳税服务，缔约对方税务主管当局对《税收居民证明》式样有特殊要求的，主管税务机关可以根据《公告》办理；（5）调整了表格样式。

根据《中华人民共和国税收征收管理法》及其实施细则、《中华人民共和国企业所得税法》及其实施条例、《中华人民共和国个人所得税法》及其实施条例以及相关法律法规，为服务企业和个人开展对外投资、经营和提供劳务活动，便利《中国税收居民身份证明》（以下简称《税收居民证明》，见附件1）开具，现就有关事项公告如下：

一、企业或者个人（以下统称申请人）为享受中国政府对外签署的税收

协定（含与香港、澳门和台湾签署的税收安排或者协议）、航空协定税收条款、海运协定税收条款、汽车运输协定税收条款、互免国际运输收入税收协议或者换函（以下统称税收协定）待遇，可以向税务机关申请开具《税收居民证明》。

二、申请人向主管其所得税的县国家税务局、地方税务局（以下统称主管税务机关）申请开具《税收居民证明》。

中国居民企业的境内、外分支机构应当通过其总机构向总机构主管税务机关提出申请。合伙企业应当以其中国居民合伙人作为申请人，向中国居民合伙人主管税务机关提出申请。

三、申请人可以就其构成中国税收居民的任一公历年度申请开具《税收居民证明》。

四、申请人申请开具《税收居民证明》应当提交以下申请表和资料：

（一）《中国税收居民身份证明》申请表（见附件2）；

（二）与拟享受税收协定待遇的收入有关的合同、协议、董事会或者股东会决议、支付凭证等证明资料；

（三）申请人为个人且在中国境内有住所的，提供因户籍、家庭、经济利益关系而在中国境内习惯性居住的证明材料，证明材料包括申请人身份信息、说明材料或者其他材料；

（四）申请人为个人且无住所、在中国境内居住满一年的，提供在中国境内实际居住时间的相关证明材料，证明材料包括护照信息、说明材料或者其他材料；

（五）境内、外分支机构通过其总机构提出申请时，还需提供总分机构的登记注册情况；

（六）以合伙企业的中国居民合伙人提出申请时，还需提供合伙企业登记注册情况。

上述填报或报送的资料应当采用中文文本。相关资料原件为外文文本的，应当同时提供中文译本。申请人可以向主管税务机关提交上述资料的复印件，但是应当在复印件上加盖申请人印章或签章，并按照主管税务机关要求报验原件。

五、申请人提交资料齐全的，主管税务机关应当按规定当场受理；资料不齐全的，主管税务机关不予受理，并一次性告知申请人应补正内容。

六、主管税务机关根据《中华人民共和国企业所得税法》及其实施条例、《中华人民共和国个人所得税法》及其实施条例等规定，结合纳税人登记注册、在中国境内住所及居住时间等情况对居民身份进行判定。

七、主管税务机关在受理申请之日起10个工作日内，由负责人签发《税收居民证明》并加盖公章或者将不予开具的理由书面告知申请人。

主管税务机关无法准确判断居民身份的，应当及时报告上级税务机关。需要报告上级税务机关的，主管税务机关应当在受理申请之日起20个工作日内办结。

八、主管税务机关或者上级税务机关根据申请人提交资料无法作出判断的，可以要求申请人补充提供相关资料，需要补充的内容应当一次性书面告知。申请人补充资料的时间不计入上述工作时限。

九、主管税务机关对开具的《税收居民证明》进行统一编号，编号格式为：税务机构代码（前7位）+年份（4位）+顺序号（5位）。“年份”为开具《税收居民证明》的公历年度，“顺序号”为本年度主管税务机关开具的自然顺序号。

十、缔约对方税务主管当局对《税收居民证明》样式有特殊要求的，申请人应当提供书面说明以及《税收居民证明》样式，主管税务机关可以按照上述规定予以办理。

十一、各地税务机关可以进一步拓展或者优化服务方式，提高信息化水平和办理时效，为申请人享受税收协定待遇提供便利。各地税务机关要加强对开具《税收居民证明》的申请人来源于境外所得的税收管理，帮助其降低税收风险。

十二、本公告自2016年10月1日起施行。《国家税务总局关于做好〈中国税收居民身份证明〉开具工作的通知》（国税函〔2008〕829号）、《国家税务总局关于做好〈中国税收居民身份证明〉开具工作的补充通知》（国税函〔2010〕218号）、《国家税务总局关于印发〈境外注册中资控股居民企业所得税管理办法（试行）〉的公告》（国家税务总局公告2011年第45号）第二十八条同时废止。

特此公告。

附件：1. 中国税收居民身份证明（编者略）

2.《中国税收居民身份证明》申请表（编者略）

链　接

关于《国家税务总局关于开具〈中国税收居民身份证明〉有关事项的公告》的解读

为便于纳税人和税务机关理解和执行，现对《国家税务总局关于开具〈中国税收居民身份证明〉有关事项的公告》（国家税务总局公告2016年第40

号，以下简称《公告》）解读如下：

一、《公告》出台背景

随着“走出去”战略的推进和“一带一路”战略的实施，我国居民企业和个人对外投资、经营和提供劳务等活动明显增加，为更好地服务对外开放战略，深入开展“便民办税春风行动”，进一步简化工作程序，优化办税流程，便利企业和个人开具《中国税收居民身份证明》（以下简称《税收居民证明》），帮助纳税人享受税收协定优惠待遇，国家税务总局发布了本《公告》。

二、《公告》主要变化

《公告》相比于以前规定，主要做了以下修改：

一是简化了办理流程。将开具权限由原市税务机关改为县税务机关，下放了确认级次，减少了资料报送与办理层级。

二是明确了办理时限。对办结时间作出明确规定，由主管税务机关作出确认的应在10个工作日内办结，需请示上级税务机关的应在20个工作日内办结。

三是明确了资料报送要求。取消申请《税收居民证明》时提交的完税证明或说明，根据中国税收法律法规等文件规定，结合不同申请主体，对申请《税收居民证明》应提交的资料进行了梳理和明确，对于需要补充提供资料的，主管税务机关应当一次性告知。

四是优化了纳税服务。根据工作实际，缔约对方税务主管当局对《税收居民证明》式样有特殊要求的，主管税务机关可根据本《公告》予以办理。同时，《公告》还提出各地可以结合本地区实际情况，进一步拓展服务手段和方法，缩短办理时限、优化办事流程，为开具《税收居民证明》提供便利。

五是调整了表格样式。结合《公告》的相关条款对《中国税收居民身份证明》申请表和《税收居民证明》样式进行了调整。

三、《公告》生效时间

本《公告》自2016年10月1日起施行。

四、税收协定

国家税务总局关于税收协定中有关国际运输问题解释的通知

1998年4月17日　国税函〔1998〕241号

【要点指引】《国家税务总局关于税收协定中有关国际运输问题解释的通知》(国税函〔1998〕241号，以下简称《通知》)对企业从事附属于其国际运输业务取得的所得，如何判定是否应视为国际运输所得问题进行了明确。《通知》详细说明了税收协定第八条所述从事国际运输业务取得的所得所包括的七种具体形式。

近接一些地区反映，在执行我国对外签订的关于对所得（和财产）避免双重征税和防止偷漏税的协定（以下称税收协定）第八条（国际运输），确定从事运输企业的所得时，对于企业从事附属于其国际运输业务取得的所得，是否应视为国际运输所得问题，难以界定。根据我国对外签订的税收协定第八条规定的原则以及国际通行惯例，现对上述问题明确如下：

税收协定第八条所述从事国际运输业务取得的所得，是指企业以船舶或飞机经营客运或货运取得的所得，包括该企业从事的附属于其国际运输业务取得的所得。上述附属于其国际运输业务取得的所得主要包括：

一、以湿租形式出租船舶或飞机（包括所有设备、人员及供应）取得的租赁所得；

二、为其他企业代售客票取得的所得；

三、从市区至机场运送旅客取得的所得；

四、通过货车从事货仓至机场、码头或者后者至购货者间的运输，以及直接将货物发送至购货者所取得的运输所得；

五、以船舶或飞机从事国际运输的企业附营或临时性经营集装箱租赁取得的所得；

六、企业仅为其承运旅客提供中转住宿而设置的旅馆取得的所得；

七、非专门从事国际船运或空运业务的企业，以其本企业所拥有的船舶或飞机经营国际运输业务所取得的所得。

各地在执行时，如遇有新问题，请及时提出处理意见并报总局。

国家税务总局关于外国企业常驻代表机构是否构成税收协定所述常设机构问题的解释的通知

1999年9月13日　国税函〔1999〕607号

【要点指引】《国家税务总局关于外国企业常驻代表机构是否构成税收协定所述常设机构问题的解释的通知》（国税函〔1999〕607号）中明确列举了六种不构成常设机构的业务活动。重点强调从事准备性或辅助性活动的机构不构成常设机构，并明确指出“其他准备性或辅助性活动”包括的内容，应由税收协定及安排限定的主管当局确定。各地税务机关不得自行认定“其他准备性或辅助性活动”的内容。

近期，一些地区询问，在执行《关于对所得避免双重征税和防止偷漏税的协定》及《内地与香港特别行政区关于对所得避免双重征税的安排》（以下称税收协定及安排），判定在华外国企业常驻代表机构（以下称代表机构）中工作的非中国居民个人的纳税义务，确定其工资薪金所得是否属于税收协定及安排所说的“常设机构”负担时，如何判定该代表机构是否构成税收协定及安排所说的“常设机构”，我国有关税收法规规定不予征税或免予征税的代表机构是否不属于“常设机构”。对此，解释如下：

一、税收协定第五条及安排第一条规定，“‘常设机构’一语特别包括办事处”，但“不包括：

（一）专为储存、陈列或者交付本企业货物或者商品的目的而使用的设施；

（二）专为储存、陈列或者交付的目的而保存本企业货物或者商品的库存；

（三）专为另一企业加工的目的而保存本企业货物或者商品的库存；

（四）专为本企业采购货物或者商品，或者搜集情报的目的所设的固定营业场所；

（五）专为本企业进行其他准备性或辅助性活动的目的所设的固定营业场所；

（六）专为本款第（一）项至第（五）项活动的结合所设的固定营业场所，如果由于这种结合使该固定营业场所全部活动属于准备性质或辅助性质。”

据此规定，代表机构除专门从事上述列举的六项业务活动的以外，均属构成税收协定及安排所说的“常设机构”。

上述列举的六项业务活动中第（五）项所说“其他准备性或辅助性活动”包括的内容，应由税收协定及安排限定的主管当局确定。因此，凡国家税务总局对此未予明确的，各地税务机关不得自行认定“其他准备性或辅助性活动”的内容。

二、虽然根据我国内地有关对代表机构征税的法律法规，对一部分从事我国内地税收法规规定非应税营业活动的代表机构，不予征税或免税，但并不影响对其依照税收协定及安排的规定判定为在我国构成“常设机构”，以及依据有关规定对其非中国居民雇员的工资薪金确定是否为“常设机构”负担。

国家税务总局关于执行税收协定利息条款有关问题的通知

2006 年 3 月 1 日　国税函〔2006〕229 号

【要点指引】我国对外签署的避免双重征税协定利息条款规定，缔约国对方居民从我国境内取得的利息应构成在华纳税义务，税率一般不高于10%，但为鼓励缔约国双方资金流动，一些协定规定了免税条款或列名了予以免税的银行或金融机构。为保证协定关于对利息所得征免税规定的正确执行，国家税务总局发布《关于执行税收协定利息条款有关问题的通知》（国税函〔2006〕229 号，以下简称《通知》）。《通知》明确了以下内容：（1）享有协定利息条款中规定免税条款的主体可在每项贷款合同签署后，向利息发生地主管税务机关申请享受有关协定待遇。（2）享有免税待遇的具体银行、金融机构可向利息发生地主管税务机关申请享受有关协定待遇。（3）利息发生地税务机关的责任。

各省、自治区、直辖市和计划单列市国家税务局、地方税务局，扬州税务进修学院：

我国对外签署的避免双重征税协定（以下简称协定）利息条款规定，缔约国对方居民从我国境内取得的利息应构成在华纳税义务，税率一般不高于10%，也有个别协定税率低于或高于10%。虽有上述征税规定，但为鼓励缔约国双方资金流动，一些协定规定了缔约国一方中央银行、政府拥有的金融机构或其他组织从另一方取得的利息在另一方免予征税，有些协定在利息条款、协定议定书或换函中还专门列名了予以免税的银行或金融机构。为保证协定关于对利息所得征免税规定的正确执行，现就有关问题通知如下：

一、凡协定利息条款中规定缔约国对方中央银行、政府拥有的金融机构或其他组织从我国取得的利息应在我国免予征税的，上述有关银行（机构）可在每项贷款合同签署后，向利息发生地主管税务机关申请享受有关协定待遇。利息发生地主管税务机关应为其办理免征利息所得税手续。纳税人申请免征利息所得税时，应附报缔约国对方税务主管当局出具的其属于政府拥有银行或金融机构的证明及有关贷款合同副本。

二、凡协定有关条文、议定书、会谈纪要或换函等已列名缔约国对方在我国免征利息所得税具体银行、金融机构的，纳税人可按本通知第一条的规定办理免征利息所得税手续，仅附报有关合同副本即可。

三、各利息发生地税务机关在接到纳税人关于按协定规定免征利息所得税要求时，请正确执行协定的规定，尽快予以办理。执行中如遇有列名的银行名称发生变化或银行重组等情况，对纳税人能否享受上述协定待遇判定不清，执行出现困难或有异议时，可层报国家税务总局确认。

四、本通知自发文之日起执行，《国家税务总局关于执行税收协定对利息所得免税有关问题的通知》（国税发〔1996〕29号）同时废止。

附件：税收协定利息条款有关规定一览表（编者略）

国家税务总局关于税收协定常设机构认定等有关问题的通知

2006年3月14日　国税发〔2006〕35号

【要点指引】《国家税务总局关于税收协定常设机构认定等有关问题的通知》（国税发〔2006〕35号）从两个不同角度解释了如何认定固定基地的“营业性”问题，是对税收协定第五条（常设机构）的进一步解释，使得该条款在具体执行上更加具有可操作性。具体表现为：（1）将“营业性”固定场所扩大到非赢利性机构。“营业性”实际含义不仅仅包括生产经营活动，还包括非赢利机构从事的一般业务活动，税收协定缔约对方的非赢利机构，通过在我国设立的固定基地或场所从事业务活动，除为该机构进行准备性或辅助性活动外，应认为在我国构成常设机构。（2）进一步阐释了对“准备性和辅助性”的判断还应考虑，如果固定基地或场所不仅为总机构服务，而且与他人有业务往来，或固定基地或场所的业务性质与总机构的业务性质一致，且其业务为总机构业务的重要组成部分，则不能认为该固定基地或场所的活动是准备性或辅助性的。

各省、自治区、直辖市和计划单列市国家税务局、地方税务局，扬州税务进修学院：

我国对外谈签的税收协定第五条（常设机构）第一款规定："常设机构"一语是指企业进行全部或部分营业的固定场所；第四款规定：应认为，常设机构不包括专门为本企业进行准备性或辅助性活动的目的所设的固定营业场所。根据联合国税收协定范本注释、经济合作发展组织税收协定范本注释以及世界上多数国家的做法，对"营业"一语和"准备性或辅助性"一语的含义以及其他涉及常设机构的问题，解释如下：

一、"营业"一语是对英语"business"一词的翻译，实际含义不仅仅包括生产经营活动，还包括非赢利机构从事的一般业务活动。因此，税收协定缔约对方的非赢利机构，通过在我国设立的固定基地或场所从事业务活动，除为该机构进行准备性或辅助性活动外，应认为在我国构成常设机构。

二、对于"准备性或辅助性"活动的判定，应注意以下原则：

（一）固定基地或场所是否仅为总机构提供服务，或者是否与他人有业务往来；

（二）固定基地或场所的业务性质是否与总机构的业务性质一致；

（三）固定基地或场所的业务活动是否为总机构业务的重要组成部分。

如果固定基地或场所不仅为总机构服务，而且与他人有业务往来，或固定基地或场所的业务性质与总机构的业务性质一致，且其业务为总机构业务的重要组成部分，则不能认为该固定基地或场所的活动是准备性或辅助性的。

三、对于缔约国对方居民个人为常设机构工作取得的工资、薪金所得，应按照税收协定"非独立个人劳务"（或"受雇所得"）条款和相关国内税法的规定，计算征收个人所得税。对于涉及为缔约国对方政府提供服务的，按照税收协定"政府服务"条款的规定确定征免税。

四、纳税人认为其在中国境内的机构、场所仅为总机构提供准备性、辅助性服务，不构成常设机构的，应向税务机关提供相关证明资料，由税务机关进行判定。

国家税务总局关于外国企业在中国境内提供劳务活动常设机构判定及利润归属问题的批复

2006 年 7 月 19 日　国税函〔2006〕694 号

【要点指引】《国家税务总局关于外国企业在中国境内提供劳务活动常设机构判定及利润归属问题的批复》（国税函〔2006〕694 号，以下简称《批复》）重点解释了对缔约国对方企业仅派其雇员到中国境内为有关项目提供劳务（包括咨询劳务），如何将这些雇员的活动判定为常设机构的问题。《批复》规定，停留时间是判断常设机构的主要因素：（1）当这些雇员在中国境内实际工作时间在任何12个月中连续或累计超过6个月时，则可判定该外国企业在中国境内构成常设机构。（2）如果项目历经数年，而外国企业的雇员只在某一期间被派来华提供劳务，劳务时间超过6个月，而在项目其他时间内派人来华提供劳务未超过6个月的，仍应判定该外国企业在华构成常设机构。

江苏省国家税务局：

你局《关于外国企业提供劳务构成常设机构利润归属问题的请示》（苏国税发〔2006〕104号）收悉。现就文中所提有关常设机构判定及利润归属问题明确如下：

一、税收协定常设机构条款“缔约国一方企业通过雇员或其他人员，在缔约国另一方为同一项目或相关联的项目提供劳务，包括咨询劳务，仅以在任何十二个月中连续或累计超过六个月的为限”的规定，具体执行中是指，外国企业在中国境内未设立机构场所，仅派其雇员到中国境内为有关项目提供劳务，包括咨询劳务，当这些雇员在中国境内实际工作时间在任何十二个月中连续或累计超过六个月时，则可判定该外国企业在中国境内构成常设机构。

二、如果项目历经数年，而外国企业的雇员只在某一期间被派来华提供劳务，劳务时间超过六个月，而在项目其他时间内派人来华提供劳务未超过六个月的，仍应判定该外国企业在华构成常设机构。该常设机构是对该外国企业在我国境内为有关项目提供的所有劳务而言，而不是某一期间提供的劳务。

三、外国企业通过其雇员在中国境内为某项目提供劳务构成常设机构的，其源自有关项目境内劳务的利润应视为该常设机构的利润并征税。

国家税务总局关于《内地和香港特别行政区关于对所得避免双重征税和防止偷漏税的安排》有关条文解释和执行问题的通知

2007年4月4日　国税函〔2007〕403号

【要点指引】 2006年8月21日，内地与香港特别行政区正式签署了《内地和香港特别行政区关于对所得避免双重征税和防止偷漏税的安排》（以下简称《安排》)。

为便于《安排》的理解和执行，国家税务总局发布《关于〈内地和香港特别行政区关于对所得避免双重征税和防止偷漏税的安排〉有关条文解释和执行问题的通知》（国税函〔2007〕403 号)，对《安排》中有关居民身份、常设机构、受雇所得和信息交换等问题进行了解释，并对《安排》的执行口径进行统一。

各省、自治区、直辖市和计划单列市国家税务局、地方税务局：

2006 年 8 月 21 日内地与香港特别行政区正式签署了《内地和香港特别行政区关于对所得避免双重征税和防止偷漏税的安排》（以下简称《安排》)。《安排》于 2007 年 1 月 1 日起在内地执行。为做好《安排》的执行工作，现就《安排》有关条文解释等问题明确如下：

一、关于《安排》与税收法规的关系

《安排》是协调划分两地税收管辖权并对两地纳税人共同适用的法律规范。在税收法规与《安排》规定不一致时，应以《安排》为准。但当税收法规所规定的待遇优于《安排》时，可以按照税收法规处理。

二、关于《安排》的执行时间

《安排》在内地于 2007 年 1 月 1 日起执行。适用于纳税人 2007 年 1 月 1 日以后取得的所得。在对居民企业或个人执行《安排》规定按停留时间判定纳税义务时自 2007 年 1 月 1 日起开始计算。

三、关于第四条居民

（一）居民的定义及判定

本条款对居民的定义分别按各自法律做出规定。是否为本地居民由双方自行判定。

（二）第四条第一款（二）项，在香港特别行政区，居民是指：

1. 通常居于香港特别行政区的个人，即在香港拥有其本人及家人生活、居住的永久性住所的个人；

2. 在某课税年度内在香港特别行政区逗留超过 180 天或在连续两个课税年度（其中一个是有关的课税年度）内在香港特别行政区逗留超过 300 天的个人，即临时在香港工作、居住的个人；

3. 香港法人居民，是指在香港成立的法团公司（包括具有法团地位的公司，下同)；或在香港以外成立的，但通常实际管理或控制中心在香港的法团公司，即公司整体日常业务营运的管理或施行管理层决策，或由董事会制定管理决策等在香港进行（例如外国银行设在香港的分行如并不承担该外国银行整体营运的管理和决策，不应属于享受“安排”待遇的香港居民)。

（三）符合居民条件享受《安排》待遇问题

上述1项所述通常居于香港的居民个人如到其他国家或地区工作，虽然会按照工作所在国或地区法律关于居民标准的规定，构成该国家或地区税收居民，但如其按香港法律规定由于其永久性住所在香港等原因仍是香港永久性居民，仍应享受《安排》待遇。

上述2项所述临时居住于香港的个人在内地取得所得或发生纳税义务时，应按其作为永久性居民所属地执行相关协定（安排）。即，如其仅为香港临时居民，同时也是其他国家或地区永久性居民，则应对其执行中国与该其他国家或地区间税收协定；如中国与该其他国家或地区间没有税收协定，则执行国内法的规定。

对要求享受《安排》待遇的香港居民，尤其是涉及构成其他国家（地区）居民个人或在香港以外地区成立的居民法人，应慎重执行《安排》规定。对其居民身份判定不清的由县以上主管税务机关向上述居民开具《关于请香港特别行政区税务主管当局出具居民身份证明的函》，由纳税人据此向香港税务局申请为其开具香港居民身份证明（身份证明表样附后），或将情况报送税务总局审定。①

四、关于第五条常设机构

（一）第五条第一款，"常设机构"是指企业进行全部或部分营业的固定营业场所，其中固定营业场所不仅指一方企业在另一方从事经营活动经登记注册设立的办事处、分支机构等固定场所，也包括由于为另一方企业提供长期服务而使用的办公室或其他类似的办公设施等。该规定不影响本条其他款项规定的执行。

（二）关于第三款（二）项，判定一方企业通过雇员或者雇用的其他人员在另一方提供的劳务活动构成常设机构问题。②

由于条款"一方企业派其雇员到另一方从事劳务活动在任何12个月中连续或累计超过6个月"的规定中仅提及"月"为计算单位，执行中可不考虑具体天数。为便于操作，对上述月份的计算暂按以下方法掌握：

即香港企业为内地某项目提供服务（包括咨询服务），以该企业派其雇员为实施服务项目第一次抵达内地的月份起直到完成服务项目雇员最后离开内地

---

① 条款废止。自2015年11月1日起废止。参见：《国家税务总局关于发布〈非居民纳税人享受税收协定待遇管理办法〉的公告》，国家税务总局公告2015年第60号。

② 条款废止。参见：《国家税务总局关于公布全文失效废止、部分条款失效废止的税收规范性文件目录的公告》，国家税务总局公告2011年第2号。

的月份作为计算期间，在此期间如连续30天没有雇员在境内从事服务活动，可扣除一个月，按此计算超过6个月的，即为在内地构成常设机构。对超过12个月的服务项目，应以雇员在该项目总延续期间中任何抵达月份或离开月份推算的12个月为一个计算期间。

（三）关于“来料加工”业务的纳税判定

内地企业从香港企业承接加工贸易业务，香港企业在内地参与加工产品的生产、监督、管理或销售，按照《安排》第五条规定，可视该香港企业构成了内地的常设机构，并应对归属于该常设机构的利润征税。但此规定尚未改变目前内地对承揽“来料加工”的上述内地企业按其取得的加工费收入征收企业所得税的实际做法。

五、关于第九条联属企业

执行此条规定涉及对联属企业的认定及税务管理，以及在执行第十一条利息第七款及第十二条特许权使用费第六款提及的支付款项人与受益所有人之间有特殊关系，并涉及纳税调整时，应按国内法及有关规定执行。

六、关于第十一条利息

根据《安排》第十一条利息条款规定，香港居民无论是企业还是个人从内地取得的利息收入，按7%税率在内地交纳利息所得税。为防止对《安排》的滥用，对构成香港临时居民，但同时仍为第三方永久性居民的，或香港居民个人已失去其香港永久性居民身份，成为第三方居民的，不享受《安排》待遇。

对香港居民个人从内地取得的储蓄存款利息可凭其身份证、回乡证或香港税务局开具的证明等有效证件直接向储蓄机构办理享受《安排》优惠待遇手续。具体征税程序仍按《国家税务总局关于外籍个人和港澳台居民个人储蓄存款利息所得个人所得税有关问题的通知》（国税发〔1999〕201号）执行。

对香港居民个人或法人从内地取得的其他形式的利息收入，可由其扣缴义务人凭相关资料（居民身份证明、产生利息收入的合同等相关资料），向利息发生地税务机关申请享受《安排》优惠待遇，当地税务机关按《安排》规定税率办理相关征税事宜。

七、关于第十三条财产收益

（一）转让主要财产为不动产所组成的公司股份取得的收益

第十三条第四款及议定书第二条，关于转让公司股份取得的收益，如该公司的财产主要由不动产所组成，则该不动产所在方拥有征税权的规定中“主要”一词，根据议定书的规定为50%以上。对该规定暂按该股份持有人持有公司股份期间公司账面资产曾经达到50%以上为不动产理解及执行。

（二）转让其他公司股份取得的收益

第十三条第五款，关于转让公司股份取得的收益，该项股份又相当于一方居民公司至少25%的股权时，可以在该一方征税的规定，执行时暂按以下原则掌握：即如香港居民曾经拥有内地公司25%以上的股份，当其将该项股份全部或部分转让并取得收益时，内地拥有征税权。

（三）虽有上述规定，双方可以通过磋商对“曾经”另行商定具体时限。

八、关于第十四条受雇所得

受雇所得是指非独立个人劳务所得。本条第二款（一）项将原安排的“在有关纳税年度停留连续或累计不超过183天”改为“在有关纳税年度开始或终了的任何十二个月停留连续或累计不超过183天”，对此项规定暂按以下解释执行：

（一）“在有关纳税年度开始或终了的任何十二个月停留连续或累计不超过183天”一语，是指以任何入境日所在月份往后计算的每12个月或以任何离境日所在月份往前计算的12个月中停留连续或累计不超过183天。

按上述原则计算，香港居民个人在内地停留连续或累计超过183天的12个月的开始或终了月份分别处于两个年度的，在两个年度中其内地的所有工作月份取得的所得均应在内地负有纳税义务。

例如：某香港个人分别在2007年度的2月、4月、11月、12月和2008年度的3月、4月、5月、10月、12月来内地从事受雇活动，其中2007年11月至2008年10月期间停留超过了183天，应对该受雇人员按其达到183天停留期的2007年11月和2008年10月所在的纳税年度即2007年和2008年度所有在内地停留的月份征税，即：既包括2007年11月至2008年10月的12个月期间的停留月份，也包括此12个月期间所在年度2007年的2月、4月和2008年的12月。

（二）具体操作确定纳税义务和计算应税所得时，可按以下步骤进行：

1. 在有关个人每次申报纳税期限内或离境日时，往回推算12个月，并计算在此12个月中该个人停留连续或累计是否达到183天，对达到183天所涉及的一个或两个年度中在内地的工作月份均应确定负有纳税义务。

2. 具体计算有关月份的应纳税所得额及适用公式时，仍按《国家税务总局关于执行税收协定和个人所得税法有关问题的通知》（国税发〔2004〕97号）规定的方法和计算公式执行。

九、关于独立个人劳务活动

《安排》第三条对“企业”的定义包括了法人实体和个人，对“经营”的定义包括了法人实体和个人的经营活动。因此，《安排》中不再单列独立个人劳务条款。对独立个人劳务活动，可根据常设机构条款规定判定纳税义务。如香港居民以独立个人身份在内地从事经营活动，按常设机构条款规定符合构成常设机构标准的，对该香港居民以独立个人身份在内地取得的所得按个人所得税法有关规定处理。

十、关于第二十一条消除双重征税方法

《安排》增加了第三款关于间接抵免的规定，指一方居民公司到另一方进行投资活动，如在另一方的公司投资股份不少于10%时，对从该公司取得的股息在另一方所负担的企业所得税给予抵免。

十一、关于第二十三条协商程序

根据第一款规定，当纳税人认为一方或者双方所采取的措施，导致或将导致对其不符合本《安排》规定的征税，可以不考虑各自内部法律的补救办法，直接将案情提交本人为其居民的主管当局（但必须在三年内提出）。各级税务机关在执行《安排》时发生异议，需与香港税务当局联系交涉的，应上报税务总局，统一由税务总局与香港税务局协商解决。

十二、关于第二十四条信息交换

《安排》执行后，双方税务当局即可开展信息交换工作。要求交换的信息可以是纳税人发生于《安排》开始执行以前年度的信息。但该信息应适用于《安排》执行后纳税年度的税收。

十三、关于第二十五条其他规则

此条款涉及的防止“规避缴税的法律及措施”应理解为包括防止滥用《安排》的规定。

十四、其他

对于本通知未予明确的其他规定，凡与我对外所签协定规定一致的，可以参照有关协定的解释性文件及相关执行程序等规定处理；本通知所做解释的有关条款规定，凡与我对外所签协定有关条款规定内容完全一致，但在以往有关协定解释文件中未做明确的，本通知的解释规定同样适用于其他协定相同条款的解释及执行；对原安排条款规定所作的解释性文件，凡与本《安排》条款规定内容一致的，应继续有效。①

请各地正确理解、执行《安排》各条款规定，对执行中出现的问题及时向税务总局国际司反映。

---

① 条款废止。参见：《国家税务总局关于公布全文失效废止、部分条款失效废止的税收规范性文件目录的公告》，国家税务总局公告2011年第2号。

附件：1. 内地和香港特别行政区关于对所得避免双重征税和防止偷漏税的安排居民身份证明书申请表（个人）（编者略）

2. 内地和香港特别行政区关于对所得避免双重征税和防止偷漏税的安排居民身份证明书申请表（公司、合伙、信托和其他团体）（编者略）

国家税务总局关于下发协定股息税率情况一览表的通知

2008年1月29日　国税函〔2008〕112号

【要点指引】《国家税务总局关于下发协定股息税率情况一览表的通知》（国税函〔2008〕112号）列举了我国对外签订的税收协定中的股息税率情况。从已有协定股息税率可以看出，在满足一定条件下，只有和格鲁吉亚的协定股息税率为零，与泰国的税率最高，在直接拥有支付股息公司股份低于25%情况下税率为20%。协定股息税率低于10%的国家多数为发展中国家，从中国企业走出去的角度来看，有利于我国企业的跨国投资。

各省、自治区、直辖市和计划单列市国家税务局、地方税务局：

根据《中华人民共和国企业所得税法》及其实施条例的规定，2008年1月1日起，非居民企业从我国居民企业获得的股息将按照10%的税率征收预提所得税，但是，我国政府同外国政府订立的关于对所得避免双重征税和防止偷漏税的协定以及内地与香港、澳门间的税收安排（以下统称“协定”），与国内税法有不同规定的，依照协定的规定办理。为方便协定的执行，现将《协定股息税率情况一览表》印发给你们并就有关问题通知如下：

一、表中协定税率高于我国法律法规规定税率的，可以按国内法律法规规定的税率执行。

二、纳税人申请执行协定税率时必须提交享受协定待遇申请表。

三、各地税务机关应严格审批协定待遇申请，防范协定适用不当。

附件：协定股息税率情况一览表①

① 此表已调整。参见：《国家税务总局国际税务司关于补充及更正协定股息税率情况一览表的通知》，际便函〔2008〕35号。

附件　　　　　　　　　　协定股息税率情况一览表

税　率	与下列国家（地区）协定
0%	格鲁吉亚（直接拥有支付股息公司至少50%股份并在该公司投资达到200万欧元情况下）
5%	科威特、蒙古、毛里求斯、斯洛文尼亚、牙买加、南斯拉夫、苏丹、老挝、南非、克罗地亚、马其顿、塞舌尔、巴巴多斯、阿曼、巴林、沙特
5%（直接拥有支付股息公司至少10%股份情况下）	委内瑞拉、格鲁吉亚（并在该公司投资达到10万欧元）（与上述国家协定规定直接拥有支付股息公司股份低于10%情况下税率为10%）
5%（直接拥有支付股息公司至少25%股份情况下）	卢森堡、韩国、乌克兰、亚美尼亚、冰岛、立陶宛、拉脱维亚、爱沙尼亚、爱尔兰、摩尔多瓦、古巴、特多、香港、新加坡（与上述国家（地区）协定规定直接拥有支付股息公司股份低于25%情况下税率为10%）
7%	阿联酋
7%（直接拥有支付股息公司至少25%股份情况下）	奥地利（直接拥有支付股息公司股份低于25%情况下税率为10%）
8%	埃及、突尼斯、墨西哥
10%	日本、美国、法国、英国、比利时、德国、马来西亚、丹麦、芬兰、瑞典、意大利、荷兰、捷克、波兰、保加利亚、巴基斯坦、瑞士、塞浦路斯、西班牙、罗马尼亚、奥地利、匈牙利、马耳他、俄罗斯、印度、白俄罗斯、以色列、越南、土耳其、乌兹别克斯坦、葡萄牙、孟加拉、哈萨克斯坦、印尼、伊朗、吉尔吉斯、斯里兰卡、阿尔巴尼亚、阿塞拜疆、摩洛哥、澳门
10%（直接拥有支付股息公司至少10%股份情况下）	加拿大、菲律宾（与上述国家协定规定直接拥有支付股息公司股份低于10%情况下税率为15%）
15%	挪威、新西兰、巴西、巴布亚新几内亚
15%（直接拥有支付股息公司至少25%股份情况下）	泰国（直接拥有支付股息公司股份低于25%情况下税率为20%）

国家税务总局关于执行《内地和香港特别行政区关于对所得避免双重征税和防止偷漏税的安排》第二议定书有关问题的通知

2008年7月19日　国税函〔2008〕685号

【要点指引】本《通知》主要明确在执行《内地和香港特别行政区关于对所得避免双重征税和防止偷漏税的安排》（以下简称《安排》）及其第二议定书时需要注意的三个问题：(1) 劳务型常设机构用183天取代6个月的适用时间问题；(2) 关于公司财产主要由不动产所组成的判定问题，明确执行时按纳税年度终了时的账面数据进行判定；(3) 关于转让公司股份或其他权益的税收处理问题，符合条件的，内地有权按相关税收法律法规的规定予以征税。上述问题的明确，使《安排》执行起来更加具有可操作性。

各省、自治区、直辖市和计划单列市国家税务局、地方税务局：

现将执行《内地和香港特别行政区关于对所得避免双重征税和防止偷漏税的安排》（以下简称《安排》）第二议定书及内地和香港税务主管当局代表换函的有关问题通知如下：

一、关于常设机构的构成时间问题

第二议定书第三条“一百八十三天”取代《安排》第五条第三款（二）项“六个月”的规定，适用于该议定书生效之日后开始的服务活动及为提供该项活动来内地从事工作的人员。生效之日前已来内地提供服务的仍按原规定的计算时间判定是否构成常设机构。

二、关于公司财产主要由不动产所组成的判定问题

第二议定书第四条有关股份持有人转让公司股份行为前三年内公司财产至少百分之五十曾经为不动产的规定，换函第二条明确执行时按纳税年度终了时的账面数据进行判定。

三、关于转让公司股份或其他权益的税收处理问题

根据第二议定书第五条规定，执行《安排》第十三条第五款规定时，凡香港居民转让其在内地居民公司中的股份或其他权益取得的收益，如果该收益人在转让行为前的十二个月内，曾经直接或间接拥有上述内地公司25%以上的股份，内地有权按相关税收法律法规的规定予以征税。

以前对《安排》所做的解释规定与本通知规定不一致的，按本通知规定执行。

国家税务总局关于执行税收协定股息条款有关问题的通知

2009年2月20日　国税函〔2009〕81号

【要点指引】《国家税务总局关于执行税收协定股息条款有关问题的通知》（国税函〔2009〕81号）主要明晰了执行税收协定股息条款的有关问题：（1）强调了专门适用于股息所得的税收协定条款，不含按税收协定规定应作为营业利润处理的股息所得所适用的税收协定条款；（2）纳税人申请享受税收协定待遇应同时符合的条件；（3）以获取优惠的税收地位为主要目的的交易或安排不应构成适用税收协定股息条款优惠规定的理由，纳税人因该交易或安排而不当享受税收协定待遇的，主管税务机关有权进行调整；（4）纳税人需要按照税收协定股息条款规定纳税的，相关纳税人或扣缴义务人应该取得、保有并按规定提交支持其执行税收协定股息条款规定的信息资料。上述条款的明确旨在保护税收协定的股息条款不被滥用。

各省、自治区、直辖市和计划单列市国家税务局、地方税务局：

根据中华人民共和国政府对外签署的避免双重征税协定（含与香港、澳门特别行政区签署的税收安排，以下统称税收协定）的有关规定，现就执行税收协定股息条款的有关问题通知如下：

一、本通知所称税收协定股息条款是指专门适用于股息所得的税收协定条款，不含按税收协定规定应作为营业利润处理的股息所得所适用的税收协定条款。

二、按照税收协定股息条款规定，中国居民公司向税收协定缔约对方税收居民支付股息，且该对方税收居民（或股息收取人）是该股息的受益所有人，则该对方税收居民取得的该项股息可享受税收协定待遇，即按税收协定规定的税率计算其在中国应缴纳的所得税。如果税收协定规定的税率高于中国国内税收法律规定的税率，则纳税人仍可按中国国内税收法律规定纳税。

纳税人需要享受上款规定的税收协定待遇的，应同时符合以下条件：

（一）可享受税收协定待遇的纳税人应是税收协定缔约对方税收居民；

（二）可享受税收协定待遇的纳税人应是相关股息的受益所有人；

（三）可享受税收协定待遇的股息应是按照中国国内税收法律规定确定的股息、红利等权益性投资收益；

（四）国家税务总局规定的其他条件。

三、根据有关税收协定股息条款规定，凡税收协定缔约对方税收居民直接拥有支付股息的中国居民公司一定比例以上资本（一般为25%或10%）的，该对方税收居民取得的股息可按税收协定规定税率征税。该对方税收居民需要享受该税收协定待遇的，应同时符合以下条件：

（一）取得股息的该对方税收居民根据税收协定规定应限于公司；

（二）在该中国居民公司的全部所有者权益和有表决权股份中，该对方税收居民直接拥有的比例均符合规定比例；

（三）该对方税收居民直接拥有该中国居民公司的资本比例，在取得股息前连续12个月以内任何时候均符合税收协定规定的比例。

四、以获取优惠的税收地位为主要目的的交易或安排不应构成适用税收协定股息条款优惠规定的理由，纳税人因该交易或安排而不当享受税收协定待遇的，主管税务机关有权进行调整。

五、纳税人需要按照税收协定股息条款规定纳税的，相关纳税人或扣缴义务人应该取得并保有支持其执行税收协定股息条款规定的信息资料，并按有关规定及时根据税务机关的要求报告或提供。有关的信息资料包括：

（一）由协定缔约对方税务主管当局或其授权代表签发的税收居民身份证明以及支持该证明的税收协定缔约对方国内法律依据和相关事实证据；

（二）纳税人在税收协定缔约对方的纳税情况，特别是与取得由中国居民公司支付股息有关的纳税情况；

（三）纳税人是否构成任一第三方（国家或地区）税收居民；

（四）纳税人是否构成中国税收居民；

（五）纳税人据以取得中国居民公司所支付股息的相关投资（转让）合同、产权凭证、利润分配决议、支付凭证等权属证明；

（六）纳税人在中国居民公司的持股情况；

（七）其他与执行税收协定股息条款规定有关的信息资料。

六、各地应按本通知规定做好税收协定股息条款的执行工作，并将执行中遇到的问题及时报告税务总局。

国家税务总局关于执行税收协定特许权使用费条款有关问题的通知

2009年9月14日　国税函〔2009〕507号

【要点指引】《国家税务总局关于执行税收协定特许权使用费条款有关问题的通知》（国税函〔2009〕507号，以下简称《通知》）着重明确了在执行特许权使用费需注意的几个问题：（1）凡税收协定特许权使用费定义中明确包括使用工业、商业、科学设备收取的款项（即我国税法有关租金所得）的，有关所得应适用税收协定特许权使用费条款的规定。使用不动产产生的所得适用税收协定不动产条款的规定。（2）明确有关工业、商业或科学经验的情报应理解为专有技术。在转让或许可专有技术使用权过程中如技术许可方派人员为该项技术的使用提供有关支持、指导等服务并收取服务费，无论是单独收取还是包括在技术价款中，均应视为特许权使用费。但如上述人员的服务已构成常设机构，则对服务部分的所得应适用税收协定营业利润条款的规定。（3）正向列举了不应作为特许权使用费、而应为劳务活动的所得。

此外，《通知》还强调税收协定特许权使用费条款的规定应仅适用于缔约对方居民受益所有人，并列举了当特许权使用费涉及常设机构时的适用规定。

各省、自治区、直辖市和计划单列市国家税务局、地方税务局，扬州税务进修学院：

根据中华人民共和国政府对外签署的避免双重征税协定（含内地与香港、澳门特别行政区签署的税收安排，以下统称税收协定）的有关规定，现就执行税收协定特许权使用费条款的有关问题通知如下：

一、凡税收协定特许权使用费定义中明确包括使用工业、商业、科学设备收取的款项（即我国税法有关租金所得）的，有关所得应适用税收协定特许权使用费条款的规定。税收协定对此规定的税率低于税收法律规定税率的，应适用税收协定规定的税率。

上述规定不适用于使用不动产产生的所得，使用不动产产生的所得适用税收协定不动产条款的规定。

二、税收协定特许权使用费条款定义中所列举的有关工业、商业或科学经验的情报应理解为专有技术，一般是指进行某项产品的生产或工序复制所必需的、未曾公开的、具有专有技术性质的信息或资料（以下简称专有技术）。

三、与专有技术有关的特许权使用费一般涉及技术许可方同意将其未公开的技术许可给另一方，使另一方能自由使用，技术许可方通常不亲自参与技术受让方对被许可技术的具体实施，并且不保证实施的结果。被许可的技术通常已经存在，但也包括应技术受让方的需求而研发后许可使用并在合同中列有保密等使用限制的技术。

四、在服务合同中，如果服务提供方提供服务过程中使用了某些专门知识和技术，但并不转让或许可这些技术，则此类服务不属于特许权使用费范围。但如果服务提供方提供服务形成的成果属于税收协定特许权使用费定义范围，并且服务提供方仍保有该项成果的所有权，服务接受方对此成果仅有使用权，则此类服务产生的所得，适用税收协定特许权使用费条款的规定。

五、在转让或许可专有技术使用权过程中如技术许可方派人员为该项技术的使用提供有关支持、指导等服务并收取服务费，无论是单独收取还是包括在技术价款中，均应视为特许权使用费，适用税收协定特许权使用费条款的规定。但如上述人员的服务已构成常设机构，则对服务部分的所得应适用税收协定营业利润条款的规定。如果纳税人不能准确计算应归属常设机构的营业利润，则税务机关可根据税收协定常设机构利润归属原则予以确定。

六、下列款项或报酬不应是特许权使用费，应为劳务活动所得：

（一）单纯货物贸易项下作为售后服务的报酬；

（二）产品保证期内卖方为买方提供服务所取得的报酬；

（三）专门从事工程、管理、咨询等专业服务的机构或个人提供的相关服务所取得的款项；

（四）国家税务总局规定的其他类似报酬。

上述劳务所得通常适用税收协定营业利润条款的规定，但个别税收协定对此另有特殊规定的除外（如中英税收协定专门列有技术费条款）。

七、税收协定特许权使用费条款的规定应仅适用于缔约对方居民受益所有人，第三国设在缔约对方的常设机构从我国境内取得的特许权使用费应适用该第三国与我国的税收协定的规定；我国居民企业设在缔约对方的常设机构不属于对方居民，不应作为对方居民适用税收协定特许权使用费条款的规定；由位于我国境内的外国企业的机构、场所或常设机构负担并支付给与我国签有税收协定的缔约对方居民的特许权使用费，适用我国与该缔约国税收协定特许权使用费条款的规定。

八、本通知于2009年10月1日起执行。各地应按本通知规定做好税收协定特许权使用费条款的执行工作，并将执行中遇到的问题及时报告税务总局。

国家税务总局关于如何理解和认定税收协定中“受益所有人”的通知

2009年10月27日　国税函〔2009〕601号

【要点指引】《国家税务总局关于如何理解和认定税收协定中“受益所有人”的通知》（国税函〔2009〕601号，以下简称《通知》）坚持以“实质重于形式”的原则来判定“受益所有人”，防止税收协定的不当适用。《通知》明确，“受益所有人”一般从事实质性的经营活动，可以是个人、公司或其他任何团体。代理人、导管公司等不属于“受益所有人”。在判定“受益所有人”身份时，不能仅从技术层面或国内法的角度理解，还应该从税收协定的目的（即避免双重征税和防止偷漏税）出发，按照“实质重于形式”的原则，结合具体案例的实际情况进行分析和判定。此外，《通知》还进一步列出不利于申请人判定为“受益所有人”身份的七项因素。

各省、自治区、直辖市和计划单列市国家税务局、地方税务局，扬州税务进修学院：

根据中华人民共和国政府对外签署的避免双重征税协定（含内地与香港、澳门签署的税收安排，以下统称税收协定）的有关规定，现就缔约对方居民申请享受股息、利息和特许权使用费等条款规定的税收协定待遇时，如何认定申请人的“受益所有人”身份的问题通知如下：

一、“受益所有人”是指对所得或所得据以产生的权利或财产具有所有权和支配权的人。“受益所有人”一般从事实质性的经营活动，可以是个人、公司或其他任何团体。代理人、导管公司等不属于“受益所有人”。

导管公司是指通常以逃避或减少税收、转移或累积利润等为目的而设立的公司。这类公司仅在所在国登记注册，以满足法律所要求的组织形式，而不从事制造、经销、管理等实质性经营活动。

二、在判定“受益所有人”身份时，不能仅从技术层面或国内法的角度理解，还应该从税收协定的目的（即避免双重征税和防止偷漏税）出发，按照“实质重于形式”的原则，结合具体案例的实际情况进行分析和判定。一般来说，下列因素不利于对申请人“受益所有人”身份的认定：

（一）申请人有义务在规定时间（比如在收到所得的12个月）内将所得的全部或绝大部分（比如60%以上）支付或派发给第三国（地区）居民。

（二）除持有所得据以产生的财产或权利外，申请人没有或几乎没有其他经营活动。

（三）在申请人是公司等实体的情况下，申请人的资产、规模和人员配置较小（或少），与所得数额难以匹配。

（四）对于所得或所得据以产生的财产或权利，申请人没有或几乎没有控制权或处置权，也不承担或很少承担风险。

（五）缔约对方国家（地区）对有关所得不征税或免税，或征税但实际税率极低。

（六）在利息据以产生和支付的贷款合同之外，存在债权人与第三人之间在数额、利率和签订时间等方面相近的其他贷款或存款合同。

（七）在特许权使用费据以产生和支付的版权、专利、技术等使用权转让合同之外，存在申请人与第三人之间在有关版权、专利、技术等的使用权或所有权方面的转让合同。

针对不同性质的所得，通过对上述因素的综合分析，认为申请人不符合本通知第一条规定的，不应将申请人认定为“受益所有人”。

三、纳税人在申请享受税收协定待遇时，应提供能证明其具有“受益所有人”身份的与本通知第三条所列因素相关的资料。

各地在审批非居民享受税收协定有关条款待遇的申请时，要按照上述规定处理“受益所有人”的身份认定问题，必要时可通过信息交换机制确认相关资料。各地在具体执行中应及时总结经验、发现问题，对于疑难案例可层报税务总局（国际税务司）解决。

国家税务总局关于税收协定有关条款执行问题的通知

2010年1月26日　国税函〔2010〕46号

【要点指引】《国家税务总局关于税收协定有关条款执行问题的通知》（国税函〔2010〕46号，以下简称《通知》）是针对国税函〔2009〕507号文件在执行中出现的一些问题的补充，围绕转让专有技术使用权同时涉及的技术服务活动的混合合同，如何适用税收协定做出了解释：明确了转让专有技术使用权涉及的技术服务活动应视为转让技术的一部分，并对特许权使用费受益所有人通过在特许权使用费发生国设立的常设机构进行营业，并且据以支付该特许权使用费的权利与常设机构有实际联系的情况如何进行税务处理作出规定。此外，《通知》还引入了事后调整机制，即如果技术受让方在合同签订后即支付费用，事先不能确定提供服务时间是否构成常设机构的，可暂执行特许权使用费条款的规定；待确定构成常设机构，且认定有关所得与该常设机构有实际联系后，按协定相关条款的规定对归属常设机构利润征收企业所得税及对相关人员征收个人所得税时，应将已按特许权使用费条款规定所做的处理作相应调整。

各省、自治区、直辖市和计划单列市国家税务局、地方税务局，扬州税务进修学院：

近接广东省地方税务局函，反映《国家税务总局关于执行税收协定特许权使用费条款有关问题的通知》（国税函〔2009〕507号）执行中的一些问题。根据来函反映的情况，现就该文件有关执行问题补充通知如下：

一、转让专有技术使用权涉及的技术服务活动应视为转让技术的一部分，由此产生的所得属于税收协定特许权使用费范围。但根据协定关于特许权使用费受益所有人通过在特许权使用费发生国设立的常设机构进行营业，并且据以支付该特许权使用费的权利与常设机构有实际联系的相关规定，如果技术许可方派遣人员到技术使用方为转让的技术提供服务，并提供服务时间已达到按协定常设机构规定标准，构成了常设机构的情况下，对归属于常设机构部分的服务收入应执行协定第七条营业利润条款的规定，对提供服务的人员执行协定非独立个人劳务条款的相关规定；对未构成常设机构的或未归属于常设机构的服务收入仍按特许权使用费规定处理。

二、如果技术受让方在合同签订后即支付费用，包括技术服务费，即事先不能确定提供服务时间是否构成常设机构的，可暂执行特许权使用费条款的规定；待确定构成常设机构，且认定有关所得与该常设机构有实际联系后，按协定相关条款的规定，对归属常设机构利润征收企业所得税及对相关人员征收个人所得税时，应将已按特许权使用费条款规定所做的处理作相应调整。

三、对2009年10月1日以前签订的技术转让及服务合同，凡相关服务活动跨10月1日并尚未对服务所得做出税务处理的，应执行上述规定及国税函〔2009〕507号文有关规定，对涉及跨10月1日的技术服务判定是否构成常设机构时，其所有工作时间应作为计算构成常设机构的时间，但10月1日前对技术转让及相关服务收入执行特许权使用费条款规定已征收的税款部分，不再做调整。

国家税务总局关于日本政策金融公库享受协定待遇的通知

2010年2月11日　国税函〔2010〕68号

【要点指引】 自2008年10月1日起，中日税收协定第十一条第三款利息免税的机构“日本国际协力银行”进行了业务重组，变更为“日本金融公司”和“日本国际协力机构”。《国家税务总局关于日本金融公司和日本国际协力机构享受协定待遇的通知》（国税函〔2008〕837号）认定变更后的机构仍享受协定待遇。鉴于“日本金融公司”在日语中用汉字表述为“日本政策金融公库”，因此后者可以享受协定待遇。

各省、自治区、直辖市和计划单列市国家税务局、地方税务局：

根据《国家税务总局关于日本金融公司和日本国际协力机构享受协定待遇的通知》（国税函〔2008〕837号），“日本金融公司”（Japan Finance Corporation，简称JFC）可以享受中日税收协定第十一条第三款规定的免税待遇。现经日本税务主管当局确认，“日本金融公司”（JFC）在日语中用汉字表述为

"日本政策金融公库"。鉴此,"日本政策金融公库"可以享受中日税收协定的有关待遇。

国家税务总局关于印发《〈中华人民共和国政府和新加坡共和国政府关于对所得避免双重征税和防止偷漏税的协定〉及议定书条文解释》的通知

2010年7月26日 国税发〔2010〕75号

【要点指引】自1983年中日税收协定签订以来,由于协定的条约原则性较强,在具体执行中存在着理解的偏差和执行上的不同。纵观世界各国,不少国家对税收协定都有比较全面的解释,尽管我国陆续出台了一些解释性文件,但是都是针对某一具体事项,并没有全面的解释性文件。2008年新的《企业所得税法》出台后,纳税人要求执行协定的情况增多,纳税人利用税收协定进行税收筹划的案例也增多,《〈中华人民共和国政府和新加坡共和国政府关于对所得避免双重征税和防止偷漏税的协定〉及议定书条文解释》(以下简称《中新协定条文解释》)就是在此背景下出台。作为我国对外签订的税收协定的解释蓝本,《中新协定条文解释》具有非常重要的意义。《中新协定条文解释》逐条对协定内容进行了解释说明,更加便于税企双方准确理解和执行协定条款。

各省、自治区、直辖市和计划单列市国家税务局、地方税务局:

2007年7月11日,中国与新加坡签署了新的政府间对所得避免双重征税和防止偷漏税的协定及其议定书,2009年8月24日,双方签署了该协定的第二议定书。该协定及其议定书以及第二议定书(以下统称"中新协定")已分别于2008年1月1日与2009年12月11日起执行。根据中新协定、《维也纳条约法公约》、《中华人民共和国企业所得税法》及其实施条例、《中华人民共和国个人所得税法》及其实施条例,国家税务总局制定了《中华人民共和国政府和新加坡共和国政府关于对所得避免双重征税和防止偷漏税的协定》及议定书条文解释(以下简称中新协定条文解释),现印发给你们,请遵照执行。在执行中新协定条文解释规定时,应注意:

一、我国对外所签协定有关条款规定与中新协定条款规定内容一致的,中新协定条文解释规定同样适用于其他协定相同条款的解释及执行;

二、中新协定条文解释与此前下发的有关税收协定解释与执行文件不同的，以中新协定条文解释为准；

三、各地税务机关要组织有关干部认真学习中新协定条文解释，并在此基础上正确理解与执行税收协定；

四、对执行中存在的问题请及时层报税务总局（国际税务司）。

《中华人民共和国政府和新加坡共和国政府关于对所得避免双重征税和防止偷漏税的协定》及议定书条文解释

第一条　人的范围

第一条确定协定适用的范围为“缔约国一方或同时为双方居民的人”。本规定有三层含义。第一，协定适用于“人”；第二，这些人必须是居民；第三，这些身为居民的人必须属于缔约国一方或双方。其中“人”和“居民”的具体含义分别见下文对第三条和第四条的解释。一般来说，除具体条款另有约定外，协定不适用于任何第三方居民。

第二条　税种范围

一、第一款规定协定适用的税种应符合以下条件：

（一）必须是对所得征收的税收。“所得”的定义，参见第二款的规定。

（二）必须是政府（包括地方政府）征收的税收。

对征收方式协定没有限定，可以采取直接征收或源泉扣缴等方式。

二、本协定是缔约双方对所得订立的避免双重征税和防止偷漏税的条约，因此适用的税种为所得税类税种。第二款对所得税做出了定义。在中国，资本利得属于本协定第二条第二款所称“全部所得”的范围。一般来说，有关收费，如与个人福利有直接联系的社会保险费等，不视为对所得征收的税收。

三、第三款是对协定适用税种的列举。原则上本协定不适用于列举税种之外的其他税种。但根据协定议定书第二条的约定，新加坡居民以船舶或飞机从事国际运输业务取得的收入在中国适用本协定时，除所得税外还包括营业税。

四、第四款规定，协定也适用于协定签订之日后征收的属于增加或代替现行税种的任何相同或实质相似的税种。但发生变化一方的主管当局应及时将相关变化通知对方，如果国内法律的重大变动会影响到协定义务时，一般来说需要双方主管当局互相确认后才能适用。

第三条　一般定义

一、第一款对协定中经常使用的一些用语做出了解释。然而，有些重要用语的含义是在本协定其他相关条款中加以解释的，如“居民”和“常设机构”分别在第四条和第五条做出解释；而对某些涉及特殊所得的定义，如“股息”、“利息”、“特许权使用费”等，则分别在其所属条款中进行解释。对本条第一款阐述的部分相关概念应作如下理解：

（一）第（一）项是对“中国”一语的定义，第（二）项是对“新加坡”一语的定义，意在规定协定适用的地理范围。需要特别说明的是，我国对外签署的税收协定仅适用于中国税收法律覆盖的地区，不适用于香港特别行政区、澳门特别行政区和台湾地区。

（二）第（四）项规定“人”这一用语包括“个人、公司和其他团体”。这里所说的“其他团体”具有广泛的含义，包括各种协会、基金会等。根据协定议定书第一条的规定，如果缔约国一方国内法把信托视为该国的税收居民，则“其他团体”也包括在缔约国一方建立的信托。

（三）对第（五）项“公司”一语应作广义理解，指任何“法人团体或税收上视同法人团体的实体”。

（四）第（六）项“缔约国一方企业”和“缔约国另一方企业”分别指缔约国双方各自的居民企业。关于“居民”及“居民企业”的判定，参见协定第四条的规定。

（五）第（七）项对“国际运输”一语的定义表明，缔约国一方企业从事以船舶和飞机经营的运输，除了企业经营运输的航程仅在缔约国境内各地之间以外，其余应作为国际运输。作为国际运输同一航程的一部分，在缔约国一方境内各地之间的运输部分也属于“国际运输”的范围。例如，新加坡航空公司的飞机从新加坡飞抵上海，然后作为同一航程的一部分，继续飞行至北京，那么这两段航程都应属于“国际运输”的范围。

（六）第（八）项约定代表缔约国行使协定权利以及履行协定义务的部门或人。在中国是国家税务总局或其授权代表（具体指税务总局局领导或国际税务司司领导）；在新加坡是财政部长或其授权的代表。任何其他部门或个人未经授权不得签发涉及协定规定的主管当局文书或往来信函。

（七）第（九）项对国民一语的定义，一般是指拥有本国国籍或公民身份的个人以及按本国法律取得合法地位的法人或团体。

二、第二款规定，在实施协定时，对于未经协定明确定义的用语（上下文另有解释的除外），有关缔约国国内法对该用语有解释权。根据该款规定，有关用语的定义应适用案件发生时该国有关法律的规定，且税法对相关用语的解释优先于其他法律的解释。

第四条 居　　民

一、第一款说明“居民”的定义应遵从缔约国国内税收法律规定，并应从以下几个方面理解：

（一）居民应是在一国负有全面纳税义务的人，这是判定居民身份的必要条件。这里所指的“纳税义务”并不等同于事实上的征税，例如，符合一定条件的基金会、慈善组织可能被一国免予征税，但他们如果属于该国税法规定的纳税义务范围，受该国税法的规范，则仍被认为负有纳税义务，可视为协定意义上的居民。

但是，在一国负有纳税义务的人未必都是该国居民。例如，某新加坡公民因工作需要，来中国境内工作产生了中国个人所得税纳税义务，但不应仅因其负有纳税义务而判定该个人为中国居民，而应根据协定关于个人居民的判定标准进一步确定其居民身份。

另外，本款特别说明，缔约国一方居民也包括“该缔约国、地方当局或法定机构”。其中“法定机构”一语是按新加坡方面的要求根据新加坡国内法的规定列入的，指依照新加坡议会法案设立，并执行政府职能的机构，如“新加坡经济发展局”和“新加坡旅游局”等机构。

（二）中国国内法对居民的判定标准如下：

1. 居民个人

根据《中华人民共和国个人所得税法》及其实施条例的相关规定，我国的个人居民包括：

（1）在中国境内有住所的中国公民和外国侨民。但不包括虽具有中国国籍，却并未在中国大陆定居，而是侨居海外的华侨和居住在香港、澳门、台湾的同胞。

（2）在中国境内居住，且在一个纳税年度内，一次离境不超过 30 日，或多次离境累计不超过 90 日的外国人、海外侨民和香港、澳门、台湾同胞。

2. 居民企业

根据《中华人民共和国企业所得税法》及其实施条例的相关规定，我国的居民企业是指依法在中国境内成立，或者依照外国（地区）法律成立但实际管理机构在中国的企业。

中国居民从新加坡取得所得，若新方主管当局要求其提供中国居民身份证明以享受本协定待遇的，按《国家税务总局关于做好〈中国税收居民身份证明〉开具工作的通知》（国税函〔2008〕829 号）执行。

（三）对新加坡居民身份的判定，根据第一款的规定，应按照新加坡的法律确定的标准进行。新加坡税务当局开具的居民身份证明为信函方式。信函使用的样式可参见《国家税务总局关于印发部分国家（地区）税收居民证明样式的通知》（国税函〔2009〕395 号）。但如新加坡税务当局开具证明时间是年末（11 月以后），其信函表述则与样式略有不同，较样式简单，但确认性更强。各地在执行时，如对纳税人提供的证明有疑问，导致确认居民身份困难，可层报税务总局向对方国家主管当局确认。

（四）缔约国一方居民到第三国从事经营活动时，应根据情况判断是否可适用本协定，例如：

1. 新加坡个人到第三国从事劳务活动，凡依照第三国税收法律以及第三国与新加坡之间的税收协定已构成第三国居民的，其在第三国从事劳务活动时如与中国发生业务往来并从中国取得的所得则不再适用本协定规定，应适用该第三国与中国的税收协定的规定。如果该第三国与中国没有税收协定，则适用中国国内法规定。

2. 新加坡居民企业设在第三国的常设机构（关于常设机构的定义参见下文第五条解释）是该居民企业的组成部分，与该居民企业属同一法律实体，不属于第三国居民，其从中国取得的所得适用本协定的规定。

3. 中国居民企业设在第三国的常设机构是该居民企业的组成部分，不属于第三国居民，其从新加坡取得的所得适用本协定的规定。

4. 同样，中国居民企业设在新加坡的常设机构是该居民企业的组成部分，其从第三国取得的所得，涉及交纳第三国税款时适用中国与该第三国的协定。值得注意的是，上述中国居民企业设在新加坡的常设机构取得来源于中国境内的所得，在按我国国国内法相关规定纳税时，该常设机构不能以新加坡居民身份对上述来源于中国境内的所得，向中国税务机关要求享受中新协定待遇。

二、根据第一款的规定，同一人有可能同时为中国和新加坡居民。为了解决这种情况下个人最终居民身份的归属，第二款进一步规定了确定标准。需特别注意的是，这些标准的使用是有先后顺序的，只有当使用前一标准无法解决问题时，才使用后一的标准。

（一）永久性住所

永久性住所包括任何形式的住所，例如由个人租用的住宅或公寓、租用的房间等，但该住所必须具有永久性，即个人已安排长期居住，而不是为了某些原因（如旅游、商务考察等）临时逗留。

（二）重要利益中心

重要利益中心要参考个人家庭和社会关系、职业、政治、文化和其他活动、营业地点、管理财产所在地等因素综合评判。其中特别注重的是个人的行为，即个人一直居住、工作并且拥有家庭和财产的国家通常为其重要利益中心之所在。

（三）习惯性居处

在出现以下两种情况之一时，应采用习惯性居处的标准来判定个人居民身份的归属：一是个人在缔约国双方均有永久性住所且无法确定重要经济利益中心所在国；二是个人的永久性住所不在缔约国任何一方，比如该个人不断地穿梭于缔约国一方和另一方旅馆之间。

第一种情况下对习惯性居处的判定，要注意其在双方永久性住所的停留时间，同时还应考虑其在同一个国家不同地点停留的时间；第二种情况下对习惯性居处的判定，要将此人在一个国家所有的停留时间加总考虑，而不问其停留的原因。

（四）国籍

如果该个人在缔约国双方都有或都没有习惯性居处，应以该人的国籍作为判定居民身份的标准。

当采用上述标准依次判断仍然无法确定其身份时，可由缔约国双方主管当局按照协定第二十四条规定的程序，通过相互协商解决。

三、第三款规定，除个人以外（即公司和其他团体），同时为缔约国双方居民的人，应认定其是"实际管理机构"所在国的居民。如果缔约国双方因判定实际管理机构的标准不同而不能达成一致意见的，应由缔约国双方主管当局按照协定第二十四条规定的程序，通过相互协商解决。

第五条　常设机构

常设机构的概念主要用于确定缔约国一方对缔约国另一方企业利润的征税权。即，按此确定在什么情况下中国税务机关可以对新加坡的企业征税。根据协定第七条的规定，中国不得对新加坡企业的利润征税，除非该企业通过其设在中国的常设机构进行营业。

处理本条与其他相关条款关系时，通常应遵循常设机构条款优先的原则。例如，若据以支付股息（第十条）、利息（第十一条）或特许权使用费（第十二条）的股权、债权、权利或财产等与常设机构有实际联系的，有关所得应该归属于常设机构的利润征税。

一、第一款对"常设机构"一语做一般定义。即，常设机构是指一个相对固定的营业场所。通常情况下，具备以下特点：

（一）该营业场所是实质存在的。但这类场所没有规模或范围上的限制，如机器、仓库、摊位等；且不论是企业自有的，还是租用的；也不管房屋、场地、设施或设备是否有一部分被用于其他活动。一个场所可能仅占用市场一角，或是长期租用的仓库的一部分（用于存放应税商品），或设在另一企业内部等等；只要有一定可支配的空间，即可视为具有营业场所。

（二）该营业场所是相对固定的，并且在时间上具有一定的持久性。该特征应从以下几个方面理解：

1. 固定的营业场所包括缔约国一方企业在缔约国另一方从事经营活动经登记注册设立的办事处、分支机构等固定场所，也包括为缔约国一方企业提供服务而使用的办公室或其他类似的设施，如在某酒店长期租用的房间。

2. 对某些经常在相邻的地点之间移动的营业活动，虽然营业场所看似不固定，但如果这种在一定区域内的移动是该营业活动的固有性质，一般可认定为存在单一固定场所。例如，某办事处根据需要在一个宾馆内租用不同的房间或租用不同的楼层，该宾馆可被视为一个营业场所；又如，某商人在同一个商场或集市内的不同地点设立摊位，该商场或集市也可构成该商人的营业场所。

3. 该营业场所应在时间上具有一定程度的持久性，而不是临时的。同时，营业活动暂时的间断或者停顿并不影响场所时间上的持久性。

4. 如果某一营业场所是基于短期使用目的而设立，但实际存在时间却超出了临时性的范围，则可构成固定场所并可追溯性地构成常设机构。反之，一个以持久性为目的的营业场所如果发生特殊情况，例如投资失败提前清算，即使实际只存在了一段很短的时间，同样可以判定自其设立起就构成常设机构。

（三）全部或部分的营业活动是通过该营业场所进行的。即，一方企业通过在另一方设立常设机构进行营业活动，将其全部或部分活动延伸到另一方，不包括其在常设机构之外的地方直接从事的活动。如果一方企业通过在另一方的常设机构在另一方不同地点进行营业活动，则应判定其只有单一常设机构存在，且应将不同地点的营业活动产生的利润归属于该常设机构。如果一方企业在另一方不同地点直接从事营业活动，则该一方企业有可能在另一方不同地点构成多个常设机构。

"营业"一语的实际含义不仅仅包括生产经营活动，还包括非营利机构从事的业务活动，为该机构进行准备性或辅助性的活动除外。但此等非营利机构在中国的常设机构是否获得"营业利润"，则需要根据本协定第七条的规定再做判断。

"通过"该营业场所进行活动应作广义理解，包括企业在其可支配的地点从事活动的任何情形。例如，某道路修筑企业应被认为"通过"修筑行为发生地从事营业活动。当新加坡企业与中国不同城市的客户直接订立合同，如果合同是由新方企业设在中方的营业场所履行的，应认为该新方企业"通过"该场所从事营业活动。另外，如果该场所为新方企业与中方企业形成客户关系做出实质贡献，即使合同是两个企业间直接订立的，也应认为该新方企业"通过"该场所从事营业活动。

二、第二款列举了在通常情况下构成常设机构的场所。这些列举并非是穷尽的，并不影响对其他场所按照第一款概括性的定义进行常设机构判定。在理解时应注意：

（一）列举中第一项“管理场所”是指代表企业负有部分管理职责的办事处或事务所等场所，不同于总机构，也不同于作为判定居民公司标准的“实际管理机构”。

（二）列举中最后一项“矿场、油井或气井、采石场或者其他开采自然资源的场所”是指经过投资，拥有开采经营权或与之相关的合同权益，并从事生产经营的场所。至于为勘探或开发上述矿藏资源的承包工程作业，则应按照本协定第五条第三款（一）项的规定，根据作业持续的时间是否超过六个月来判断其是否构成常设机构。

三、第三款规定了承包工程和提供劳务两种情况下常设机构的判定标准。

（一）第（一）项规定，对于缔约国一方企业在缔约对方的建筑工地，建筑、装配或安装工程，或者与其有关的监督管理活动，仅在此类工地、工程或活动持续时间为六个月以上的，构成常设机构。未达到该规定时间的则不构成常设机构，即使这些活动按照第一款或第二款规定可能构成常设机构。执行时应注意：

1. 从事本款规定的工程活动，仅以本款规定的时间标准判定是否构成常设机构；

2. 确定上述活动的起止日期，可以按其所签订的合同从实施合同（包括一切准备活动）开始之日起，至作业（包括试运行作业）全部结束交付使用之日止进行计算。凡上述活动时间持续六个月以上的（不含六个月，跨年度的应连续计算），应视该企业在活动所在国构成常设机构。

3.“与其有关的监督管理活动”是指伴随建筑工地，建筑、装配或安装工程发生的监督管理活动，既包括在项目分包情况时，由分承包商进行作业，总承包商负责指挥监督的活动；也包括独立监理企业从事的监督管理活动。对由总承包商负责的监督管理活动，其时间的计算与整个工地、工程的持续时间一致；对由独立监理企业承包的监督管理活动，应视其为独立项目，并根据其负责监理的工地、工程或项目的持续时间进行活动时间的判定。

4. 如果新加坡企业在中国一个工地或同一工程连续承包两个及两个以上作业项目，应从第一个项目作业开始至最后完成的作业项目止计算其在中国进行工程作业的连续日期，不以每个工程作业项目分别计算。所谓为一个工地或同一工程连续承包两个及两个以上作业项目，是指在商务关系和地理上是同一整体的几个合同项目，不包括该企业承包的或者是以前承包的与本工地或工程没有关联的其他作业项目。例如一个建筑工地从商务关系和地理位置上形成不可分割的整体时，即使分别签订几个合同，该建筑工地仍为单一的整体。再如一些修建公路、挖掘运河、安装水管、铺设管道等活动，其工程作业地点是随工程进展不断改变或迁移的，虽然在某一特定地点工作时间连续未达到规定时间，但要视整体工程看是否达到构成常设机构的时间。一般来说，同一企业在同一工地上承包的项目可认为是商务关系相关联的项目。

5. 对工地、工程或者与其有关的监督管理活动开始计算其连续日期以后，因故（如设备、材料未运到或季节气候等原因）中途停顿作业，但工程作业项目并未终止或结束，人员和设备物资等也未全部撤出，应持续计算其连续日期，不得扣除中间停顿作业的日期。

6. 如果企业将承包工程作业的一部分转包给其他企业，分包商在建筑工地施工的时间应算作总包商在建筑工程上的施工时间。如果分包商实施合同的日期在前，可自分包商开始实施合同之日起计算该企业承包工程作业的连续日期。同时，不影响分包商就其所承担的工程作业单独判定其是否构成常设机构。

（二）根据第（二）项以及第二议定书第一条的规定，缔约国一方企业派其雇员或其雇佣的其他人员到缔约对方提供劳务，仅以任何十二个月内这些人员为从事劳务活动在对方停留连续或累计超过 183 天的，构成常设机构。

该项规定针对的是缔约国一方企业派其雇员到缔约国另一方从事劳务活动的行为。该行为按本条第一款和第二款规定不构成常设机构，但按本项规定，如活动持续时间达到规定标准，仍构成常设机构。本项规定应从以下几个方面理解：

1.“雇员或雇佣的其他人员”是指本企业的员工，或者该企业聘用的在其控制下按照其指示向缔约对方提供劳务的个人。

2. 本款所称的劳务活动，指从事工程、技术、管理、设计、培训、咨询等专业服务活动。例如：

（1）对工程作业项目的实施提供技术指导、协助、咨询等服务（不负责具体的施工和作业）；

（2）对生产技术的使用和改革、经营管理的改进、项目可行性分析以及设计方案的选择等提供的服务；

（3）在企业经营、管理等方面提供的专业服务；等。

3. 同一企业从事的有商业相关性或连贯性的若干个项目应视为“同一项目或相关联的项目”。这里所说的“商业相关性或连贯性”，需视具体情况而定，在判断若干个项目是否为关联项目时，应考虑下列因素：

（1）这些项目是否被包含在同一个总合同里；

（2）如果这些项目分属于不同的合同，这些合同是否与同一人或相关联的人所签订；前一项目的实施是否是后一项目实施的必要条件；

（3）这些项目的性质是否相同；

（4）这些项目是否由相同的人员实施；等。

4. 对劳务活动在任何十二个月中连续或累计超过 183 天的规定，应从以下几个方面掌握：

（1）若某新加坡企业为中国境内某项目提供劳务（包括咨询劳务），以该企业派其雇员为实施服务项目第一次抵达中国之日期起至完成并交付服务项目的日期止作为计算期间，计算相关人员在中国境内的停留天数。

（2）具体计算时，应按所有雇员为同一个项目提供劳务活动不同时期在中国境内连续或累计停留的时间来掌握，对同一时间段内的同一批人员的工作不分别计算。例如，新加坡企业派遣 10 名员工为某项目在中国境内工作 3 天，这些员工在中国境内的工作时间为 3 天，而不是按每人 3 天共 30 天来计算。

（3）如果同一个项目历经数年，新加坡企业只在某一个“十二个月”期间派雇员来中国境内提供劳务超过 183 天，而在其他期间内派人到中国境内提供劳务未超过 183 天，仍应判定该企业在中国构成常设机构。常设机构是针对该企业在中国境内为整个项目提供的所有劳务而言，而不是针对某一个“十二个月”期间内提供的劳务。所以，在整个项目进行中，如果新加坡企业于其中一个“十二个月”期间在中国境内提供劳务超过 183 天，则应认为该企业在中国构成常设机构。

5. 如果新加坡企业在向中国客户转让专有技术使用权的同时，也委派人员到中国境内为该项技术的使用提供有关支持、指导等服务并收取服务费，无论其服务费是单独收取还是包括在技术价款中，该服务费均应视为特许权使用费，适用协定第十二条特许权使用费条款的规定。但如果上述人员提供的服务是通过该新加坡企业设在中国的某固定场所进行的或通过其他场所进行，但服务时间达到协定规定构成常设机构的时间标准的，按本款规定，则构成了常设机构，对归属于常设机构部分的服务所得应执行协定第七条的规定。

四、第四款是对第一款常设机构的定义范围作出的例外规定，即缔约国一方企业在缔约国另一方仅由于仓储、展览、采购及信息收集等活动的目的设立的具有准备性或辅助性的固定场所，不应被认定为常设机构。从事“准备性或辅助性”活动的场所通常具备以下特点：一是该场所不独立从事经营活动，并其活动也不构成企业整体活动基本的或重要的组成部分；二是该场所进行第四款列举的活动时，仅为本企业服务，不为其他企业服务；三是其职责限于事务性服务，且不起直接营利作用。

有些情况下，一些机构场所形式上符合本款的规定，但从其业务实质看仍应认定为常设机构。例如：

（一）某新加坡企业的主营业务是为客户提供采购服务并收取服务费，该企业在中国设立办事处，为其在中国进行采购活动。这种情况下，该中国办事处的采购活动看似属于本款第（四）项所说的“专为本企业采购货物或商品”的范围，但由于该办事处业务性质与新加坡企业总部的业务性质完全相同，所以该办事处的活动不是准备性或辅助性的。

（二）某新加坡企业在中国境内设立固定场所，维修、保养该企业销售给中国客户的机器设备，或专为中国客户提供零配件。这种情况下，因其从事的活动是企业总部为客户服务的基本及重要组成部分，所以该固定场所的活动不是准备性或辅助性的。

（三）某新加坡企业在中国设立从事宣传活动的办事处，该办事处不仅为本企业进行业务宣传，同时也为其他企业进行业务宣传。这种情况下，该办事处的活动不是准备性或辅助性的。

此外，如果某固定场所既从事第四款规定的不构成常设机构的活动，也从事构成常设机构的活动，则应视其构成常设机构，并对这两项营业活动的所得合并征税。例如，企业用于交付货物的仓库同时也兼营商品销售，应判定为常设机构并征税。

五、第五款规定，缔约国一方企业通过代理人在另一方进行活动，如果代理人有权并经常行使这种权力以该企业的名义签订合同，则该企业在缔约国另一方构成常设机构。执行时应从如下几个方面理解：

（一）其活动使一方企业在另一方构成常设机构的代理人，通常被称为“非独立代理人”。非独立代理人可以是个人，也可以是办事处、公司或其他任何形式的组织，不一定被企业正式授予代表权，也不一定是企业的雇员或部门。此外，非独立代理人不一定是代理活动所在国家的居民，也不一定在该国拥有营业场所。

（二）对“以该企业的名义签订合同”应做广义理解，包括不是以企业名义签订合同，但其所签合同仍对企业具有约束力的情形。“签订”不仅指合同的签署行为本身，也包括代理人有权代表被代理企业参与合同谈判，商定合同条文等。

（三）本款所称“合同”是指与被代理企业经营活动本身相关的业务合同。如果代理人有权签订的是仅涉及企业内部事务的合同，例如，以企业名义聘用员工以协助代理人为企业工作等，则不能仅凭此认定其构成企业的常设机构。

（四）对于“经常”一语并无精确统一的标准，要结合合同性质、企业的业务性质以及代理人相关活动的频率等综合判断。在某些情况下，企业的业务性质决定了其交易数量不大，但合同签订的相关工作却要花费大量时间，如飞机、巨型轮船或其他高价值商品的销售。如果代理人为这类企业在一国境内寻找买商、参与销售谈判等，即使该人仅代表企业签订了一单销售合同，也应认为该代理人满足“经常”标准，构成企业的非独立代理人。

（五）所谓“行使”权力应以实质重于形式的原则来理解。如果代理人在该缔约国另一方进行合同细节谈判等各项与合同签订相关的活动，且对企业有约束力，即使该合同最终由其他人在企业所在国或其他国家签订，也应认为该代理人在该缔约国另一方行使合同签署权力。

（六）如果代理人在缔约国另一方的活动仅限于本条第四款的准备性或辅助性范围，则不构成企业的非独立代理人（或常设机构）。

（七）判断一方企业是否通过非独立代理人在另一方构成常设机构时，不受本条第三款关于时间要求的限制。

六、并不是所有代理人进行第五款规定的活动都将使其构成代理企业的常设机构，第六款规定的独立代理人即为例外。第六款规定，缔约国一方企业通过代理人在缔约国另一方进行营业时，如果该代理人是专门从事代理业务的，则不应因此视其代理的企业在缔约国另一方构成常设机构。这类专门从事代理业务的代理人一般称作独立代理人，其不仅为某一个企业代理业务，也为其他企业提供代理服务。经纪人、中间商等一般佣金代理人等属于独立代理人。

虽有此款规定，为防止独立代理人条款被滥用（比如，某些企业自身的代理人自称为独立代理人以避免构成常设机构），协定执行中要对代理人身份或代理人地位是否独立进行判定。如果代理人的活动全部或几乎全部代表被代理企业，并且该代理人和企业之间在商业和财务上有密切及依附关系，则不应认定该代理人为本款所指的独立代理人。

代理人的活动同时符合下列两个条件的，才属于本款规定的独立代理人，即不构成被代理企业的常设机构。

（一）该代理人在法律上和经济上独立于被代理企业。在判定独立性时，可考虑如下几个因素：

1. 代理人商务活动的自由度。如果代理人在被代理企业的具体指导和全面控制下为企业进行商务活动，而不是自行决定工作方式，那么该代理人一般不具有独立地位。

2. 代理人商务活动的风险由谁承担。如果由被代理企业承担而非由代理人承担，则该代理人一般不能被认为具有独立地位。

3. 代理人代表的企业的数量。如果在相当长一段经营期或时间内，代理人全部或几乎全部仅为一家企业进行活动，该代理人很可能不是独立代理人。

4. 被代理企业对代理人专业知识的依赖程度。一般来说，独立代理人具备独立从事商务活动的专门知识或技术，不需要依赖企业的帮助。相反，被代理企业通常借助代理人的专门知识或技术扩展自己的业务或推销自己的产品，等。

（二）独立代理人在代表企业进行活动时，一般按照常规进行自身业务活动，不从事其他经济上归属于被代理企业的活动。例如，某销售代理人以自己的名义出售某企业的货物或商品，这一行为是销售代理人的常规经营业务。如果该销售代理人在从事上述活动的同时，还经常作为企业的有权签约的代理人进行活动，那么因为这些活动已在自身贸易或营业常规之外，代理人将被视为被代理企业的非独立代理人而构成企业的常设机构。

七、根据第七款的规定，母公司通过投资设立子公司，拥有子公司的股权等形成的控制或被控制关系，不会使子公司构成母公司的常设机构。从税收角度看，子公司本身是一个独立的法人实体，即使它在业务上受母公司管理，也不应仅凭此而被视为母公司的常设机构。

但是，由于母子公司之间的特殊关系，现实经济活动中，母子公司之间常存在较为复杂的跨境人员及业务往来。这种情况下，母公司在子公司的活动是否导致母公司在子公司所在国构成常设机构，应从以下几个方面掌握：

（一）应子公司要求，由母公司派人员到子公司为子公司工作，这些人员受雇于子公司，子公司对其工作有指挥权，工作责任及风险与母公司无关，由子公司承担，那么，这些人员的活动不导致母公司在子公司所在国构成常设机构。此种情况下，子公司向此类人员支付的费用，不论是直接支付还是通过母公司转支付，都应视为子公司内部人员收入分配，对支付的人员费用予以列支，其所支付的人员费用应为个人所得，按子公司所在国有关个人所得税法相关规定，以及协定第十五条的有关规定征收个人所得税。

（二）母公司派人员到子公司为母公司工作时，应按本条第一款或第三款的规定判断母公司是否在子公司所在国构成常设机构。符合下列标准之一时，可判断这些人员为母公司工作：

1. 母公司对上述人员的工作拥有指挥权，并承担风险和责任；

2. 被派往子公司工作的人员的数量和标准由母公司决定；

3. 上述人员的工资由母公司负担；

4. 母公司因派人员到子公司从事活动而从子公司获取利润。

此种情况下，母公司向子公司收取有关服务费时，应按独立企业公平交易原则，确认母子公司上述费用的合理性后，再对子公司上述费用予以列支。如果上述活动使母公司在子公司所在国构成常设机构，则该子公司所在国可按本协定第七条的规定，对母公司向子公司收取的费用征收企业所得税。

（三）子公司有权并经常以母公司名义签订合同，符合上述第五款关于“非独立代理人”有关条件的，子公司构成母公司的常设机构。

第六条　不动产所得

一、根据第一款规定，对于不动产所得，不动产所在国有征税权。

二、第二款赋予缔约国双方国内法对“不动产”这一用语的解释权。但无论缔约国国内法做何解释，在执行本协定时，该用语应包括第二款所列明的项目。

三、第三款说明本条所称的“不动产所得”，是指在不动产所有权不转移的情况下，使用不动产所获得的收益，包括直接使用、出租或者以任何其他形式使用该不动产取得的所得。而对不动产所有权转移产生的所得，应适用协定第十三条的规定。此外，有一些所得的取得尽管与不动产有关，但不属于此款“不动产所得”的范围。比如，来源于房地产抵押的利息收入属于本协定第十一条利息范围。

四、第四款指出，第一款和第三款的规定对企业的不动产所得和用于进行独立个人劳务的不动产所得同样适用。这一款进一步明确了不动产所在国的优先征税权。

第七条　营业利润

本条是对缔约国一方企业在缔约国另一方的营业活动产生的利润划分征税权的规定。明确缔约国一方企业在缔约国另一方的营业活动只有在构成常设机构前提下，缔约国另一方才能征税，并且只能就归属于常设机构的利润征税。

一、按照第一款的规定，新加坡企业在中国境内构成常设机构的，中国对该常设机构取得的利润拥有征税权，但应仅以归属于该常设机构的利润为限。这里所称的“归属于该常设机构的利润”不仅包括该常设机构取得的来源于中国境内的利润，还包括其在中国境内外取得的与该常设机构有实际联系的各类所得，包括股息、利息、租金和特许权使用费等所得。这里所说实际联系一般是指对股份、债权、工业产权、设备及相关活动等，具有直接拥有关系或实际经营管理等关系。

二、协定并没有明确规定计算营业利润的具体方法，只是规定了在计算时应遵守的若干原则。第二款就确立了独立企业原则，即对常设机构要作为一个独立的纳税实体对待，常设机构不论是同其总机构的营业往来，还是同该企业的其他常设机构之间的营业往来，都应按公平交易原则，以公平市场价格为依据计算归属于该常设机构的利润。

三、第三款规定，在计算常设机构利润时，为该常设机构发生的费用，不论发生于何处，都应允许扣除。包括有些不是直接体现为常设机构实际发生的费用，如总机构向常设机构分摊的行政和一般管理费用等。但这些费用必须是因常设机构发生的且分摊比例应在合理范围内。实际执行中，企业应提供费用汇集范围、费用定额、分配依据和方法等资料，以证明费用的合理性。

四、一般情况下，如果常设机构的独立账目可以真实反映其利润水平，应该按照该账目计算归属常设机构的利润。然而，某些情况下，很难以独立账目为基础确定属于常设机构的利润。第四款明确当常设机构利润不能通过账目进行核算时，可以依据公式分配企业的总利润，从而确定归属常设机构的利润。这种方法与按独立账目计算的结果会有差异，并且在采用公式及分配方法时都涉及如何计算及确认企业总利润问题。常设机构所在国税务机关难以计算企业总部的利润，或难以确认企业自己或对方税务机关按其国内法规定计算的结果。因此，协定虽有此规定，但一般适用于长期以来习惯用这种方法的缔约国。

五、第五款规定，常设机构为本企业采购货物和商品，不视为常设机构在采购活动中取得利润，不应按利润归属的方法计算或核定常设机构在采购活动中获得利润。与此相对应，在计算常设机构的应纳税所得时，也不应列支其上述采购活动发生的费用。需要特别注意的是，本款仅适用于既从事其他经营活动，又为本企业从事采购活动的常设机构。如果某一机构仅为本企业采购商品或货物，则根据协定第五条第四款的规定，不应认定该机构为常设机构。

六、第六款规定，一旦确定使用了某种利润分配方法，就不应该仅因为在某一特定年度其他方法会产生更有利于税收的结果而改变既定方法。该规定是为了确保纳税人税收待遇的连续性和稳定性。

七、由于企业取得的“利润”既包括从事营业活动取得的经营性所得，也包括其他类型的所得，例如不动产所得、股息、利息等，而对这些其他类型所得的征税原则，协定都有单独的条款规定，所以本条第七款明确企业取得的其他各类所得应按协定各相关条款处理，即其他条款优先。但这一原则仅适用于企业本身取得的所得，如果各类所得由企业设在缔约对方的常设机构取得或与常设机构有实际联系，则不论协定是否对各类所得有单独条款规定，仍应优先执行协定第七条的规定。对此，协定第十条、第十一条以及第十二条都有明确规定。

第八条　海运和空运

一、根据本条及协定议定书的规定，缔约国一方企业以船舶或飞机从事国际运输业务从缔约国另一方取得的收入，在另一方免予征税。具体是指：

（一）新加坡居民企业以船舶或飞机从事国际运输业务，从中国取得的收入，在中国豁免企业所得税和营业税。

（二）中国居民企业以船舶或飞机从事国际运输业务，从新加坡取得的收入，在新加坡除免征所得税外，其应税劳务在新加坡可以以零税率适用货物与劳务税，且服务接受方就该应税劳务支付的进项税额在新加坡可予全额抵扣。

二、根据第二款的规定，第一款也适用于参加合伙经营、联合经营或参加国际经营机构取得的收入。由于海运和空运方面存在着各种形式的国际合作，对于多家公司联合经营国际运输的税务处理，应由各参股或合作企业就其分得利润分别在其所属居民国纳税。

三、第三款关于“缔约国一方企业从附属于以船舶或飞机经营国际运输业务有关的存款中取得的利息收入”，是指中新双方从事国际运输业务的海、空运企业，从对方取得的运输收入存于对方产生的利息。该利息不适用第十一条利息条款的规定，应视为国际运输业务附带发生的收入，在来源国免予征税。

四、根据协定第四款，从事国际运输业务取得的收入，是指企业以船舶或飞机经营客运或货运取得的收入，也包括该企业从事的下列附属于其国际运输业务的收入：

（一）以湿租形式出租船舶或飞机（包括所有设备、人员及供应）取得的租赁收入；

（二）以光租形式出租船舶或飞机取得的租赁收入；

（三）以船舶或飞机从事国际运输的企业附营或临时性经营集装箱租赁取得的收入。

上述有关租赁业务应仅以属于国际运输的附属活动为限。“附属”应指与主营业务有关且服务于主营业务的活动，即企业的主营业务应为以其船舶或飞机经营的国际海运或空运业务，附属业务则属于支持和附带性质。但对“附属”的标准，协定没有做具体规定。在判断产生以上所得的活动是否属于“附属”性质时，应首先根据企业工商登记及相关凭证资料判定企业主营业务是否是国际运输，然后，视该类附属活动收入占企业国际运输业务总收入的比例而定，一般在一个会计年度内，附属业务收入不应超过总收入的10%。

此外，某些与国际运输紧密相关的收入也应作为国际运输收入的一部分，包括：为其他国际运输企业代售客票取得的收入；从市区至机场运送旅客取得的收入；通过货车从事货仓至机场、码头或者后者至购货者间的运输，以及直接将货物发送至购货者所取得的运输收入；企业仅为其承运旅客提供中转住宿而设置的旅馆取得的收入。

国际运输收入也包括非专门从事国际海运或空运业务的企业，以其拥有的船舶或飞机经营国际运输业务取得的收入。

第九条　联属企业

一、第一款规定，如果缔约国一方企业与另一方企业间存在特殊关系，即属于联属企业（如母子公司和共同受控的公司），当该缔约国一方企业的财务账目不能反映其发生于缔约国一方的真实利润水平时，该国税务机关可以对该企业账目进行调整。当然，进行这一调整的前提是联属企业间的交易不符合公平市场原则。

二、如果缔约国一方的税务机关根据第一款的规定对联属企业之间的交易做了重新调整，那么调整的这部分利润可能会被重复征税。为了避免这种情况发生，第二款规定缔约国另一方税务机关应该对就这部分利润已征税款做出相应调整。当然，该款不能简单地理解为该缔约国另一方应进行自动调整，只有在其认为对方所做的利润调整是按公平交易原则计算的时候，才有义务对关联企业利润做出相应调整。如果双方对调整的依据、原因、数额等发生争议，可按照协定第二十四条相互协商程序进行协商。

三、本条应结合我国《企业所得税法》及其实施条例关于特别纳税调整的有关规定执行。

第十条　股　　息

一、第一款规定股息可以在取得者所在一方（即居民国）征税，但这种征税权并不是独占的。

二、第二款为股息的来源国即支付股息的公司为其居民的国家保留了征税权。但是，这种征税权受到限制。即来源国仅能就股息征收一定比例的税收。具体为：在股息受益所有人是公司，并直接拥有支付股息公司至少25%资本的情况下，限制税率为5%；其他情况下，限制税率为10%。执行该款时应注意：

（一）判定受益所有人拥有公司资本的比例通常可视其在公司的出资份额情况。一般情况下，出资份额体现为在注册资本中所占份额。此外，当向公司以提供贷款或其他形式的出资产生的所得，已按规定（如防止资本弱化的规则）被当作股息处理时，这种贷款或出资也将被视为“资本”。

（二）按照本款规定，享受5%税率的股息限于直接拥有资本比例达到25%以上的情形。即符合此低税率的股息应属于符合条件的受益所有人拥有资本比例达到25%以上的期间的利润所形成的股息。但在准确跟踪和计算时，可能会涉及以往多年且频繁变化情况（特别是对于上市公司），执行难度较大。为此，从企业分配年度利润的一般情况考虑，税务总局以《国家税务总局关于执行税收协定股息条款有关问题的通知》（国税函〔2009〕81号）规定，非居民直接拥有中国居民公司资本比例在取得股息前连续十二个月以内任何时候均至少达到25%的，可以享受该协定待遇。如分配的股息涉及十二个月以前的企业未分配利润，则不再考虑股息受益所有人在所分配利润所属年度的持股比例是否满足要求。据此，如新加坡居民直接拥有中国居民公司资本比例在取得股息前连续十二个月以内任何时候均达到至少25%的，可以享受该协定待遇。这里“取得股息”的日期是指按照国内法规定该项股息在中国发生纳税义务或扣缴义务的日期。

（三）只有受益所有人为公司，且符合上述条件的，才能适用5%的限制税率；受益所有人为个人或其他主体的，仍适用10%的限制税率。

关于受益所有人的理解与判断，按照《国家税务总局关于如何理解和认定税收协定中“受益所有人”的通知》（国税函〔2009〕601号）的规定执行。

三、第三款是股息的定义，简单来说，股息即为公司所作的利润分配（公司的概念参见对协定第三条第一款第（五）项的解释）。股息支付不仅包括每年股东会议所决定的利润分配，也包括其他货币或具有货币价值的收益分配，如红股、红利、清算收入以及变相利润分配。股息还包括缔约国按防止资本弱化的规定调整为股息的“利息”。

股息和利息在某些特定情况下较难判定，通常应遵循实质重于形式的原则。一般情况下，各类债券所得不应视为股息。然而，如果贷款人确实承担债务人公司风险，其利息可被视为股息。对贷款人是否分担企业风险的判定通常可考虑如下因素：

（一）该贷款大大超过企业资本中的其他投资形式，并与公司可变现资产严重不符；

（二）债权人将分享公司的任何利润；

（三）该贷款的偿还次于其他贷款人的债权或股息的支付；

（四）利息的支付水平取决于公司的利润；

（五）所签订的贷款合同没有对具体的偿还日期做出明确的规定。

存在上述情况时，借款人所在国可根据资本弱化的国内法规定将利息作为股息处理。

四、第四款规定，若股息受益所有人是缔约国一方居民，在缔约国另一方拥有常设机构，或者通过固定基地从事独立个人劳务，且支付股息的股份构成常设机构或固定基地资产的一部分，或与该机构或固定基地有其他方面的实际联系，则来源国可将股息并入常设机构的利润予以征税。

应予注意的是，只有当取得股息的相关营业活动通过常设机构进行，且股份的持有与常设机构有上述实际联系的情况下，才可适用本条款。如果常设机构所在国对常设机构取得的股息有优惠税收待遇规定时，股息受益所有人仅以滥用协定为目的，将股份转移到常设机构的，不应适用本款规定。

五、第五款是对缔约国一方居民从另一方取得的股息进行再分配部分的征税权划分规定。即新加坡居民投资于中国居民公司或在中国设立常设机构或固定基地，如其对从中国居民公司取得的股息或从在中国机构场所取得的所得向其中国境外的股东进行再分配时，其境外股东取得的这部分所得，无需交纳中国税收。但是，如果该项再分配又支付回中国的居民股东或中国境内机构场所时，根据本款规定，中国仍有征税权。

六、第六款是反滥用条款，以获取优惠的税收地位为主要目的的交易或安排，不应适用税收协定股息条款优惠规定。纳税人因该交易或安排而不当享受税收协定待遇的，主管税务机关有权进行调整。执行该款时应考虑我国国内法关于特别纳税调整的有关规定。

第十一条　利　　息

一、第一款规定，居民国对本国居民取得的来自缔约国另一方的利息拥有征税权，但这种征税权并不是独占的。

二、第二款规定，利息来源国对利息也有征税的权利，但对征税权的行使进行了限制，即设定了最高税率，且限制税率与受益所有人自身性质有关，受益所有人为银行或金融机构情况下，利息的征税税率为7%；其他情况下利息的征税税率为10%。

关于受益所有人的理解与判断，同样按照《国家税务总局关于如何理解和认定税收协定中“受益所有人”的通知》（国税函〔2009〕601号）的规定执行。在判断利息受益所有人时，要特别注意在利息据以产生和支付的贷款合同之外，是否存在债权人与第三人之间在数额、利率和签订时间等方面相近的其他贷款或存款合同。

三、第三款是对特定的受益所有人取得的利息在来源国免税的规定。在执行时应注意把关，即取得利息收入的新加坡居民必须是该款所列机构，任何商业组织通过上述机构取得的利息不得享受免税待遇。另外，根据协定第二议定书第二条的规定，所列免税机构应依照新加坡议会法案规定设立或完全由新加坡政府拥有。

四、第四款明确了利息一语的含义，具体可从以下三个方面理解：

（一）利息一般是指从各种债权取得的所得。“各种债权”应包括现金、货币形态的有价证券，以及政府公债、债券或者信用债券。

（二）对于与利息相关的其他所得是否应属于“利息”的范畴，应根据其性质区别对待：

1. 附属债券取得的所得，如发行债券的溢价和奖金构成利息，但债券持有者出售债券发生的盈亏不属于利息范围；

2. 与贷款业务相关的并附属于债权的所得可认定为利息，对独立发生于债权方以外的，如单独收取的担保费等，原则上不应认定为利息。

五、第五款规定，若利息受益所有人是缔约国一方居民，在缔约国另一方拥有常设机构，或者通过固定基地从事独立个人劳务，且支付利息的债权构成常设机构或固定基地资产的一部分，或与该机构或固定基地有其他方面的实际联系，则来源国可将利息并入常设机构的利润予以征税。

应予注意的是，只有当取得利息的相关营业活动通过常设机构进行，且债权与常设机构有上述实际联系的情况下，才可适用本条款。仅以滥用协定为目的，将贷款转移到为利息提供优惠税收待遇的常设机构的，不应适用本款规定。

六、第六款明确了利息支付人为其居民的国家是利息的来源国这一原则。然而该款也规定了一个例外情形，即利息支付人无论是否为缔约国一方的居民，只要其在缔约国一方拥有常设机构或固定基地，并且支付的利息由该常设机构或固定基地负担，本款认为利息来源地应是该常设机构或固定基地所在缔约国。例如，某第三国设在中国的常设机构支付给新加坡居民的利息，在利息与该常设机构有实际联系情况下，应认为该利息发生于中国，由中国根据中新协定行使优先征税权。如新加坡居民为该项利息的受益所有人，则可享受本协定待遇。

七、第七款对关联交易中协定优惠条款的适用加以限定。当支付人与受益所有人之间或者他们与其他人之间由于某种特殊关系而造成超额支付利息时，支付额中超过按市场公允价格计算所应支付的数额的部分不得享受协定的优惠。

八、第八款为反滥用条款。以获取优惠的税收地位为主要目的的交易或安排，不应适用税收协定利息条款的优惠规定。纳税人因该交易或安排而不当享受税收协定待遇的，主管税务机关有权进行调整。

九、执行第七款和第八款的规定时，应考虑我国国内法关于特别纳税调整的有关规定。

第十二条 特许权使用费

一、第一款规定，居民国对本国居民取得的来自缔约国另一方的特许权使用费拥有征税权，但这种征税权并不是独占的。

二、根据第二款规定，特许权使用费的来源国对该所得也有征税权，但对征税权的行使进行了限制，即设定最高税率为10%。但根据协定议定书第三条的规定，对于使用或有权使用工业、商业、科学设备而支付的特许权使用费，按支付特许权使用费总额的60%确定税基。

适用本条款也必须以受益所有人是缔约国对方居民为前提。关于受益所有人的理解与判断，同样按照《国家税务总局关于如何理解和认定税收协定中“受益所有人”的通知》（国税函〔2009〕601号）的规定执行。在判断受益所有人时，要特别注意审核在特许权使用费据以产生和支付的版权、专利、技术等使用权转让合同之外，是否存在申请人与第三人之间在有关版权、专利、技术等的使用权或所有权方面的转让合同。

三、第三款是对“特许权使用费”一语的定义，需要从以下几个方面理解：

（一）特许权使用费首先应与使用或有权使用以下权利有关：构成权利和财产的各种形式的文学和艺术，有关工业、商业和科学实验的文字和信息中确定的知识产权，不论这些权利是否已经或必须在规定的部门注册登记。还应注意，这一定义既包括了在有许可的情况下支付的款项，也包括因侵权支付的赔偿款。

（二）特许权使用费也包括使用或有权使用工业、商业、科学设备取得的所得，即设备租金。但不包括设备所有权最终转移给用户的有关融资租赁协议涉及的支付款项中被认定为利息的部分；也不包括使用不动产取得的所得，使用不动产取得的所得适用协定第六条的规定。

（三）特许权使用费还包括使用或有权使用有关工业、商业、科学经验的情报取得的所得。对该项所得应理解为专有技术，一般是指进行某项产品的生产或工序复制所必需的、未曾公开的、具有专有技术性质的信息或资料。与专有技术有关的特许权使用费一般涉及技术许可方同意将其未公开的技术许可给另一方，使另一方能自由使用，技术许可方通常不亲自参与技术受让方对被许可技术的具体应用，并且不保证实施的结果。被许可的技术通常已经存在，但也包括应技术受让方的需求而研发后许可使用，并在合同中列有保密等使用限制的技术。

（四）在服务合同中，如果服务提供方在提供服务过程中使用了某些专门知识和技术，但并不许可这些技术使用权，则此类服务不属于特许权使用费范围。如果服务提供方提供服务形成的成果属于特许权使用费定义范围，并且服务提供方仍保有该项成果的所有权，服务接受方对此成果仅有使用权，则此类服务产生的所得属于特许权使用费。

（五）在转让或许可专有技术使用权过程中，如果技术许可方派人员为该项技术的应用提供有关支持、指导等服务，并收取服务费，无论是单独收取还是包括在技术价款中，均应视为特许权使用费，适用本条的规定。但如上述人员的服务已构成常设机构，对归属于常设机构部分的服务所得应执行协定第七条营业利润条款的规定，对提供服务的人员执行协定第十五条非独立个人劳务条款的规定；对未构成常设机构或未归属于常设机构的服务收入仍按特许权使用费规定处理。

（六）单纯货物贸易项下作为售后服务的报酬，产品保证期内卖方为买方提供服务所取得的报酬，专门从事工程、管理、咨询等专业服务的机构或个人提供的相关服务所取得的所得不是特许权使用费，应作为劳务活动所得适用协定第七条营业利润条款的规定。

四、第四款规定，若特许权使用费的受益所有人是缔约国一方居民，在缔约国另一方拥有常设机构，或者通过固定基地从事独立个人劳务，且据以支付特许权使用费的权利或财产构成常设机构或固定基地资产的一部分，或与该常设机构或固定基地有其他方面的实际联系，则来源国可将特许权使用费并入常设机构的利润予以征税。

应予注意的是，只有当取得特许权使用费的相关营业活动通过常设机构进行，且特许权使用费据以产生的权利或财产与常设机构有上述实际联系的情况下，才可适用本条款。仅以滥用协定为目的，将权利或财产转移到为特许权使用费提供优惠税收待遇的常设机构的，不应适用本款规定。

五、第五款明确了特许权使用费支付人为其居民的国家是特许权使用费的来源国这一原则。然而该款也规定了一个例外情形，即支付该特许权使用费的人无论是否为缔约国一方的居民，只要其在该缔约国一方拥有常设机构或固定基地，并且支付的费用由该常设机构或固定基地负担，本款认为特许权使用费来源地应是该常设机构或固定基地所在国。例如，某第三国设在中国的常设机构支付给新加坡居民的特许权使用费，在特许权使用费与该常设机构有实际联系的情况下，应认为该特许权使用费发生于中国，由中国根据中新协定行使优先征税权。如新加坡居民为该项特许权使用费的受益所有人，则可享受本协定待遇。

六、第六款对关联交易中协定优惠条款的适用加以限定。当支付人与受益所有人之间或他们与其他人之间由于某种特殊关系而造成超额支付特许权使用费时，支付额中超过按市场公允价格计算所应支付数额的部分不享受协定的优惠。

七、第七款为反滥用条款。以获取优惠的税收地位为主要目的的交易或安排，不适用税收协定特许权使用费条款优惠规定，纳税人因该交易或安排而不当享受税收协定待遇的，主管税务机关有权进行调整。

八、执行第六款和第七款的规定时，应考虑我国国内法关于特别纳税调整的有关规定。

第十三条　财产收益

第十三条就财产转让产生的收益，包括转让各类动产、不动产和权利产生的受益的征税问题做出规定。协定本身并未对“财产收益”进行定义。“财产收益”一般是指财产法律权属关系发生变更产生的收益，包括出售或交换财产产生的收益，也包括部分转让、征用、出售权利等产生的收益。

一、第一款规定转让不动产取得的收益应由不动产所在国征税。对于不动产的定义，该款引用了第六条的规定。本款只规定了不动产转让收益的征税原则，其他情况下的不动产所得仍适用第六条的规定。

二、第二款针对企业常设机构用于营业的财产中的动产，转让这类财产所取得的收益可以在常设机构所在国征税。

三、第三款规定，转让从事国际运输的船舶和飞机，或转让附属于经营上述船舶和飞机的动产取得的收益，应仅在经营上述船舶和飞机的企业为其居民的国家征税。这一规定与第八条的规定原则一致。

四、第四款与第五款均是对股份转让征税问题的规定，根据这两款的规定，新加坡居民转让其在中国居民公司的股份取得的收益，在满足以下任一条件时，中国税务机关有权征税：

（一）被转让公司股份价值50%以上直接或间接由位于中国的不动产组成；

（二）新加坡居民在转让其中国公司股份行为发生前十二个月内曾直接或间接参与该中国公司至少25%资本。

按第四款规定，如缔约国一方居民持有某公司的股份，不论该公司是缔约一方的公司还是缔约对方的公司，只要该公司的股份价值的50%以上（不含50%）直接或者间接由位于缔约对方的不动产所构成，则缔约国一方居民转让该公司股份取得的收益，无论其持股比例是多少，不动产所在国对股份转让收益都有权征税。例如，新加坡居民拥有中国公司的股份（或购买在新加坡上市的中国公司的股份），如该中国公司股份价值的50%以上直接或间接由位于中国的不动产所组成，那么，不论该新加坡居民持有中国公司股份比例如何，中国对该新加坡居民转让该公司股份取得的收益都可以征税；再如，如果新加坡居民拥有某中国境外公司的股份，如果该公司股份价值的50%以上直接或间接由位于中国的不动产所构成，则上述新加坡居民转让该中国境外公司股份（股票）取得的收益，中国作为不动产所在国根据本款规定拥有征税权（但一般情况下如果不动产所在国国内法对此类情形下的转让收益不征税，即使协定规定有征税权，也并不意味着不动产所在国一定要征税）。

公司股份价值50%以上直接或间接由位于中国的不动产所组成，是指公司股份被转让之前的一段时间（目前该协定对具体时间未作规定，执行中可暂按三年处理）内任一时间，被转让股份的公司直接或间接持有位于中国的不动产价值占公司全部财产价值的比率在50%以上。

执行该款规定时还应注意“间接持有”的问题，即除了应考虑被转让公司本身财产构成以外，还应注意被转让股份的公司是否有参股其他公司股份及该参股公司的财产价值构成情况。例如，新加坡居民在转让其在中国公司中的股份取得的转让收益时可能会提出，由于该中国公司财产价值的不动产部分低于50%（并且该新加坡居民持有中国居民公司股份低于25%），对其转让收益应享受协定不予征税的待遇。对此，如果上述中国公司又参股其他中国公司，并且其参股的其他中国公司的财产价值主要由在中国的不动产组成，则该被参股的中国公司的财产价值中一部分（按参股比例计算）应属于前面提及的中国公司，在计算被转让股份公司的财产价值时，应将后一个被控股公司的不动产价值按参股比例计算的归属部分一并考虑，视该被转让股份的中国居民公司的财产价值的不动产比例是否达到50%。例如新加坡居民公司甲拥有中国居民公司乙20%的股份，公司乙的财产价值为100（单位略），其中不动产价值为40。如果该公司乙又持有中国居民公司丙80%的股份，如公司丙的财产价值为100，其中不动产价值为90，则在处理依本款规定享受协定待遇计算公司乙的财产价值时，应将公司丙财产价值的80%计算在内，即公司乙直接或间接拥有的财产价值为100+100×80%＝180，其中不动产价值为40+90×80%＝112，不动产价值比例为62%。上述例举以剔除公司乙和丙之间内部交易影响后的数额为前提。因此，当新加坡居民公司甲转让中国居民公司乙的股份时，由于该中国公司乙的财产价值中50%以上的价值直接或间接来自于中国的不动产，根据协定规定，对此项转让收益中国拥有征税权。

五、在一般情况下（除滥用情形外），按照第五款的规定，新加坡居民转让其在中国居民公司或其他法人资本中的股份、参股或其他权利取得的收益，如果收益人在转让行为前的十二个月内曾经直接或间接参与被转让公司25%的资本，则中国有权对该收益征税。

新加坡居民转让中国居民公司或其他法人资本中的股份、参股或其他权利，在一般情况下（除滥用情形外）是指直接转让情形。如果被转让的股份不属于中国居民公司或其他法人资本中的股份、参股或其他权利，无论被转让股份的公司是否拥有中国居民公司或其他法人资本中的股份、参股或其他权利，均不适用第五款规定，即不能按照第五款规定确定中国拥有征税权，应视具体情形适用本条其他款项规定。

但是，对滥用企业组织形式，不是出于真正商业意图，而是以逃避税款或获取优惠的税收待遇为目的，间接转让中国公司股份的情况，中国有权根据本协定第二十六条的规定启动反避税调查程序，以防止我国税收权益的流失。

新加坡居民直接或间接参与一个中国居民公司的资本包括以下几种情况：

（一）该新加坡居民在该中国居民公司直接拥有资本；

（二）该新加坡居民通过任何其持股的公司（或持股链公司）间接拥有该中国居民公司的资本。间接拥有的资本或股份按照每一持股链中各公司的持股比例乘积计算，例如新加坡居民甲持有第三方居民公司乙50%股份，乙持有中国居民公司丙50%股份，则甲通过乙间接持有中国居民公司丙的股份达到25%（50%×50%），在这一情况下，如果甲同时直接持有丙5%的股份，那么当其转让该5%的股份时，就应该考虑其间接持有的25%的股份，从而达到本款规定的征税条件。但如果甲没有直接持有中国居民公司丙的股份，只是通过乙间接持有丙，此款所说的间接持有股份的规定并不针对甲转让乙的股份收益问题（除滥用情形外）；

（三）与该新加坡居民具有显著利益关系的关联集团内其他成员在该中国居民公司直接拥有的资本。这里所称"与新加坡居民有显著利益关系的关联集团成员"包括与个人居民具有完全相同持股利益的人（如直系亲属、存在代理关系的人等）、直接拥有非个人居民100%股权的公司或个人以及由上述个人或公司直接或间接拥有100%股权的公司。例如：

1. 新加坡居民公司乙直接持有中国居民公司丙10%资本；

2. 新加坡居民公司乙的母公司甲（100%控股）直接持有中国居民公司丙10%资本；

3. 母公司甲的另一个100%控股的子公司丁直接持有中国居民公司丙10%资本。在此种情形下，该关联集团持有中国居民公司丙的股份应为30%。因此，如果新加坡公司乙转让其在公司丙的股份取得收益，中国则视其在公司丙的参股比例达到了25%而拥有征税权。①

六、本条各款涉及的各项财产的转让收益按各款的规定处理，对于转让各款所述财产以外的财产而取得的收益，按第六款转让"其他财产"处理，即仅在转让者为其居民的国家征税。

第十四条　独立个人劳务

一、第一款规定个人以独立身份从事劳务活动取得所得的征税原则，即一般情况下仅在该个人为其居民的国家征税，但符合下列条件之一的，来源国有征税权：

① 条款废止，相应内容已被替换。参见：《国家税务总局关于税收协定中财产收益条款有关问题的公告》，国家税务总局公告2012年第59号。

（一）该缔约国居民个人为从事独立个人劳务为目的在缔约国另一方设立了经常使用的固定基地。固定基地的判断标准与常设机构类似，具体可参照协定第五条的规定。但固定基地与常设机构也有不同，独立个人劳务不要求通过固定基地进行，而企业的经营活动则要求部分或全部通过常设机构进行。

（二）该居民个人在任何十二个月中在缔约国另一方停留连续或累计达到或超过183天。例如，某新加坡居民个人2008年4月1日来华从事独立个人劳务，到2009年3月31日的十二个月期间在华累计停留150天，2008年8月1日至2009年7月31日的十二个月期间停留210天。据此，该人员2008年和2009年两个纳税年度内在华从事独立个人劳务均构成在华纳税义务。但需明确的是，在中国作为收入来源国对新加坡居民个人在中国提供独立个人劳务取得的所得有征税权的情况下，中国应仅就属于上述固定基地的所得征税或仅对新加坡居民个人在华提供独立个人劳务期间取得的所得征税。

协定此项规定仅为判定中国对独立个人劳务所得是否有权征税提供依据，不影响国内法相关的具体征税规定。

二、第二款通过一些具有典型意义的例子对“专业性劳务”一语的含义加以阐述。所列举的实例并非穷尽性列举。对一些特殊情况可能产生的解释上的困难，可以通过中新双方主管当局协商解决。

个人要求执行税收协定独立个人劳务条款规定的，应根据下列条件判断其是否具有独立身份：

（一）职业证明，包括登记注册证件和能证明其身份的证件，或者由其为居民的缔约国税务当局在出具的居民身份证明中就其现时从事职业的说明；

（二）与有关公司签订的劳务合同表明其与该公司的关系是劳务服务关系，不是雇主与雇员关系，具体包括：

1. 医疗保险、社会保险、假期工资、海外津贴等方面不享受公司雇员待遇；

2. 其从事劳务服务所取得的报酬，是按相对的小时、周、月或一次性计算支付；

3. 其劳务服务的范围是固定的或有限的，并对其完成的工作负有质量责任；

4. 其为提供合同规定的劳务所相应发生的各项费用，由其个人负担。

第十五条　非独立个人劳务

一、第一款规定了个人以受雇身份（雇员）从事劳务活动取得所得的征税原则，即一般情况下缔约国一方居民因雇佣关系取得的工资薪金报酬应在居民国征税，也就是说，新加坡居民在新加坡受雇取得的报酬应仅在新加坡纳税。但在中国从事受雇活动取得的报酬，中国可以征税。

二、第二款进一步规定，在同时满足三个条件的情况下，受雇个人不构成在劳务发生国的纳税义务。反之，只要有一个条件未符合，就构成在劳务发生国的纳税义务。例如新加坡居民以雇员的身份在中国从事活动，只要有下列情况之一的，其获得的报酬就可以在中国征税：

（一）在任何十二个月中在中国停留连续或累计超过 183 天（不含）。在计算天数时，该人员中途离境包括在签证有效期内离境又入境，应准予扣除离境的天数。计算实际停留天数应包括在中国境内的所有天数，包括抵、离日当日等不足一天的任何天数及周末、节假日，以及从事该项受雇活动之前、期间及以后在中国渡过的假期等。应注意的是，如果计算达到 183 天的这十二个月跨两个年度，则中国可就该人员在这两个年度中在中国的实际停留日的所得征税。

（二）该项报酬由中国雇主支付或代表中国雇主支付。

“雇主”应理解为对雇员的工作结果拥有权利并承担相关责任和风险的人。执行中应注意以下问题：

1. 凡中国企业采用“国际劳务雇用”方式，通过境外中介机构聘用人员来华为其从事有关劳务活动，虽然形式上这些聘用人员可能是中介机构的雇员，但如果聘用其工作的中国企业承担上述受聘人员工作所产生的责任和风险，应认为中国企业为上述受聘人员的实际雇主，该人员在中国从事受雇活动取得的报酬应在中国纳税。关于对真实雇主的判定可参考下列因素：

（1）中国企业对上述人员的工作拥有指挥权；

（2）上述人员在中国的工作地点由中国企业控制或负责；

（3）中国企业支付给中介机构的报酬是以上述人员工作时间计算，或者支付的该项报酬与上述人员的工资存在一定联系，例如，按人员工资总额的一定比例确定支付给中介机构的报酬；

（4）上述人员工作使用的工具和材料主要由中国企业提供；

（5）中国企业所需聘用人员的数量和标准并非由中介机构确定，而由中国企业确定。

2. 新加坡企业派其员工到中国居民企业工作应考虑上述因素，以实质重于形式的原则，判定其真实雇主身份。如果上述员工名义上为中国企业职员，实质上履行其派出企业职责，则同样参考上述有关标准，在判定新加坡企业为其真实雇主身份前提下，按第五条的规定判断上述新加坡企业是否在中国构成常设机构。如果上述员工在中国工作期间确实受雇于中国居民企业，但同时也为其派出企业工作，应就此类员工为其派出企业工作的实际情况按照本协定第五条的规定判断上述新加坡企业是否在华构成常设机构。

（三）该项报酬由雇主设在中国的常设机构或固定基地所负担。如果新加坡个人被派驻到新加坡企业设在中国的常设机构工作，或新加坡企业派其雇员及其雇用的其他人员在中国已构成常设机构的承包工程或服务项目中工作，这些人员不论其在中国工作时间长短，也不论其工资薪金在何处支付，都应认为其在中国的常设机构工作期间的所得是由常设机构负担。但本规定不应适用于被总部临时派往常设机构视察、检查或临时提供协助的人员及活动。

三、第三款适用于在经营国际运输的船舶或飞机上从事受雇活动的人员取得的报酬，对其征税的原则在一定程度上遵循了协定第八条确立的原则，即在从事该项运输的企业为其居民的国家征税。

第十六条　董　事　费

第十六条将董事费的征税权赋予了董事所在公司为其居民的国家，即新加坡居民如担任中国境内企业的董事而取得的董事费和其他类似的款项，无论该董事是否在中国境内履行董事职责，中国对此项所得有征税权。所谓“其他类似款项”包括个人以公司董事会成员身份取得的实物福利，例如，股票期权、居所或交通工具、健康或人寿保险及俱乐部成员资格等。在董事会成员被授予股票期权的情况下，公司居民国有权对构成董事费或类似性质报酬的股票期权利益征税，即使征税时该人已经不再是董事会的成员。

第十七条　艺术家和运动员

一、按第一款规定，新加坡的艺术家或运动员如在中国从事个人活动，不论其在中国停留多长时间，中国有权对其所得征税。本款是协定第十四条和第十五条规定的例外，应从以下几方面理解：

（一）一般来说，艺术家活动应包括：舞台、影视、音乐等各种艺术形式的演艺人员从事的活动；作为缔约国一方的艺术家或运动员由于其名人效应，受邀到缔约国另一方为企业拍摄广告的活动；具有娱乐性质的涉及政治、社会、宗教或慈善事业的活动。但应注意不应把艺术家的范围扩大到随行的行政、后勤人员（如摄影师、制片人、导演、舞蹈设计人员、技术人员以及流动演出团组的运送人员等）。

（二）运动员不限于传统体育项目的参加者（如赛跑、跳高、游泳运动员等），还包括如高尔夫球、赛马、足球、板球、网球及赛车等活动的运动员。本条规定还适用于从事具有娱乐性质的活动取得的所得，例如台球、象棋和桥牌比赛等产生的所得。

（三）第一款适用于艺术家或运动员从事上述个人活动取得的所得，一般指表演活动取得的出场费以及取得的与从事表演活动有直接或间接联系的广告费等。对从表演活动录制音像制品并出售产生的所得中分配给艺术家或运动员的（权利）所得，或与艺术家或运动员有关的涉及其他版权的所得，应按协定第十二条特许权使用费的相关规定处理。

二、第二款再次强调了活动所在国的无限征税权，即使艺术家和运动员从事活动的所得为其他人所收取，如演出经纪人、明星公司或演出团体等，来源国对该部分所得也有征税权。

第十八条　退　休　金

第十八条规定，居民国对退休金独占征税权，不论取得退休金的人以前的工作地点如何，取得退休金时该个人为其居民的国家对该项退休金拥有征税权。

本条所涵盖的款项为基于以前的雇佣关系而支付的退休金和其他类似报酬。其他类似报酬包括与退休金类似的非定期支付的款项，例如，在雇佣关系终止时或终止以后一次性支付的退休金。

第十九条　政府服务

一、第一款第（一）项规定，对政府部门支付给向其提供服务的个人的报酬，支付国独占征税权。第（二）项进一步规定，新加坡政府在中国设立的办事机构如果雇佣新加坡居民工作，该新加坡居民在办事机构工作期间取得的报酬应仅在新加坡征税。但这一规定不适用于该办事机构在当地雇佣的中国居民员工。中国居民员工是指中国国民，或者在为该办事机构工作以前就已是中国居民的员工。这种情况下，该项报酬应仅在中国征税。

本款适用所得的范围是除退休金以外的薪金、工资和其他类似报酬，包括因向缔约国一方政府或法定机构提供服务而取得的各种实物收益，如公寓、交通工具、健康与人寿保险、俱乐部会员资格等。

二、第二款是对退休金的特别规定，即一般情况下政府部门或从其建立的基金中支付给向其提供服务的个人的退休金，无论支付时该个人在何处居住，支付国都独占征税权。但当该个人是缔约国另一方的居民且为国民时，由该个人为其居民及国民的国家独占征税权。此项处理原则与第一款第（二）项相关处理原则一致。

三、根据本条第三款的规定，个人为政府或地方当局从事的与营业有关的事业（如国有公路、邮局、国有剧院等）提供服务而取得的报酬，不适用本条，应根据所得性质，分别适用协定第十五至十八条的相关规定。

第二十条 学生和实习人员

第二十条规定，学生和企业学徒由于接受教育、培训或获取技术经验的目的，而暂时居住在缔约国另一方，对其为了生活、学习所取得的来源于缔约国另一方以外的所得，该缔约国另一方应予免税。但前提是该学生或实习人员在到达缔约国另一方之前是缔约国一方的居民。例如，新加坡居民个人赴中国学习，其在华学习期间取得的来源于中国以外的学费资助、助学金、奖学金等，不超过用以维持生活、接受教育或培训的部分，应在中国免税。

应注意的是，本条仅适用于学生或实习人员为了生活、教育或培训的目的而收到的款项，不适用于第十四、十五条所涵盖的服务报酬。但如果学生或实习人员有工作收入，则应区分服务报酬和为生存、教育或培训所获得的款项。如果报酬数目与提供类似服务的企业员工所获得的报酬金额相当，一般可表明该报酬是服务报酬，应根据服务性质分别适用协定第十四或第十五条的规定。

第二十一条 其他所得

第二十一条对协定以上条款未涉及的所得规定了一般原则，即来源国有优先征税权。如新加坡居民企业或个人取得发生或来源于中国的其他所得，中国有优先征税权。对其他所得范围的掌握应考虑国内法的规定，并应是国内法规定要征税的所得。如某项所得国内法未规定征税，则不能因协定规定来源国有征税权而征税。

此外，“其他所得”应是确属协定各专项条款未包括的所得。不应将协定已包括的所得条款中规定的来源国未达到征税条件的部分视为“其他所得”。

第二十二条 消除双重征税

第二十二条对缔约国双方各自居民在对方缴纳的税款，分别规定了各自的抵免办法。

一、第一款规定了中国居民从新加坡取得所得在新加坡所交税款的抵免办法，即对中国居民的新加坡所得汇总中国国内所得按中国税法规定税率计算在中国的应纳税额，并对在新加坡已交税款不超过按中国国内税率计算的税额予以抵免。这种方法下，意味着中国政府承认中国居民来源于新加坡的某些所得由新加坡优先行使征税权，但并不承认其独占，即中国还要行使居民管辖权对本国居民从新加坡取得的所得征税，但允许该居民在新加坡所缴税额从其应向中国缴纳的税额中抵免。

第一款第（二）项则体现了有关股息间接抵免的原则，并对可享受间接抵免的中国居民予以限定。根据该项及协定第二议定书第三条的规定，中国居民公司必须拥有新加坡居民公司的股份不少于百分之二十，在这种情况下，该中国居民公司从新加坡公司取得的股息在公司层面所负担的企业所得税方可在中国获得抵免。也就是说，对于中国居民公司从新加坡居民公司取得的股息，不仅该项股息在新加坡缴纳的所得税可以直接抵免，对于支付该股息的新加坡居民公司就该项股息所对应的利润所缴纳的新加坡企业所得税部分，也可以通过间接抵免的方法计算抵免。但是可直接抵免和间接抵免的税额都应按中国国内法的有关规定计算。

二、第二款规定了新加坡居民从中国取得的所得已在中国缴纳的税额在计算该项所得的新加坡税收时进行抵免的问题。关于新加坡方面计算抵免的方法由新加坡主管当局解释。

三、第三款是关于新加坡单方面饶让抵免的规定，即新加坡居民按中国国内法享受到的减税或免税的优惠，在新加坡视同已按中国国内法纳税给予抵免。

第二十三条　非歧视待遇

一、第一款确立的原则是，对拥有缔约国国籍的个人在税收上不能有歧视待遇，即缔约国一方国民在缔约国另一方应与该缔约国另一方国民在相同情况下，获得同等的税收待遇。该款扩大了协定第一条规定的范围，协定第一条规定本协定适用的人仅为缔约国的居民，按照本款规定，即使新加坡国民在某一时期失去新加坡居民身份，仍然可以享受非歧视待遇，特别是在该新加坡国民与比照待遇的中国国民居民身份相同时。

同时，第一款规定不应被理解为要求缔约国一方将给予其公共团体或公共服务机构的税收优惠，以及从事本国公益活动的非盈利私人机构的特别税收优惠，也给予缔约国另一方的相同组织或类似机构。

二、第二款规定，缔约国一方对另一方企业设在本国的常设机构的征税，不应比本国进行同样活动的企业更重。这样的同等待遇主要体现在税率、费用扣除、计提折旧、亏损结转、财产收益以及税收抵免等方面。但应当注意的是，常设机构从事的活动应与比照的居民企业所从事的活动相同。

三、第三款规定了对于个人税收非歧视待遇的例外，即税收非歧视待遇并不意味着中国一定有义务给予新加坡居民或国民个人以相当于中国居民或国民个人所能享受的税收优惠、扣除和减免等待遇。

四、第四款规定，缔约国一方不能对资本全部或部分、直接或间接由缔约国另一方一个或多个居民拥有或控制的企业，在税收上给予歧视待遇。即对由新加坡居民投资的中国居民企业在税收待遇上应与类似的中国居民企业一致。

五、第五款规定，缔约国各方为促进本国社会或经济发展，根据国家政策和标准给予其国民的税收优惠，不应被理解为构成本条款意义上的歧视待遇。

六、第六款规定，本条适用的税种是本协定所包括的税种，具体可参见协定第二条第三款的规定。

第二十四条　相互协商程序

本条旨在建立主管当局间的相互协商机制，以解决可能出现的税务争议。具体按《国家税务总局关于印发〈中国居民（国民）申请启动税务相互协商程序暂行办法〉的通知》(国税发〔2005〕115号）执行。

第二十五条　情报交换

本条旨在建立两国间的税收信息交换机制，以促进两国间的税收征管协作。具体按《国家税务总局关于印发〈国际税收情报交换工作规程〉的通知》(国税发〔2006〕70号）执行。

第二十六条　其他规则

第二十六条规定，缔约国国内反避税法律法规不受协定的影响，这与协定防止逃避税的宗旨是相吻合的。但缔约国该类法律法规应充分考虑协定的相关规定，其导致的税收结果不应与协定的规定相冲突。

国家税务总局关于执行中英等双边税收协定技术服务费条款有关问题的公告

2011年3月16日　国家税务总局公告2011年第19号

【要点指引】本《公告》主要明晰了英国、巴基斯坦或印度的税收居民取得发生在中国境内的技术服务费征税的问题：(1) 税率。中国可以对该技术服务费征收不超过限定比例（中英税收协定为7%；中巴税收协定为12.5%；中印税收协定为10%）的所得税。(2) 确定技术服务费发生地。已经明确规定技术服务费发生地认定标准的（如中英税收协定和中印税收协定），按所涉及税收协定规定确定技术服务费发生地；所涉及税收协定未作明确的，按中国国内有关规定（含《企业所得税法》和《个人所得税法》）确定技术服务费发生地。(3) 纳税义务判定。对于所涉及税收协定缔约对方税收居民取得发生在中国的技术服务费，应分别按照在我国构成纳税义务、可以申请享受税收协定待遇、不构成我国纳税义务三种情况来分别判定。

根据《中华人民共和国政府和大不列颠及北爱尔兰联合王国政府关于对

所得和财产收益相互避免双重征税和防止偷漏税的协定》（以下称中英税收协定）第十三条、《中华人民共和国政府和巴基斯坦伊斯兰共和国政府关于对所得避免双重征税和防止偷漏税的协定》（以下称中巴税收协定）第十三条和《中华人民共和国政府和印度共和国政府关于对所得避免双重征税和防止偷漏税的协定》（以下称中印税收协定）第十二条（以下称所涉及税收协定技术服务费条款）规定，来自于英国、巴基斯坦或印度（以下称所涉及税收协定缔约对方）的税收居民取得发生在中国境内的技术服务费，中国可以对该技术服务费征收不超过限定比例（中英税收协定为7%；中巴税收协定为12.5%；中印税收协定为10%）的所得税。现将执行该规定的有关问题公告如下：

一、所涉及税收协定技术服务费条款已经明确规定技术服务费发生地认定标准的（如中英税收协定和中印税收协定），按所涉及税收协定规定确定技术服务费发生地；所涉及税收协定未作明确的，按中国国内有关规定（含企业所得税法和个人所得税法）确定技术服务费发生地。

二、《国家税务局关于执行中巴避免双重征税协定有关条文解释的通知》（国税函发〔1990〕142号）、《国家税务局关于中英税收协定若干条款解释的通知》（国税函发〔1990〕1097号）和《国家税务总局关于中印两国政府避免双重征税协定若干条文解释与执行的通知》（国税发〔1994〕257号）仅明确在所涉及税收协定下中国所拥有征税权的理解和解释，未对纳税人在中国的实际纳税义务做出规定。对于所涉及税收协定缔约对方税收居民取得发生在中国的技术服务费，应分别以下情形，结合所涉及税收协定和中国国内有关规定判定纳税义务：

（一）据以取得技术服务费的劳务按照中国国内有关规定属于发生在中国境内，且按照所涉及税收协定规定构成在中国境内的常设机构或固定基地，对与发生在中国境内劳务相关的技术服务费，应按照中国国内有关规定缴纳企业所得税或个人所得税。

（二）据以取得技术服务费的劳务按照中国国内有关规定属于发生在中国境内，即使按所涉及税收协定规定不构成在中国境内的常设机构或固定基地，对与发生在中国境内劳务相关的技术服务费，应按照中国国内有关规定缴纳企业所得税或个人所得税。但如果按中国国内有关规定计算缴纳的企业所得税或个人所得税高于按所涉及税收协定技术服务费条款限定比例计算的税收，该缔约对方居民取得的此项技术服务费可以申请享受协定待遇。

（三）据以取得技术服务费的劳务按照中国国内有关规定属于发生在中国境外，且按照中国国内有关规定不予征收所得税的，尽管该技术服务费按照所涉及税收协定技术服务费条款规定属于发生在中国境内，中国可以对此行使征税权，但对此项技术服务费，应按照中国国内有关税收规定执行，不在中国缴纳所得税。

三、本公告自公告发布之日起执行。

国家税务总局关于韩国出口保险公司更名后继续享受税收协定相关待遇的通知

2011年6月30日　国税函〔2011〕358号

【要点指引】原享受中韩协定待遇的韩国出口保险公司，于2010年7月更名为韩国贸易保险公司，在韩语中用汉字表述为“韩国贸易保险公社”。因此由“韩国贸易保险公司”代替原“韩国出口保险公司”继续享受中韩协定及谅解备忘录规定的相关免税待遇。

各省、自治区、直辖市和计划单列市国家税务局、地方税务局：

根据1994年签订的《中华人民共和国政府和大韩民国政府关于对所得避免双重征税和防止偷漏税的协定》（以下简称中韩协定）第十一条和第十九条以及2007年签订的中韩协定谅解备忘录第一条和第二条的规定，韩国出口保险公司（Korea Export Insurance Corporation）作为韩国政府全资所有且行使政府职能的金融机构，可就其从中国取得的利息等所得享受免税待遇。该公司于2010年7月更名为韩国贸易保险公司（Korea Trade Insurance Corporation，在韩语中用汉字表述为“韩国贸易保险公社”），但政府全资所有及行使政府职能的性质不变。

中韩两国税务主管当局经协商确定，自公司更名之日起，由“韩国贸易保险公司”代替原“韩国出口保险公司”继续享受中韩协定及谅解备忘录规定的相关免税待遇。本通知发出之前已征收但本应免税的相关税款，按本通知规定予以退税，请各地遵照执行。

国家税务总局关于执行税收协定教师和研究人员条款有关问题的公告

2011年7月25日　国家税务总局公告2011年第42号

【要点指引】为加强国际学术交流，中国政府对外签署的一些双边税收协定或安排都列有专门的教师和研究人员条款，对来自缔约对方的教师和研究人员符合规定条件的，可以在中国享受规定期限的免税待遇。《国家税务总局关于执行税收协定教师和研究人员条款有关问题的公告》（国家税务总局公告2011年第42号）对符合免税条件的情况予以明晰：(1) 明确了有聘用关系的教师和研究人员予以免税，并对这种聘用关系予以解释；(2) 明确了哪些活动属于免税的教学、讲学或研究活动；(3) 明确了计算停留期或免税期的文件依据；(4) 明确了享受免税待遇的教师和研究人员应按规定履行备案报告手续。

中国政府对外签署的一些双边税收协定或安排（以下统称税收协定）列有专门的教师和研究人员条款。按照税收协定教师和研究人员条款规定，来自缔约对方的教师和研究人员符合规定条件的，可以在中国享受规定期限的免税待遇。现将执行税收协定教师和研究人员条款有关问题公告如下：

一、除税收协定另有明确规定外，税收协定教师和研究人员条款仅适用于与中国境内的学校或研究机构（简称境内机构）有聘用关系的教师和研究人员。聘用关系是指相关教师或研究人员与境内机构间签有聘用合同，或虽未有明确的聘用合同，但其在境内机构担任职务并且实际从事的教学、讲学或研究活动的内容、方式、时间等均由境内机构安排或控制的情况。

凡与境内机构没有上述聘用关系，而以独立身份或者以非境内机构的雇员身份在中国境内从事教学、讲学或研究活动的人员，以及受境外教育机构的指派为该境外教育机构与境内机构的合作项目开展相关教学活动的人员，不适用税收协定教师和研究人员条款的规定。上述合作项目指境外教育机构与境内机构以各自名义合作开展的相关教学活动项目，不包括中外教育机构联合在中国境内成立的独立教育机构。

二、税收协定教师和研究人员条款规定的教学、讲学或研究包括按照聘用单位要求在境内外进行的各种教学、讲学或研究活动，以及在承担教学、讲学或研究活动的同时，承担的相关规划、咨询和行政管理等活动。但不包括仅从事规划、咨询和行政管理的活动。在承担此类规划、咨询和行政管理活动中偶尔从事的讲座活动不应视为承担了教学、讲学或研究活动。

三、上述境内机构应限于《国家税务总局关于明确我国对外签订税收协定中教师和研究人员条款适用范围的通知》（国税函〔1999〕37号）规定的范围。

四、除双方主管当局通过相互协商达成的共同意见另有规定外，税收协定教师和研究人员条款规定的停留期或免税期仍应按照《财政部　税务总局关于对来自同我国签订税收协定国家的教师和研究人员征免个人所得税问题的通知》（〔86〕财税协字第030号）的规定计算。

五、来自缔约对方的税收居民需要享受税收协定教师和研究人员条款规定待遇的，应按照《国家税务总局关于印发〈非居民享受税收协定待遇管理办法（试行）〉的通知》（国税发〔2009〕124号）及其相关规定办理备案报告手续。不能适用税收协定教师和研究人员条款规定的所得，仍可以按照有关规定适用税收协定其他条款（如独立个人劳务条款、非独立个人劳务条款等）。

六、本公告自所涉及税收协定教师和研究人员条款生效执行之日起施行，对公告生效前已做处理的事项不予追溯。

国家税务总局关于认定税收协定中“受益所有人”的公告

2012年6月29日 国家税务总局公告2012年第30号

【要点指引】关于认定税收协定中“受益所有人”身份的问题，《国家税务总局关于如何理解和认定税收协定中“受益所有人”的通知》（国税函〔2009〕601号）文件采用了“实质重于形式”原则，提出了原则性的指引。2012年6月29日，国家税务总局发布《关于认定税收协定中“受益所有人”的公告》（国家税务总局公告2012年第30号）对该问题进一步加以明确，包括：（1）在判定缔约对方居民的受益所有人身份时，应按照“实质重于形式”的原则，全面地、综合地进行分析。不能仅因某项不利因素的存在而做出否定的判断。（2）对于申请人从中国取得的股息所得，符合安全港规则的，可直接认定申请人的受益所有人身份。（3）申请人通过代理人或指定收款人等代为收取所得的，不影响申请人的受益所有人身份的认定。（4）税务机关难以认定受益所有人身份的，可以做出暂不享受税收协定待遇的处理。待审批后认定可以享受税收协定待遇的，再将相应税款退还申请人。

根据《国家税务总局关于如何理解和认定税收协定中“受益所有人”的通知》（国税函〔2009〕601号），现对受益所有人身份的认定，公告如下：

一、在判定缔约对方居民的受益所有人身份时，应按照国税函〔2009〕601号文件第二条规定的各项因素进行综合分析和判断，不应仅因某项不利因素的存在，或者第一条所述“逃避或减少税收、转移或累积利润等目的”的不存在，而做出否定或肯定的认定。

二、对国税函〔2009〕601号文件第二条规定的各因素的理解和判断，可根据不同所得类型通过公司章程、公司财务报表、资金流向记录、董事会会议记录、董事会决议、人力和物力配备情况、相关费用支出、职能和风险承担情况、贷款合同、特许权使用合同或转让合同、专利注册证书、版权所属证明，以及代理合同或指定收款合同等资料进行分析和认定。

三、申请享受协定待遇的缔约对方居民（以下简称申请人）从中国取得的所得为股息的，如果其为在缔约对方上市的公司，或者其被同样为缔约对方居民且在缔约对方上市的公司100%直接或间接拥有（不含通过不属于中国居民或缔约对方居民的第三方国家或地区居民企业间接持有股份的情形），且该股息是来自上市公司所持有的股份的所得，可直接认定申请人的受益所有人身份。

四、申请人通过代理人或指定收款人等（以下统称代理人）代为收取所得的，无论代理人是否属于缔约对方居民，都不应据此影响对申请人受益所有人身份的认定，但代理人应向税务机关声明其本身不具有受益所有人身份。代理人的声明样式见附件。

五、税务机关按照本公告第四条的规定认定受益所有人身份，并批准相关税收协定待遇的，如果代理人所属居民国或地区与中国签有税收协定或信息交换协议，可视需要通过信息交换了解代理人的有关信息。通过信息交换可以认定代理人的受益所有人身份的，税务机关可改变此前的审批结果，向原受益所有人补征税款，并按照有关规定加收滞纳金。

六、有权审批的税务机关在处理相关审批事项时，因受益所有人身份难以认定而不能在规定期限内做出决定的，可以按照《国家税务总局关于印发〈非居民享受税收协定待遇管理办法（试行）〉的通知》（国税发〔2009〕124号）第十七条的规定，做出暂不享受税收协定待遇的处理。经过审批后可以享受税收协定待遇的，税务机关应将相应税款退还申请人。

七、按照国税发〔2009〕124号文件的规定，有权审批的税务机关在处理相关审批事项时，涉及到否定申请人的受益所有人身份的案件，应报经省级税务机关批准后执行，省级税务机关应将相关案件处理结果同时报税务总局（国际税务司）备案。

八、同一纳税人就类似情形需要向不同税务机关申请认定受益所有人身份并享受税收协定待遇的，可向相关税务机关说明情况，相关税务机关应在相互协商一致后做出处理决定；相关税务机关不能协调一致的，应层报其共同的上级税务机关处理，并说明协商情况。

九、本公告自公布之日起施行。

附件：代理人等确认自己不具有受益所有人身份的声明（编者略）

链 接

关于《国家税务总局关于认定税收协定中“受益所有人”的公告》的解读

为规范税收协定执行工作，国家税务总局曾于2009年10月27日以《国家税务总局关于如何理解和认定税收协定中“受益所有人”的通知》（国税函〔2009〕601号）（以下简称601号文）作出规定。随着工作的进展和问题的产生，国家税务总局认为有必要对“受益所有人”问题做出进一步明确。为此，国家税务总局拟定了《关于认定税收协定中“受益所有人”的公告》（国家税务总局公告2012年第30号，以下简称《公告》）。对于《公告》的主要内容，政策解读如下：

一、如果从企业的成立时间等因素可以判定其没有避税目的，是否可以据此肯定其受益所有人身份？

答：不是这样的。这是《公告》希望明确的问题之一，即受益所有人身份的认定主要按照“实质重于形式”的原则，根据申请人是否对相关所得具所有权、控制权和处置权等处分的权利。也就是说，即使没有避税目的，申请人也可能因为没有这些权利而不具备受益所有人身份。

二、如何判定601号文中各不利因素的存在与否？在多少个因素同时具备的情况下，可以否定受益所有人身份？

答：601号文中各不利因素的存在与否，主要应根据申请人提供的相关材料做出判断，无法给出明确的界限，这是国际通行做法。根据实际工作中积累的经验，国家税务总局在《公告》中列举了一些材料，税务机关可以根据申请人提交的这些材料做出判断，申请人可以通过此类材料证明自己的受益所有人身份。对于在多少个不利因素满足的情况下才可以否定申请人的受益所有人身份这一问题，同样无法给出确切的答案。但国家税务总局在《公告》中明确，不能仅因某项（即某一项）不利因素的存在而做出否定的判断。

三、由于受益所有人身份的认定是个复杂而耗时的过程，能否制定一些简便易行的方法？

答：经过反复讨论，国家税务总局拟定了一个安全港，但仅适用于股息所得。这在国际上也是首创，主要从减少征纳成本的角度考虑。安全港的规定是，在缔约对方上市的公司，且该公司为缔约对方居民的，则可直接认定其受益所有人身份。或者，申请人被这样的公司100%直接或间接拥有，且两者中间没有第三方国家或地区的居民企业存在，则可以直接认定申请人的受益所有人身份。

四、由代理人代为收取所得的情况下，受益所有人还可以申请享受协定待遇吗?

答：可以。这是符合国际通行做法的规定。如果缔约对方的居民通过第三方国家或地区（不论是否与中国签有税收协定）的代理人代为从中国收取所得，这一事实不影响其本身的受益所有人身份认定，也不影响其享受有关协定待遇。但在程序上，《公告》规定代理人应出具相关声明，并应备有代理合同或指定收款合同等能证明代理人身份的材料。

五、在审批之后，税务机关还可以做出改变吗?

答：对于上述通过代理人收取所得的情况，《公告》特别规定，如果通过信息交换可以确认代理人的受益所有人身份，即在各国税务当局现有的合作机制下，如果能证明当初的代理合同只是形式，实质上代理人对所得具有所有权、控制权和处置权等权利，则税务机关可以改变原来的认定结果。这样规定的考虑是，信息交换通常耗时较多，为了使纳税人尽可能快地享受协定待遇，及时将所得汇出，国家税务总局将根据需要在事后有选择性地进行信息交换。

对于其他情况下的审批结果，按照税务系统内部通行的关于执法检查或监督的有关规定执行。

六、受益所有人身份的判定往往复杂而耗时，这类案件的审批如果不能按照规定在有关时限内完成，如何处理?

答：从税源管理和方便纳税人售付汇的双重角度考虑，《公告》规定，因受益所有人等问题难以在规定时限内给出审批结果时，可以按暂不享受协定待遇处理。如果事后认定可以享受协定待遇的，税务机关应退还相应税款。

七、受益所有人问题复杂而又难以制定统一、明确的认定标准，如何保证各地税务机关在具体案件认定时的执法一致性?

答：这是非常关键的问题。对此，其他国家（特别是OECD成员国等发达国家）的做法通常是，将国际税收问题集中化处理，以避免各地执行不一致给国家层面带来的不利影响。但考虑到我国税务机关的机构设置、税务总局负责司局的人力配置和现有税收征管模式，由税务总局统一负责对全国各地所有涉及受益所有人案件的处理这一设想不现实。为了尽可能解决或缓解该问题，《公告》规定，如果需要否定申请人的受益所有人身份，应报经省级税务机关批准，并报税务总局备案。另外还规定，同一纳税人就类似情形在不同地区的税务机关申请享受协定待遇，涉及受益所有人身份认定的，可向税务机关说明情况，相关税务机关应该互相联系、协商解决，做出相同的处理决定。相关税务机关不能协商一致的，应层报其共同的上级税务机关处理。

国家税务总局关于中日税收协定适用于日本新增税种的公告

2012年12月4日　国家税务总局公告2012年第49号

【要点指引】《国家税务总局关于中日税收协定适用于日本新增税种的公告》(国家税务总局公告2012年第49号) 需要关注以下内容：(1) 政策的暂时性。重建专项所得税纳税期间截止到2037年的公历年度，重建专项法人税征税期间截止到2015年3月31日的财政年度。(2) 政策的目的性。重建专项所得税和重建专项法人税的目的是为了保障日本东部大地震灾后重建的经济来源。(3) 税收抵免。我国居民在日本缴纳的重建专项所得税和重建专项法人税与所得税和法人税一样，可以按照中日税收协定第二十三条的规定进行抵免。

中日双方主管当局代表经过协商，同意将中日税收协定适用于日方新增加的重建专项所得税 (the special income tax for reconstruction) 和重建专项法人税 (the special corporation tax for reconstruction)。这两个税种是日本根据其国内相关法案设立，分别以中日税收协定中税种范围条款日方所列的所得税和法人税为税基，且与其实质相同。

本公告自发布之日起施行。

链　接

关于《国家税务总局关于中日税收协定适用于日本新增税种的公告》的解读

中日双方税务主管当局经过协商，同意将中日税收协定适用于日本新增的重建专项所得税和重建专项法人税。为此，国家税务总局拟定了《关于中日税收协定适用于日本新增税种的公告》(国家税务总局公告2012年第49号，以下简称《公告》)。对于《公告》的主要内容，政策解读如下：

一、日本引入重建专项所得税和重建专项法人税的法律依据和目的是什么？

重建专项所得税和重建专项法人税两个税种是日本按照《关于保障日本东部大地震重建工作所需财政资源的专项措施法案 (2011第117号)》引入的，目的是为了保障日本东部大地震灾后重建的经济来源。

二、重建专项所得税和重建专项法人税的征税方式和征税期间是什么？

重建专项所得税的纳税人是所有缴纳所得税或预提税的人，税基是所得税或预提税的总额，税率为 2.1%，纳税期间是 2013 年至 2037 年的公历年度；重建专项法人税的纳税人是所有法人，税基是法人税总额，税率为10%，征税期间是 2012 年 4 月 1 日至 2015 年 3 月 31 日期间的财政年度。

三、我国居民在日本缴纳的重建专项所得税和重建专项法人税能否进行抵免？

重建专项所得税和重建专项法人税性质与中日税收协定税种范围条款日方所列的所得税和法人税实质相同，根据双方主管当局达成的协议，包括在中日税收协定的税种范围内。因此，我国居民在日本缴纳的重建专项所得税和重建专项法人税与所得税和法人税一样，可以按照中日税收协定第二十三条的规定进行抵免。

国家税务总局关于税收协定中财产收益条款有关问题的公告

2012 年 12 月 31 日　国家税务总局公告 2012 年第 59 号

【要点指引】《国家税务总局关于税收协定中财产收益条款有关问题的公告》（国家税务总局公告 2012 年第 59 号，以下简称《公告》）对《国家税务总局关于印发〈中华人民共和国政府和新加坡共和国政府关于对所得避免双重征税和防止偷漏税的协定及议定书条文解释〉的通知》（国税发〔2010〕75 号）中财产收益条款进行了补充，主要明确了以下几个问题：（1）不动产均应包括各种营业用或非营业用房屋等建筑物和土地使用权，以及附属于不动产的财产。（2）关于公司资产和不动产的确认、计价规则和新加坡居民直接或间接参与中国居民公司的资本的判定标准。（3）由于中新协定条文解释同样适用于其他协定相同条款的解释和执行，因此，《公告》同样适用于其他协定相同条款的解释和执行。

为了规范和统一税收协定中财产收益条款的执行，现将《中华人民共和国政府和新加坡共和国政府关于对所得避免双重征税和防止偷漏税的协定》（以下称“中新税收协定”）和《国家税务总局关于印发〈中华人民共和国政府和新加坡共和国政府关于对所得避免双重征税和防止偷漏税的协定及议定书条文解释〉的通知》（国税发〔2010〕75 号）中的有关问题公告如下：

一、“中新税收协定”第十三条第四款，以及国税发〔2010〕75 号所附的

《〈中华人民共和国政府和新加坡共和国政府关于对所得避免双重征税和防止偷漏税的协定〉及议定书条文解释》（以下称“国税发〔2010〕75号所附条文解释”）所述的不动产，均应包括各种营业用或非营业用房屋等建筑物和土地使用权，以及附属于不动产的财产。

二、根据“国税发〔2010〕75号所附条文解释”规定，公司股份价值50%以上直接或间接由位于中国的不动产所组成，是指公司股份被转让之前的一段时间（目前该协定对具体时间未作规定，执行中可暂按三年处理）内任一时间，被转让股份的公司直接或间接持有位于中国的不动产价值占公司全部财产价值的比率在50%以上。该规定所述及的公司股份被转让之前的三年是指公司股份被转让之前（不含转让当月）的连续36个公历月份。

三、“中新税收协定”第十三条第四款以及“国税发〔2010〕75号所附条文解释”所述的公司财产和不动产均应按照当时有效的中国会计制度有关资产（不考虑负债）处理的规定进行确认和计价，但相关不动产所含土地或土地使用权价值额不得低于按照当时可比相邻或同类地段的市场价格计算的数额。

纳税人不能按照上款规定进行可靠计算的，相关资产确认和计价由税务机关参照上款规定合理估定。

四、“国税发〔2010〕75号所附条文解释”第十三条第五款第四段由以下规定替代：

“新加坡居民直接或间接参与一个中国居民公司的资本包括以下几种情况：

（一）该新加坡居民直接参与该中国居民公司的资本。如果该新加坡居民通过其他名义参与人（含个人、公司和其他实体）参与中国居民公司的资本，且该新加坡居民对于该名义参与人参与的资本享有排他性资本参与利益，并实质承担资本参与风险，该名义参与人参与的该中国居民公司资本可以视同该新加坡居民直接参与该中国居民公司的资本；

（二）该新加坡居民通过具有10%以上（含10%）直接资本关系的单层或多层公司或其他实体（含单个或多个参与链）间接参与该中国居民公司的资本。间接参与的资本按照每一参与链中各公司或其他实体的资本比例乘积计算；

（三）与该新加坡居民具有显著利益关系的关联集团内其他成员在该中国居民公司直接参与或者通过具有10%以上（含10%）直接资本关系的单层或多层公司或其他实体（含单个或多个参与链）间接参与该中国居民公司的资本。间接参与的资本按照每一参与链中各公司或其他实体的资本比例乘积计算，但在汇总计算该关联集团直接或间接参与该中国居民公司总资本份额时，符合前述规定的每一参与链所参与的资本份额不重复计算。上述与新加坡居民具有显著利益关系的关联集团内成员包括：

1. 在该新加坡居民为个人的情况下，与该新加坡个人居民具有相同资本参与利益的个人（包括其配偶、父母及父母以上前辈直系亲属、子女及子女以下后辈直系亲属）；

2. 在该新加坡居民为公司或其他实体的情况下，直接或间接拥有该新加坡居民100%资本的个人（包括与其配偶、父母及父母以上前辈直系亲属、子女以及子女以下后辈直系亲属共同拥有的情形）、公司或其他实体。”

五、本公告自公布之日起执行，“国税发〔2010〕75号所附条文解释”第十三条第五款第四段同时废止。

链　接

关于《国家税务总局关于税收协定中财产收益条款有关问题的公告》的解读

国家税务总局曾于2010年7月26日发布《国家税务总局关于印发〈中华人民共和国政府和新加坡共和国政府关于对所得避免双重征税和防止偷漏税的协定及议定书条文解释〉的通知》（国税发〔2010〕75号）。国税发〔2010〕75号明确了一些执行税收协定财产收益条款的问题。为了进一步规范和统一执行，需要通过发布《国家税务总局关于税收协定中财产收益条款有关问题的公告》（国家税务总局公告2012年第59号，以下简称《公告》）调整和完善相关规定，现将《公告》主要内容解读如下：

一、《公告》是否仅限于执行《中华人民共和国政府和新加坡共和国政府关于对所得避免双重征税和防止偷漏税的协定》（以下称中新协定）时适用？

答：按照国税发〔2010〕75号第一条规定，我国对外所签协定有关条款规定与中新协定条款规定内容一致的，《〈中华人民共和国政府和新加坡共和国政府关于对所得避免双重征税和防止偷漏税的协定〉及议定书条文解释》（以下称中新协定条文解释）同样适用于其他协定相同条款的解释和执行。《公告》属于对中新协定条文解释某些内容的调整和完善，只要其他协定相关条款与《公告》所涉及的中新协定条款有相同的规定，《公告》同样适用于这些协定的解释和执行。

二、中新协定第六条、第十三条以及中新协定条文解释所述不动产是否存在差异？

答：中新协定第六条、第十三条以及中新协定条文解释所述不动产不应存在差异，均应包括各种营业用或非营业用房屋等建筑物和土地使用权，以及附属于不动产的财产。

三、在确定公司股份价值50%以上是否直接或间接由位于中国的不动产构成时，公司资产及不动产按什么规则确认和计价？

答：按照《公告》第三条规定，公司资产及不动产依照当时有效的中国会计制度有关资产处理的规定进行确认和计价，但相关不动产所含土地或土地使用权价值额不得低于按照可比相邻或同类地段的市场价格计算的数额。也就是说，在执行税收协定财产收益条款有关不动产公司股份转让所得的规定时，财产以及不动产的确认和计价一般认可合规的会计核算结果，仅在土地或土地使用权会计核算价值低于可比市场价格时，应该按照该土地或土地使用权可比市场价格调整相关资产计价。例如，从事制造业的甲公司在2011年年末的资产负债表列示的资产构成为厂房2000万元，土地使用权为1800万元，除厂房和土地使用权以外的非不动产为5000万元。其中土地使用权为2006年年底通过竞标从地方政府受让的10000平方米厂房用地，受让价格为每平方米2000元，共支付2000万元受让金，按使用年限50年平均摊销后至2011年的折余价值为1800万元（对应折余价格为每平方米1800元）。在2011年末，当地政府又公开出让了比邻该公司厂房的相同商业用途地块，该新地块使用年限同为50年，出让价格为每平方米4000元，按公司厂房用地五年后折余口径调整，可比价格为每平方米3600元。由于该新地块出让价格为该公司厂房用地的可比市场价格，且高于会计核算价格，按照可比市场价格调整后的厂房用地2011年年末折余价值应为3600万元。因此，尽管按照会计核算结果，甲公司2011年年末不动产3800万元（2000+1800）占公司全部资产8800（2000+1800+5000）万元的比例不超过44%，但将公司土地使用权按可比市场价格调整计价后，甲公司2011年年末不动产5600万元（2000+3600）占公司全部资产10600（2000+3600+5000）万元的比例超过52%，仍可以确定2011年末甲公司股份价值50%以上直接或间接由位于中国的不动产构成。

四、在执行中新协定第十三条第五款规定时，新加坡居民直接或间接参与一个中国居民公司的资本是否包括该新加坡居民通过其持股的所有单层或多层公司或其他实体间接参与该中国居民公司的资本？

答：按照《公告》第四条规定，新加坡居民直接或间接参与一个中国居民公司的资本包括该新加坡居民通过具有10%以上（含10%）直接资本关系的单层或多层公司或其他实体（含单个或多个参与链）间接参与该中国居民公司的资本；该新加坡居民通过具有10%以下直接资本关系的公司或其他实体间接参与该中国居民公司的资本则不予考虑。间接参与的资本按照每一参与链中各公司或其他实体的资本比例乘积计算。例如新加坡居民甲拥有第三方居民公司乙50%股份，乙拥有中国居民公司丙50%股份，则乙为甲持股且具有直接或间接10%以上（含10%）资本关系的公司，甲通过乙间接拥有中国居民公司丙的股份为25%（50%×50%），可以确定甲在丙中直接或间接拥有的权益已经达到25%，在这一情况下，如果甲同时直接拥有丙5%的股份，那么当其转让该5%的股份时，就应该考虑其间接拥有的25%的股份，从而达到本款规定的征税条件。但如果甲没有直接拥有中国居民公司丙的股份，只是通过乙间接拥有丙，此款所说的间接拥有股份的规定并不针对甲转让乙的股份收益问题（除滥用情形外）；

五、在执行中新协定第十三条第五款规定时，新加坡居民公司直接或间接参与一个中国居民公司的资本是否包括拥有该新加坡居民公司100%股份的新加坡投资者直接或间接参与该中国居民公司的资本？

答：根据《公告》第四条规定，拥有一家新加坡居民公司100%股份的新加坡投资者为与该新加坡居民具有显著利益关系的关联集团内其他成员。该新加坡居民公司直接或间接参与一个中国居民公司的资本包括拥有该新加坡居民公司100%股份的新加坡投资者在该中国居民公司直接参与或者通过具有10%以上（含10%）直接资本关系的单层或多层公司或其他实体（含单个或多个参与链）间接参与该中国居民公司的资本。例如中国居民公司丙被持股情况如下：

1. 新加坡居民公司乙直接拥有中国居民公司丙20%资本；

2. 新加坡居民公司乙的母公司甲（100%控股）直接拥有中国居民公司丙3%资本；

3. 母公司甲拥有公司丁50%股份，而公司丁直接拥有中国居民公司丙6%资本。

在此种情形下，甲为与乙具有显著利益关系的关联集团内其他成员，在计算乙直接和间接拥有中国居民公司丙的资本份额时，可以考虑上述第二项甲直接拥有中国居民公司丙的3%资本份额；丁为由甲直接拥有10%以上资本份额的公司，在计算乙直接和间接拥有中国居民公司丙的资本份额时，还可以考虑上述第三项甲通过丁间接拥有中国居民公司丙的3%资本份额（50%×6%）；将上述三项直接或间接拥有的股份合并计算，该关联集团直接或间接拥有中国居民公司丙的股份应为26%。因此，如果新加坡公司乙转让其在公司丙的股份取得收益，中国则因其在公司丙的参股比例达到了25%而拥有征税权。

国家税务总局关于湖北等省市国家税务局执行内地与香港税收安排股息条款涉及受益所有人案例的处理意见

2013年4月12日　税总函〔2013〕165号

【要点指引】《国家税务总局关于湖北等省市国家税务局执行内地与香港税收安排股息条款涉及受益所有人案例的处理意见》（税总函〔2013〕165号）是国家税务总局对湖北省等省、市国家税务局上报案件的处理意见，重点规定以下5个问题：(1) 关于“所得留存”问题。如果申请人不存在向非香港居民企业分配利润的情况，则不对申请人构成不利因素。(2) 对于“经营活动”问题。对于为单个项目所设立的投资公司，不能仅以此一项不利因素，否定其受益所有人身份，还要结合其他因素综合判定。(3) 关于“资产”问题。分析申请人资产是否与所得数额匹配时，应当综合分析申请人的资产情况，不应将“资产”等同于注册资本。分析申请人的人员配置与所得数额是否匹配时，应当着重分析和审查其人员的职责与工作实质，不应仅依据人员数量及人员费用的支付与否等做出判断。(4) 关于“控制权与处置权”问题。结合公司章程等相关法律文件、申请人是否发生过相关控制或处置的行为、已发生的相关处置行为是否出自申请人自主做出的决定等因素综合判定。不能仅因申请人的股权受控于上一级公司而否定申请人对所得的控制权或处置权。(5) 关于“当地税收”问题。香港实行的境外所得不征税的来源地征税原则不作为不利于受益所有人身份判定的关键因素。

辽宁、山东、河南、江苏、湖北、海南省国家税务局，厦门市国家税务局：

接山东、湖北、海南、河南、厦门等省、市国家税务局上报的执行《内地和香港特别行政区关于对所得避免双重征税和防止偷漏税的安排》（以下简称《安排》）股息条款有关受益所有人的案件，涉及香港贝卡尔特公司、香港美亚黄石公司、香港泽高公司、香港和黄厦门公司、香港罗特克斯公司作为享受《安排》待遇的申请人，能否被认定为股息受益所有人并准予享受《安排》待遇问题。

现根据《国家税务总局关于如何理解和认定税收协定中“受益所有人”的通知》（国税函〔2009〕601号），和《国家税务总局关于认定税收协定中“受益所有人”的公告》（国家税务总局公告2012年第30号）以及《安排》

的有关规定，经与相关税务机关研究，并与香港税务主管当局磋商，国家税务总局提出以下处理意见：

一、判定申请人是否存在国税函〔2009〕601号文件第二条第一款第（一）项所述时间内派发股息情况时，应要求申请人提供反映其利润分配情况，以及其与控股公司间权利与义务的相关资料，包括具有法律效力的企业章程、与控股公司间相关合同、协议或公司决议等。受理机关据此分析申请人提请享受《安排》待遇的股息是否存在国税函〔2009〕601号文件第二条第一款第（一）项所列情形。

如果申请人不存在向非香港居民企业分配利润的情况，则不构成本项所指的不利因素。

二、申请人从事国税函〔2009〕601号文件第二条第一款第（二）项所述"持有所得据以产生的财产或权利"的投资类活动，应属于经营活动。

构成本项所列不利因素的"没有或几乎没有其他经营活动"，是指申请人除拥有单个投资项目外，再无其他投资项目或其他不同类型经营活动。

对于为单个项目所设立的投资公司，不能仅以此一项不利因素，否定其受益所有人身份，还要结合其他因素综合判定。

三、分析申请人资产是否与所得数额匹配时，应当综合分析申请人的资产情况，不应将"资产"等同于注册资本。对注册资本过低的申请人应结合其资金来源、投资风险承担等情况分析其资产与所得数额是否匹配。

分析申请人的人员配置与所得数额是否匹配时，应当着重分析和审查其人员的职责与工作实质（申请人应提供相关情况），不应仅依据人员数量及人员费用的支付与否等做出判断。

四、判断申请人对于所得或所得据以产生的财产或权利是否有控制权或处置权，是否承担风险及承担风险的程度时，应当从三个方面进行分析：一是公司章程等相关法律文件是否有授予申请人相关控制权或处置权的规定；二是申请人是否发生过相关控制或处置的行为，例如申请人作为投资公司，是否将所分得的股息用于项目投资、配股、转增股本、企业合并、收购及风险投资等资本运作活动；三是已发生的相关处置行为是否出自申请人自主做出的决定，例如申请人自身股东会或董事会决议等。

不能仅因申请人的股权受控于上一级公司而否定申请人对所得的控制权或处置权。

五、考虑到内地与香港间的实际情况，香港实行的境外所得不征税的来源地征税原则不作为不利于受益所有人身份判定的关键因素。判定时应结合申请人在香港的税务申报情况，以及香港税收法律的实际进行具体分析。

六、对下列情形中申请人的受益所有人身份判定，应依据已有规定并参考本文件各项内容进行，国家税务总局公告2012年第30号第三条规定不应理解成对下列情形中申请人的受益所有人身份的否定。

（一）申请人被非上市的香港居民公司100%直接或间接拥有；

（二）申请人与最终控股的香港公司之间存在海外注册的公司。

七、案件中涉及同一纳税人的同类投资活动所得由不同地方税务机关处理的，各税务机关的处理结果应当一致；涉及因公司经营情况发生实质改变，申请人提出按改变后的情况享受相关《安排》待遇申请的，税务机关应予受理，并对申请人相关变化情况认真核实，按有关文件规定对其受益所有人身份进行判定，但判定结果不影响税务机关针对申请人以前情况所做的判定和处理。

国家税务总局关于中澳税收协定适用于澳大利亚新增税种的公告

2013年4月26日　国家税务总局公告2013年第20号

【要点指引】 我国居民企业如果在澳大利亚所从事的业务涉及铁矿石项目和煤矿项目，需要关注：(1) 不征税项目。不对下游活动所增加的价值征税。(2) 征税内容。如果采矿利润大于矿产资源租赁税补贴，多出的部分就要缴纳矿产资源租赁税；扣除各项抵消后，如果纳税人的税负大于零，则该部分需要纳税。(3) 税收抵免。我国居民在澳大利亚缴纳的矿产资源租赁税与石油资源租赁税一样，可以按照中澳税收协定第二十三条的规定进行抵免。

中澳双方税务主管当局代表经过协商，同意将中澳税收协定适用于澳大利亚新增加的矿产资源租赁税（Mineral Resource Rent Tax）。该税种是澳大利亚根据其国内相关法案设立，以铁矿石项目和煤矿项目取得的利润为征税对象，与中澳税收协定税种范围条款澳方所列的石油资源租赁税实质相同。

本公告自2013年6月1日起施行。

链　接

关于《国家税务总局关于中澳税收协定适用于澳大利亚新增税种的公告》的解读

中澳双方税务主管当局经过协商，同意将中澳税收协定适用于澳大利亚新增的矿产资源租赁税。为此，国家税务总局拟定了《关于中澳税收协定适用于澳大利亚新增税种的公告》（国家税务总局公告2013年第20号，以下简称《公告》）。对于《公告》的主要内容，政策解读如下：

一、澳大利亚引入矿产资源租赁税的法律依据是什么？

矿产资源租赁税是澳大利亚依据《2012年矿产资源租赁税法案》引入的，该法案于2012年7月1日生效。

二、矿产资源租赁税的征税对象是什么？

矿产资源租赁税以铁矿石项目和煤矿项目取得的利润为征税对象，针对所开采资源的价值在上游业务和下游业务之间的“估值点”进行征税，而不对下游活动所增加的价值征税。

三、矿产资源租赁税的税基和税率如何？

矿产资源租赁税的征收以项目为基础，在纳税年度结束时，按照每个项目单独计算纳税人应纳的矿产资源租赁税。如果采矿利润大于矿产资源租赁税补贴，多出的部分就要缴纳矿产资源租赁税。纳税人将每个项目多出的部分加总，以计算所要缴纳的矿产资源租赁税总额。扣除各项抵消后，如果纳税人的税负大于零，则该部分需要纳税。矿产资源租赁税税率为22.5%（30%的名义税率减去7.5%的开采因数，开采因数是考虑到开采资源并将其提升到“估值点”所需要的专业技能而设置的）。

四、我国居民在澳大利亚缴纳的矿产资源租赁税能否进行抵免？

矿产资源租赁税性质与中澳税收协定税种范围条款澳方所列的石油资源租赁税实质相同，根据双方主管当局达成的协议，包括在中澳税收协定的税种范围内。因此，我国居民在澳大利亚缴纳的矿产资源租赁税与石油资源租赁税一样，可以按照中澳税收协定第二十三条的规定进行抵免。

国家税务总局关于发布《税收协定相互协商程序实施办法》的公告

2013年9月24日　国家税务总局公告2013年第56号

【要点指引】《税收协定相互协商程序实施办法》（国家税务总局公告2013年第56号，以下简称《办法》）共6章41条。应关注：(1)《办法》扩大了适用范围，即适用于缔约对方提请的相互协商案件和中国税务机关主动提请的相互协商案件，并明确适用于除特别纳税调整以外的所有相互协商案件。(2)《办法》分别明确了中国居民（国民）申请启动、缔约对方主管当局请求启动和国家税务总局主动向缔约对方请求启动的相互协商程序。(3)《办法》

明确了执行期限。经双方主管当局相互协商达成一致的案件，涉及我国税务机关退税或其他处理的，相关税务机关应在收到通知之日起3个月内执行完毕。

为正确适用税收协定，避免双重征税，解决国际税收争议，维护中国居民（国民）的合法利益和国家税收权益，规范与外国（地区）税务主管当局涉及税收协定的相互协商工作，国家税务总局制定了《税收协定相互协商程序实施办法》。现予发布，自2013年11月1日起施行。

特此公告。

附件：1. 启动税收协定相互协商程序申请表（编者略）
2. 税收协定相互协商程序异议申请表（编者略）

税收协定相互协商程序实施办法

第一章 总 则

第一条 为正确适用税收协定，避免双重征税，解决国际税收争议，维护中国居民（国民）的合法利益和国家税收权益，规范税务机关的相互协商工作，根据中华人民共和国政府对外签署的避免双重征税协定（含内地与香港、澳门特别行政区签署的税收安排，以下统称税收协定）、《中华人民共和国税收征收管理法》（以下简称税收征管法）及其实施细则以及其他有关法律法规规定，结合中国税收征管工作实际，制定本办法。

第二条 本办法所称相互协商程序，是指我国主管当局根据税收协定有关条款规定，与缔约对方主管当局之间，通过协商共同处理涉及税收协定解释和适用问题的过程。

相互协商程序的主要目的在于确保税收协定正确和有效适用，切实避免双重征税，消除缔约双方对税收协定的解释或适用产生的分歧。

第三条 相互协商的事项限于税收协定适用范围内的事项，但超出税收协定适用范围，且会造成双重征税后果或对缔约一方或双方利益产生重大影响的事项，经我国主管当局和缔约对方主管当局同意，也可以进行相互协商。

第四条 我国负责相互协商工作的主管当局为国家税务总局（以下简称税务总局）；处理相互协商程序事务的税务总局授权代表为税务总局国际税务司司长或副司长，以及税务总局指定的其他人员。

省、自治区、直辖市和计划单列市国家税务局或地方税务局（以下简称省税务机关）及以下各级税务机关负责协助税务总局处理相互协商程序涉及的本辖区内事务。

第五条 各级税务机关应对缔约对方主管当局与相关纳税人、扣缴义务人、代理人等在相互协商程序中提供的资料保密。

第六条 本办法所称缔约对方，是指与中国签订税收协定，且该税收协定已经生效执行的国家或地区。

第二章 中国居民（国民）申请启动的相互协商程序

第七条 如果中国居民（国民）认为，缔约对方所采取的措施，已经或将会导致不符合税收协定所规定的征税行为，可以按本办法的规定向省税务机关提出申请，请求税务总局与缔约对方主管当局通过相互协商程序解决有关问题。

第八条 本办法所称中国居民，是指按照《中华人民共和国个人所得税法》和《中华人民共和国企业所得税法》，就来源于中国境内境外的所得在中国负有纳税义务的个人、法人或其他组织。

本办法所称中国国民，是指具有中国国籍的个人，以及依照中国法律成立的法人或其他组织。

第九条 中国居民有下列情形之一的，可以申请启动相互协商程序：

（一）对居民身份的认定存有异议，特别是相关税收协定规定双重居民身份情况下需要通过相互协商程序进行最终确认的；

（二）对常设机构的判定，或者常设机构的利润归属和费用扣除存有异议的；

（三）对各项所得或财产的征免税或适用税率存有异议的；

（四）违反税收协定非歧视待遇（无差别待遇）条款的规定，可能或已经形成税收歧视的；

（五）对税收协定其他条款的理解和适用出现争议而不能自行解决的；

（六）其他可能或已经形成不同税收管辖权之间重复征税的。

第十条 中国国民认为缔约对方违背了税收协定非歧视待遇（无差别待遇）条款的规定，对其可能或已经形成税收歧视时，可以申请启动相互协商程序。

第十一条 申请人应在有关税收协定规定的期限内，以书面形式向省税务机关提出启动相互协商程序的申请（附件1，需提供纸质版和电子版）。

第十二条 负责申请人个人所得税或企业所得税征管的省税务机关为受理申请的税务机关。申请人就缔约对方征收的非所得税类税收提出相互协商申请的，负责与该税收相同或相似的国内税收征收的省税务机关为受理申请的税务机关。国内没有征收相同或相似税收的，省国家税务局为受理申请的税务机关。

第十三条 申请人依本办法第十条申请启动相互协商程序，且未构成我国税收居民的，个人户籍所在地、法人或其他组织设立地的省税务机关为受理申请的税务机关。

第十四条 申请人按本章规定提出的相互协商申请符合以下全部条件的，税务机关应当受理：

（一）申请人为按照本办法第九条或第十条规定可以提起相互协商请求的中国居民或中国国民；

（二）提出申请的时间没有超过税收协定规定的时限；

（三）申请协商的事项为缔约对方已经或有可能发生的违反税收协定规定的行为；

（四）申请人提供的事实和证据能够证实或者不能合理排除缔约对方的行为存在违反税收协定规定的嫌疑；

（五）申请相互协商的事项不存在本办法第十九条规定的情形。

对于不符合上款规定全部条件的申请，税务机关认为涉及严重双重征税或损害我国税收权益、有必要进行相互协商的，也可以决定受理。

第十五条 受理申请的省税务机关应在十五个工作日内，将申请上报税务总局，并将情况告知申请人，同时通知省以下主管税务机关。

第十六条 因申请人提交的信息不全等原因导致申请不具备启动相互协商程序条件的，省税务机关可以要求申请人补充材料。申请人补充材料后仍不具备启动相互协商程序条件的，省税务机关可以拒绝受理，并以书面形式告知申请人。

申请人对省税务机关拒绝受理的决定不服的，可在收到书面告知之日起十五个工作日内向省税务机关或税务总局提出异议申请（附件2，需提供纸质版和电子版）。省税务机关收到异议后，应在五个工作日内将申请人的材料，连同省税务机关的意见和依据上报税务总局。

第十七条 税务总局收到省税务机关上报的申请后，应在二十个工作日内按下列情况分别处理：

（一）申请具备启动相互协商程序条件的，决定启动相互协商程序，并将情况告知受理申请的省税务机关，省税务机关应告知申请人；

（二）申请已超过税收协定规定的期限，或申请人的申请明显缺乏事实法律依据，或出现其他不具备相互协商条件情形的，不予启动相互协商程序，并以书面形式告知受理申请的省税务机关，省税务机关应告知申请人；

（三）因申请人提交的信息不全等原因导致申请不具备启动相互协商程序条件的，通过受理申请的省税务机关要求申请人补充材料或说明情况。申请人补充材料或说明情况后，再按前两项规定处理。

第十八条 税务总局启动相互协商程序后，可通过受理申请的省税务机关要求申请人进一步补充材料或说明情况，申请人应在规定的时间内提交，并确保材料的真实与全面。

对于紧急案件，税务总局可以直接与申请人联系。

第十九条 发生下列情形之一的，税务总局可以决定终止相互协商程序，并以书面形式告知省税务机关，省税务机关应告知申请人：

（一）申请人故意隐瞒重要事实，或在提交的资料中弄虚作假的；

（二）申请人拒绝提供税务机关要求的、与案件有关的必要资料的；

（三）因各种原因，申请人与税务机关均无法取得必要的证据，导致相关事实或申请人立场无法被证明，相互协商程序无法继续进行的；

（四）缔约对方主管当局单方拒绝或终止相互协商程序的；

（五）其他导致相互协商程序无法进行或相互协商程序无法达到预期目标的。

第二十条 在两国主管当局达成一致意见之前，申请人可以以书面方式撤回相互协商申请。申请人撤回申请或者拒绝接受缔约双方主管当局达成一致的相互协商结果的，税务机关不再受理基于同一事实和理由的申请。

第二十一条 对于相互协商结果，税务总局应以书面形式告知受理申请的省税务机关，省税务机关应告知申请人。

第三章 缔约对方主管当局请求启动的相互协商程序

第二十二条 税务总局接受缔约对方主管当局的相互协商请求的范围参照本办法第九条、第十条的规定执行。

第二十三条 发生下列情形之一的，税务总局可以拒绝缔约对方主管当局启动相互协商程序的请求，或者要求缔约对方主管当局补充材料：

（一）请求相互协商的事项不属于税收协定适用范围的；

（二）纳税人提出相互协商的申请超过了税收协定规定时限的；

（三）缔约对方主管当局的请求明显缺乏事实或法律依据的；

（四）缔约对方主管当局提供的事实和材料不完整、不清楚，使税务机关无法进行调查或核实的；

虽属于上款规定的一种或多种情形，但税务总局认为有利于避免双重征税、维护我国税收权益或促进经济合作的，仍可决定接受缔约对方启动相互协商程序的请求。

第二十四条 税务总局在收到缔约对方启动相互协商程序的函后，查清事实，决定是否同意启动相互协商程序，并书面回复对方。在做出是否同意启动相互协商程序决定前，认为需要征求相关省税务机关意见的，可以将相关情况和要求告知省税务机关，省税务机关应在税务总局要求的时间内予以回复。

第二十五条 税务总局在收到缔约对方主管当局提出的启动相互协商程序的请求时，相关税务机关的处理决定尚未做出的，税务总局应将对方提起相互协商程序的情况告知相关税务机关。相互协商程序不影响相关税务机关对有关案件的调查与处理，但税务总局认为需要停止调查和处理的除外。

第二十六条 相互协商程序进行期间，不停止税务机关已生效决定的执行，税务机关或者税务总局认为需要停止执行的除外。

第二十七条 在相互协商过程中，如果缔约对方主管当局撤回相互协商请求，或出现其他情形致使相互协商程序无法进行的，税务总局可以终止相互协商程序。

第二十八条 税务总局决定启动相互协商程序后，如有必要，可将缔约对方主管当局提交的相互协商请求所涉及的案件基本情况、主要证据等以书面形式下达给相关省税务机关，要求其在规定期限内完成核查。

第二十九条 接受任务的省税务机关应组织专人对案件进行核查，并在税务总局要求的期限内将核查结果以公文形式上报税务总局。对复杂或重大的案件，不能在期限内完成核查的，应在核查期限截止日期前五个工作日内向税务总局提出延期申请，经税务总局同意后，上报核查结果的时间可适当延长，但延长时间不超过一个月。

第三十条 接受任务的省税务机关认为核查缔约对方主管当局提交的案件需要对方补充材料或就某一事项做出进一步说明的，应及时向税务总局提出。税务总局同意向缔约对方主管当局提出补充要求的，等待对方回复的时间不计入核查时间。缔约对方主管当局在回复中改变立场，或提出新的请求的，核查时间重新计算。

第三十一条 省税务机关上报的核查结果，应包括案件调查的过程、对所涉案件的观点、事实根据和法律依据等内容。

第四章 税务总局主动向缔约对方请求启动的相互协商程序

第三十二条 税务总局在下列情况下可以主动向缔约对方主管当局提出相互协商请求：

（一）发现过去相互协商达成一致的案件或事项存在错误，或有新情况需要变更处理的；

（二）对税收协定中某一问题的解释及相关适用程序需要达成一致意

见的；

（三）税务总局认为有必要与缔约对方主管当局对其他税收协定适用问题进行相互协商的。

第三十三条 省以下税务机关在适用税收协定时，发现本办法第三十二条规定的情形，认为有必要向缔约对方主管当局提起相互协商请求的，应层报税务总局。

第五章 协议的执行及法律责任

第三十四条 双方主管当局经过相互协商达成一致意见的，分别按不同情况处理如下：

（一）双方就协定的某一条文解释或某一事项的理解达成共识的，税务总局应将结果以公告形式发布；

（二）双方就具体案件的处理达成共识，需要涉案税务机关执行的，税务总局应将结果以书面形式通知相关税务机关。

第三十五条 经双方主管当局相互协商达成一致的案件，涉及我国税务机关退税或其他处理的，相关税务机关应在收到通知之日起三个月内执行完毕，并将情况报告税务总局。

第三十六条 纳税人、扣缴义务人、代理人等在税务机关对相互协商案件的核查中弄虚作假，或有其他违法行为的，税务机关应按税收征管法等有关规定处理。

第三十七条 省税务机关在相互协商程序实施过程中存在下列情形之一的，税务总局除发文催办或敦促补充核查、重新核查外，视具体情况予以通报：

（一）未按规定程序受理，或未在规定期限内向税务总局上报我国居民（国民）相互协商请求的；

（二）未按规定时间上报相互协商案件核查报告的；

（三）上报的核查报告内容不全、数据不准，不能满足税务总局对外回复需要的；

（四）未按规定时间执行相互协商达成的协议的。

第六章 附 则

第三十八条 申请人依照本办法第七条的规定向省税务机关提起相互协商程序申请的，填报或提交的资料应采用中文文本。相关资料原件为外文文本且税务机关根据有关规定要求翻译成中文文本的，申请人应按照税务机关的要求翻译成中文文本。

第三十九条 关于特别纳税调整的相互协商程序实施办法，另行规定。

第四十条 本办法由税务总局负责解释。

第四十一条 本办法自2013年11月1日起施行。《国家税务总局关于印发〈中国居民（国民）申请启动税务相互协商程序暂行办法〉的通知》（国税发〔2005〕115号）同时废止。

本办法施行前已按国税发〔2005〕115号受理但尚未处理完毕的相互协商案件，适用本办法的规定。

链 接

关于《国家税务总局关于发布〈税收协定相互协商程序实施办法〉的公告》的解读

为正确适用税收协定，解决国际税收争议，规范税务机关的相互协商工作，维护中国居民（国民）的合法利益，国家税务总局近日发布了《税收协定相互协商程序实施办法》（国家税务总局公告2013年第56号，以下简称新《办法》），替代《中国居民（国民）申请启动税务相互协商程序暂行办法》（国税发〔2005〕115号，以下简称原《办法》）。现将新《办法》有关主要内容解读如下：

一、有何必要发布实施新《办法》？

随着国内税收政策的调整，以及我国的国际经济交往在深度和广度上的推进，税收协定的作用日显重要，在解释和适用税收协定时出现的分歧或争议也逐渐增多，提请启动相互协商程序解决争议案件（含对方主管当局和我国居民提请的相互协商）的数量明显上升。而现有规则不够完整，有些规定不细致、欠具体，难以保证相互协商案件处理的统一性、规范性和高效率。这种状况既不利于提高税务机关的工作效率，也不能有效维护国家税收权益和纳税人的合法利益。因此有必要在原办法的基础上，起草新的相互协商程序管理办法。

二、何为相互协商程序？在适用范围上，新《办法》与原《办法》有何异同？

按照新《办法》第二条的定义，相互协商程序是指税收协定缔约双方主管当局根据税收协定相互协商程序条款的规定，通过协商共同处理涉及税收协定解释和适用问题的过程。

原《办法》仅适用于中国居民（国民）申请启动相互协商程序的案件，新《办法》则扩大适用到缔约对方提请的相互协商案件和中国税务机关主动提请的相互协商案件，并明确了是否适用于特别纳税调整的相互协商案件。简而言之，新《办法》将适用于除特别纳税调整以外的所有相互协商案件。

三、中国居民（国民）可以就哪些事项向税务机关提请相互协商?

如果中国居民（国民）认为，缔约对方采取的措施，已经或将会导致不符合税收协定规定的征税行为的，均可就该措施向本国主管当局提请相互协商。结合相互协商实际情况，新《办法》第九条将相互协商程序事项归类为以下六项：

（一）对居民身份的认定存有异议，特别是相关税收协定规定双重居民身份情况下需要通过相互协商程序进行最终确认的；

（二）对常设机构的判定，或者常设机构的利润归属和费用扣除存有异议的；

（三）对各项所得或财产的征免税或适用税率存有异议的；

（四）违反税收协定非歧视待遇（无差别待遇）条款的规定，可能或已经形成税收歧视的；

（五）对税收协定其他条款的理解和适用出现争议而不能自行解决的；

（六）其他可能或已经形成不同税收管辖权之间重复征税的。

四、需要满足哪些条件，税务机关才能启动相互协商程序?

按照新《办法》第十四条规定，税务机关受理申请人申请，启动相互协商程序的条件设定为以下五项：

（一）申请人为按照本办法第九条或第十条规定可以提起相互协商请求的中国居民或中国国民；

（二）提出申请的时间没有超过税收协定规定的时限；

（三）申请协商的事项为缔约对方已经或有可能发生的违反税收协定规定的行为；

（四）申请人提供的事实和证据能够证实或者不能合理排除缔约对方的行为存在违反税收协定规定的嫌疑。

（五）申请相互协商的事项不存在本办法第十八条规定的情形。

对于不符合上款规定全部条件的申请，税务机关认为涉及严重双重征税或损害我国税收权益、有必要进行相互协商的，也可以决定接受。

五、在相互协商过程中，作为申请人的中国居民（国民）有那些（哪些）主要权利和义务?

相互协商作为在国内法律救济手段之外解决税收争议的补充渠道，需要设定申请者一些特定的权利和义务，这主要体现在以下方面：

（一）是否启动相互协商不以是否存在国内救济手段为条件；但申请人应

自行负责采取相应措施保障其在缔约对方的国内救济权益；

（二）对于已经启动相互协商程序的案件，申请人有权向税务机关了解相互协商进展情况；同时申请人有义务及时向税务机关提供真实、完整和准确的相关资料；

（三）在相互协商过程中，申请人可以撤回相互协商申请，也可以拒绝接受相互协商结果；但申请人不得就相同或类似事项再次提出相互协商申请。

六、谁有权决定是否同意接受缔约对方主管当局的相互协商请求？在哪些情况下可以退回缔约对方主管当局的相互协商请求？

是否同意接受缔约对方主管当局的相互协商请求，由国家税务总局征求相关税务机关意见后决定。属于以下情形之一的，税务总局可以退回缔约对方主管当局的相互协商请求：

（一）请求相互协商的事项不属于税收协定的适用范围的；

（二）纳税人提出相互协商的申请超过了税收协定相互协商条款规定的时限的；

（三）缔约对方主管当局的请求明显缺乏事实或法律依据的；

（四）缔约对方主管当局提供的事实和资料不完整、不清楚，使税务机关无法进行调查或核实的；

为最大可能地发挥相互协商作用，通过双边方式化解税务争议，虽属于上述一种或多种情形，但税务总局授权代表认为只要有利于避免双重征税、维护我国税收权益或促进经济合作的，仍可以同意缔约对方启动相互协商程序的请求。

七、如何执行双方主管当局在相互协商中达成的一致意见？

对于缔约对方主管当局提请的相互协商事项，双方主管当局达成一致意见的，由国家税务总局以公告形式发布相互协商结果；其中需要我方税务机关做退税或其他调整处理的，相关税务机关应在收到通知之日起三个月内执行完毕，并将情况报告给税务总局。

国家税务总局关于委托投资情况下认定受益所有人问题的公告

2014 年 4 月 21 日　国家税务总局公告 2014 年第 24 号

【要点指引】《国家税务总局关于委托投资情况下认定受益所有人问题的公告》（国家税务总局公告 2014 年第 24 号）明确了非居民通过委托投资取得投资收益并提出享受税收协定待遇申请的，应向税务机关提供的资料内容以及税务机关对于不同所得类型的处理方式。税务机关可视情况通过信息交换方式核实资料的真实性和准确性。

根据《国家税务总局关于印发〈非居民享受税收协定待遇管理办法（试行）〉的通知》（国税发〔2009〕124 号）、《国家税务总局关于如何理解和认定税收协定中“受益所有人”的通知》（国税函〔2009〕601 号）和《国家税务总局关于认定税收协定中“受益所有人”的公告》（国家税务总局公告 2012 年第 30 号）的有关规定，对于委托投资情况下受益所有人身份的认定问题，在符合上述文件规定的前提下，补充公告如下：

一、本公告所称“委托投资”是指非居民将自有资金直接委托给境外专业机构用于对居民企业的股权、债权投资，其中的“境外专业机构”指经其所在地国家或地区政府许可从事证券经纪、资产管理、资金以及证券托管等业务的金融机构。在委托投资期间，境外专业机构将受托资金独立于其自有资金进行专项管理。境外专业机构根据相应的委托或代理协议收取服务费或佣金。受托资金的投资收益和风险应由该非居民取得和承担。

二、非居民通过委托投资取得投资收益提出享受税收协定待遇申请的，应向税务机关提供以下资料：

（一）投资链条各方（包括该非居民、投资管理人或投资经理、各级托管人、证券公司等）签署的与投资相关的合同或协议，以及能够说明投资业务的其他资料，资料内容应包括委托投资本金来源和组成情况以及各方收取费用或取得所得的约定；

（二）投资收益和其他所得逐级返回至该非居民的信息和凭据，以及对所得类型认定与划分的说明资料；

（三）税务机关为认定受益所有人所需要的其他资料。

三、税务机关应对非居民提交的资料进行审核，并区分所得类型进行处理：

（一）如果投资收益的所得类型为股息或利息，该所得在逐级返回至该非居民的过程中所得性质未发生改变，且有凭据证明该所得实际返回至该非居民，则可以认定该非居民为该笔所得的受益所有人，能够享受税收协定相应条款规定的待遇；

（二）如果投资链条上除该非居民以外的各方收取的费用或取得的报酬与股息、利息有关，则该非居民不是该部分费用或报酬的受益所有人，该部分费用或报酬不得享受税收协定股息和利息条款规定的待遇；

（三）如果投资收益的所得类型为财产收益，或其他不适用受益所有人规则的所得类型，则应按税收协定相应条款的规定处理。

四、非居民或其委托代理人拒绝提供资料，或提供的资料不能区分非居民委托投资收益与投资链条上其他各方报酬的，税务机关应不予批准相应的税收协定待遇。

五、非居民与投资链条上一方或多方形成关联关系的，应向税务机关提供关联交易定价原则、方法及相关资料。不提供资料或提供资料不足以证明相关联各方交易符合独立交易原则的，税务机关可拒绝给予相应的税收协定待遇。

六、对于非居民或其委托代理人提供的凭据、所得类型认定与划分及其他相关证明资料，税务机关可视情况通过信息交换方式核实其真实性和准确性。经核实与实际情况不符，不应享受税收协定待遇而税务机关已批准享受的，应撤销原审批决定，并按税收征管法和国税发〔2009〕124 号文件有关规定处理。

七、税务机关按照本公告第三条的规定认定非居民为受益所有人，且根据税收协定股息或利息条款的规定，该非居民取得股息或利息应仅在缔约国对方征税的，如果该非居民通过委托投资取得投资收益同时符合以下条件，则在其首次享受股息或利息条款税收协定待遇之日起 3 个公历年度内（含本年度），同一主管税务机关可免于对其受益所有人身份进行重复认定，但应对其取得的投资收益所得类型进行审核：

（一）通过同一架构安排进行委托投资；

（二）投资链条上除被投资企业之外的各方保持不变；

（三）投资链条上除被投资企业之外的各方签署的与投资相关的合同或协议保持不变。

该非居民与受益所有人身份认定有关的信息发生变化的，应及时告知主管税务机关。该非居民因信息变化不能继续享受税收协定待遇的，应自发生变化之日起停止享受有关税收协定待遇，并按国内法规定申报纳税。

八、本公告自 2014 年 6 月 1 日起施行。本公告施行前已发生但税务处理未完结的事项，按本公告执行。

特此公告。

链 接

关于《国家税务总局关于委托投资情况下认定受益所有人问题的公告》的解读

国家税务总局曾于 2009 年和 2012 年分别发布了《国家税务总局关于如何理解和认定税收协定中“受益所有人”的通知》（国税函〔2009〕601 号）和《国家税务总局关于认定税收协定中“受益所有人”的公告》（国家税务总局公告 2012 年第 30 号），在这两个文件的基础上，《国家税务总局关于委托投资情况下认定受益所有人问题的公告》（国家税务总局公告 2014 年第 24 号，以下简称《公告》）对委托投资情况下受益所有人的判定做了进一步的详细规定。现对《公告》主要内容解读如下：

一、相比其他投资方式，委托投资最大的特点是什么？

《公告》所指的委托投资是指非居民将自己拥有的资金直接委托给境外专业机构，由境外专业机构向居民企业进行股权或债权投资的情况。相比其他投资方式，委托投资最大的特点是应由非居民取得投资收益并承担投资风险，境外专业机构一般仅就其提供的委托投资服务收取服务费或佣金，但不承担投资风险。

二、投资链条上除非居民以外的各方收取的费用或取得的报酬与投资收益有关的情况应如何处理？

委托投资情况下，投资链条上除非居民以外的各方收取的费用或取得的报酬一般与投资收益无关，但如其费用或报酬与投资收益有关，则该部分费用或报酬不得享受税收协定待遇。非居民可就其取得的投资收益部分申请享受协定待遇，进而按照《公告》规定对其受益所有人身份进行判定。

三、税务机关作出的受益所有人身份判定能否更改？

在非居民向税务机关提交资料后，税务机关可通过信息交换向协定缔约对方主管当局核实其资料是否真实准确。如通过信息交换或其他方式发现非居民提供的资料与事实不符，非居民本不应当享受协定待遇的，税务机关有权对原认定结果作出更改，并按照征管法和国税发〔2009〕124号文的规定处理。

四、申请受益所有人身份的非居民需要提供很多资料供税务机关审核，如何能减轻非居民纳税人和税务机关的负担？

《公告》规定，符合协定股息或利息条款免税待遇规定的非居民，其就同一架构、相同的投资链条各方、相同的投资合同或协议取得的投资所得，可在三年内免于向同一主管税务机关重复提交受益所有人的申请，以减轻非居民纳税人和税务机关的负担。但是，如果与非居民受益所有人身份相关的信息发生变化，非居民应及时通知主管税务机关。

国家税务总局关于内地与澳门税务主管当局就两地税收安排条款内容进行确认的公告

2014年12月18日　国家税务总局公告2014年第68号

【要点指引】《国家税务总局关于内地与澳门税务主管当局就两地税收安排条款内容进行确认的公告》（国家税务总局公告2014年第68号）是内地与

澳门税务主管当局就《内地和澳门特别行政区关于对所得避免双重征税和防止偷漏税的安排》第十一条第三款可以互免利息所得税的金融机构进行了列举明确。

2014年6月，中国内地税务主管当局代表与澳门税务主管当局代表在澳门，就《内地和澳门特别行政区关于对所得避免双重征税和防止偷漏税的安排》（以下简称《安排》）有关条款规定的理解及执行问题进行了磋商。双方税务主管当局代表分别于2014年9月23日和2014年10月20日通过换函对磋商中涉及的相关条款规定予以确认。现将确认内容公告如下：

《安排》第十一条第三款所指的双方主管当局认同的机构：

在澳门特别行政区，指"澳门金融管理局""退休基金会"和"社会保障基金"；

在内地，指"国家开发银行""中国进出口银行""中国农业发展银行""全国社会保障基金理事会"和"中国出口信用保险公司"。

特此公告。

链 接

关于《国家税务总局关于内地与澳门税务主管当局就两地税收安排条款内容进行确认的公告》的解读

《内地和澳门特别行政区关于对所得避免双重征税和防止偷漏税的安排》（以下简称《安排》）第十一条第三款，仅就双方可以互免利息所得税的金融机构做了原则性规定，未做具体列明。

澳门方面提出，鉴于"澳门金融管理局"等澳门机构符合《安排》第十一条第三款所列条件，且在内地开展业务取得利息所得，为便于澳门政府相关部门和政府所有的金融机构能够享受《安排》利息所得的免税待遇，建议参照内地对外签署的税收协定（包括内地与香港的税收安排），对双方主管当局认同可享受《安排》该条款待遇的机构进行列举明确。内地方面同意澳门方面建议。经商，双方一致认可下列机构为《安排》第十一条第三款所指机构：

在澳门特别行政区，指："澳门金融管理局""退休基金会"和"社会保障基金"。

在内地，指："国家开发银行""中国进出口银行""中国农业发展银行""全国社会保障基金理事会"和"中国出口信用保险公司"。

国家税务总局关于中日税收协定适用于日本新开征地方法人税的公告

2015年2月26日　国家税务总局公告2015年第13号

【要点指引】《国家税务总局关于中日税收协定适用于日本新开征地方法人税的公告》(国家税务总局公告2015年第13号)应关注的内容是:(1)日本地方法人税属于附加税。地方法人税的纳税人是所有法人,税基是法人税总额,税率为4.4%,适用于2014年10月1日或以后开始的纳税年度。(2)我国居民在日本缴纳的地方法人税与法人税一样,可以按照中日税收协定第二十三条的规定进行抵免。

中国和日本税务主管当局经过协商,同意将《中华人民共和国政府和日本国政府关于对所得避免双重征税和防止偷漏税的协定》适用于日方2014年10月1日新开征的地方法人税(the Local Corporation Tax),特此公告。

链　接

关于《国家税务总局关于中日税收协定适用于日本新开征地方法人税的公告》的解读

中日双方税务主管当局经过协商,同意将中日税收协定适用于日本新开征的地方法人税。为此,国家税务总局拟定《关于中日税收协定适用于日本新开征地方法人税的公告》(国家税务总局公告2015年第13号,以下简称《公告》),并对《公告》的主要内容解读如下:

一、日本引入地方法人税的法律依据是什么?

地方法人税是日本政府按照其国会通过的《地方法人税法案》(2014年第11号)开征的。

二、地方法人税的纳税人、税基、税率和征税期间是什么?

地方法人税的纳税人是所有法人,税基是法人税总额,税率为4.4%,适用于2014年10月1日或以后开始的纳税年度。开征地方法人税后,注册资本在1亿日元及以上的大型企业法人税税率将实际增长1.122%,即法人税税率25.5%乘以4.4%,注册资本低于1亿日元的中小型企业法人税税率实际增长0.66%,即法人税税率15%×4.4%。

三、我国居民在日本缴纳的地方法人税能否在我国进行抵免？

地方法人税与中日税收协定第二条日方所列的法人税实质相同，根据双方税务主管当局达成的协议，包括在中日税收协定适用的税种范围之内。因此，我国居民在日本缴纳的地方法人税与法人税一样，可以按照中日税收协定第二十三条的规定进行抵免。

国家税务总局关于发布《非居民纳税人享受税收协定待遇管理办法》的公告

2015年8月27日　国家税务总局公告2015年第60号

【要点指引】为贯彻落实《国务院关于取消非行政许可审批事项的决定》（国发〔2015〕27号），推进税务部门简政放权、放管结合、优化服务，国家税务总局发布了《非居民纳税人享受税收协定待遇管理办法》（国家税务总局公告2015年第60号，以下简称《办法》）。

《办法》废止了原有的《非居民享受税收协定待遇管理办法（试行）》（国税发〔2009〕124号），并将适用范围扩大至税收协定的国际运输条款和国际运输协定，即非居民纳税人享受税收协定和国际运输协定待遇适用统一规范的管理流程。《办法》取消了国税发〔2009〕124号文件对非居民纳税人享受税收协定股息、利息、特许权使用费、财产收益条款的行政审批。并对非居民纳税人申报享受协定待遇时需提供的资料进行了简化，切实减轻了非居民纳税人的办税负担。同时，《办法》还明确了非居民纳税人及扣缴义务人的权利和义务，以及税务机关将对非居民纳税人享受协定待遇情况进行后续管理。

为进一步推进税务行政审批制度改革，优化非居民纳税人享受税收协定待遇的管理，国家税务总局制定了《非居民纳税人享受税收协定待遇管理办法》，现予公布。

特此公告。

附件：1. 非居民纳税人税收居民身份信息报告表（企业适用）（编者略）
2. 非居民纳税人税收居民身份信息报告表（个人适用）（编者略）
3. 非居民纳税人享受税收协定待遇情况报告表（企业所得税A表）（编者略）
4. 非居民纳税人享受税收协定待遇情况报告表（个人所得税A表）（编者略）

5. 非居民纳税人享受税收协定待遇情况报告表（企业所得税 B 表）（编者略）
6. 非居民纳税人享受税收协定待遇情况报告表（个人所得税 B 表）（编者略）
7. 非居民纳税人享受税收协定待遇情况报告表（企业所得税 C 表）（编者略）
8. 非居民纳税人享受税收协定待遇情况报告表（个人所得税 C 表）（编者略）
9. 非居民纳税人享受税收协定待遇情况报告表（企业所得税 D 表）（编者略）
10. 非居民纳税人享受税收协定待遇情况报告表（个人所得税 D 表）（编者略）
11. 废止文件内容明细表（编者略）

非居民纳税人享受税收协定待遇管理办法

第一章　总　　则

第一条　为执行中华人民共和国政府对外签署的避免双重征税协定（含与香港、澳门特别行政区签署的税收安排，以下统称税收协定），中华人民共和国对外签署的航空协定税收条款、海运协定税收条款、汽车运输协定税收条款、互免国际运输收入税收协议或换函（以下统称国际运输协定），规范非居民纳税人享受协定待遇管理，根据《中华人民共和国企业所得税法》（以下简称企业所得税法）及其实施条例、《中华人民共和国个人所得税法》（以下简称个人所得税法）及其实施条例、《中华人民共和国税收征收管理法》（以下简称税收征管法）及其实施细则（以下统称国内税收法律规定）的有关规定，制定本办法。

第二条　在中国发生纳税义务的非居民纳税人需要享受协定待遇的，适用本办法。

本办法所称协定待遇，是指按照税收协定或国际运输协定可以减轻或者免除按照国内税收法律规定应当履行的企业所得税、个人所得税纳税义务。

第三条　非居民纳税人符合享受协定待遇条件的，可在纳税申报时，或通过扣缴义务人在扣缴申报时，自行享受协定待遇，并接受税务机关的后续管理。

第四条　本办法所称主管税务机关，是指按国内税收法律规定，对非居民纳税人在中国的纳税义务负有征管职责的国家税务局或地方税务局。

本办法所称非居民纳税人，是指按国内税收法律规定或税收协定不属于中国税收居民的纳税人（含非居民企业和非居民个人）。

本办法所称扣缴义务人，是指按国内税收法律规定，对非居民纳税人来源于中国境内的所得负有扣缴税款义务的单位或个人，包括法定扣缴义务人和企业所得税法规定的指定扣缴义务人。

第二章　协定适用和纳税申报

第五条　非居民纳税人自行申报的，应当自行判断能否享受协定待遇，如实申报并报送本办法第七条规定的相关报告表和资料。

第六条　在源泉扣缴和指定扣缴情况下，非居民纳税人认为自身符合享受协定待遇条件，需要享受协定待遇的，应当主动向扣缴义务人提出，并向扣缴义务人提供本办法第七条规定的相关报告表和资料。

非居民纳税人向扣缴义务人提供的资料齐全，相关报告表填写信息符合享受协定待遇条件的，扣缴义务人依协定规定扣缴，并在扣缴申报时将相关报告表和资料转交主管税务机关。

非居民纳税人未向扣缴义务人提出需享受协定待遇，或向扣缴义务人提供的资料和相关报告表填写信息不符合享受协定待遇条件的，扣缴义务人依国内税收法律规定扣缴。

第七条　非居民纳税人需享受协定待遇的，应在纳税申报时自行报送或由扣缴义务人在扣缴申报时报送以下报告表和资料：

（一）《非居民纳税人税收居民身份信息报告表》（见附件1、附件2）；

（二）《非居民纳税人享受税收协定待遇情况报告表》（见附件3至附件10）；

（三）由协定缔约对方税务主管当局在纳税申报或扣缴申报前一个公历年度开始以后出具的税收居民身份证明；享受税收协定国际运输条款待遇或国际运输协定待遇的企业，可以缔约对方运输主管部门在纳税申报或扣缴申报前一个公历年度开始以后出具的法人证明代替税收居民身份证明；享受国际运输协定待遇的个人，可以缔约对方政府签发的护照复印件代替税收居民身份证明；

（四）与取得相关所得有关的合同、协议、董事会或股东会决议、支付凭证等权属证明资料；

（五）其他税收规范性文件规定非居民纳税人享受特定条款税收协定待遇或国际运输协定待遇应当提交的证明资料。

非居民纳税人可以自行提供能够证明其符合享受协定待遇条件的其他资料。

第八条　非居民纳税人享受协定待遇，根据协定条款的不同，分别按如下要求报送本办法第七条规定的报告表和资料：

（一）非居民纳税人享受税收协定独立个人劳务、非独立个人劳务（受雇所得）、政府服务、教师和研究人员、学生条款待遇的，应当在首次取得相关所得并进行纳税申报时，或者由扣缴义务人在首次扣缴申报时，报送相关报告表和资料。在符合享受协定待遇条件且所报告信息未发生变化的情况下，非居民纳税人免于向同一主管税务机关就享受同一条款协定待遇重复报送资料。

（二）非居民纳税人享受税收协定常设机构和营业利润、国际运输、股息、利息、特许权使用费、退休金条款待遇，或享受国际运输协定待遇的，应当在有关纳税年度首次纳税申报时，或者由扣缴义务人在有关纳税年度首次扣缴申报时，报送相关报告表和资料。在符合享受协定待遇条件且所报告信息未发生变化的情况下，非居民纳税人可在报送相关报告表和资料之日所属年度起的三个公历年度内免于向同一主管税务机关就享受同一条款协定待遇重复报送资料。

（三）非居民纳税人享受税收协定财产收益、演艺人员和运动员、其他所得条款待遇的，应当在每次纳税申报时，或由扣缴义务人在每次扣缴申报时，向主管税务机关报送相关报告表和资料。

第九条 非居民纳税人在申报享受协定待遇前已根据其他非居民纳税人管理规定向主管税务机关报送本办法第七条第四项规定的合同、协议、董事会或股东会决议、支付凭证等权属证明资料的，免于向同一主管税务机关重复报送，但是应当在申报享受协定待遇时说明前述资料的报送时间。

第十条 按本办法规定填报或报送的资料应采用中文文本。相关资料原件为外文文本的，应当同时提供中文译本。非居民纳税人、扣缴义务人可以以复印件向税务机关提交本办法第七条第三项至第五项规定的相关证明或资料，但是应当在复印件上标注原件存放处，加盖报告责任人印章或签章，并按税务机关要求报验原件。

第十一条 非居民纳税人自行申报的，应当就每一个经营项目、营业场所或劳务提供项目分别向主管税务机关报送本办法规定的报告表和资料。

源泉扣缴和指定扣缴情况下，非居民纳税人有多个扣缴义务人的，应当向每一个扣缴义务人分别提供本办法规定的报告表和资料。各扣缴义务人在依协定规定扣缴时，分别向主管税务机关报送相关报告表和资料。

第十二条 非居民纳税人对本办法第七条规定报告表填报信息和其他资料的真实性、准确性负责。扣缴义务人根据非居民纳税人提供的报告表和资料依协定规定扣缴的，不改变非居民纳税人真实填报相关信息和提供资料的责任。

第十三条 非居民纳税人发现不应享受而享受了协定待遇，并少缴或未缴税款的，应当主动向主管税务机关申报补税。

第十四条 非居民纳税人可享受但未享受协定待遇，且因未享受协定待遇而多缴税款的，可在税收征管法规定期限内自行或通过扣缴义务人向主管税务机关要求退还，同时提交本办法第七条规定的报告表和资料，及补充享受协定待遇的情况说明。

主管税务机关应当自接到非居民纳税人或扣缴义务人退还申请之日起30日内查实，对符合享受协定待遇条件的办理退还手续。

第十五条 非居民纳税人在享受协定待遇后，情况发生变化，但是仍然符合享受协定待遇条件的，应当在下一次纳税申报时或由扣缴义务人在下一次扣缴申报时重新报送本办法第七条规定的报告表和资料。

非居民纳税人情况发生变化，不再符合享受协定待遇条件的，在自行申报的情况下，应当自情况发生变化之日起立即停止享受相关协定待遇，并按国内税收法律规定申报纳税。在源泉扣缴和指定扣缴情况下，应当立即告知扣缴义务人。扣缴义务人得知或发现非居民纳税人不再符合享受协定待遇条件，应当按国内税收法律规定履行扣缴义务。

第三章 税务机关后续管理

第十六条 各级税务机关应当通过加强对非居民纳税人享受协定待遇的后续管理，准确执行税收协定和国际运输协定，防范协定滥用和逃避税风险。

第十七条 主管税务机关在后续管理或税款退还查实工作过程中，发现依据报告表和资料不足以证明非居民纳税人符合享受协定待遇条件，或非居民纳税人存在逃避税嫌疑的，可要求非居民纳税人或扣缴义务人限期提供其他补充资料并配合调查。

第十八条 非居民纳税人、扣缴义务人应配合税务机关进行非居民纳税人享受协定待遇的后续管理与调查。非居民纳税人、扣缴义务人拒绝提供相关核实资料，或逃避、拒绝、阻挠税务机关进行后续调查，主管税务机关无法查实是否符合享受协定待遇条件的，应视为不符合享受协定待遇条件，责令非居民纳税人限期缴纳税款。

第十九条 主管税务机关在后续管理或税款退还查实工作过程中，发现不能准确判定非居民纳税人是否可以享受协定待遇的，应当向上级税务机关报告；需要启动相互协商或情报交换程序的，按有关规定启动相应程序。

第二十条 本办法第十四条所述查实时间不包括非居民纳税人或扣缴义务人补充提供资料、个案请示、相互协商、情报交换的时间。税务机关因上述原因延长查实时间的，应书面通知退税申请人相关决定及理由。

第二十一条 主管税务机关在后续管理过程中，发现非居民纳税人不符合享受协定待遇条件而享受了协定待遇，并少缴或未缴税款的，应通知非居民纳税人限期补缴税款。

非居民纳税人逾期未缴纳税款的，主管税务机关可依据企业所得税法从该非居民纳税人来源于中国的其他所得款项中追缴该非居民纳税人应纳税款，或依据税收征管法的有关规定采取强制执行措施。

第二十二条 主管税务机关在后续管理过程中，发现需要适用税收协定或国内税收法律规定中的一般反避税规则的，可以启动一般反避税调查程序。

第二十三条 主管税务机关应当对非居民纳税人不当享受协定待遇情况建立信用档案，并采取相应后续管理措施。

第二十四条 非居民纳税人、扣缴义务人对主管税务机关作出的涉及本办法的各种处理决定不服的，可以按照有关规定申请行政复议、提起行政诉讼。

非居民纳税人对主管税务机关作出的与享受税收协定待遇有关处理决定不服的，可以依据税收协定提请税务主管当局相互协商。非居民纳税人提请税务主管当局相互协商的，按照税收协定相互协商程序条款及其有关规定执行。

第四章　附　　则

第二十五条 税收协定、国际运输协定或国家税务总局与税收协定或国际运输协定缔约对方主管当局通过相互协商形成的有关执行税收协定或国际运输协定的协议（以下简称主管当局间协议）与本办法规定不同的，按税收协定、国际运输协定或主管当局间协议执行。

第二十六条 本办法自2015年11月1日起施行。《国家税务总局关于印发〈非居民享受税收协定待遇管理办法（试行）〉的通知》（国税发〔2009〕124号）、《国家税务总局关于〈非居民享受税收协定待遇管理办法（试行）〉有关问题的补充通知》（国税函〔2010〕290号）、《国家税务总局关于执行〈内地和香港特别行政区关于对所得避免双重征税和防止偷漏税的安排〉有关居民身份认定问题的公告》（国家税务总局公告2013年第53号）、《国家税务总局关于发布〈非居民企业从事国际运输业务税收管理暂行办法〉的公告》（国家税务总局公告2014年第37号）第十一条至第十五条以及《国家税务总局关于〈内地和香港特别行政区关于对所得避免双重征税和防止偷漏税的安排〉有关条文解释和执行问题的通知》（国税函〔2007〕403号）的有关内容同时废止（详见附件11）。

第二十七条 本办法施行之日前，非居民已经按照有关规定完成审批程序并准予享受协定待遇的，继续执行到有效期期满为止。本办法施行前发生但未作税务处理的事项，依照本办法执行。

链 接

关于《国家税务总局关于发布〈非居民纳税人享受税收协定待遇管理办法〉的公告》的解读

国家税务总局发布了《非居民纳税人享受税收协定待遇管理办法》(国家税务总局公告2015年第60号，以下简称《办法》)，为便于纳税人和税务机关理解和执行，现对《办法》解读如下：

一、《办法》出台背景

为贯彻落实《国务院关于取消非行政许可审批事项的决定》（国发〔2015〕27号），推进税务部门简政放权、放管结合、优化服务，改进非居民纳税人享受协定待遇管理，国家税务总局在广泛听取各有关方面意见，多次实地调研的基础上，对《非居民享受税收协定待遇管理办法（试行)》（国税发〔2009〕124号）进行了全面修订，制定了本《办法》。

二、《办法》要点解读

（一）扩大适用范围

《办法》在国税发〔2009〕124号规定适用的税收协定条款范围基础之上，将适用范围扩大至税收协定的国际运输条款和国际运输协定。非居民纳税人享受税收协定和国际运输协定待遇适用统一规范的管理流程。

（二）取消行政审批

《办法》取消了国税发〔2009〕124号对非居民纳税人享受税收协定股息、利息、特许权使用费、财产收益条款的行政审批。《办法》规定非居民纳税人享受协定待遇的基本模式是：非居民纳税人自行申报的，自行判断是否符合享受协定待遇条件，如实申报并向主管税务机关报送相关报告表和资料。在源泉扣缴和指定扣缴情况下，非居民纳税人自行判断符合享受协定待遇条件，需要享受协定待遇的，应主动向扣缴义务人提出并提供相关报告表和资料。对符合享受协定待遇条件的非居民纳税人，扣缴义务人依协定规定扣缴，并将相关报告表和资料转交主管税务机关。非居民纳税人应享受而未享受协定待遇的，可向主管税务机关申请退税。税务机关将对享受协定待遇的非居民纳税人和扣缴义务人实施后续管理。

（三）简化报送资料

针对行政审批模式下，税务机关往往要求非居民纳税人提供大量第一手证明资料，且存在各地操作口径不一的问题，《办法》对非居民纳税人申报享受协定待遇时需提供的资料进行了简化，切实减轻非居民纳税人的办税负担。非居民纳税人在申报享受协定待遇时提交的资料包括以下几个方面：

1. 信息报告表。非居民纳税人需填写适用于自身情况的《非居民纳税人税收居民身份信息报告表》和《非居民纳税人享受税收协定待遇情况报告表》，共两张信息报告表。除核心证明和资料外，其他资料信息采集的方式调整为由非居民纳税人填写信息报告表，这将大大减轻非居民纳税人的资料提供负担。

2. 核心证明与资料。非居民纳税人需提交协定缔约对方税务主管当局出具的税收居民身份证明，享受税收协定国际运输条款和国际运输协定待遇的可以相关法人证明或护照复印件代替税收居民身份证明。无法提供前述证明的视为不符合享受协定待遇条件。另外，非居民纳税人需提交与取得相关所得有关的权属证明资料，主要包括非居民纳税人从中国境内取得营业利润、国际运输所得、利息、特许权使用费、财产收益、各类劳务所得等，与所得支付方签署的合同或协议；非居民纳税人从中国境内取得股息，由股息支付方做出股息分配决定的董事会或股东会决议；非居民纳税人享受退休金、学生等条款协定待遇无法提供与取得该所得相关合同的，可提供支付凭证。

3. 其他税收规范性文件规定的资料。如其他税收规范性文件规定非居民纳税人享受特定条款税收协定待遇或国际运输协定待遇需提交特定证明资料，非居民纳税人应在申报享受协定待遇的同时提供有关证明资料。例如，非居民纳税人通过委托投资的方式从中国境内取得股息或利息所得，需享受税收协定股息或利息条款协定待遇，应根据《国家税务总局关于认定税收协定中“受益所有人”的公告》（国家税务总局公告 2012 年第 30 号）、《国家税务总局关于委托投资情况下认定受益所有人问题的公告》（国家税务总局公告 2014 年第 24 号）的规定，提供代理人声明和证明非居民纳税人为该所得受益所有人的资料。

4. 非居民纳税人自行提供的其他资料。非居民纳税人可自行选择是否向主管税务机关提交其他能够证明非居民纳税人符合享受协定待遇条件的资料。非居民纳税人选择提供其他资料的，有利于主管税务机关了解和判断非居民纳税人是否符合享受协定待遇条件；非居民纳税人不提供其他资料的，不影响非居民纳税人申报享受协定待遇。

下列资料有利于主管税务机关了解非居民纳税人是否符合享受协定待遇条件：享受股息、利息、特许权使用费、财产收益条款待遇的，可提供公司章程、公司财务报表、集团股权结构等；享受特许权使用费条款待遇的，还可提供专利注册证书、版权所属证明等；享受独立个人劳务条款待遇的，可提供登记注册的职业证件或职业证明、在中国境内的居留记录等；享受非独立个人劳务（受雇所得）条款待遇的，可提供在中国境内的居留记录；享受教师和研究人员条款的，可提供学校或研究机构的资质证明；享受艺术家和运动员条款待遇的，可提供由文化部、体育总局等主管部门出具的政府间文化、体育交流批件或公共基金、政府资金资助证明；享受学生条款待遇的，可提供学生证或实习证明。

前述各项资料，根据非居民纳税人需享受协定条款的不同，定期或一次性向主管税务机关或通过扣缴义务人向主管税务机关报送。虽然在《办法》规定的特定情况下，非居民纳税人可免于向同一主管税务机关就享受同一条款协定待遇重复报送本《办法》规定的资料，但非居民纳税人在每次纳税申报或扣缴义务人在每次扣缴申报时，仍需在纳税申报表中申报非居民纳税人享受协定待遇情况。

非居民纳税人符合享受协定免税待遇条件的，非居民纳税人或扣缴义务人也应如实进行纳税申报或扣缴申报，并报送与享受协定待遇相关的报告表和资料。

(四) 明确权利义务

非居民纳税人需要享受协定待遇，在实施源泉扣缴和指定扣缴管理的情况下，应主动向扣缴义务人提出。非居民纳税人对证明自己符合享受协定待遇条件负有举证责任；对如实填报信息报告表并提供《办法》规定的资料负有责任。

扣缴义务人对取得非居民纳税人填写的信息报告表和《办法》规定的资料并转交主管税务机关负有责任。扣缴义务人应当对非居民纳税人填写的信息报告表中“扣缴义务人使用信息”部分内容与非居民纳税人需享受协定条款的法律条文进行比对，对非居民纳税人符合享受协定待遇条件的，依协定扣缴。如非居民纳税人未向扣缴义务人提出需要享受协定待遇，或向扣缴义务人提供的资料和相关报告表填写信息不符合享受协定待遇条件，扣缴义务人依国内税收法律规定扣缴。

主管税务机关对非居民纳税人享受协定待遇情况进行后续管理，根据后续资料查验情况可相应采取要求补充资料、追征税款、行政处罚等管理措施。

(五) 管理环节后移

取消行政审批后，对非居民纳税人享受协定待遇的监管向事中和事后转移。非居民纳税人填报的信息报告表与纳税申报或扣缴申报主表之间存在勾稽关系，信息报告表填列信息不符合享受协定待遇条件的，不能申报享受协定待遇。税务机关应加强对非居民纳税人享受协定待遇的后续管理，准确执行税收协定和国际运输协定，防范税款流失风险，具体后续管理规程将另行制定。

三、《办法》生效与政策过渡

《办法》自2015年11月1日起施行，国税发〔2009〕124号等文件同时废止。《办法》施行之日前，非居民纳税人已按有关规定完成审批程序并准予享受协定待遇的，继续执行到该审批有效期期满为止；非居民纳税人已按有关规定提出审批申请，但尚未完成审批程序的，按本《办法》执行；非居民纳税人已按有关规定办理备案手续的，按本《办法》第八条相关时间要求执行。

国家税务总局关于《多边税收征管互助公约》生效执行的公告

2016 年 1 月 18 日　国家税务总局公告 2016 年第 4 号

【要点指引】《国家税务总局关于〈多边税收征管互助公约〉生效执行的公告》(国家税务总局公告 2016 年第 4 号，以下简称《公告》) 为公约生效执行的公告，而非公约文本。《公告》明确了《多边税收征管互助公约》(以下简称《公约》) 适用的有效税种，但营业税已经改征增值税，且 2018 年实施的《中华人民共和国环境保护税法》尚未加入。征管协助的形式为情报交换。我国在《公约》批准书中对税款追缴和文书送达 (包括邮寄文书) 做出了保留。《公约》暂不适用于香港特别行政区和澳门特别行政区。

经国务院批准，我国于 2013 年 8 月 27 日签署了《多边税收征管互助公约》(以下简称《公约》)，并于 2015 年 7 月 1 日由第十二届全国人民代表大会常务委员会第十五次会议批准。2015 年 10 月 16 日，我国向经济合作与发展组织交存了《公约》批准书。根据《公约》第二十八条的规定，《公约》将于 2016 年 2 月 1 日对我国生效，自 2017 年 1 月 1 日起开始执行。根据《公约》批准书，现将有关问题公告如下：

一、《公约》适用于根据我国法律由税务机关征收管理的税种，具体包括：企业所得税、个人所得税、城镇土地使用税、房产税、土地增值税、增值税、营业税 (已改征增值税——编者注)、消费税、烟叶税、车辆购置税、车船税、资源税、城市维护建设税、耕地占用税、印花税、契税。

二、我国税务机关现阶段与《公约》其他缔约方之间开展征管协助的形式为情报交换，有关具体要求按照《国家税务总局关于印发〈国际税收情报交换工作规程〉的通知》(国税发〔2006〕70 号) 规定执行。

三、以下事项属于《公约》批准书中我国声明保留内容：

(一) 对上述税种以外的税种，不提供任何形式的协助；

(二) 不协助其他缔约方追缴税款，不协助提供保全措施；

(三) 不提供文书送达方面的协助；

（四）不允许通过邮寄方式送达文书。

四、在我国政府另行通知前，《公约》暂不适用于香港特别行政区和澳门特别行政区。

五、本公告与《公约》同时开始执行。

六、《公约》文本已在国家税务总局网站发布。

特此公告。

链　接

关于《国家税务总局关于〈多边税收征管互助公约〉生效执行的公告》的解读

《多边税收征管互助公约》（以下简称《公约》）将于2016年2月1日对我国生效并自2017年1月1日起执行。为此，国家税务总局发布了《关于〈多边税收征管互助公约〉生效执行的公告》（国家税务总局公告2016年第4号，以下简称《公告》），现对《公告》的主要内容解读如下：

一、《公约》在我国适用的税种范围是什么？

《公约》在我国适用除关税、船舶吨税外的所有税种。根据《公约》规定，缔约方必须按类别列出本国适用《公约》的税种，未列入的税种，缔约方不能向其他缔约方请求征管协助，也不对外提供该税种的征管协助。我国在声明中列出了目前由税务机关负责征收的16个税种。也就是说，《公约》执行后，我国开展国际税收征管协助的范围将由原来的以所得税为主，扩大到税务机关征收的所有税种，税务机关收集纳税人涉税信息的力度将得到大大加强。对于我国未开征的税种，我们不对外提供任何形式的征管协助。

二、《公约》规定了哪些税收征管协助形式？

《公约》规定了情报交换、税款追缴和文书送达三种税收征管协助形式，但允许缔约方对税款追缴和文书送达作出保留。考虑到我国现有法律制度及税收征管实际，我国在《公约》批准书中对税款追缴和文书送达（包括邮寄文书）作出了保留。因此，我国税务机关主要是与其他缔约方开展情报交换协助。

情报交换是当前国际税收征管协助的主要形式，指缔约方税务机关之间交换涉税信息或开展税务检查合作，包括专项情报交换、自动情报交换、自发情报交换、同期税务检查和境外税务检查。我国国内法中已对如何开展情报交换作了详细规定，在实践中，我国税务机关一直按照国际通行标准对外开展情报交换工作，能够按照《公约》规定执行相关条款。

三、《公约》是否保护了纳税人的权利？

《公约》要求缔约方之间在开展税收征管协助的同时，注意保护纳税人的隐私权和知情权。关于纳税人隐私权，《公约》规定，缔约方应对纳税人信息采取严格的保密措施，且仅用于税收征管目的。在我国已签署的税收条约中，有关情报交换的条款均按照国际通行标准对纳税人信息保密的相关事项做了约定，我国现行国内法也详细规定了税收情报的制作、收发、传递、使用、保存和销毁程序，从国际和国内法律制度上保障了纳税人信息的安全。在税收征管实践中，我国税务机关始终坚持以保护纳税人信息安全为前提，严格执行有关制度规定，有效防止了信息的不当披露和滥用。关于纳税人知情权，《公约》规定，如果缔约方国内法规定在提供专项情报或自发情报前可将相关情况告知其居民或国民，缔约方可在批准《公约》时作出相关声明。考虑到我国在国内法中已规定税务机关可以将收集情报的目的、情报的来源和内容告知相关当事人，为了进一步保护纳税人知情权，我们在《公约》批准书中也作出了此项声明。

四、《公约》与现有税收条约的关系？

除《公约》外，我国已签署的104个避免双重征税协定（安排/协议）中均包含有关国际税收征管协助的条款。我国与10个国家（地区）签署的情报交换协定也专门就双边情报交换进行了较为详细的规定。在两国都是《公约》缔约方且已签署双边税收条约的情况下，《公约》允许两国可以选择最有效、最适当的条约执行。未来，在对外开展国际税收征管协助时，我们将结合《公约》以及其他税收条约的规定，选择最有利于我国的处理方式，最大限度维护我国税收权益。需要说明的是，为了保证案件处理的一致性，《公约》规定两国不得就一个案件适用一种以上的条约。

五、《公约》在我国适用的领土范围？

《公约》仅对主权国家开放，香港特别行政区和澳门特别行政区不能独立签署《公约》。根据两特区基本法以及我国相关国内法规定，经征询两特区政府意见，我国在《公约》批准书中声明，《公约》暂不适用于香港特别行政区和澳门特别行政区。

六、如何确定《公约》的生效执行日期？

《公约》第二十八条规定，《公约》自缔约国交存批准书之日起三个月后的次月第一天起生效，于缔约方生效当年后的次年1月1日起开始执行。我国于2015年10月16日向《公约》保存方之一的经济合作与发展组织交存批准书，经其确认，《公约》将于2016年2月1日对我国生效，自2017年1月1日起执行。

国家税务总局关于在内地使用香港居民身份证明有关问题的公告

2016年6月6日　国家税务总局公告2016年第35号

【要点指引】《国家税务总局关于在内地使用香港居民身份证明有关问题的公告》（国家税务总局公告2016年第35号）明确香港税收居民从香港税务主管当局获取的为享受《内地和香港特别行政区关于对所得避免双重征税和防止偷漏税的安排》的居民身份证明书，可用作证明该香港居民在该公历年度及其后连续两个公历年度的香港居民身份，若情况未发生变化的，共计三个连续公历年度是有效的。

为简化《内地和香港特别行政区关于对所得避免双重征税和防止偷漏税的安排》（以下简称《安排》）执行程序，内地税务主管当局与香港特别行政区税务主管当局经协商，通过2016年3月16日和2016年4月15日换函，对在内地使用香港特别行政区税务主管当局出具的居民身份证明书一事达成一致，现公告如下：

香港特别行政区税务主管当局为香港居民就某一公历年度出具的居民身份证明书，可用作证明该香港居民在该公历年度及其后连续两个公历年度的香港居民身份。如有关香港居民的情况发生变化，不再符合享受《安排》待遇条件，则原适用于该公历年度的居民身份证明书不能用作证明其在情况发生变化后的香港居民身份。

根据换函规定，以上安排自2016年4月15日起生效执行，2016年4月15日以前由香港特别行政区税务主管当局出具的居民身份证明书也按照以上安排执行。

特此公告。

链　接

关于《国家税务总局关于在内地使用香港居民身份证明有关问题的公告》的解读

2016年6月6日，国家税务总局发布《关于在内地使用香港居民身份证明有关问题的公告》（国家税务总局公告2016年第35号，以下简称《公告》)。现就《公告》解读如下：

一、《公告》目的

内地税务主管当局和香港特别行政区税务主管当局（以下简称香港税务主管当局）通过换函，对在内地使用香港税务主管当局出具的居民身份证明书事宜作出行政安排，以简化香港税收居民享受《内地和香港特别行政区关于对所得避免双重征税和防止偷漏税的安排》（以下简称《安排》）的程序。为落实双方换函所做行政安排，国家税务总局制定《公告》。

二、关于香港居民身份证明书有效时限

根据换函，香港税务主管当局为香港居民就某一公历年度出具的居民身份证明书，可用作证明该香港居民在该公历年度及其后连续两个公历年度的香港居民身份。如果香港纳税人取得香港税务主管当局 2016 年出具的用于证明其 2016 年税收居民身份的居民身份证明书，则该居民身份证明书可作为就 2016、2017 和 2018 年三个公历年度从内地取得的所得享受《安排》待遇的证明材料。如果香港纳税人取得香港税务主管当局 2016 年出具的用于证明其 2014 年税收居民身份的居民身份证明书，则该居民身份证明书可作为就 2014、2015 和 2016 年三个公历年度从内地取得的所得享受《安排》待遇的证明材料。

三、关于纳税人税收居民身份发生变化的处理

如果香港纳税人在取得香港税务主管当局出具的居民身份证明书后情况发生变化，不再符合应被认定为香港税收居民的条件，原可适用于相关公历年度的居民身份证明书不能用作证明纳税人在情况发生变化后的香港居民身份。

四、关于换函所做行政安排的适用范围

换函所做行政安排自 2016 年 4 月 15 日双方完成换函程序之日起生效执行，适用于所有香港税务主管当局出具的居民身份证明书，包括 2016 年 4 月 15 日之前出具的居民身份证明书。

国家税务总局关于丹麦发展中国家投资基金享受中丹税收协定利息条款免税待遇的公告

2016 年 11 月 20 日　国家税务总局公告 2016 年第 72 号

【要点指引】中国和丹麦签署的《中华人民共和国政府和丹麦王国政府对所得避免双重征税和防止偷漏税的协定》（2012 年）第十一条第三款规定“政府的任何机构”，可以享受在华利息免税待遇。《国家税务总局关于丹麦发展中国家投资基金享受中丹税收协定利息条款免税待遇的公告》（国家税务总

局公告2016年第72号）的目的是确认丹麦“发展中国家投资基金”与“发展中国家工业化基金”为同一机构。

经与丹麦税务主管当局确认，丹麦“发展中国家投资基金”（Investment Fund for Developing Countries）与“发展中国家工业化基金”（Industrialisation Fund for Developing Countries）为同一机构，属于2012年6月16日签署的《中华人民共和国政府和丹麦王国政府对所得避免双重征税和防止偷漏税的协定》第十一条（利息）第三款规定的“政府的任何机构”，可享受该条款规定的利息免税待遇。

特此公告。

链 接

关于《国家税务总局关于丹麦发展中国家投资基金享受中丹税收协定利息条款免税待遇的公告》的解读

根据2012年6月16日中国和丹麦签署的《中华人民共和国政府和丹麦王国政府对所得避免双重征税和防止偷漏税的协定》（以下简称“中丹税收协定”）及议定书，丹麦“发展中国家工业化基金”（Industrialisation Fund for Developing Countries）属于中丹税收协定第十一条第三款规定的“政府的任何机构”，可以享受在华利息免税待遇。

经与丹麦主管当局确认，“发展中国家投资基金”（Investment Fund for Developing Countries）与“发展中国家工业化基金”为同一机构，可享受中丹税收协定第十一条规定的利息免税待遇。

国家税务总局关于进一步完善税收协定中教师和研究人员条款执行有关规定的公告

2016年12月29日 国家税务总局公告2016年第91号

【要点指引】《国家税务总局关于进一步完善税收协定中教师和研究人员条款执行有关规定的公告》（国家税务总局公告2016年第91号）重点明确了以下内容：(1) 对“大学、学院、学校或其他政府承认的教育机构”做了详细地界定。培训机构不属于学校。(2) 教师和科研人员从事教学、讲学或科研活动取得的所得，符合《国家税务总局关于发布〈非居民纳税人享受税收协定待遇管理办法〉的公告》（国家税务总局公告2015年第60号）规定条件的，可在缔约另一方享受税收协定的免税待遇。(3)《国家税务总局关于明确我国对外签订税收协定中教师和研究人员条款适用范围的通知》（国税函〔1999〕37号）第一条，以及《国家税务总局关于执行税收协定教师条款的通知》（国税发〔1994〕153号）同时废止。

我国对外签署的部分避免双重征税协定或安排（以下统称“税收协定”）列有教师和研究人员条款。根据该条款，缔约一方的教师和研究人员在缔约另一方的大学、学院、学校或其他政府承认的教育机构或科研机构从事教学、讲学或科研活动取得的所得，符合税收协定规定条件的，可在缔约另一方享受税收协定规定期限的免税待遇。现就进一步完善税收协定教师和研究人员条款执行有关规定公告如下：

一、税收协定该条款所称“大学、学院、学校或其他政府承认的教育机构”，在我国是指实施学前教育、初等教育、中等教育、高等教育和特殊教育的学校，具体包括幼儿园、普通小学、成人小学、普通初中、职业初中、普通高中、成人高中、中专、成人中专、职业高中、技工学校、特殊教育学校、外籍人员子女学校、普通高校、高职（专科）院校和成人高等学校。培训机构不属于学校。

二、非居民纳税人需享受该条款协定待遇的，应按照《国家税务总局关于发布〈非居民纳税人享受税收协定待遇管理办法〉的公告》（国家税务总局公告2015年第60号，以下简称“60号公告”）的规定，向主管税务机关报送60号公告第七条规定的资料，包括有效期内的《外国专家证》或《外国人就业证》或《外国人工作许可证》的复印件。

三、本公告自发布之日起实施。本公告实施之前尚未处理的事项适用本公告。《国家税务总局关于明确我国对外签订税收协定中教师和研究人员条款适用范围的通知》（国税函〔1999〕37号）第一条，以及《国家税务总局关于执行税收协定教师条款的通知》（国税发〔1994〕153号）同时废止。

特此公告。

链　接

关于《国家税务总局关于进一步完善税收协定中教师和研究人员条款执行有关规定的公告》的解读

我国对外签署的部分避免双重征税协定或安排（以下统称“税收协定”）列有教师和研究人员条款。该条规定，对于缔约一方的教师和研究人员在缔约另一方大学、学院、学校或其他政府承认的教育机构或科研机构从事教学、讲学或科研活动取得的所得，符合税收协定条件的，可在缔约另一方享受规定期限的免税待遇。

税务总局曾下发《国家税务总局关于明确我国对外签订税收协定中教师和研究人员条款适用范围的通知》（国税函〔1999〕37号，以下简称“37号文”）、《国家税务总局关于执行税收协定教师条款的通知》（国税发〔1994〕153号，以下简称“153号文”）等规范性文件，对协定该条款的执行做出具体要求。《国家税务总局关于进一步完善税收协定中教师和研究人员条款执行有关规定的公告》（国家税务总局公告2016年第91号，以下简称《公告》）主要对37号文和153号文的有关规定做出以下三点调整：

一、调整协定适用教育机构范围

37号文规定，协定该条款提及的大学、学院、学校或有关教育机构，在我国是指经国家外国专家局批准具有聘请外籍教师和研究人员资格，并由教育部承认学历的大专以上全日制高等院校。

根据《中华人民共和国教育法》《中华人民共和国职业教育法》《中华人民共和国民办教育促进法》《中华人民共和国义务教育法》，以及教育行政部门、人力资源和社会保障行政部门颁布的其他规范性文件，本公告将协定该条款所称大学、学院、学校或有关教育机构在我国的适用范围，调整为实施学前教育、初等教育、中等教育、高等教育和特殊教育的学校，具体包括幼儿园、普通小学、成人小学、普通初中、职业初中、普通高中、成人高中、中专、成人中专、职业高中、技工学校、特殊教育学校、外籍人员子女学校、普通高校、高职（专科）院校和成人高等学校。培训机构不属于学校。

二、更新享受该条款免税待遇提交资料要求

153号文规定，在办理该条款免税待遇时，应按照《关于执行〈外国文教专家到职通知书〉的补充通知》（外专发〔1993〕357号）的要求执行，即非居民纳税人应提交《外国文教专家到职通知书》复印件。但据向外专局了解，其近年已不再出具《外国文教专家到职通知书》。

根据《外专局关于印发外国人来华工作许可制度试点实施方案的通知》（外专发〔2016〕151号），2016年10月以前，外国人来华工作证件包括《外国专家证》和《外国人就业证》两种。2016年10月起，外专局在部分地区推行“两证合一”试点工作，即统一为《外国人工作许可证》，实现一人一码、终身不变，动态管理记录在华工作管理、服务、信用记录等情况。有效期内的《外国专家证》和《外国人就业证》仍可使用。据此，《公告》第二条规定，非居民纳税人需享受教师和研究人员条款协定待遇的，应按照

《国家税务总局关于发布〈非居民纳税人享受税收协定待遇管理办法〉的公告》（国家税务总局公告2015年第60号）的规定办理申报，提供《外国专家证》或《外国人就业证》或《外国人工作许可证》的复印件，以替代153号文的要求。

三、废止《我国对外签订税收协定教师条款征免税一览表》

153号文所附《我国对外签订税收协定教师条款征免税一览表》对我国签署的税收协定教师和研究人员条款进行了梳理和分类，但未纳入1994年以后签署的税收协定。税务总局考虑，该表需随新签署或修订的协定随时更新，不宜作为《公告》附件下发，故随《公告》废止。税务总局将对该表进行更新后，以其他形式下发各地参考执行。

《公告》自发布之日起实施，适用于《公告》实施前尚未处理的事项。37号文第一条和153号文同时废止。